Natur und Wissenskulturen

Hans Jörg Sandkühler

Natur und Wissenskulturen

Sorbonne-Vorlesungen
über Epistemologie und Pluralismus

Verlag J.B. Metzler
Stuttgart · Weimar

Wiss th

Die Deutsche Bibliothek -CIP-Einheitsaufnahme
Ein Titeldatensatz für diese Publikation ist bei
der Deutschen Bibliothek erhältlich.

Gedruckt auf chlorfrei gebleichtem, säurefreiem und alterungsbeständigem Papier

ISBN 3-476-01920-9

© 2002 J.B. Metzlersche Verlagsbuchhandlung und Carl Ernst Poeschel Verlag GmbH
in Stuttgart

www.metzlerverlag.de
info@metzlerverlag.de

Einbandgestaltung: Willy Löffelhardt
Druck und Bindung: Ebner & Spiegel GmbH, Ulm

Printed in Germany
Juli / 2002

Verlag J.B. Metzler Stuttgart - Weimar

2002: P-250

Inhalt

Vorbemerkung

In den Studien, die ich zur Epistemologie, zur Wissenschaftsphilosophie und zur Wissenschafts- und Philosophiegeschichte im 19. und 20.
Jahrhundert vorlege, geht es um das Sprechen *über* die Natur, nicht um
Dialoge *mit* der Natur. Die Geschichte des Sprechens über die Natur –
Geschichte von den Mythen und Religionen, Künsten, Wissenschaften
und Philosophien – zeigt, daß die Natur nicht selbst und nicht auf
,natürliche' Weise spricht. Die Frage, was Natur *ist*, übersetze ich deshalb in zwei Problemstellungen: Wie verständigen wir uns über die
Natur, wenn es nicht sie ist, die zu uns spricht? Wie wird in Philosophie und Wissenschaften über die Natur gesprochen? Und: Was sind
die Gründe dafür, daß über die Natur in so verschiedenen Sprachen, in
so verschiedenen Perspektiven, in so verschiedenen Theorien so unterschiedlich gesprochen werden kann?

Ich behandle die *Natur in Sprachen der Kultur* nicht in der Perspektive der Naturphilosophie, sondern in jener der Epistemologie. Mein
Interesse gilt systematischen Problemen, doch ich werde die Probleme
in historischen Kontexten erläutern und in Konstellationen, in denen
die Beziehung zwischen Philosophie und Naturwissenschaften auf der
Tagesordnung steht – eine, wie zu sehen sein wird, problematische Beziehung. Soweit das Problem ,Natur' dort von Belang ist, beziehe ich
mich auch auf die Gesellschafts- und Rechtstheorie.

Das Problemfeld ist die theoretische Philosophie, näher: Epistemologie und Wissenschaftsphilosophie. Mein Ziel liegt jenseits der theoretischen Philosophie. Ich versuche, die epistemische *condition humaine* zu beschreiben, in der Menschen heute denken und handeln –
denken und handeln könnten. Um es auf einen Nenner zu bringen: Ich
möchte zeigen, wie der *Pluralismus* und die mit ihm verbundene Anerkennung der *Relativität* von Überzeugungen und Wahrheiten aus guten Gründen entstanden sind und warum ich sie für eine angemessene
philosophische Einstellung zur modernen Welt für konstitutiv halte.

Ich habe diesen epistemologischen Pluralismus nicht immer vertreten. Auf der Grundlage eines an Marx orientierten Verständnisses habe
ich noch Mitte der 1980er Jahre gegen den relativistischen Plural argumentiert. Nicht weniger nachdrücklich habe ich mich gegen jeden als
die eine Wahrheit verkleideten dogmatischen Anspruch gewandt. Mit

den Theorien gearbeitet zu haben, die mit dem Namen ‚Marx' verbunden sind, war sinnvoll; politische Schlußfolgerungen, die ich aus ihnen
gezogen habe, gehören zu den Fehlern, die ich zu verantworten habe.
Meine ‚idealistische Wende' in der Theorie wurde, Jahre vor 1989,
von Marxisten kritisiert, die in mir den Kantianer entdeckt hatten. Die
Kritik hat sich als hilfreiche Therapie zum Pluralismus erwiesen. Wer
viele ‚Wahrheiten' ausprobiert hat, wird bescheidener, tolerant, plurali-
stisch. Überzeugungen, Meinungen und Hoffnungen sind vorläufig;
dies ist meine philosophische und politische Zwischenbilanz. Der Pluralismus ist allerdings auch eine problematische Herausforderung; in
seinem Schatten nistet ein Relativismus, der nicht zu akzeptieren ist.
Menschenwürde und Menschenrechte sind nicht relativierbar. Ohne
Pluralismus sind sie aber nicht denkbar.[1]

   Der faktische Pluralismus demokratischer Gesellschaften ist für
mich zum zentralen Thema geworden. Es hat scheinbar nur eine politische Dimension. Doch grundlegend für die Demokratie ist die Dimension von Wissen und – vor allem – Urteilsfähigkeit. Der epistemische
Pluralismus hat mich zunächst als Erkenntnistheoretiker beschäftigt. In
der zweiten Hälfte der 1980er Jahre hat mich meine Kritik an materialistischen Widerspiegelungstheorien an den Punkt geführt, an dem ich
für erneute und für neue Lektüren offen war. Noch deutlicher als zuvor
an Kant orientiert, habe ich für mich die Epistémologie Bachelards
entdeckt, den Pragmatizismus von Peirce und die Analytische Philosophie in der Phase ihrer Erneuerung durch die Kantische Kritik, wie sie
nicht zuletzt von Goodman und Putnam reformuliert worden ist. Diese
Philosophien geben gute Gründe dafür an, die Kontextualität und Perspektivität des Erkennens und Wissens und deren Vernetzung mit
Sprachen, Theorierahmen, Begriffsschemata und historischen Formen
der Praxis ernst zu nehmen und philosophisch zu analysieren. *Niemand hat einen archimedischen Standpunkt; statt dessen wählen wir
Perspektiven aus Möglichkeitsfeldern; wir wählen epistemologische
Profile.* Diese Einsicht hat mich zu Cassirers *Philosophie der symboli-
schen Formen* und zu einer kritischen Epistemologie in Nähe zu den
Wissenschaften und zu anderen symbolischen Kulturen geführt.

   Mein Bericht zu Selbstverständigungen über die Natur und über die
Geschichte des Pluralismus als Geschichte des Zerfalls vormaliger
Evidenzen entspricht der Wahl eines epistemologischen Profils. Es be-

---

1   Zu Pluralismus, Relativismus und Recht vgl. Kap. 12.

gründet meine Sicht auf eine Geschichte, für die ich interessieren möchte, ohne dabei zu verkennen, daß ein anderer roter Faden – z.B. jener der Oppositionen gegen den Pluralismus – durchaus denkbar ist. Die Antwort auf die Fragen ‚Was können wir wissen und wie sollen wir handeln?' setzt immer wieder ein bei einer *Kritik*, deren Prinzipien zunächst Kant benannt hat. Wer philosophiert, sollte sich ihr verpflichtet wissen; er wird dann den Pluralismus von Perspektiven nicht als Last hinnehmen, sondern wünschen. Ich erwähne zwei frühere Bücher, weil sie diesen Wunsch signalisiert haben: *Die Wirklichkeit des Wissens. Geschichtliche Einführung in die Epistemologie und Theorie der Erkenntnis* (1991) und *Demokratie des Wissens. Aufklärung, Rationalität, Menschenrechte und die Notwendigkeit des Möglichen* (1991). Sie gründen in der Überzeugung, daß wir selber es sind, die im Erkennen Welten entwerfen, unter denen es *die* allein wahre nicht gibt. Wenn dies so ist, dann ist der Pluralismus der Erkenntnis-Welten Bedingung der Ordnung des Rechts, in der alle ihre Freiheit finden.

Für mich wichtige Impulse habe ich durch die Beschäftigung mit ausgewählten Kapiteln der Wissenschaftsgeschichte gewonnen, vor allem aber durch interdisziplinäre Forschungen zur Wissenschaftsphilosophie z..B. der Neurowissenschaften und der Rechts- und Staatswissenschaft. Besondere Anregungen verdanke ich der Arbeit im Bremer *Zentrum Philosophische Grundlagen der Wissenschaften.*

Den Anlaß, Forschungsergebnisse zu einem Ganzen zu bündeln[2], haben meine Vorlesungen an der *Université Paris 1 Panthéon-Sorbonne* geboten, gehalten im Frühjahr 2001 im Rahmen einer Gastprofessur. Prof. Jean-François Kervegan danke ich herzlich für seine Einladung.

Bremen, im November 2001   H.J. S.

---

2 In dieses Buch sind – überarbeitet – publizierte Vorarbeiten eingegangen. Auf einige verweise ich in Fußnoten. Zur Bibliographie weiterer Arbeiten vgl. Herausforderung Pluralismus. FS für Hans Jörg Sandkühler. Hg. v. M. Plümacher, V. Schürmann und S. Freudenberger, Frankfurt a.M. Zu einer Einführung in die Epistemologie, auf die ich hier gelegentlich zurückgreife, vgl. Sandkühler 1991.

„Nature [...] does not necessarily denote an object not
fashioned by man, but merely the object represented
as something existing apart from the representation."

Charles Sanders Peirce[1]

„Natur" bezeichnet nicht eine bestimmte Art der Gegebenheit der Dinge als solcher; sie bezeichnet vielmehr eine Grundrichtung der Betrachtung.

Ernst Cassirer[2]

1. Natur und Wissenskulturen.
Zur Einführung

In dem, was sie ‚die Natur' nennen, scheint den Menschen ein Stabiles,
Konstantes, Invariantes ‚gegeben' zu sein, vielleicht das einzig Verläß-
liche, das inmitten der Ungewißheit und der Unterbestimmtheit von
Wahrheit bleibt, die in Erkenntniskulturen eingeschrieben ist. Doch
auch ‚die Natur' ist ein Name, mit dem sich das Problem verbindet,
daß er eine ‚Grundrichtung der Betrachtung' von Wirklichkeit bezeichnet, nicht mehr und nicht weniger – eine Grundrichtung der *Invariantenbildung* neben anderen. Die Benennungen und Bedeutungen
von Natur sind verwoben in den Wandel der Bedeutungen von *Kultur*,
dieses zeitabhängigen Universums von Zeichen und Symbolen, in denen sich Menschen als Menschen und in denen sie entsprechend ihren
Selbstbegriffen ihre jeweiligen Welten von Dingen verstehen.

Dies zeigt die lange Geschichte der Dialoge über die Natur, die von
den Mythen und Religionen, den Künsten, den Wissenschaften und
der Philosophie geführt wurden und geführt werden. Die Einsicht, daß
die Natur nichts ist, was uns auf die Weise gegeben wäre, die wir *natürlich* nennen im Unterschied zu dem, was wir *kulturell* nennen,
kommt spät. Sie kommt immer wieder zu spät, erst nach den zykli-
schen Konjunkturen von Naturalismen, in denen sich Menschen von

1 Peirce, CP 3.420, Anm. 1.
2 Cassirer, Ziele und Wege der Wirklichkeitserkenntnis, ECN 2, S. 157.

sich selbst distanzieren. Aber diese Einsicht ist nie zu unterbinden, weil die humanistische Idee nicht zu unterdrücken ist, Menschen müßten sich in *Distanz zur Natur* bringen, um ihre eigene Natur zu humanisieren und sich zu *Kulturwesen* zu entwickeln. In den Theorien über die Natur, um deren Verständnis es hier gehen wird, ist diese Distanzierung und Selbstdistanzierung das eigentliche, freilich oft unausgesprochene Thema.

1.1   Warum mit Kant beginnen?

Den ersten der Dialoge über die Natur, auf die ich mich beziehe, führt Kant. Warum mit Kant beginnen? Hierfür gibt es gute Gründe: Es ist offensichtlich, daß Kants *Kritik* wie kaum eine andere Philosophie den epistemologischen Horizont des 19. Jahrhunderts bildet, ja weitgehend auch des 20. Jahrhunderts. „Ich lese unter anderem Kants Prolegomena", schreibt Albert Einstein, der zu dieser Zeit nicht etwa Kant, sondern den Empirismus Humes favorisiert, 1918 an Max Born, „und fange an, die ungeheure suggestive Wirkung zu begreifen, die von diesem Kerl ausgegangen ist und immer noch ausgeht. Wenn man ihm nur die Existenz synthetischer Urteile a priori zugibt, ist man schon gefangen."[3]

Worum wird es in den einzelnen Kapiteln gehen? Kant ist ein Anfangspunkt, in dem eine Geschichte präsent ist, die des britischen Empirismus (Kap. 2). Der Weg ins 19. Jahrhundert ist freilich nicht von allen mit Kant gegangen worden. Die *Idéologie* Destutt de Tracys und die ‚Entdeckung' einer neuen Theorie der Gesellschaft (Kap. 3) sind Beispiele dafür, wie empirische, naturwissenschaftlich orientierte Theorien ihren eigenen Weg zur Natur des Menschen und der menschlichen Erkenntnis suchen. Die beiden Linien – Transzendentalphilosophie und Positivismus – werden lange Zeit koexistieren. *Mit Kant* will die Naturphilosophie Schellings (Kap. 4) erklären, „wie die Naturwissenschaft den Idealismus aus dem Realismus hervorbringt"; im Deutschen Idealismus hat Schelling am konsequentesten das Erbe Kants angetreten; sein Konzept von Natur übergreift die menschliche Natur, die Geschichte und Recht und Staat als ‚zweite Natur' (Kap. 5). *Ohne Kant* haben die ‚positiven' Wissenschaften', auch die Naturwissenschaften, zunächst in geradezu euphorischer Stimmung alle wissen-

---

3   In: Einstein/Born 1986.

schaftliche Erkenntnis auf der ‚Empirie der Tatsachen' gründen wollen. Als radikale Alternative zur kantischen Kritik etabliert sich in der Gesellschaftstheorie der physikalistisch argumentierende Positivismus. Über die äußere und innere Natur, die menschliche Erkenntnis, die Wissenschaften und die Entwicklung der Gesellschaft wird seit der *Physique Sociale* Comtes (Kap. 6) in einer ganz anderen als der kantischen Sprache gesprochen. Entscheidend ist aber eine andere Differenz – die zwischen *Theorien* und *Ideologien* der Natur: Der Theorietypus der kantischen Kritik hat die Klärung des Problems zum Ziel, wie Naturerkenntnis möglich ist; der Typus der positivistischen Gesellschaftstheorie argumentiert zwar in Begriffen der Naturwissenschaft, doch handelt es sich um eine Natur *second hand*; man nimmt ‚Natur' als Ideologem in Funktion, um eine bestimmte Konzeption von Geschichte und Gesellschaft zu rechtfertigen. Doch die Kritik an der transzendentalen und an der spekulativen Philosophie war voreilig. Das Problem, daß es keine Tatsachen ohne Theorien gibt, ja daß Tatsachen – wie N. Goodman sagt – ‚kleine Theorien' sind, hat sie eingeholt und schon bald eine Krise des Empirismus und Positivismus ausgelöst. Die Folge ist, daß in der Form von Wissenschaftstheorien der induktiven Wissenschaften die Philosophie als Erkenntnistheorie rehabilitiert wird (Kap. 7). Auf der anderen Seite kann am Beispiel der Marxschen Beziehung zu den Naturwissenschaften (Kap. 8) gezeigt werden, wie eine Gesellschaftstheorie zwischen den Stühlen dialektischer Philosophie und positiver Wissenschaften und unter dem Niveau der neuen Wissenschaftslogik auf problematische Weise Konzepte der Natur zu ganz anderen Zwecken instrumentalisiert. Einen Kontrast dazu bildet die ganz anders gestaltete die Beziehung zwischen Physiologie und Philosophie (Kap. 9); an ihrem Beispiel und am späteren Neukantianismus (Kap. 10) ist zu sehen, warum in den Naturwissenschaften ein neues Bedürfnis nach philosophischer Epistemologie entsteht. Von gleichermaßen wegweisender Bedeutung sind die *Rechtsphilosophie* Gustav Radbruchs und die *Reine Rechtslehre* Hans Kelsens; beide zeigen die Gründe dafür auf, warum die naturwissenschaftliche Idee der Kausalität nicht universalisierbar ist (Kap. 11). Zu Beginn des 20. Jahrhunderts konsolidiert sich ein neuer wissenschaftlicher Geist, den vor allem Gaston Bachelards *Epistémologie* und Ernst Cassirers *Philosophie der symbolischen Formen* repräsentieren; Cassirer begründet wie kein anderer die Notwendigkeit des Übergangs in der Wirklichkeitserkenntnis von *Substanz*begriffen zu *Funktions*begriffen; seine kritische Epistemologie öffnet den Weg, den ich in diesem Buch gehe (Kap. 12). Insgesamt erweist sich die Philosophie- und Wissenschaftsgeschichte des 19. Jahrhunderts und 20. Jahrhunderts als gute Vorschule einer kritischen Diskussion des ‚neuen' alten Materialismus, Naturalismus und Reduktionismus, dem sich heute naturalistische Theorien der Erkenntnis bzw. der Kognition verschreiben (Kap. 13).

1.2 Die Auflösung des Gegebenen und die pluralistische Idee von Welten

Gibt es für die Choreographie, in der hier heterogene und in ihren Zielen unterschiedliche Theorien auftreten, systematische Gründe? Es gibt zwei Gründe. Der erste besteht darin, daß in dem Prozeß, über den ich berichte, Antworten auf die Frage gegeben werden, die ich für die wichtigste Frage der Philosophie halte: *Wie können wir wissen, was wir wissen können?* Die Erinnerung an Kant liegt nahe: Bei ihm geht die Frage „was können wir wissen?" den Fragen „was können wir hoffen?" und „was können wir tun?" voraus. Wenn wir nicht wissen, *was* wir wissen können und *auf welche Weise* wir etwas wissen können, können wir uns nicht selbst beschreiben; unsere Selbstbeschreibungen aber sind die Grundlage unseres Wissens über die Welt.

Weil Selbstbeschreibungen in verschiedenen Perspektiven möglich sind, sollte man seine Karten aufdecken. Es ist leicht zu sehen, mit welchen Karten ich spiele, wenn ich die grundlegende These formuliere, von der meine historischen Konstruktionen ausgehen: Solange wir von dem Irrtum des naiven metaphysischen Realismus[4] ausgehen, es stünde uns im Erkenntnisprozeß eine fertige äußere Welt gegenüber, die wir nur noch zu erkennen hätten, solange werden wir uns und unsere Erkenntnis als Medien oder Instrumente scheinbar objektiver Notwendigkeiten mißverstehen. Wer eine solche These formuliert, argumentiert ganz offensichtlich in einer kantianischen Tradition. Die Verpflichtung, die Karten offenzulegen, ergibt sich letztlich aus einer zweiten Prämisse – der des *Pluralismus*.[5] Wenn es nach pluralistischer

---

4   Zu einem allgemeinen Überblick zum Realismus-Problem vgl. meinen enzyklopädischen Artikel Sandkühler 1999a. Zur neueren Realismus-Diskussion im Kontext der Analytischen Philosophie vgl. Willaschek 2000; vgl. auch Kap. 13.
5   Ich spreche von Pluralismus als einem Faktum, nicht aber als einer Norm. Niemand kann verpflichtet werden, Pluralist zu sein. Ist jemand Pluralist, wird er nicht behaupten wollen, der Pluralismus sei die einzig richtige Denk- und Verhal-

Auffassung mehrere Perspektiven und Theorien gibt, durch die man
Zugänge zur Natur, zu sich selbst, zur Kultur, zur Geschichte – auch
der Wissenschaft – finden kann, dann ist es fair, Rechenschaft abzule-
gen über den theoretischen Rahmen oder das – um bereits hier einen
Begriff der *Epistémologie* Gaston Bachelards zu verwenden – ‚epistemologische Profil', das man selbst gewählt hat.

Es wird, um es kurz zu sagen, in diesem Buch in einer im weitesten
Sinne kantischen theoretischen Perspektive um zwei Kopernikanische
Revolutionen gehen. Die erste findet in der Philosophie statt; sie ist
mit dem Namen ‚Kant' verbunden. Die zweite ereignet sich etwa 50
Jahre später in den Naturwissenschaften. Beide Revolutionen haben zu
einfache Überzeugungen von der Objektivität unseres Wissens zerstört. In der Philosophie und in den Wissenschaften vollzieht sich –
wie auch in den Künsten – die Auflösung vermeintlicher Gewißheiten,
eine *‚Auflösung des Gegebenen'*, die Erosion der Idee einer vorgegebenen und nur noch in ‚Abbildern' zu repräsentierenden Realität. Wie
die Idee der ‚abbildenden' Repräsentation obsolet wird, schwindet
auch das naive Vertrauen in die Sinneswahrnehmung als exklusiven
‚objektiven' Zugang zur Realität. „Die Sinneswahrnehmung", betont
A.N. Whitehead in *Modes of Thought* (1936), „stellt die Daten nicht in
dem Sinn zur Verfügung, in dem wir sie interpretieren."[6] Das Ergebnis
dieser Revolutionen ist die konstruktionale[7] Idee der *Konstitution der
Welt in der Erkenntnis*; und weil es nicht nur *eine* richtige Konstruktion gibt, entsteht aus dieser Idee eine zweite, die *pluralistische Idee von
Welten.* Was diese Ideen beinhalten, ist folgendes: Weder die Natur
noch die geschichtliche Welt zwingen uns eine *ihnen gemäße* Erkenntnis auf. In der Erkenntnis und in der Sprache wird die ‚objektive Welt'
– relativ zu Kontexten und Rahmen des Wissens – zu *unserer Welt.*
Wir sprechen nicht alle dieselbe Sprache; es gibt mehr als eine Version
der Welt, auch mehr als eine Version von Natur.[8]

Die Moderne ist erst jetzt modern geworden – jetzt, das heißt, zu
einem Zeitpunkt, an dem man mit Nelson Goodman folgendes sagen
kann: Wir kennen jetzt „die Multiplizität der Welten, ihre Abhängigkeit von Symbolsystemen, die wir konstruieren, die Vielfalt an Stan-

tensweise. Gleiches gilt für den hier benutzten Begriff ‚Relativismus'. Vgl. hierzu
Kap. 11.1 und Sandkühler 1999.
6   Whitehead 2001, S. 165.
7   Ich verwende diesen Begriff in Abgrenzung vom (radikalen) Konstruktivismus.
8   Vgl. hierzu Schiemann 1999.

dards der Richtigkeit, denen unsere Konstruktionen unterworfen sind".
Goodman hebt in *Ways of Worldmaking* hervor, dies sei das wesentliche Resultat der modernen Philosophie, „die damit begann, daß Kant die Struktur der Welt durch die Struktur des Geistes ersetzte, [...] und die nun schließlich dahin gekommen ist, die Struktur der Begriffe durch die Strukturen der verschiedenen Symbolsysteme der Wissenschaften, der Philosophie, der Künste, der Wahrnehmung und der alltäglichen Rede zu ersetzen. Die Bewegung läuft von der einen und einzigen Wahrheit und einer fertig vorgefundenen Welt zum Erzeugungsprozeß einer Vielfalt von richtigen und sogar konfligierenden Versionen oder Welten."9

Damit ist über die modern gewordene Moderne nicht schon alles gesagt. Wie es zu Kants Kritik Gegentendenzen gegeben hat, hat es auch Widerspruch gegen einen wie auch immer begründeten, selbst moderaten, d.h. ontologisch neutralen Idealismus in der Theorie der Erkenntnis der Wirklichkeit gegeben, und gerade in den ‚positiven‘ Wissenschaften treten immer wieder der Materialismus, der Naturalismus und der Reduktionismus als Gegenspieler auf die Bühne10, und dies nicht allein in den Naturwissenschaften. Die erste wie die zweite Kopernikanische Wende provozieren einen erneuten, in seinen Prinzipien aber alten Materialismus und dessen zentrale These, *alles* lasse sich mit den Mitteln der Physik als Element der materiellen Welt, der *Natur*, erklären; alles sei aus Naturgesetzen erklärbar, also auch das Bewußtsein oder der Geist.

Man kann jedoch ohne Übertreibung sagen, daß der neue wissenschaftliche Geist in *dominanten* Tendenzen auf das Subjekt zentriert ist, daß er kritisch ist und methodisch skeptisch. Und die Sprache, in der er sich ausdrückt, ist nicht nur deskriptiv, sondern auch präskriptiv: *Wir schreiben der Natur die Gesetze unseres Geistes vor.* Wenn in diesem Sinne auch die Erkenntnis der Natur nicht durch eine Objektivität ausgezeichnet werden kann, die durch die ‚Gegebenheit‘ der Objekte und durch eine Korrespondenz von Theorie und Wirklichkeit garantiert ist, dann ist der Weg frei zu einer umfassenden Änderung des Weltbildes. Die neue geistige Kultur relativiert auch das, was zuvor evident zu sein schien: daß die *wissenschaftliche* Erkenntnis den höchsten Rang in der Hierachie der Rationalitätsformen einnehme. Die Wissenschaft wird zu *einer* symbolischen Form unter gleichrangigen

---

9 Goodman 1990, S. 10.
10 Vgl. hierzu Kap. 13.

epistemischer Kulturen.[11] Diese Idee schreibt sich nicht nur in das
veränderte Selbstverständnis der Wissenschaft ein; sie begründet in
weit umfassenderem Sinne eine Mentalität, eine weltbild-organisieren-
de Ideenkonstellation, Denkbilder und Denkstile.

Im Vordergrund meines Interesses steht das systematische Problem
der kulturellen Genese, des kulturellen Status und der kulturellen
Funktion von Erkenntnis und Wissen[12]; in diesem Kontext geht es um
die Erkenntnis der Natur. Die Epistemologie, von der ich ausgehe, ist
ein *interner Realismus*; dieser Realismus faßt unser Wissen – auch das
wissenschaftliche Wissen über die Natur – als Elemente übergreifen-
der *Kulturen der Erkenntnis und des Wissens* auf. Das epistemologische Profil, das ich wähle, schließt vier markante Merkmale ein:

(1) Kognitive Prozesse und Aussagen über die Realität sind wesentlich davon abhängig, welche Auffassungen zur Beziehung zwischen
Erkenntnis und Wirklichkeit jeweils präferiert werden; diese Auffassungen sind ihrerseits Teile von allgemeineren Rahmen, d.h. von Vi-
sionen und Bildern der Welt und von uns selbst.

(2) Es gibt keine Garantie der Richtigkeit für unsere Erkenntnisse
durch die Außenwelt selbst, also durch die Dinge selbst und ihre Eigenschaften; wir erkennen unter bestimmten kulturellen epistemischen
Bedingungen; solche Bedingungen sind z.B. Schemata der Wahrnehmung und Erfahrung, Beschreibungsschemata und Kontexte symbolischer Formen, aber auch kulturelle Formen des Handelns und Verhaltens; deshalb gibt es Wahrheiten nur kontextuell und indexikalisch; jede Wahrheit ist mit dem Index des Schemas versehen, auf dessen Basis sie gesagt wird.

(3) Erkenntnisse sind nicht unabhängig von unseren intentionalen
propositionalen Einstellungen (*propositional attitudes*), d.h. von Überzeugungen, Meinungen und Wünschen; die Objektivität von Proposi-
tionen ist immer ‚geladen' mit der Subjektivität[13] der propositionalen
Einstellungen.

---

11 Vgl. hierzu Kap. 12.
12 Zu einer epistemologischen Theorie des Kulturverstehens vgl. Göller 2000.
13 ‚Subjektivität' ist hier kein Synonym für ‚Autonomie'; gemeint ist vielmehr eine
    Erste-Person-Perspektive, die von heterogenen Bestimmungen veranlaßt sein
    kann und es in der Regel auch ist.

(4) Weil Erkenntnisse den Status von Konstruktionen haben und kontextuell und perspektivisch sind, sind sie relativ[14]; sie können nicht a priori gegen skeptische Einwände gesichert werden.

Die Annahme einer *Evidenz der Dinge* wird auf diese Weise problematisch. In seinen späten Aufzeichnungen *Über Gewißheit* spricht Wittgenstein von einem „*Naturgesetz des ‚Fürwahrhaltens'*"; es heißt dort:

„Der Unterschied des Begriffs ‚wissen' vom Begriff ‚sicher sein' ist gar nicht von großer Wichtigkeit, außer da, wo ‚Ich weiß' heißen soll: Ich *kann* mich nicht irren. [...] ‚Ich weiß...' scheint einen Tatbestand zu beschreiben, der das Gewußte als Tatsache verbürgt. Man vergißt eben immer den Ausdruck ‚Ich glaubte, ich wüßte es'."[15]

Diese Voraussetzungen haben Folgen für die Annahme der ‚Referenz'. Im Alltagsverstand gehen wir spontan davon aus, daß wir uns *direkt* auf etwas als ein *Gegebenes* beziehen. Die Entwicklung seit dem 19. Jahrhundert führt aber zu einer Kritik dieses schönen Traumes. Unter ‚Referenz' kann nun nicht mehr verstanden werden, daß wir mittels der Sprache der Erkenntnis die Sprache der Gegenstände sprächen. Vielmehr ist die Sprache der Erkenntnis das Original, und die ausgesagten Gegenstände sind ihre Variablen, nicht umgekehrt. Wenn dies so ist, dann gibt es gute Gründe dafür, sich vom vermuteten Eigen-Sinn des sogenannten ‚ontischen' Ursprungs zu befreien und zur *Kritik an der einzigen Wahrheit der einzigen Welt* überzugehen.

1.3   Die Wahrheit gewisser Erfahrungssätze gehört zu unserm Bezugssystem: Begriffs-Relativität und epistemologische Profile

Die Philosophie des 20. Jahrhunderts kennt das so skizzierte Problem unter verschiedenen Namen. Wie immer es benannt wird, geht es um jenes *Dritte*, das die Brücke zwischen Subjekt und Objekt, zwischen Erkenntnis und Wirklichkeit bildet. Mal ist der Name ‚Interpretant', mal ‚theoretischer Rahmen', mal ‚Sprachspiel', mal ‚Begriffssche-

---

14 Diese Relativität ist faktisch die Erfahrung, die Individuen mit der Erste-Person-Perspektive machen; ein verallgemeinerter Kulturrelativismus folgt aus dieser Perspektive nicht, zumindest nicht zwangsläufig. Putnams These, der „Relativismus der ersten Person" klinge „nach einem dürftigen Solipsismus", halte ich nicht für überzeugend (Putnam 1997, S. 101).

15 Wittgenstein 1989, S. 120 f.

ma'.[16] Alle diese Namen bezeichnen den seit Kant bekannten Sachverhalt, daß wir nicht die Dinge, wie sie an sich selbst sind, erkennen, sondern innerhalb eines bestimmten begrifflichen Rahmens. Die Wittgensteinsche Variante lautet: „Die *Wahrheit* gewisser Erfahrungssätze gehört zu unserm Bezugssystem."[17] Eine andere Variante formuliert Ludwig Fleck, Soziologe der Wissenschaftsgeschichte und Zeitgenosse Wittgensteins; er nennt das, was in den Wissenschaften ,Beobachtung von Tatsachen' heißt, ein ,Sehen'-*Können*; das Sehen-Können, „die wissenschaftliche Beobachtung – Gestaltbeobachtung oder Konstruktionsbeobachtung" ist „vom gemeinschaftlichen Denkstil abhängig."[18]

In jüngster Zeit hat Nicholas Rescher aus diesem modernen Paradigma Schlußfolgerungen für die Naturwissenschaften gezogen. Er schreibt in seinen *Studien zur naturwissenschaftlichen Erkenntnislehre*:

„Die Naturwissenschaft bildet nicht die ,Realität an sich' ab, sondern liefert uns vielmehr ein Bild von der ,Realität, wie sie sich uns präsentiert' – wobei wir Forscher eine ganz bestimmte Art sind, denen eine ganz bestimmte [...] Position im Zusammenhang der Dinge der Welt zukommt. [...] Die von uns betriebenen Naturwissenschaften sind ein menschliches Artefakt, das in entscheidender Hinsicht gerade durch die Tatsache begrenzt sein muß, daß es *unsere* Wissenschaft ist. Die Welt, wie wir sie kennen, ist dementsprechend unsere Welt – das Korrelat des Geistes in einem Weltbild, das in charakteristisch menschlichen Verständniskategorien entworfen ist."[20]

Aus der Annahme, daß die Ordnung des Erkannten die Ordnung des Erkennens ist, entsteht das Problem der *Begriffsschema- oder Begriffs-Relativität* (,*conceptual relativity*').[21] Dieses Wort zeigt einen Relati-

---

16 Daß die Grenzen unserer Sprache die Grenzen unserer Welt sind, betont Davidson 2000.
17 Ebd., S. 136.
18 Fleck 1983, S. 167. Vgl. dort Anm. 5.
20 Rescher 1996, S. 107.
21 Putnam 1997, S. 158, erläutert zu ,Begriffsrelativität': „Solange wir uns vorstellen, die Welt bestehe in einem philosophisch ausgezeichneten Sinn der Begriffe ,Gegenstand' und ,Eigenschaft' aus Gegenständen und Eigenschaften – solange wir also meinen, die Wirklichkeit selbst werde, sofern man sie mit ausreichendem metaphysischem Ernst betrachtet, von sich aus bestimmen, wie wir die Wörter ,Gegenstand' und ,Eigenschaft' benutzen müssen –, können wir nicht einsehen, wie es möglich ist, daß die Anzahl und Art der Gegenstände und ihrer Eigenschaften variiert, wenn man von einer richtigen Beschreibung einer Situation zu einer anderen richtigen Beschreibung derselben Situation übergeht. Es ist zwar so,

vismus[22] an, der scheinbar zwangsläufig aus der zentralen Bedeutung von Begriffen und aus der Verwendung von Begriffsschemata folgt. Tatsächlich handelt es sich aber um nicht mehr und nicht weniger als *Relationalität:* Es gibt keine Dinge und keine Natur, die nicht in Relation zu Begriffen stünden, sobald sie zum Gegenstand unserer Erkenntnis und unserer Sprache werden. Insofern ist die Idee, wir stünden in unserer Innenwelt in einem Dialog mit der Außenwelt und mit einer externen Natur, irreführend. Die Innenwelt-Außenwelt-Unterscheidung gehört zu den Artefakten, deren wir uns aus Ordnungsgründen bedienen. *Auf der Suche nach der Natur sind wir vor allem auf der Suche nach uns selbst und nach einer uns betrefenden Gewißheit.*[23] In diesen Dialogen *entsteht* die Natur nach den Regeln des Baus der Brücke, des Dritten, des Interpretanten. Menschliches Bewußtsein und Wissen sind keine *Spiegel der Natur*, die ein objektives, bewußtseinsunabhängiges Außerhalb abbilden; wir spiegeln „uns selbst in der Natur".[24]

Bis jetzt war nur von dem ersten Grund für die Choreographie der zu behandelnden Theorien der Natur die Rede, von einem systematischen epistemologischen Grund. Der zweite der beiden angekündigten Gründe ist ein Grund *de facto.* Er ergibt sich faktisch aus der Geschichte der Wissenschaften und der Philosophie.[25] Wenn Gaston Bachelard, der Begründer der Epistémologie in Frankreich, sagt, „der zeitgenössischen Physik folgend, haben wir die Natur verlassen, um einzutreten in eine Fabrik der Phänomene"[26], dann ist dies das Ergebnis einer Erfahrung mit der Entwicklung der Wissenschaften. Was er sagen will und in vielen seiner Werke immer wieder in Variationen gesagt hat, ist folgendes: Das wissenschaftliche Denken ist charakterisiert durch eine Pluralität ‚epistemologischer Profile'; von bestimmten gewählten Profilen hängen die Phänomene ab, die von den Wissenschaften produziert werden. Bachelard zeigt 1940 in *La Philosophie*

---

daß unsere Sätze insofern ‚der Wirklichkeit entsprechen', als sie diese beschreiben, aber sie sind nicht bloß Kopien der Realität."

22 Vgl. hierzu die enzyklopädische Darstellung von Freudenberger 1999.

23 Zum Zusammenhang von Natur- und Selbsterkenntnis vgl. Blumenberg 1975 und 1981.

24 Schäfer 1993, S. 37 Fn. Schäfer vermutet in diesem Kontext: „Die Selbsterkenntnis des Menschen scheint den Umweg über die Projektionen nach draußen nötig zu haben." (Ebd., S. 37 f. Fn.)

25 Vgl. insgesamt auch Prigogine/Stengers 1983, die im Titel ihres Buches allerdings von einem Dialog *mit* der Natur sprechen.

26 Bachelard 1951, S. 17.

du Non (*Die Philosophie des Nein*) am Beispiel des Begriffs ‚Masse',
daß in der Naturwissenschaft eine Pluralität von – naiv-realistischen,
positivistisch-empiristischen, rationalistischen – Perspektiven zur Verfügung steht, aus denen der Wissenschaftler *sein* Profil wählt. Der, wie
er im Zusammenhang mit der Lavoisierschen Chemie sagt, „horizontale Pluralismus [...], der sich erheblich von dem realistischen Pluralismus unterscheidet, der die Substanzen als Einheiten faßt", ist die Folge
dieser Möglichkeit der Wahl; dieser Pluralismus entsteht „in Wirklichkeit aus der Einverleibung der Wahrheitsbedingungen in die Definition"; sobald die Bedingung der Wahrheit nicht mehr in den Dingen
selbst liegt, „sind „die Definitionen eher funktional als realistisch. Daraus ergibt sich die fundamentale Relativität der Substanz".[27]

Andere Wissenschaftsphilosophen und Theoretiker der Naturwissenschaften haben dies genau so gesehen. Ernst Cassirer, von dessen
Philosophie der symbolischen Formen noch häufig die Rede sein wird,
zielt auf kein anderes Theorem als Bachelard, wenn er betont, der Pluralismus der kognitiven Beziehungen zur Wirklichkeit zeige sich bereits in der Sprache. Wenn „die Sprache in ihren komplexen Begriffs-
worten nicht [...] ein Spiegelbild des sinnlichen *Daseins*, [...] vielmehr
ein Spiegelbild geistiger *Operationen* ist, so wird diese Spiegelung
sich auf unendlich vielfältige und verschiedenartige Weise vollziehen
können und müssen."[28]

Was Cassirer systematisch ausdrückt, beobachtet William James als
de-facto-Pluralismus in der Wissenschaftsentwicklung:

„Up to about 1850 almost everyone believed that sciences expressed truths that
were exact copies of a definite code of non-human realities. but the enor-
mously rapid multiplication of theories these latter days has well-nigh upset
the notion of any one of them being a more literally objective kind of thing
than another. There are so many geometries, so many logics, so many physical
and chemical hypotheses, so many classifications, each one of them good for
so much and yet not good for everything that the notion that even the truest
formula may be a human device and not a literal transcript has dawned upon
us."[29]

Den Kern der Problematik, zu deren Lösung die Wissenschaften im
19. Jahrhundert in der Philosophie wieder einen Alliierten entdecken,

27   Bachelard 1940, S. 85 f.
28   Cassirer 1994, S. 83.
29   James 1975, S. 40.

kann man in heutiger Sicht mit Thomas Nagel[30] folgendermaßen bestimmen: Es geht um drei miteinander verknüpfte Probleme: das Problem der Objektivität, das der Polarität von Objektivität und Subjektivität und das der Integration des Beobachters in die zu beschreibende Welt. Nagel schreibt:

„Wenn wir daran festhalten wollen, daß alles Reale objektiv beschreibbar sein muß, dann stehen uns drei Möglichkeiten offen, mit widerspenstigen subjektiven Aspekten zu verfahren: Reduktion, Elimination und Annexion. *1. Reduktion*: Man kann versuchen, die Erscheinungen soweit wie möglich zu retten, indem man sie objektivistisch interpretiert. [...] *2. Elimination*: Wenn kein Reduktionsvorschlag plausibel erscheint, kann man das, was uns die subjektive Perspektive zeigt, als *Schein* abtun, für dessen Entstehung man vielleicht sogar eine Erklärung anbieten kann. [...] *3. Annexion*: Wenn es nicht gelingt, das Subjektive auf das vertraute objektive Vokabular zu reduzieren, man aber seine Realität auch nicht von vornherein bestreiten will, dann kann man ein neues Element der objektiven Realität erfinden, das eigens für den Zweck geschaffen wird, das widerspenstige Phänomen aufzunehmen".[31]

Die Wissenschaften haben im 19. Jahrhundert hinsichtlich des Status der ‚natürlichen Welt' zunächst derartige Lösungen favorisiert. Aber es kommt zu einem Erwachen, zu einer Selbstkritik, und es gelingt zunehmend, „dem Heißhunger nach Objektivität zu widerstehen"; dies führt dazu, daß der ‚Standpunkt' des Beobachters und Experimentators zu einem wichtigen Thema wird.[32]
   Dem Heißhunger nach Objektivität widerstehen? Es wäre eine Illusion zu glauben, dieses Problemen werde ein für allemal behoben. Es tritt in den empirischen Wissenschaften in Permanenz auf. So spiegelt es sich auch noch viel später in Reflexionen z.B. Albert Einsteins, der im Kontext seiner Kritik des philosophischen Idealismus feststellt: „Dieser mehr aristokratischen Illusion von der unbeschränkten Durchdringungskraft des Denkens steht die mehr plebejische Illusion des naiven Realismus gegenüber, gemäß welcher die Dinge so ‚sind', wie wir sie auch in unseren Sinnen wahrnehmen. Diese Illusion beherrscht das tägliche Treiben [...] Sie ist auch der Ausgangspunkt der Wissenschaften, insbesondere der Naturwissenschaften."[33] Wieder aber ist dies nur die eine Seite der Medaille. Die andere ist zu sehen, wenn

---

30 Vgl. Nagel 1991, S. 99 ff.
31 Ebd., S. 122 f.
32 Ebd., S. 124.
33 Einstein 1993, S. 36 f.; vgl. S. 159.

Heisenberg über die Aussage Einsteins berichtet, es sei „vom prinzipiellen Standpunkt aus ganz falsch, eine Theorie nur auf beobachtbare
Größen gründen zu wollen. *Erst die Theorie entscheidet darüber, was
man beobachten kann.*"[34] Ähnlich Niels Bohr, der sich dem Problem
der „komplementäre[n] Seiten der Erfahrung" widmet; die Bedingungen, unter denen etwas beobachtet wird, und die Möglichkeit der Definition dieses Etwas in der Quantentheorie bilden einen in der klassischen Physik noch nicht erkannten Zusammenhang.[35] Bohr betont in
seiner Schrift *Diskussion mit Einstein über erkenntnistheoretische
Probleme in der Atomphysik* das mit der Relativitätstheorie eintretende
Neue in der Problematik des Realismus: Es besteht in der „*Unmöglichkeit einer scharfen Trennung zwischen dem Verhalten atomarer Objekte und der Wechselwirkung mit den Meßgeräten, die zur Definition
der Bedingungen dienen, unter welchen die Phänomene erscheinen*".[36]
Das auch in den Wissenschaften unabweisbare Realismusproblem
führt zu einem in der Zeit des Positivismus zunächst nicht wahrge-
nommenen Bedarf an philosophischer Erkenntnistheorie. Max Planck
spricht von einer „Sturm- und Drangperiode" der Physik, die „nicht
nur zur weiteren Entdeckung neuer Naturvorgänge, sondern sicherlich
auch zu ganz neuen Einsichten in die Geheimnisse der Erkenntnistheorie führen" werde.[37] In *Positivismus und reale Außenwelt* (1930) legt
Planck seine eigenen erkenntnistheoretischen Einsichten dar:

„Dem Physiker ist das ideale Ziel die Erkenntnis der realen Außenwelt; aber
seine einzigen Forschungsmittel, seine Messungen, sagen ihm niemals etwas
direkt über die reale Welt, sondern sind ihm immer nur eine gewisse mehr oder
weniger unsichere Botschaft oder, wie es Helmholtz einmal ausgedrückt hat,
ein Zeichen, das die reale Welt ihm übermittelt und aus dem er dann Schlüsse
zu ziehen sucht, ähnlich einem Sprachforscher, welcher eine Urkunde zu ent-
rätseln hat, die aus einer ihm gänzlich unbekannten Kultur stammt. Was er dabei von vornherein voraussetzt und voraussetzen muß, wenn seiner Arbeit
überhaupt ein Erfolg möglich sein soll, ist, daß der Urkunde ein gewisser ver-
nünftiger Sinn innewohnt. So muß auch der Physiker voraussetzen, daß die reale Welt gewissen uns unbegreiflichen Gesetzen gehorcht, wenn er auch keine
Aussicht hat, diese Gesetze vollständig zu erfassen oder auch nur ihre Natur
von vornherein mit voller Sicherheit festzustellen. Im Vertrauen auf die Ge-

---

34 Heisenberg 1990, S. 31.
35 Zit nach U. Röseberg, Niels Bohr 1885-1962. Leben und Werk eines Atomphysi-
     kers, Stuttgart 1985, S. 170.
36 Bohr 1985, S. 38.
37 Planck 1926, S. 260. Vgl. auch Niels Bohrs Aufsatz Erkenntnistheoretische Fra-
     gen in der Physik und die menschlichen Kulturen (1938), in: Bohr 1985.

setzlichkeit der realen Welt formt er sich nun ein System von Begriffen und
Sätzen, das sogenannte physikalische Weltbild, welches er nach bestem Wissen und Können so ausstattet, daß es, an die Stelle der realen Welt gesetzt, ihm
möglichst die nämlichen Botschaften zusendet als diese. Insoweit ihm das gelingt, darf er, ohne eine sachliche Widerlegung befürchten zu müssen, die Behauptung aufstellen, daß er eine Seite der realen Welt wirklich erkannt hat, obwohl sich eine solche Behauptung natürlich niemals direkt beweisen läßt.“[38]

1.4 Die Fragwürdigkeit des Konzepts ,Repräsentation'

Die theoretische Bilanz aus derartigen Einsichten betrifft nicht nur den
Realismus, sondern vor allem auch das Problem der Repräsentation[39];
die Bilanz kann in wenigen Sätzen so zusammengefaßt werden: Es ist
nicht das Sein selbst, das *sich* in uns repräsentiert; Repräsentation hat
einen ganz anderen Status und eine andere Funktion: Repräsentation
ist die Präsentation von Vorstellungsinhalten in anderen und durch andere. Was Menschen *darstellen*, müssen sie zunächst *vorgestellt* haben; sie stellen es *in sich und durch sich* vor und dar. In einer Kurzfor-
mel: Alle Repräsentation gründet in *Selbstrepräsentationen* von Menschen in Kulturen.[40]

Bis ins 19. Jahrhundert war (mit Ausnahmen) ,Repräsentation' als
Begriff zur Bezeichnung des Status und der Funktion menschlicher
Bewußtseinsleistungen und des Handelns– von *Wahrnehmung, Denken, Erfahrung* und *Erkennen, Praxen der Kunst und der Technik* –,
als Darstellungsmodell und als Begriff der politischen und Rechtstheorie weitgehend unangefochten. In Philosophie, Wissenschaften und
Künsten ist dieses Konzept jedoch seit ca. 1850 zum *Problem* der Gei-
stes-, Kultur- und Sozialwissenschaften sowie der Naturwissenschaften geworden. Der Prozeß der Problematisierung des Konzepts kann
als *Krise der Repräsentation* interpretiert werden, der die Entstehung

---

38 Planck 1949, S. 235.
39 Vgl. Kap. 13.
40 ,Von Menschen' – dies bedeutet, daß die Urheber von Repräsentationen Individu-
en sind, nicht aber imaginäre soziale Kollektive. Theorien des Kulturrelativistis-
mus neigen zu einer neuen Metaphysik, wenn sie ,die' jeweilige Kultur nicht
pragmatisch als Anlaß und Kontext (d.h. weder im Sinne eines kontextualisti-
schen Partikularismus und noch eines kontexttranzendenten Universalismus), sondern Kultur substanzialisieren und deterministisch als Ursache bestimmter Repräsentationen in bestimmten Kulturen verstehen. H. Putnam sieht nicht zu unrecht
im Kulturrelativismus eine Variante des Naturalismus (vgl. Putnam 1987, S. 228
ff.).

und Etablierung von Alternativen zu ‚Repräsentation' folgt – ein *Paradigmenwechsel*.

Die Problematisierung des Konzepts ‚Repräsentation' ist durch die zunehmend geteilte Annahme veranlaßt, daß unter ‚Repräsentation' eine strukturerhaltende *Abbildung* von Wirklichkeit verstanden werde bzw. zu verstehen sei. Es ist das *abbildungstheoretische* Verständnis von Repräsentation, das auf einer realistischen Ontologie/Metaphysik der Substanz, auf einer realistischen Epistemologie und auf einer Korrespondenztheorie der Wahrheit beruht, das die Krise der Repräsentation evoziert und zur Entwicklung alternativer Paradigmata führt. Kritiker machen u.a. geltend, daß Repräsentationskonzepte auf grundlegenden *Dualismen* basieren, die z.T. notwendigerweise abbildungstheoretische Folgen haben: Ontologische Dualismen zur Sein-Denken-Beziehung, erkenntnistheoretische Subjekt-Objekt-Dualismen, die empiristisch behauptete Relation von Realität und Sinnesdaten, naturalistische input-output-Konzeptionen, semantiktheoretisch behauptete Referenzbeziehungen von *res* und *verba* [Name-Gegenstand; Satz-Sachverhalt] oder sprachtheoretisch behauptete binäre Signifikant-Signifikat-Beziehungen (*signifiant – signifié*).

Begriff und Theorie der Repräsentation werden entweder nun in Abgrenzung vom Abbild-Konzept reformuliert oder aber aufgegeben und durch *neue Paradigmen* – wie z.B. ‚Konstitution' oder ‚Konstruktion' – ersetzt. Die wahrheitstheoretischen Ansprüche werden in dem Maße bescheiden, wie ‚Repräsentation' mit Perspektivismus, *Pluralismus* und *Relativismus* konfrontiert wird. Damit verändern sich *Erkenntnis- und Wissenskulturen*, aber auch technische und andere *Handlungskulturen*, und Kulturalität wird zu einem zentralen Thema, versteht man unter 'Kultur' die Formen- und Bedeutungsvielfalt symbolischer Handlungen und Äußerungen und das von Menschen geschaffene Netzwerk von Bedeutungen; Kultur stabilisiert Orientierungen und Lebensweisen durch die Konstruktion symbolischer und wissenschaftlich-technischer Artefakte. Die postrepräsentationalen Paradigmata zu verstehen, bedeutet auch, 'Kultur' besser verstehen zu lernen. Denn eine der Folgen des Paradigmenwechsels von einem Gewißheit und Sicherheit versprechenden abbildtheoretischen Repräsentationsbegriff zu neuen Paradigmata, die mit der Betonung der weltbildenden Aktivität von Subjekten auf höhere Freiheitsgrade und auf neue Verantwortungsprobleme unter pluralistischen/relativistischen Bedingungen aufmerksam machen, ist eine nicht nur im Alltagsleben,

sondern auch in Philosophie, Wissenschaft, Kunst und Technik bestehende Unsicherheit hinsichtlich der Fragen, welche Wahrheitsansprü-
che begründet geltend gemacht werden können, welche Gewißheit
Wissen bieten kann, ob ethische und rechtliche Normen universelle
Geltung beanspruchen können, welche Möglichkeiten künstlerischer
Darstellungen es gibt und ob diesen Grenzen gesetzt sind, und inwie-
weit technische Entwicklungen sicher zu gestalten und moralisch begründbar sind.

Die naive Auffassung von Repräsentation hatte besagt, etwas sei
dann und nur dann repräsentiert, wenn eine weitgehende Angleichung
an das Etwas, ja Isomorphie mit ihm bestünde. Diese Auffassung unser Bilder von der Welt der Dinge ist fragwürdig geworden. Fragwürdig ist nicht, daß das, was wir ‚Repräsentationen' nennen, *Bilder sind*.
Fragwürdig ist es, Bilder als *Abbilder*, als *Widerspiegelungen*, als Reproduktionen zu verstehen.

Zu diesem Problem ist eine schöne Reflexion in den Tagebüchern
von Cesare Pavese zu finden; er spricht von der Sucht nach Abbildern:

„Seltsame Manie, von allem ein Duplikat zu wollen; vom Körper die Seele,
von der Vergangenheit die Erinnerung, vom Kunstwerk die Wertung, von sich
selbst den Sohn ... Sonst erschienen uns die ersten Zustände vergeudet, vergeblich. Und was ist dann mit den zweiten? Ist es so, weil alles unvollkommen ist?
Oder weil ‚man die Dinge erst beim zweitenmal sieht'?"[41]

Tatsächlich sind wir, wann immer wir uns Bilder von der Welt machen, *selbst im Bild*; wir kopieren nicht, sondern wir entwerfen und gestalten; alle Repräsentationen tragen unsere Signaturen.

Dies alles klingt nach Subjektivismus, und nicht wenige sehen in
der *Inkommensurabilität* der Theorien und im *Relativismus*[42] der
Wahrheiten unausweichliche Folgen der Souveränitätserklärung der
Subjektivität. Sie übersehen zumindest, daß die wichtige Forderung
nach der Kohärenz von Aussagen nicht aufgegeben wird. *Innerhalb*
eines epistemologischen Profils haben alle Erkenntnisse, Namen und
Bedeutungen ihre Ordnung in der Gesamtheit der konzentrischen Kreise, die – vom Zentrum der Prinzipien bis zur Peripherie der abgeleite-
ten Sätze – die Struktur einer Theorie ausmachen. Jeder singuläre epistemische Akt ist in einer solchen Struktur mit anderen Akten vernetzt;
jeder Akt hat Kontexte und aktualisiert neue Verknüpfungen. Die

41 C. Pavese, Il mestiere di vivere, Torino 1952; Eintragung am 25. Dezember 1948.
42 Vgl. hierzu Kap. 11, v.a. 11.3.

Kontextualität *relationiert* den epistemischen Akt, ohne ihn damit auch schon im Sinne von Beliebigkeit zu *relativieren*. Der Pluralismus löst die eine Welt, in der wir leben, nicht auf. Was der Pluralist meint, ist folgendes: Die Ding-Welt akzeptieren bedeutet nicht, eine immer schon fertige Welt zu akzeptieren; es bedeutet vielmehr (a) eine bestimmte Form der Sprache, ein bestimmtes begriffliches Schema und die Regeln der Sprache oder des Schemas zu akzeptieren[43] und (b) anzuerkennen, daß es plurale Begründungen für das gibt, wofür wir uns entscheiden, was wir für richtig halten usf.; *meine Weltsicht und meine Präferenzen sind nicht durch Wahrheits- und Gültigkeitsbedingungen privilegiert, die den einen einzigen ausgezeichneten Seinsgrund hätten.* Deshalb begegnet uns die eine Welt in den verschiedenen Ordnungen, in denen wir diese Begegnung zulassen.

Bezieht man dies auf die Empirie der Wissenschaften, dann folgt daraus, daß der Inhalt von Beobachtungssätzen nicht vom Beobachteten selbst diktiert wird, daß es vielmehr ein Möglichkeitsspektrum der Erfahrung und eine Freiheit der Zeichen-Zuweisung gibt. Der „Begriff des Zeichens ermöglicht die Orientierung in der Welt als Orientierung an ‚etwas', das zugleich frei läßt. [...] Das Zeichen bleibt gegenüber jeder Interpretation ‚stehen' für andere Interpretationen, durch *andere Personen* und durch ‚dieselbe' Person zu einer anderen *Zeit.*"[44] Die Forderung nach einer empischen Grundlegung von Wissen und die Anerkennung der Pluralität von Wissenskulturen bilden, so N. Rescher, keinen Gegensatz:

„The empirical basis of our factual knowledge is bound to engender a variety of alternative cognitive positions through the variation of experience. For the cognitive exploitation of different *bodies* of experiences [...] is bound to lead rational inquirers to different results. Given the diversity of human experiences, *empiricism entails pluralism.*"[45]

Es ist nicht etwa so, daß eine solche pluralistische Einstellung einen ontologischen oder epistemologischen Idealismus voraussetzte. Die Beobachtung der Wissenschaften selbst führt zu diesem Punkt, und

---

43 Vgl. Abel 1993, S. 146, 148, der sich auf Carnap 1956, S. 207 f. bezieht: „To accept the thing world means nothing more than to accept a certain form of language, in other words, to accept rules for forming statements and for testing, accepting, or rejecting them".

44 Simon 1994, S. 12. Vgl. Abel 1993 und zum Problem der Interpretation in induktiven Wissenschaften Kap. 7.1, 7.2.

45 Rescher 1993, S. 77. Hervorh. von mir.

zwar auch in einer logisch-empiristischen Sicht. So betont schon Otto Neurath, der „logische Empirismus" sehe „keine Möglichkeit, einen 'absoluten' Standpunkt einzunehmen, von dem aus er über ‚Wissen' und ‚Sein' spricht"; man könne „nur zwischen verschiedenen Sammlungen von Vollsätzen wählen, zwischen verschiedenen ‚Enzyklopädien'".[46]

Eine Philosophie und Wissenschaftstheorie, die so etwas sagt, ist ontologisch bescheiden geworden. In der Tat verliert die Erkenntnis, auch in der Wissenschaft, in dem Maße, wie die Wirklichkeit in Zeichen, symbolische Formen und auf diese Weise in Weltversionen transformiert wird, die Welt der ‚Dinge, wie sie an sich selbst sind'. Dies ist der Befund, zu dem Cassirer im Rückgriff auf Heinrich Rikkert kommt: „was unsere Kenntnis der Tatsachen zu befestigen und zu erweitern schien, das entfernt uns vielmehr immer weiter von dem eigentlichen Kern des ‚Tatsächlichen'. Das begriffliche Verständnis der Wirklichkeit kommt der Vernichtung ihres charakteristischen Grundgehalts gleich."[47] In Zeichen und symbolischen Formen gewinnen wir aber um so mehr an phänomenaler Welt, die unserm Geist gleicht, die wir deshalb verstehen und in der wir handeln können.

Die Wissenschaften zeigen in ihrer Entwicklung seit dem 19. Jahrhundert, daß ihnen ein derartiger ‚schwacher' Realismus durchaus genügen kann. Die Geschichte der Wissenschaften, zumal der Naturwissenschaften im 19. Jahrhundert lehrt, daß ein ‚starker' Realismus in die Krise führt. Zu lernen ist, daß für ein gerechtfertigtes Wissen über Entitäten der ‚phänomenalen Wirklichkeit' nicht die Bedingung erfüllt sein muß, daß Gegenstände der Forschung Entitäten einer ‚substantiellen Realität' sind. Dies ist es, was der Soziologe Joachim Israel in seinem Buch *Sprache und Erkenntnis* durch eine Erinnerung an die Kopenhagener Interpretation der Relativitätstheorie erläutern will:

„Der dänische Physiker Niels Bohr schrieb in den späten zwanziger Jahren, es sei ein Irrtum zu behaupten, daß es die Aufgabe der Physik wäre, herauszufinden, wie die Natur beschaffen sei. *Die Physik beschäftige sich mit dem, was wir über die Natur sagen können.* Mit anderen Worten: Zu fragen, wie die Dinge ‚wirklich' sind, gehört zu einem Realismus, der davon ausgeht, daß wir

---

46 Neurath 1981, S. 840 f. „Niemand kann", so Neurath, „den logischen Empirismus zur Begründung eines totalitären Arguments benutzen. [...] Pluralismus ist das Rückgrat meines Denkens. Metaphyische Haltungen führen oft zum Totalitarismus" (zit. n. H.M. Kallen, Postscript – Otto Neurath 1882-1946. In: Philosophy and Phenomenological Research 6 (1946), S. 533).
47 Cassirer 1990, S. 295. Vgl. zum Problem der Tatsachen Kap. 7.

Eigenschaften bei Dingen beobachten, messen oder auf irgendeine andere Weise Wissen von ihnen bekommen könnten, ohne daß das, was wir tun (Beobachten, Messen etc.), gerade diese Eigenschaften beeinflußt oder verändert. Dem entgegen können wir beschreiben, was wir tun, welche Resultate wir erhalten und wie unsere Handlungen in die Beschreibung der Resultate mit einbezogen werden. Es ist sinnlos und deshalb überflüssig, die Frage zu stellen, wie denn die Dinge ‚wirklich' beschaffen sind. Deshalb sollen wir nicht fragen, wie die Dinge beschaffen sind, sondern was wir sinnvoll über sie sagen können und in gewissen Fällen, was wir logisch notwendigerweise über sie sagen müssen."[48]

Spreche ich von ‚*phänomenaler Wirklichkeit*', um zu bezeichnen, um welche *Realität* es geht und mit welcher *Natur* die Naturwissenschaften es zu tun haben, so mag der Eindruck entstehen, daß ich damit letztlich doch eine ontologische Verpflichtung eingegangen bin: Wir beziehen uns nämlich in dieser Differenzierung offensichtlich – wenn auch in der Weise der Negation – auf so etwas wie die kantischen ‚Dinge, wie sie an sich selbst sind'. Es trifft also zu, daß die Annahme einer „äußeren Realität' eine Voraussetzung darstellt. Aber diese Realität ist – ob nun mit oder ohne Kant – kein ernstzunehmendes Problem. Es wäre ganz sinnlos und ein unnötiger Verlust an Rationalität und Orientierung in der Welt, wollte man die Existenz der räumlich-zeitlichen Welt leugnen. Was ich sagen will, ist: Das sogenannte ‚Problem der Außenwelt'[49] ist *philosophisch* ohne jedes Interesse. Dies ist es, was ein ‚interner Realismus' behauptet. Rudolf Carnap schreibt in seiner Autobiographie, „die These von der Realität der Außenwelt [sei] eine leere Zutat zum Wissenschaftssystem".[50] Es bedarf keines weiteren Kommentars, daß ich für einen *Antirealismus* nicht plädiere. Interessant für die Philosophie und für die Wissenschaftstheorie ist die Welt des Wissens, in der die ‚Außenwelt' *erscheint*. Interessant ist die Konstitution der in Zeichen und Symbolen gelesenen Natur, also das *Buch der Natur, das immer wieder und auf verschiedene Weise in Sprachen der Kultur geschrieben wird*.[51] Von Interesse ist dies alles,

---

48 Israel 1990, S. 44.
49 Vgl. Pappas 1993, S. 381: „An external world, as philosophers have used the term, is not some distant planet external to earth. Nor is the external world, strictly speaking, a world. Rather, the external world consists of those objects and events which exist external to perceivers."
50 Carnap 1993, S. 71.
51 Vgl. zur alten Metapher des Buchs der Natur, „in dem wir lesen, wenn wir sie erforschen", und zu seinem Vorschlag, stattdessen von „Natur im Umbruch" zu sprechen, um die Naturthematik „enger an die Dimension des Herstellens" zu

dies alles, weil wir wissen müssen, wer wir sind, um wissen zu können, was ist, was Wirklichkeit ist, was Natur ist.

Die historische Rekonstruktionen, die in den nächsten Kapiteln folgen, sollen den Weg der *Aufklärung* in den Wissenschaften zeigen, um zu einem Verständnis des Weltbildes zu gelangen, das im 19. Jahrhundert entsteht und das heute weitgehend selbstverständlich ist. Die zweite *Kopernikanische Wende* findet nicht in der Philosophie statt, sondern in den Wissenschaften, freilich nicht nur in ihnen. Prominente Zeugen der Weltbildveränderung sind auch die Künste.

1.5   ,Sehen' statt ,repräsentieren' – konstruieren statt abbilden

In den Künsten artikuliert sich in der zweiten Hälfte des 19. Jahrhunderts eine epistemologische Avantgarde. Es entsteht ein neues Paradigma des *Sehens*. Auffällig ist, wie nachdrücklich sich Maler in ihren kunsttheoretischen Reflexionen auf die zeitgenössische Physiologie des Sehens beziehen.[52] In Physiologie und Kunst wird die Idee nachahmender abbildender Repräsentation verabschiedet. Die Kunst wendet sich von einem Realismus der ,Darstellung der Natur' und von naturalistischen Idealen ab, denen sie sich zuvor verpflichtet wußte. Sie gibt das Ideal der Isomorphie von Repräsentiertem und Repräsentation auf und löst die Konturen des ,Gegebenen' – sei es durch Farbe, sei es durch Sprache – in neue Formen und Welten auf.

Als Baudelaire in seinem Bericht über die Salon-Ausstellung von 1859 über den ,modernen Maler' schreibt, besteht für ihn die Kunst „nicht mehr in einem immer genaueren Abschildern der Natur, sondern in der eigenständigen, persönlichen Erfindung, in der Einbildungskraft". *Modernité* besteht in der ,Herrschaft der Phantasie", die „ein schöpferisches *Gegengewicht* zur Realität" bildet. Baudelaire zitiert den Satz Delacroix' „Die Natur ist nur ein Wörterbuch" und erläutert:

„Um den Sinn dieses Satzes in seiner ganzen Tragweite zu verstehen, muß man sich den vielfältigen alltäglichen Gebrauch eines Wörterbuchs vor Augen halten. Wir suchen Wortbedeutungen, Wortwurzeln und Ableitungen darin,

---

rücken, Schäfer 1994, S. 23 f.; vgl. auch den Ansatz, die Naturwissenschaften ,kulturistisch' zu verstehen, bei Janich 1992.

52 So beruft sich z.B. Paul Signac auf H. v. Helmholtz. Zur Physiologie des Sehens vgl. Kap. 9.

wir entnehmen ihm alle Bausteine für einen Satz oder eine Erzählung, aber niemand hat je ein Wörterbuch als Komposition im künstlerischen Sinn des Wortes verstanden. Die Maler, die der Einbildungskraft folgen, suchen in ihrem Wörterbuch die Bausteine, die zu ihrem Entwurf passen, und selbst diesen Bausteinen verleihen sie ein ganz neues Aussehen, indem sie sie kunstvoll einsetzen. Wer keine Einbildungskraft hat, kopiert das Wörterbuch."[53]

‚Natur' oder ‚Realität' sind nicht Namen für ein immer schon Gegebenes und Bekanntes; sie sind Signaturen einer phänomenalen Wirklichkeit, die noch unbekannt ist, die gesehen werden muß, um sein zu können. Claude Monet reflektiert dies in einer ganz kantischen Sprache: „Während ihr auf philosophische Weise versucht, die Welt an und für sich zu erfassen, konzentriere ich lediglich alle meine Bemühungen auf ein Maximum an Erscheinungen, die in engem Zusammenhang zu uns noch unbekannten Wirklichkeiten stehen."[54] Programmatisch formuliert Paul Cézanne: „Malen heißt nicht einfach die Natur nachahmen, sondern eine Harmonie unter zahlreichen Bezügen herstellen, sie in ein eigenes Tonsystem übertragen, indem man sie nach dem Gesetz einer neuen und originalen Logik entwickelt."[55] Emile Blémont schreibt unter dem Eindruck des Neuen in der Malerei zu den Prinzipien der Impressionisten: „Sie ahmen nicht nach, sie übersetzen, sie interpretieren, sie gehen darauf aus, die Resultate der mannigfachen Linien und Farben, die das Auge vor einem Naturaspekt aufs Mal erfaßt, herauszuarbeiten."[56] Wie in den Wissenschaften wird auch hier die Verpflichtung zu abbildender Repräsentation aufgegeben: „Nach Cézanne hat die Malerei das *Abbildungsverhältnis* zur Welt durch ein *Schöpfungsverhältnis* ersetzt."[57] Es geht, so Christoph Jamme mit Verweis auf Jacques Derrida, „um das Problem der Wahrheit mit oder ohne Repräsentation".[58] Die erlebte aktive Perspektive der Wahrneh-

53 Herding 1991, S. 184. André Malraux interpretiert Delacroix' Satz in Les voix de silence so: „Wenn Delacroix sagt, die Natur sei ein Wörterbuch, so meint er damit, ihre Wörter seien ohne Sinnzusammenhang (genauer gesagt, sie besäßen ihre eigene Syntax, welche nicht die der Kunst ist); und es sei Aufgabe des Künstlers, aus ihnen Entlehnungen zu machen." (Malraux 1960, S. 337)
54 Zit. nach van der Kemp 1994, S. 20. Es wäre reizvoll, der Frage nachzugehen, welche Bedeutung die moderne Malerei für Philosophen gehabt hat, die eine vergleichbar 'kantische' Sprache sprechen; Cassirer z.B. lernt 1898 bei Paul Cassirer in Berlin Werke Cézannes, Manets, Monets, Munchs, Van Goghs u.a. kennen.
55 Cézanne 1957, S. 80.
56 Zit. nach Graber 1943, S. 213.
57 Jamme 2000, S. 115.
58 Ebd., S. 123.

mung einer Welt, die ‚um mich herum' ist und nicht ‚vor mir', tritt, wie
Maurice Merleau-Ponty in seinen Studien zu Paul Cézanne[59] zeigt, an
die Stelle des passiven Abbildens. Diese Kunst will nicht die Dinge
aus den Dingen repräsentieren, sondern eine Sehweise *in* Dinge formen, die so erst in die Welt kommen und die Wirklichkeit erweitern.
Kunst ist eine ‚Operation mit dem Ausdruck', nicht aber Repräsentation im Sinne von ‚Darstellung'. Im Impressionsmus und im Neoim-
pressionismus des späten 19. Jahrhunderts wird – strukturell nicht anders als in Johannes Müllers Physiologie des Sehens und in Hermann
Helmholtz' Optik – der Ausdruck des Wirklichen durch eine auf das
Sehen und die Malerei ‚angewandte Wissenschaft' geschaffen[60]; er
entsteht als „composition raisonné".[61] Das neue Prinzip der ‚*division*'
und die Technik, Farben nicht mehr ‚nach der Natur' auf der Palette
anzumischen, sondern durch Punkte aus reinen Farben eine ‚Mischung
im Sehen' (‚*mélange optique*') herzustellen, entspricht, so Signac, einer „präzisen wissenschaftlichen Methode": Das Bild hat nicht die
Aufgabe, photographisch abzubilden oder das Wirkliche zu illu-
strieren.[62]

Die geschaffenen Gegenstände – der Kunst wie der Wissenschaften
– *haben* keine Orte im Raum und in der Zeit der Natur, sondern sie *erhalten* sie der Topographie der Kultur: „Der Bruch mit dem Repräsen-
tationsmodell bedeutet die Auflösung des Paradigmas der Ordnung in
das der Geschichte bzw. der Zeit."[63] Nach der Abdankung realistisch
aufgefaßter Repräsentation haben die dunklen Wasser der Poesie, das
Wasser des Meeres bei Signac und die chemische Formel H_2O ein Gemeinsames: Sie sind *Zeichen, Symbole, Übersetzungen, Interpretationen* und als solche Mittel der Wirklichkeitsherstellung.

59 Vgl. *Le doute de Cézanne* (1945) in: Merleau-Ponty 1996, S. 13-33. Diesen Hin-
    weis verdanke ich Christoph Jamme; vgl. Jamme 2000.
60 Pissaro schreibt 1888 an Signac, seit Seurat gehe es um die Idee, die angewandte
    Wissenschaft in der Malerei praktisch werden zu lassen; vgl. Distel 2001, S. 107.
61 Während ihres Pariser Aufenthalts notiert Paula Modersohn 1900: „Konstruktion
    ist hier Schlagwort." (Zit. nach Uhde-Bernays 1956, S. 625)
62 So Paul Signac in seiner theoretischen, Seurat gewidmeten Arbeit D'Eugène De-
    lacroix au néo-impressionisme (1899); zit nach den Auszügen in: Distel 2001, S.
    114 ff. Die ‚division' besteht in der „séparation méthodique des éléments – lumiè-
    re, ombre, couleur locale, réactions" (ebd., S. 118).
63 Jamme 2000, S. 124. Welche Bedeutung die Beschleunigung zeitlicher Abläufe
    durch moderne Technologie (Eisenbahn) für Wahrnehmungsveränderungen in der
    Malerei hat, zeigt Wagner 1991a unter dem Titel ‚Wirklichkeitserfahrung und
    Bilderfindung' in ihrer Interpretation von Bildern William Turners.

1.6   ‚Tatsachen' im interpretatorischen Raum: homo mensura – *auch in den Wissenschaften*

Bleiben wir beim Prozeß in den Wissenschaften im 19. Jahrhundert. Mehr und mehr Wissenschaftler begreifen, daß auch das wissenschaftliche Wissen Ordnungen der Welt in genau jener Objektivität und Rationalität herstellt, wie sie Menschen mit den Wissenschaften als einer der Formen des *Dritten* möglich ist. Der so oft verpönte Topos *homo mensura* wird wieder aktuell. „Aller Dinge Maß ist der Mensch, des Seienden, daß (wie) es ist, des Nichtseienden, daß (wie) es nicht ist", lautet er in seiner ursprünglichen Fassung als *anthropos-metron*-Satz des Protagoras.

In den positiven Wissenschaften kommt es seit den 1830er Jahren zu vier folgenreichen epistemologischen Entdeckungen: 1. Die Wissenschaft übersetzt das ‚Wirkliche' in Zeichen und Symbole; 2. die ‚Fakten' der Empirie sind theoriegeladen; 3. die Bilder der Wirklichkeit entstehen aus Interpretationen; und 4. es gibt nicht nur eine wahre Theorie über bestimmte Phänomene der Natur, der Geschichte und der Gesellschaft; mehrere Theorien, die gleich gute Erklärungen liefern, können koexistieren. Man entdeckt also, daß man es mit einer Pluralität von Versionen der Welt und der Natur zu tun hat und daß ‚Tatsachen' immer die Bedeutung von ‚Tatsachen im interpretatorischen Raum' haben, um eine Formel aus Wittgensteins *Tractatus* zu variieren.

Cassirer notiert 1921 in seinem Buch *Zur Einsteinschen Relativitätstheorie:* „In dem Augenblick, in dem das Denken, seinen Ansprüchen und Forderungen gemäß, die Form der ‚einfachen' Grund- und Maßverhältnisse verändert, stehen wir auch inhaltlich vor einem neuen ‚Weltbild'. Die früher gewonnenen und festgehaltenen Beziehungen der Erfahrung verlieren jetzt zwar nicht ihre Geltung, aber sie treten, indem sie in einer neuen Begriffssprache ausgedrückt werden, zugleich in einen neuen Bedeutungszusammenhang ein." Wieder fällt die Übereinstimmung mit Bachelard auf. In dessen *Le rationalisme appliqué* heißt es: „In der Arbeit der wissenschaftlichen Präzisierung lassen sich Elemente einer kopernikanischen Wende der Objektivität erkennen. Nicht das Objekt bezeichnet die Genauigkeit, sondern die Methode."[64] In Variation findet sich dieser Gedanke in *La philosophie du*

64 Bachelard 1978, S. 126.

non: „Das zeitgenössische wissenschaftliche Denken beginnt also mit einer *epochalen Wende,* mit einem Ausklammern der Wirklichkeit."[65] Soweit ein erster Blick auf die Wissenschaften. Wie steht es mit der Philosophie? Im 19. Jahrhundert vollzieht sich ein Prozeß, den man aus dem Blickwinkel der Philosophiegeschichte stark vergröbert so skizzieren kann: Nach Kant hat der Deutsche Idealismus versucht, die *Synthesis* der Mannigfaltigkeit der Erscheinungen und den *Grund der Einheit* von Denken und Sein zunächst nicht mehr in der Einheit von Erfahrung und Verstand, sondern in Prinzipien der Wirklichkeit selbst zu sichern; Beispiele sind die autopoietische ‚Natur' bei Schelling oder der selbstreferentielle ‚absoluten Geist' bei Hegel. Doch diese Ontologien sind auf dem Wege von Fichte über Schopenhauer bis zu Nietzsche auf Widerspruch gestoßen. Das Konzept ‚Welt' wird in das Konzept ‚Tat' übersetzt oder es wird in ‚Wille' und ‚Vorstellung' aufgelöst. Die materialistische Variante dieser Umkehrung finden wir bei Feuerbach und Marx – in der empirischen Ableitung der Ideen aus der objektiven gesellschaftlichen Welt. Keines dieser Konzepte erweist sich als stabil. Der schnelle Wechsel der idealistischen und materialistischen Programme verschärft noch *Krise der Philosophie,* die ihr bereits aus ihrem gestörten Verhältnis zu den Wissenschaften erwachsen ist.

Nimmt man die Philosophie und die Wissenschaften zusammen in den Blick, so kann man feststellen, daß es zunächst bei beiden eine Tendenz gegeben hat, Wege ‚*Zu den Sachen selbst*' zu finden und zu gehen. Doch mit dem Abschied vom spekulativen System in den 1830er Jahren ist der Abschied von der Idee verbunden, es gebe eine selbstevidente Wahrheit der Wissenschaft durch ‚das Absolute' oder durch ‚die Sache selbst'. Auffällig ist, daß sich sowohl in der Philosophie als auch in den Wissenschaften eine skeptische Stimmung gegenüber ‚ewigen Gesetzen' des Seins, der Natur oder der Geschichte durchsetzt. Das Sein, die Natur, die Geschichte – sie werden in ihrer *Entwicklung in der Zeit* entdeckt; sie haben eine *empirische Geschichte;* ihr ‚Sein' ist *transitorisch.* Die Temporalisierung und Historisierung des Weltbildes drückt sich auf allen Ebenen der intellektuellen Kultur aus. Auch die Natur wird jetzt in dem Sinne geschichtlich, den die ‚*histoire naturelle*' vermittelt; auch wenn die Naturgeschichte dies noch nicht ausspricht, ist sie bereits Kulturgeschichte der Natur. Seit

---

65 Bachelard 1980, S. 47.

dem ausgehenden 18. Jahrhundert vollziehen sich Übergänge von einer Geschichtsphilosophie mit universalem Erklärungsanspruch zu einer Geschichtswissenschaft, die empirisch nach Stadien und Regionen und singulären Ereignissen fragt; von einer Theologie und Religionsphilosophie, deren Modell das Buch *Genesis* war, zu einer empirischen, evolutionären Religionsgeschichte; von der Ästhetik zur Kunstgeschichte – und nicht zuletzt von der Philosophie zur Philosophiegeschichte und zur Stärkung des historischen Bewußtseins in den Wissenschaften, aus der die Wissenschaftsgeschichte als Disziplin entsteht. Der Verlust der ‚ewigen Gesetze', der ‚ewigen Dogmen' und der ‚ewigen Werte' führt geradezu unausweichlich zu einer Historisierung und Pluralisierung auch der Idee der Wahrheit. ‚Geschichte' ist nun der Ausdruck des Endes von allem Absoluten. Die *Modernität der Moderne* besteht in der Preisgabe jener ‚Standpunkte', die man nur auf dem festen Boden eines ‚Gegebenen' haben kann, zugunsten verzeitlichter möglicher und relativer ‚Perspektiven', die man *in-Relation-zu* gewinnt und deren Quelle die Kraft der Imagination ist, der Ein-Bildung von etwas in die Wirklichkeit, die nicht *ist*, sondern *entsteht* und *vergeht.*

Damit verändern sich der Stil und das Selbstverständnis der Philosophie in eine Richtung, die Cassirer so beschreibt: „Nicht der ‚Standpunkt' einer Philosophie, sondern ihr ‚Blickpunkt' ist das, was für sie eigentlich bezeichnend ist. Sie will nicht einfach, von einem bestimmten Standort aus, eine Karte des Seins aufnehmen, in die die einzelnen Wirklichkeitskreise, als bekannte und gegebene, eingezeichnet werden. Sie zielt vielmehr in eine noch unbekannte Ferne, die erst zu entdecken und durch den Gedanken erst aufzuschliessen ist."[66] Das wissenschaftliche Denken ist von diesem Wandel nicht ausgenommen. In der historischen Perspektive des Pluralismus Philosophieren und Wissenschaft betreiben bedeutet nun, *Wahrheiten im Vergleich* zu präsentieren. Daß im Denken experimentiert wird und Wahrheiten vorläufig bleiben, wird als Risiko der Suche nach Wahrheit akzeptiert. ‚Philosophie' und ‚Wissenschaft' sind nicht mehr die Chiffren für ein fertiges Wissen über eine fertige Welt. Sie sind Wege zu besseren Erklärungen und damit Wege zur Erweiterung der Urteilsfähigkeit. Entscheidend ist hier der Komparativ ‚besser': Er setzt die Vorläufigkeit des ‚Richtigen', des ‚Wahren' oder auch des ‚Guten' voraus.

---

66   ECN 2, S. 24.

Diese Vorläufigkeit ist immer wieder mit dem Erschrecken verbunden, das eine Welt auslöst, die nicht bereits ‚natürlich' geordnet ist, sondern deren Ordnung in der Verantwortung der Menschen liegt. Nicht wenige nehmen dann ihre Zuflucht bei der ‚stabilen' Natur und meinen, angesichts der Instabilität der Kultur und vermeintlicher Orientierungslosigkeit in der geschichtlichen Welt nur so nicht-relativierbare *Normen* menschlichen Handelns begründen zu können. Die Kritik, die Lothar Schäfer unter dem Titel ‚Über Natur als vermeintliche Fundierungsinstanz von Handlungsnormen' an neueren Funktionalisierungen des Naturbegriffs zu normativen Zwecken vorträgt, kann auf alle derartigen kompensatorischen Funktionalisierungen übertragen werden:

„So ergiebig der Spiegel der Natur für die Selbsterkenntnis des Menschen ist, so gewaltig wird der Fehlgriff, wenn wir Projektionen unserer selbst für Naturgegebenheiten halten. Dies scheint mir jedoch die Grundlage des ‚Naturalismus' zu sein, der uns von den Vertretern der Physiozentrik angeboten wird. Sie meinen, auf ‚Natur' zu verweisen, die uns zu einem bestimmten Handeln oder Unterlassen anhalte; aber das normative Element in diesem Anspruch kann als ‚natürlich' nur in anthropomorpher Projektion dargestellt, nicht aber als Faktum der Naturforschung gewonnen werden."[67]

Temporalisierung und Historisierung, Pluralisierung und Relativierung haben sich in den Wissenschaften seit dem 19. Jahrhundert in verschiedenen Auswirkungen niedergeschlagen. Eine der Formen, in denen sie sich zeigen, ist die veränderte Auffassung von *Modellen*. Wurden Modelle früher oft als Kopien oder Imitationen unter Wahrung aller strukturellen Merkmale des Wirklichen verstanden, so richtet sich die Aufmerksamkeit nun auf die *konstruierende Funktion des Modellierens* – auf die Tätigkeit der Abstraktion, der Idealisierung und der Symbolisierung. Es geht nicht mehr um die ‚Reproduktion' der Realität im Modell.[68] Die für das Modell charakteristische Ähnlichkeit folgt nicht kausal aus einem realen und von der kognitiven Strategie unabhängigen *Original*. Das Modell ist vielmehr eine Form der Transformation von Substanzbegriffen in Funktionsbegriffe und ein Ausdruck der *kognitiven* Systematisierung von Phänomenen der Beobachtung. Gerade der Gebrauch von Modellen macht deutlich, daß die scheinbar binäre Beziehung Subjekt-Objekt eine dreistellige Relation ist: das *Subjekt* (1) setzt das *Modell* als symbolisches *Mittel* (2) ein, um ein

67 Schäfer 1993, S. 38 f.; zur Kritik der Physiozentrik vgl. S. 17-20 und S. 165-173.
68 Vgl. Hesse 1967.

Modell*objekt* – ein Objekt mit dem Index *m* (3) – erkennbar werden zu lassen. In einer Zuspitzung dieser Konzeption von Modellen zeigt Baas van Fraassen in seinem Buch *Quantum Mechanics. An Empiricist View*, „[that] the real world becomes one of the models of [a] theory". Ein Modell – auch die ‚reale Welt' als Modell – ist eine Form des *Interpretierens* der Welt, und „the interpretational demands of *What is really going on (according to this theory)?* or even the more modest *How could the world possibly be how this theory says it is?* will not disappear if science is to help us to construct and revise our world-pictures".[69]

Damit könnte diese Einführung in die Probleme enden, bliebe nicht ein Defizit zu erläutern. Ich spreche von der Konstruktion bzw. von der Konstitution von Tatsachen oder Phänomenen, ohne das Thema der *sozialen Konstruktion* auch nur zu berühren. Es ist zweifellos ein interessantes Thema. Pinch und Bijker charakterisieren das Programm, das mit dem Thema der sozialen Konstruktion verbunden ist, so: „Within such a programme all knowledge and all knowledge claims are to be treated as being socially constructed: that is to say, explanations for the genesis, acceptance and rejection of knowledge-claims are sought in the domain of the Social Word rather than in the Natural World."[70] Ich teile nicht die polemische Kritik, die Ian Hacking jüngst in seinem Buch *The Social Construction of What?*[71] zu diesem Konzept vorgetragen hat; er hält es für eine bloße ‚Kampfvokabel in den Wissenschaften', gegen die er den wissenschaftlichen Realismus verteidigt. Wenn ich selbst dieses Thema nicht aufnehme, dann nur deshalb, weil Soziologen der Wissenschaft kompetenter darüber sprechen könnten.

Hier wird es um epistemologische Probleme gehen, vor allem um die Fragen, was wir von der Natur wissen, wenn wir das, was wir zu wissen glauben, aus der Empirie wissen. Was ist *Empirie?* Wie werden *Tatsachen* und *Phänomene der Wirklichkeit*, speziell der Natur, epistemisch hergestellt? In welchen Formen drückt sich aus, was A.N. Whitehead an der Moderne beobachtet hat? „Diese neue Tönung des

69   Van Fraassen 1991, S. 8 f.; vgl. auch ‚Models and Scientific Practice', S. 12 ff.
70   Pinch/Bijker 1984, S. 401. Vgl. Knorr-Cetina/Mulkay 1983, Knorr-Cetina 1984.
71   Vgl. Hacking 1999.

modernen Geistes ist ein heftiges und leidenschaftliches Interesse an der Relation zwischen allgemeinen Prinzipien und widerspenstigen, eigenwilligen Tatsachen."[72] Im Zentrum meines Interesses stehen die Formen der *Übersetzung*, die diese ‚Tönung' ausmachen, der Übersetzung unserer Vorstellungen in das, was wir im Alltagsverstand realistisch ‚Realität' nennen und das doch *phänomenale Wirklichkeit* ist. Die Frage, auf welche Weise und in welche Form jeweils übersetzt wird, kann hier zunächst noch unbeantwortet bleiben. Warum ich diese Probleme für wichtig halte, beantworte ich im Vorgriff auf Ausführungen zum Pragmatismus mit dem Titel einer kleinen Schrift von Peirce: *How to make our ideas clear?* Seine Antwort auf die Frage ist auch meine: Es ist unsere Aufgabe und unsere Pflicht, *Herren unserer eigenen Sinnintentionen* zu werden.

---

72 Whitehead 1988, S. 13.

2. Vom britischen Empirismus zu Kants Kopernikanischer Revolution in der Epistemologie

Keine Philosophie beginnt an einem Nullpunkt, keine ist ohne Tradition. Und keine Philosophie ergibt sich allein aus der Akkumulation von Vorgängigem. Gleichwohl wird die Geschichte der philosophischen Theorien, die sich der Lösung des Problems gewidmet haben, wie die Erkenntnis und das Wissen des Menschen entstehen und wie dabei die Wirklichkeit geformt wird, oft als linearer Prozeß mißverstanden. Bei Darstellungen, die schematischen Mustern wie ,Von Hume zu Kant' oder ,Von Kant bis Hegel' folgen, handelt es sich um Legenden der Historiographie. Ein wesentliches Merkmal der Entwicklung der Philosophie ist ihre innere Dialektik, ist die Synchronizität des Widersprüchlichen, die Komplementarität des scheinbar Überholten und des Neuen. Der britische Empirismus und die kontinentale rationalistische Metaphysik entfalten ihre Wirkungen zur gleichen Zeit. Am Ende des 18. Jahrhunderts verlaufen Entwicklungen parallel; teilweise kreuzen sie sich: Kants transzendentale *Kritik*; die Fortschreibung des Sensualismus im französischen Materialismus und in der *Idéologie*, der neuen Wissenschaft der Ideen; die antiphilosophische Opposition gegen die Aufklärung, z.B. bei Saint-Simon und Fourier; und schließlich Fichtes Wissenschaftslehre und Schellings Naturphilosophie. So unterschiedlich alle diese Philosophien sind, haben sie doch ein gemeinsames Merkmal: Sie treten an mit dem Ziel, *wissenschaftliche* Philosophien sein, und was sie nicht zuletzt auszeichnet, ist ihre Nähe zur Naturwissenschaft.

Noch einmal: Warum mit Kant beginnen? Kant kritische Philosophie eröffnet die Perspektive, zu verstehen, warum bestimmte Auffassungen der Natur favorisiert werden und warum zu bestimmten Philosophien bestimmte *Bilder der Welt* und *Bilder der Natur* gehören. Warum mit Kant beginnen – und dann doch zunächst einen Blick zurück auf den britischen Empirismus werfen? Die Antwort: Auch Kant ist kein Nullpunkt in der modernen Philosophie, sondern der Höhepunkt einer Tradition, die bei Francis Bacon beginnt und in der David Hume eine Wegmarke bedeutet, die keine Philosophie der Erkenntnis mehr übersehen kann.

Kant selbst läßt die zweite Auflage der *Kritik der reinen Vernunft* (1787) demonstrativ mit einer Erinnerung an „*Baco de Verulamio*" beginnen, in der es um das Wohl und die Würde der Menschen und um das Ende endlosen Irrtums („infiniti erroris") geht. Schon 1783 hat er in seinen *Prolegomena* zu einer wissenschaftlichen Metaphysik bekannt, erst seine Hume-Lektüre habe seinen ‚dogmatischen Schlummer' unterbrochen und seinen Untersuchungen im Feld der spekulativen Philosophie eine neue Richtung gewiesen.[1] Was bei Bacon und Hume ist für Kant so wertvoll, daß er bewußt diese Tradition wählt?

2.1   *Erfahrung, Rationalität und Interpretation der Natur*

1620 erscheint – als Signum einer neuen Konzeption von Natur, Erkenntnis und Wissenschaft – Francis Bacons *Novum Organon*, der berühmt gewordene Teil der unvollendet gebliebenen *Instauratio Magna*, der ‚Großen Erneuerung' des wissenschaftlichen Geistes. Bacon, der Philosoph und prominente Politiker, denkt als Enzyklopädist noch in den Bahnen des Humanismus der Renaissance und entwirft schon eine neue Philosophie als Theorie empirischer Erforschung der Natur, der Gesellschaft und des Wissens. Diese Philosophie hat einen ethischen Horizont; die Vorrede zum *Novum Organon* spricht davon:

„Ich würde eine allgemeine Mahnung an alle richten. Sie mögen sich überlegen, was wirklich das Ziel der Erkenntnis ist, und daß sie dieses nicht aus Freude an der Spekulation noch aus Wetteifer, noch zur Erlangung der Herrschaft über andere, noch wegen des Profits, des Ruhmes, der Macht oder eines anderen dieser nebensächlichen Gründe wegen anstreben dürfen, sondern zum Wohle und zum Nutzen des Lebens. Und daß sie diese Erkenntnis in Barmherzigkeit vervollständigen und lenken, denn es war aus Machtgier, daß die Engel fielen, und aus Gier nach Erkenntnis fiel der Mensch, aber bei der Barmherzigkeit gibt es kein Übermaß. Weder Engel noch Mensch wurde jemals durch diese gefährdet."

Bacons Philosophie humaner Wissenschaft ist der eigentliche Ursprung jener Bewegung, die als *Aufklärung* die Moderne einläutet. Das *Novum Organon* und das spätere Werk *De dignitate et augmentis scientiarum* (1623, Über die Würde und die Vermehrung der Wissenschaften) erheben für die europäische intellektuelle Kultur die Wissenschaft der Natur in den Rang des wichtigsten Mittels des Fortschritts.

---

1   AA IV, S. 260.

Bacons Philosophie, so interpretiert Wolfgang Krohn, „ist eine revolutionäre Philosophie. Sie ist eine Loslösung von allen philosophischen Traditionen, auf die seine Zeit zurückblickte. Von den antiken Philosophien des Platon und Aristoteles behauptete Bacon, sie würden zwar die Fähigkeit schulen, gegenüber anderen Recht zu behalten, nicht aber die Erkenntnis der Welt erweitern. Der Scholastik warf er vor, Welterkenntnis und religiöses Heil zum Verderben beider zu vermischen. Die Philosophien der Renaissance waren für ihn phantastische Konstruktionen, die mehr der Dichtung als der Erfahrung entsprangen. Alchimisten, Ingenieure und andere Erkenntnispraktiker hielt er für planlos in ihrer Arbeitsweise, beherrscht vom Zufall statt von einer Methode. Gegen diese Traditionen wollte Bacon etwas Neues: eine Philosophie weder im Dienste der Argumentation noch der Religion noch der Ästhetik, sondern im Dienste der materiellen Wohlfahrt der Menschen."[2] Bacon ist der erste Denker der Diskrepanz zwischen Renaissance-Idealen und den Anfängen der modernen Gesellschaft, „die getragen von Erfindungen und Entdeckungen einer Zukunft entgegenstrebt, die keine Ähnlichkeit mit vergangenen Kulturformen hat. In einer Philosophie der Entdeckungen und Erfindungen sah er die Option, die Natur so zu erkennen, daß Erkenntnisfortschritt und materielles Wohl der Menschheit zusammengehen können und einander binden". Mehr noch: „Er wollte die Voraussetzungen für eine Wissenschaftspolitik und Forschungsplanung legen, durch die Naturerkenntnis zu einem breiten gesellschaftlichen Unternehmen werden kann: mit Forschungslabors, Versuchsanstalten, Dokumentationszentren und Ausbildungsinstitutionen."[3] Bacons *Philosophie der Forschung* ist berühmt geworden – und in den Augen seiner Kritiker: berüchtigt – wegen der These, *Wissen sei Macht*. Doch gemeint war nicht, Wissen *begründe* Macht. Vielmehr ist das *Wissen die erste Macht*, der gegenüber die politische Herrschaft und die technische Beherrschung der Natur ihre Maßstäbe im menschlichen Wohl legitimieren müssen.

Ein anderes Mißverständnis sieht in Bacon den Urheber jenes neuzeitlichen Empirismus, der Sinnesdaten als einzige Quelle der Erkenntnis und die Induktion als alleinige Methode propagiere. Ein so verstandener Empirismus wäre allerdings eine schlechte Alternative zu Bacons Programm der *Interpretation* der Natur. Bacon argumentiert ganz anders: Induktion und Deduktion zusammen begründen erst eine

2   Krohn 1987, S. 7.
3   Ebd., S. 9.

angemessene Methodologie der Wissenschaft, die als *inquisitio legitima* zur Entdeckung neuer, bisher unbekannter Voraussetzungen führt und so dem Fortschritt der Forschung dient. Forschung ist zugleich experimentelles Handeln und theoriegeleitete Beobachtung und Erklärung. Dieses Zusammenspielen von Sinneswahrnehmung und Rationalität in einer neuen *aktiven* Wissenschaft ist der Gegenstand von Bacons Philosophie. Die alte Frage, wie man die Natur erkennen kann, wird erweitert um die Frage, wie man die Naturerkenntnis verbessern kann.

Die ‚Aphorismen über die Interpretation der Natur und die Herrschaft des Menschen' setzen im 1. Buch des *Organon* ein mit einem Satz, der das Vorurteil widerlegt, Bacon sei *der* Theoretiker der Herrschaft *gegen* die Natur, und verdeutlicht, daß es um Herrschaft im Sinne von *Meisterung* des Verhältnisses des Menschen zu sich selbst und zur Natur geht: „Der Mensch, Diener und Erklärer der Natur, schafft und begreift nur so viel, als er von der Ordnung der Natur durch die Sache oder den Geist beobachten kann; mehr weiß oder vermag er nicht."

Die Vorrede zur *Instauratio Magna* beginnt mit einer Kritik der bisherigen Entwicklung der Wissenschaft und mit der Forderung nach neuen Hilfsmitteln, damit der Intellekt von seinem Recht auf die Dinge der Natur Gebrauch machen kann. Kant wird 1787 in seiner Vorrede B zur *Kritik der reinen Vernunft* diesem Modell folgen. Bacon rechnet im *Novum Organon* seine Methode zur Logik; doch er legt Wert auf die Festellung, seine Logik der Forschung sei im Unterschied zur alten Logik keine Theorie des Beweises, sondern ‚*Interpretation der Natur*'. Das Ziel seiner Lehre sei die Entdeckung nicht von Gründen für Beweise, sondern von Künsten, und nicht von Dingen, die mit Prinzipien übereinstimmen, sondern von Prinzipien selbst. Die alte Logik habe einen Gegner durch Disputieren besiegen wollen; der neuen Logik zufolge solle ‚die Natur durch die Tat unterworfen werden'.

Diese Philosophie der Forschung beginnt deshalb mit einer Kritik jenes Verständnisses von Induktion, demzufolge der induktive Weg der Erfahrung sich im bloßen Sammeln und Addieren von sensorischen Daten erschöpft. Bacon bezeichnet es als die größte von ihm eingeführte Veränderung, die Form der Induktion erneuert und aus ihr abgeleitete Urteile auf eine neue Grundlage gestellt zu haben. Er kritisiert das blinde Vertrauen auf die Sinne und fordert stattdessen deren Prüfung, denn es ist für ihn sicher, daß die Sinne täuschen und Vorurteile richtige Urteile verhindern. Bacons Logik der Induktion und seine Kritik der Vorurteile – der ‚Idole' – sind die Geburtsstunde eines Empirismus, der alles andere als die abstrakte Gegenform des Rationalismus ist; dieser Empirismus ist die rationale Theorie einer neuen *empirischen wissenschaftlichen Philosophie.* Diese Philosophie will die Stufen der Gewißheit bestimmen; sie will die sinnliche Wahrnehmung durch Rückführung auf ihre Gründe sichern; sie will die Spekulation verwerfen und so dem Verstand einen sicheren Weg von der sinnlichen Wahrnehmung zur Interpretation eröffnen.

Bacon vergleicht die ‚Empiriker' mit den Ameisen, die nur sammeln. Gewiß, er will den ‚Tatsachen' ihr Recht geben, aber er verbindet dies mit einem methodologischen Zweifel, weil er weiß, daß erst die Interpretation die ‚Tatsachen' zu dem macht, was sie für die Erkenntnis sind. Er formuliert einen Satz, der von nun an zur Selbstaufklärung von Wissenschaft gehört: Alle Perzeptionen der Sinne und des Verstandes entstehen *ex analogia hominis* und nicht *ex analogia universi*; anders gesagt: der menschliche Intellekt mischt *seine eigene Natur* in die Natur der Dinge ein; wir erkennen die Dinge nicht nach der Art der Dinge, sondern nach unserer Art.[4] Zur Zeit seiner Gründung ist der Empirismus alles andere als naiv. Für diesen Empirismus ist es kein Merkmal der ‚Empirie', die Sprache der *Natur selbst* nachzusprechen; es gibt keine ‚Tatsachen' und ‚Daten', die frei wären von unseren subjektiven Interpretationen.

Machen wir einen Sprung, lassen John Locke außer acht und kommen zu dem, der für Kant so wichtig war, zu David Hume. Hume, der Zeitgenosse der französischen Enzyklopädisten ist als Diplomat in Paris mit Diderot, D'Alembert und Helvétius und auch mit Rousseau bekannt. Er wird 1741/42 durch seine *Essays Moral and Political* bekannt, während seinem *Treatise of Human Nature* (1739/1740) der Erfolg versagt bleibt. Das überarbeitete 1. Buch dieses Werkes (‚*Of the Understanding'*) erscheint 1748 unter dem Titel *Philosophical Essays Concerning Human Understanding*; wiederum erfolglos, erhält es bei seiner Veröffentlichung 1758 den Titel *An Enquiry Concerning Human Understanding.*[5]

Humes Ziel, auf das sich Kant in den *Prolegomena* beziehen wird, ist eine wissenschaftliche Metaphysik der Natur der Erkenntnis. Auch bei ihm gewinnen Begriffe wie ‚*Natur des menschlichen Verstandes'*

4   Bacon 1990, S. 100.
5   Hume 1982.

ihre Bedeutung aus einer an die Naturwissenschaften angelehnten Semantik. Von einem ‚naiven Empirismus' kann auch bei Hume keine Rede sein. Zwar ist für ihn der lebendigste Gedanke immer noch schwächer als die dumpfeste Wahrnehmung, und *thoughts* oder *ideas* leisten weit weniger als *impressions*. Doch unterschätzt er die schöpferische Kraft des Intellekts nicht, ohne dessen Tätigkeit das durch die Sinne und die Erfahrung gegebene mannigfaltige Material nicht verbunden werden könnte. Für sein Konzept wesentlich ist die Idee der Assoziation des Repräsentationen: Es gibt ein Prinzip der *Verbindung* verschiedener Gedanken oder Vorstellungen des Geistes, und wenn sie in der Erinnerung oder in der Imagination erscheinen, führt eine die andere gewissermaßen methodisch und regelmäßig ein. Dieses Prinzip gilt universell, für die ganze Menschheit gleichermaßen; es garantiert so Intersubjektivität – trotz der basalen Funktionen der Sinnlichkeit und der Erfahrung. Die von Hume genannten Assoziationsprinzipien sind *resemblance*, *contiguity* und *cause* or *effect*.

Was Hume interessiert, sind die *matters of fact*, für die es keine mathematische Evidenz gibt, sondern nur die problematische Beziehung zwischen einem singulärem Sinnesdatum und der Idee der Gesetzmäßigkeit und der Kausalität. Hume schließt aus, daß die Kenntnis von Kausalbeziehungen durch Akte des Denkens *a priori* gewonnen werden können, und er besteht darauf, daß Ursachen und Wirkungen nicht durch Vernunft, sondern durch Erfahrung zu entdecken sind. Erfahrung aber führt nur zu Wahrscheinlichkeit, nicht aber zu Gesetzmäßigkeit. Das von Hume gewählte Beispiel lautet: Daß die Sonne morgen nicht aufgehen wird, ist ein nicht minder einsichtiger Satz als die Behauptung, daß sie aufgehen wird. Keine Wirkung kann mit Notwendigkeit aus einer Ursache abgeleitet bzw. prognostiziert werden. Deshalb haben die Aussagen der Wissenschaft über *matters of fact* keine verläßlicheren Grundlagen als die Fähigkeit der menschlichen Vernunft, die Prinzipien, die die Naturphänomene hervorbringen, zu größerer Einfachheit zu bringen und die vielen einzelnen Wirkungen auf einige wenige allgemeine Ursachen zurückzuführen. Bilanziert man, so kann man sagen: Der ursprüngliche Empirismus, der vom Empirizismus des 19. Jahrhunderts zu unterscheiden ist, kennt zwei Säulen, auf denen das Wissen ruht – die Sinnlichkeit und den Verstand; beide Säulen sind notwendig, damit Erfahrung zustandekommt.

Der Empirismus hat eine nachhaltige Wirkung ausgeübt; man findet seine Spuren ihn in vielen spontanen Wissenschaftsphilosophien im

19. Jahrhundert; die Spuren sind jedoch oft verwischt, denn der Empirismus wurde sensualistisch vereinfacht; der Preis des Mißverständnisses war zunächst eine naive Vorstellung von Empirie, der bald der Schock der Einsicht folgte, daß die vermeintlichen ‚Tatsachen der Welt' in Wirklichkeit – zumindest auch – Konstrukte unserer Interpretationen sind. Deshalb ist Nelson Goodman zuzustimmen, der in *Fact, Fiction, and Forecast* geschrieben hat, es dämmere uns, daß das herkömmliche puristische Bestehen auf einer sauberen Trennung zwischen der Rechtfertigung der Induktion und der Beschreibung der gewöhnlichen Praxis der Induktion das Problem verzerre. Wir schulden also Hume verspätete Abbitte. Man kann dies auch etwas anders ausdrücken: Der Abstand zwischen Bacon, Hume und Kant ist viel geringer als man glaubt, wenn man Kant zu nahe an den Deutschen Idealismus heranrückt.

2.2   Kants ‚Revolution der Denkungsart'

Kants Philosophie bewirkt eine Revolution, die der Revolution des Weltbildes durch Kopernikus vergleichbar ist. So zumindest hat es Kant selbst gesehen. In seinem berühmten Brief an Marcus Herz, geschrieben um den 11. Mai 1781, nimmt Kant für sich in Anspruch, „eine gänzliche Veränderung der Denkungsart" herbeizuführen. Doch es gibt auch eine offensichtliche Kontinuität, den roten Faden einer *Philosophie der Erfahrung* – einmalig und zum letzten Mal in der klassischen deutschen Philosophie –, der Kant mit Bacon, Newton und Hume verbindet.

Mit Kants *Kritik* richten sich die Fragen der Philosophie auf die *transzendentalen* Bedingungen möglicher Erkenntnis. In der *Kritik der reinen Vernunft* schreibt er: „Ich nenne alle Erkenntnis transzendental, die sich nicht [...] mit Gegenständen, *sondern mit unserer Erkenntnisart von Gegenständen, sofern diese a priori möglich sein soll*, überhaupt beschäftigt."[6] Kant beharrt auf dem Prinzip der Erfahrung und untersucht zugleich die Bedingungen der Möglichkeit einer Erfahrung, die intersubjektiv und objektiv gültig sein kann. Er formuliert dies so: „*Erfahrung ist nur durch die Vorstellung einer notwendigen Verknüpfung der Wahrnehmungen möglich.*"[7] Die Suche nach den Formen die-

---

6   Kritik der reinen Vernunft B 25.
7   Ebd., B 218.

ser *notwendigen* Verknüpfung führt auf Newtons *Principia* zurück; in dessen Mathematik und Physik meint Kant allgemeine und notwendige Denkformen, die nicht selber aus Erfahrung gewonnen sind, vorfinden zu können.

Was Kant beschäftigt, ist der Status der Erkenntnisobjekte, und diese sind nicht die ‚Dinge, wie sie an sich selbst sind'; vielmehr sind sie sind nur „Vorstellungen unserer Sinnlichkeit", deren „wahres Korrelatum aber, d.i. das Ding an sich selbst, gar nicht erkannt werden kann, nach welchem aber auch in der Erfahrung niemals gefragt wird".[8] Dies hat Folgen auch hinsichtlich der Frage, was denn dann die ‚Tatsachen' sind, deren Existenz dem Beobachter fraglos erscheint. Kant nimmt in seiner *Kritik der Urteilskraft* (1790) den Begriff ‚Tatsache' in seiner ursprünglichen Semantik als ‚Sache der Tat', als Hergestelltes; Tatsachen sind „*res facti*", „Gegenstände für Begriffe"; die objektive Realität von Tatsachen kann sowohl durch reine Vernunft als auch durch Erfahrung bewiesen werden, „in allen Fällen aber vermittelst einer ihnen korrespondierenden Anschauung".[9] In § 91 dieses Werkes gibt Kant eine interessante Erläuterung:

„Wenn wir bloß auf die Art sehen, wie etwas *für uns* (nach der subjektiven Beschaffenheit unserer Vorstellungskräfte) Objekt der Erkenntnis (res cognoscibilis) sein kann, so werden alsdann die Begriffe nicht mit den Objekten, sondern bloß mit unseren Erkenntnisvermögen [...] zusammengehalten; und die Frage, ob etwas ein erkennendes Wesen sei oder nicht, ist keine Frage, die die Möglichkeit der Dinge selbst, sondern unsere Erkenntnis derselben angeht. *Erkennbare* Dinge sind nun von dreifacher Art: *Sachen der Meinung* (opinabile), *Tatsachen* (scibile) und *Glaubenssachen* (mere credibile)."[10]

Sollte man nun die Schlußfolgerung ziehen, Kant habe den Empirismus verabschiedet und den Idealismus inthronisiert? Dies wäre ganz falsch. Kants *Kritik* zielt auf den inneren Zusammenhang von Wahrnehmung, Erfahrung und Konstruktion. Der Apriorismus will zwar die skeptischen Schlußfolgerungen Humes vermeiden, aber er ist nicht idealistisch in einem Berkeleyschen Sinne. Kant hat das Wort ‚Idealismus' als Selbstbezeichnung ausdrücklich abgelehnt und geschrieben:

„Der Idealismus besteht in der Behauptung, daß es keine andere als denkende Wesen gebe, die übrigen Dinge, die wir in der Anschauung wahrzunehmen glauben, wären nur Vorstellungen in den denkenden Wesen, denen in der Tat

8 Ebd., B 45.
9 AA, V, S. 468.
10 Ebd., S. 467.

kein außerhalb dieser befindlicher Gegenstand korrespondierte. Ich dagegen sage: es sind uns Dinge als außer uns befindliche Gegenstände unserer Sinne gegeben, allein von dem was sie an sich selbst sein mögen, wissen wir nichts, sondern kennen nur ihre Erscheinungen, d.i. die Vorstellungen, die sie in uns wirken, indem sie unsere Sinne affizieren [...] Kann man dies wohl Idealismus nennen? Es ist ja gerade das Gegenteil davon."[11]

In seinen *Prolegomena* hat Kant dies noch einmal bekräftigt: Während für Berkeley eine „Erkenntnis durch Sinne und Erfahrung" nichts als „lauter Schein" sei, behaupte er „gerade das Gegenteil von jenem eigentlichen Idealism", wenn er den Grundsatz formuliere: „Alles Erkenntnis von Dingen aus bloßem reinen Verstande oder reiner Vernunft ist nichts als lauter Schein, und nur in der Erfahrung ist Wahrheit." Sein „so genannter (eigentlich kritischer) Idealism" sei also „von ganz eigentümlicher Art, nämlich so, daß er den gewöhnlichen umstürzt, daß durch ihn alle Erkenntnis *a priori*, selbst die der Geometrie, zuerst objektive Realität bekommt, welche ohne diese meine bewiesene Idealität des Raumes und der Zeit selbst von den eifrigsten Realisten gar nicht behauptet werden könnte."[12]

An anderer Stelle heißt es bei Kant: „Die *Möglichkeit der Erfahrung* ist also das, was allen unseren Erkenntnissen a priori objektive Realität gibt." Was er zu diesem Prinzip in der *Kritik der reinen Vernunft* an neuen Begründungen einführt, ist folgendes: Alle Erfahrung beruht „auf der synthetischen Einheit der Erscheinungen, d.i. auf einer Synthesis nach Begriffen vom Gegenstande der Erscheinungen überhaupt, ohne welche sie nicht einmal Erkenntnis, sondern eine Rhapsodie von Wahrnehmungen sein würde, die sich in seinem Kontext nach Regeln eines durchgängig verknüpften (möglichen) Bewußtseins, mithin auch nicht zur transzendentalen und notwendigen Einheit der Apperzeption, zusammen schicken würden. Die Erfahrung hat also Prinzipien ihrer Form a priori zum Grunde liegen, nämlich allgemeine Regeln der Einheit in der Synthesis der Erscheinungen, deren objektive Realität, als notwendige Bedingung, jederzeit in der Erfahrung, so sogar ihrer Möglichkeit gewiesen werden kann."[13]

In ihrem Kern ist also auch Kants Philosophie eine Philosophie der Erfahrung; dies macht sie – in Verbindung mit der kopernikanischen Wende der Epistemologie – attraktiv für empirische Wissenschaften,

11   AA, IV, S. 288 f.
12   Ebd., S. 374 f.
13   Kritik der reinen Vernunft A 156 f.

die ihr Selbstverständnis zu bestimmen suchen. Die Zentralität der Erfahrung und die transzendentale Wendung zum Apriorismus, die Kant dem Problem gibt, sind der Grund sowohl für Kants Programmatik einer *wissenschaftlichen Philosophie* als auch für die besondere Nähe seiner Theorie zur Mathematik und zu den Naturwissenschaften. Es überrascht deshalb nicht, daß Kant in seinen *Prolegomena* vier programmatische Fragen formuliert: „1) Wie ist reine Mathematik möglich? 2) Wie ist reine Naturwissenschaft möglich? 3) Wie ist Metaphysik überhaupt möglich? 4) Wie ist Metaphysik als Wissenschaft möglich?"[14]

Drei Jahre nach seinen *Prolegomena* veröffentlicht Kant seine *Metaphysischen Anfangsgründe der Naturwissenschaft*. In der ‚Vorrede' legt er dar, was unter ‚Natur' verstanden wird:

„Wenn das Wort Natur bloß in *formaler* Bedeutung genommen wird, da es das erste, innere Prinzip alles dessen bedeutet, was zum Dasein eines Dinges gehört, so kann es so vielerlei Naturwissenschaften geben, als es spezifisch verschiedene Dinge gibt, deren jedes sein eigentümliches inneres Prinzip der zu seinem Dasein gehörigen Bestimmungen enthalten muß. Sonst wird aber auch Natur in *materieller* Bedeutung genommen, nicht als eine Beschaffenheit, sondern als der Inbegriff aller Dinge, so fern sie *Gegenstände unserer Sinne*, mithin auch der Erfahrung sein können, worunter also das Ganze aller Erscheinungen, d.i. die Sinnenwelt mit Ausschließung aller nicht sinnlichen Objekte, verstanden wird. Die Natur, in dieser Bedeutung des Worts genommen, hat nun nach der Hauptverschiedenheit unserer Sinne zwei Hauptheile, deren der eine die Gegenstände *äußerer*, der andere den Gegenstand des *inneren* Sinnes enthält, mithin ist von ihr eine zwiefache Naturlehre, die *Körperlehre* und *Seelenlehre*, möglich, wovon die erste die *ausgedehnte*, die zweite die *denkende* Natur in Erwägung zieht."[15]

Im Folgenden charakterisiert Kant, was er unter ‚Wissenschaft' versteht. „Eigentliche Wissenschaft kann nur diejenige genannt werden, deren Gewißheit apodiktisch ist"; demgegenüber erreicht die „Erkenntnis, die bloß empirische Gewißheit enthalten kann, [...] ein nur uneigentlich so genanntes Wissen".[16] Diesem Verständnis entspricht auch der Begriff der Natur*wissenschaft*, von der nur gesprochen werden kann, „wenn die Naturgesetze, die ihr zum Grunde liegen, a priori erkannt werden und nicht bloße Erfahrungsgesetze sind". Noch einmal zugespitzter: „Alle *eigentliche* Naturwissenschaft bedarf also einen

14 AA, IV, S. 280.
15 Ebd., S. 467.
16 Ebd., S. 468.

reinen Teil, auf dem sich die apodiktische Gewißheit, die die Vernunft in ihr sucht, gründen könne" – eine Gewißheit, welche die Empirie nicht bieten kann. Mit anderen Worten: „*Eigentlich* so zu nennende Naturwissenschaft setzt zuerst Metaphysik der Natur voraus".[17] Dies gilt auch für die mathematische Physik, die *de facto* „metaphysischer Prinzipien gar nicht entbehren" konnte.[18]

Es ist genau diese Einsicht, auf die fast 50 Jahre später die Philosophie der induktiven Wissenschaften – z.B. die Whewells und Mills[19] – zurückkommen wird, nachdem Zweifel am empirizistischen Vertrauen darauf entstanden sind, daß die wissenschaftliche Erkenntnis ein getreues Abbild der Wirklichkeit schafft. Man wird sich wieder der nicht-empirischen Vorausetzungen empirischer Erkenntnis bewußt werden und sich an Kants Theorie der *konstruktiven* Funktion der Begriffe erinnern.

Liest man die oben erwähnten Fragen Kants, wie reine Mathematik und reine Naturwissenschaft und wie Metaphysik überhaupt bzw. Metaphysik als Wissenschaft möglich seien, im Kontext einer Lektüre der *Vorrede* zur 2. Ausgabe der *Kritik der reinen Vernunft*, die an der Wissenschaftsgeschichte orientiert ist, so liegt folgender Schluß nahe: Kants epistemologische Kritik ist an einer Philosophie der Philosophie interessiert, die aus der Nähe zwischen Philosophie und Naturwissenschaft ihr Profil gewinnt. Das philosophische Problem der Philosophie der Erfahrung liegt nicht in der Frage, *ob* Erkenntnis möglich sei; diese Frage ist für Kant durch die Mathematik und die Newtonische Physik längst beantwortet; was ihn interessiert, ist das *Wie* des Zusammenhangs von Sinnlichkeit, Erfahrung, apriorischer Erkenntnis und objektivem Wissen. Wenn nun diese Frage als philosophische, d.h. metaphysische Frage gestellt wird, so kann sie nicht mehr einfach mit dem Hinweis auf die Tatsachen der Empirie beantwortet werden. Es geht vorrangig um „Erkenntnis a priori, oder aus reinem Verstande und reiner Vernunft".[20] Kants Problem lautet: „Wie sind synthetische Sätze a priori möglich?"[21] Es handelt sich dabei um Sätze, die im Unterschied zu analytischen Sätzen, „die bloß *erläuternd* sind und zum Inhalte der

---

17 Ebd., S. 469.
18 Ebd., S. 472.
19 Vgl. Kap. 7.1 und 7.2.
20 Ebd., S. 266.
21 Ebd., S. 276.

Erkenntnis nichts hinzutun", „*erweiternd*" sind „und die gegebene Erkenntnis vergrößern".[22]

Die Transzendentalphilosophie, die Kant zufolge „vor aller Metaphysik notwendig vorhergeht", setzt voraus, daß synthetische Urteil a
priori „aus reiner Vernunft wirklich sind". Auffällig ist, daß die Transzendentalphilosophie ihre Bestätigung in „zwei Wissenschaften der
theoretischen Erkenntnis" findet, nämlich in der *reinen* Mathematik
und in der Naturwissenschaft.[23] In diesen Wissenschaften entdeckt
Kant jene typischen Sätze, „welche alle Wahrnehmung (gemäß gewissen allgemeinen Bedingungen der Anschauung) unter jene reinen Verstandesbegriffe subsumieren", die in der ‚logischen Tafel der Urteile',
der ‚transzendentalen Tafel der Verstandesbegriffe' und in der ‚reinen
physiologischen Tafel allgemeiner Grundsätze der Naturwissenschaft'
aufgeführt sind. Die ersten beiden Tafeln erfassen unterschiedliche logische Formen der Quantitäten, der Qualität, der Relation und der Modalität; die dritte Tafel führt Axiome der Anschauung, Antizipationen
der Wahrnehmung, Analogien der Erfahrung und Postulate des empirischen Denkens überhaupt auf.[24] Kant betont, daß es ihm nicht um eine genetische, sondern um eine strukturelle Erklärung der Erfahrung
geht; in seinen Worten: „daß hier nicht von dem Entstehen der Erfahrung die Rede sei, sondern von dem, was in ihr liegt".[25]

Was Kants Ziel ist und worin seine ‚Kopernikanische Revolution'
besteht, kann nun erläutert werden. Worum es ihm geht, bringt er in
seinen *Prolegomena* auf eine knappe Formel: „*der Verstand schöpft
seine Gesetze (a priori) nicht aus der Natur, sondern schreibt sie dieser vor*". Kant beugt allerdings sofort einem möglichen Mißverständnis vor: Es geht ihm nicht um „empirische Gesetze der Natur, die jederzeit besondere Wahrnehmungen voraussetzen", sondern um jene
„reinen oder allgemeinen Naturgesetze, welche, ohne daß besondere
Wahrnehmungen zum Grunde liegen, bloß die Bedingungen ihrer notwendigen Vereinigung in einer Erfahrung enthalten"; nur „in Ansehung der letztern ist Natur und *mögliche* Erfahrung ganz und gar einer-
lei".[26] Gegenüber jedem metaphysischen Mißverständnis seiner Position hält er darüber hinaus fest: „Die reine Vernunft hat unter ihren

22 Ebd., S. 266.
23 Ebd., S. 279.
24 Ebd., S. 302 f.
25 Ebd., S. 304.
26 Ebd., S. 320.

Ideen nicht besondere Gegenstände, die über das Feld der Erfahrung hinauslägen, zur Absicht, sondern fordert nur Vollständigkeit des Verstandesgebrauchs im Zusammenhange der Erfahrung."[27] Die transzendentalen Ideen drücken „die eigentümliche Bestimmung der Vernunft aus, nämlich als eines Prinzips der systematischen Einheit des Verstandesgebrauchs"; sie haben nicht die Funktion, den Gegenstand der Erkenntnis zu *konstituieren*, sondern eine „*regulative*" Funktion, und sie erlauben als solche keineswegs, die Grenzen der Erfahrung und der phänomenalen Welt zu überschreiten.[28]

Es ist das Problem der *Einheit der Erfahrung*, das Kant lösen will. Diese Einheit setzt die apriorische Einheit des Selbstbewußtseins voraus, d.h. eine transzendentale Einheit der Apperzeption.[29] Dieses Prinzip ist der Inhalt des Satzes ‚Von der ursprünglich-synthetischen Einheit der Apperzeption', dem zufolge im ‚Ich denke' eine Synthesis „vor allem Denken" gegeben ist, eine Synthesis, die „ein Aktus der *Spontaneität*" ist; und diese Synthesis „kann nicht als zur Sinnlichkeit gehörig angesehen werden". Der bekannte Satz lautet:

„Das: *Ich denke*, muß alle meine Vorstellungen begleiten können; denn sonst würde etwas in mir vorgestellt werden, was garnicht gedacht werden könnte, welches ebensoviel heißt, als die Vorstellung würde entweder unmöglich, oder wenigstens für mich nichts sein."[30]

Diese Konzeption eines transzendentalen, also nicht empirischen Subjekts hat Kant den Einwand der Inkonsequenz seiner Philosophie der Erfahrung eingetragen. Doch der Vorwurf ist nicht berechtigt, denn die *Kritik der reinen Vernunft* besteht darauf, daß die „innere Erfahrung selbst nur mittelbar und nur durch äußere möglich ist". Diese Aussage ist ein Teil von Kants ‚Widerlegung des Idealismus' und gehört zum Beweis des ‚Lehrsatzes': „*Das bloße, aber empirisch bestimmte, Bewußtsein meines eigenen Daseins beweist das Dasein der Gegenstände im Raum außer mir.*"[31]

In Kants ‚Revolution der Denkungsart' wird der Realismus nicht dementiert, für den eine vom Bewußtsein unabhängige Welt außer Frage steht. Deshalb ist Kant weit eher ein Nachfolger des Empirismus als ein Vorläufer des Deutschen Idealismus. Die in der *Kritik der rei-*

---

27 Ebd., S. 332.
28 Ebd., S. 350; vgl. S. 353.
29 Vgl. Kritik der reinen Vernunft B 133 ff.
30 Kritik der reinen Vernunft B 131.
31 Kritik der reinen Vernunft B 275 ff.

nen Vernunft formulierte epistemologische Revolution artikuliert sich in Analogie zur Revolution in der Mathematik und in den Naturwissenschaften; Kant nimmt sich vor, diese wenigstens zum Versuche nachzuahmen". Hier die programmatischen Sätze:

„Bisher nahm man an, alle unsere Erkenntnis müsse sich nach den Gegenständen richten; aber alle Versuche über sie a priori etwas durch Begriffe auszumachen, wodurch unsere Erkenntnis erweitert würde, gingen unter dieser Voraussetzung zunichte. Man versuche es daher einmal, ob wir nicht [...] damit besser fortkommen, daß wir annehmen, die Gegenstände müssen sich nach unserer Erkenntnis richten". Die „veränderte Methode der Denkungsart" setzt voraus, daß wir „von den Dingen nur das a priori erkennen, was wir selbst in sie legen". Zwar leugnet Kant den Vorrang der Erfahrung nicht, aber die Erfahrung ist „selbst eine Erkenntnisart [...], die Verstand erfordert".[32]

Kant schreibt die Einsicht dieser neuen kritischen Methodologie nicht der Entwicklung der Metaphysik zu. Er spricht von den „Naturforschern", denen sie zu verdanken sei, und hebt dabei Galilei hervor:

„Sie [die Naturforscher] begriffen, daß die Vernunft nur das einsieht, was sie selbst nach ihrem Entwurfe hervorbringt, daß sie mit Prinzipien ihrer Urteile nach beständigen Gesetzen vorangehen und die Natur nötigen müsse auf ihre Fragen zu antworten, nicht aber sich von ihr allein gleichsam am Leitbande gängeln lassen müsse [...] Die Vernunft muß mit ihren Prinzipien, nach denen allein übereinkommende Erscheinungen für Gesetze gelten können, in einer Hand, und mit dem Experiment, das sie nach jenem ausdachte, in der anderen, an die Natur gehen, zwar um von ihr belehrt zu werden, aber nicht in der Qualität eines Schülers, der sich alles vorsagen läßt, was der Lehrer will, sondern eines bestallten Richters, der die Zeugen nötigt, auf die Fragen zu antworten, die er ihnen vorlegt."[33]

Der Hinweis auf Galilei ist in diesem Kontext signifikant. Dieser hatte in seinem *Dialogo* über die zwei größten Weltsysteme 1632 geschrieben: „Die Philosophie ist in dem größten Buch geschrieben, das unseren Blicken vor allem offensteht – ich meine das Weltall, aber das kann man nicht verstehen, wenn man nicht zuerst seine Sprache verstehen lernt und die Buchstaben kennt, in denen es geschrieben ist. Es ist in mathematischer Sprache geschrieben, und seine Buchstaben sind Dreiecke, Kreise und andere geometrische Figuren, ohne diese Mittel ist es den Menschen unmöglich, ein Wort zu verstehen."[34]

---

32 Kritik der reinen Vernunft B XVI ff.
33 Kritik der reinen Vernunft B XIII f.
34 Galilei 1987, Bd. 2, S. 275.

Wir erkennen von den Dingen nur das a priori, was wir selbst in sie legen. Genau zu diesem Satz gibt Kant in einer Fußnote eine Erläuterung, in der er von der „dem Naturforscher nachgeahmten Methode" spricht. Diese Methode besteht darin, „die Elemente der reinen Vernunft in dem zu suchen, *was sich durch ein Experiment bestätigen oder widerlegen läßt".* Kant weiß natürlich, daß die Philosophie „zur Prüfung der Sätze der reinen Vernunft [...] kein Experiment mit ihren *Objekten* machen" kann („wie in der Naturwissenschaft"); deshalb geht er in seinem Gedankenexperiment von der Voraussetzung aus, „daß dieselben Gegenstände *einerseits* als Gegenstände der Sinne und des Verstandes für die Erfahrung, *andererseits* aber doch als Gegenstände, die man bloß denkt, allenfalls für die isolierte und über Erfahrungsgrenzen hinausstrebende Vernunft, mithin von zwei verschiedenen Seiten betrachtet werden können".[35] Es handelt sich hier weder um einen marginalen noch um einen einmaligen Vergleich. Für Kants Absicht, eine Revolution in der Metaphysik herbeizuführen, ist das Modell der Naturerkenntnis konstitutiv; die *Kritik der reinen Vernunft* ist als „Traktat von der Methode" nachdrücklich „nach dem Beispiele der Geometer und Naturforscher" konzipiert. Im Kontext findet sich ein weiterer auffälliger Vergleich mit der Chemie. Kant begründet die experimentelle Idee, daß sich unsere Erkenntnis nicht nach „den Gegenständen als Dingen an sich selbst" richtet, und notiert dazu:

„Dieses Experiment der reinen Vernunft hat mit dem der *Chemiker,* welches sie manchmal den Versuch der *Reduktion,* im allgemeinen aber das *synthetische Verfahren* nennen, viel Ähnliches. Die *Analysis des Metaphysikers* schied die reine Erkenntnis a priori in zwei sehr ungleiche Elemente, nämlich die der Dinge als Erscheinungen, und dann der Dinge an sich selbst. Die *Dialektik* verbindet beide wiederum zur *Einhelligkeit* mit der notwendigen Vernunftidee des *Unbedingten* und findet, daß diese Einhelligkeit niemals anders, als durch jene Unterscheidung herauskomme, welche also die wahre ist."[36]

In der ‚transzendentalen Methodenlehre' seiner *Kritik der reinen Vernunft* faßt Kant die Einheit, d.h. die „Ordnung der Teile", unter dem Begriff des *Systems,* und es ist die „Architektonik der reinen Vernunft", die aus einem bloßen Aggregat von Erkenntnissen ein Ganzes macht. Kant schreibt:

35   Kritik der reinen Vernunft B XVIII, Anm.
36   Kritik der reinen Vernunft B XX, Anm.

„Unter der Regierung der Vernunft dürfen unsere Erkenntnisse überhaupt keine Rhapsodie, sondern sie müssen ein System ausmachen, in welchem sie allein die wesentlichen Zwecke derselben unterstützen und befördern können. Ich verstehe aber unter einem Systeme die Einheit der mannigfaltigen Erkenntnisse unter einer Idee. Diese ist der Vernunftbegriff von der Form eines Ganzen, so fern durch denselben der Umfang des Mannigfaltigen sowohl, als die Stelle der Teile untereinander a priori bestimmt wird. Der szientifische Vernunftbegriff enthält also den Zweck und die Form des Ganzen, das mit demselben kongruiert."[37]

Der Abschnitt über die Architektonik überschreitet am Ende die Grenzen einer Kritik der reinen Vernunft und mündet zunächst in eine allgemeine Bestimmung des Status und der Funktion von Philosophie, in einen „Weltbegriff" von Philosophie: „Philosophie [ist] die Wissenschaft von der Beziehung aller Erkenntniß auf die wesentlichen Zwecke der menschlichen Vernunft (*teleologia rationis humanae*), und der Philosoph ist nicht ein Vernunftkünstler, sondern der Gesetzgeber der menschlichen Vernunft."[38] Damit ist zugleich der Übergang von der Kritik der reinen Vernunft zur Kritik der praktischen Vernunft erreicht, und weder die Kantische Theorie der Erfahrung und des Wissens noch seine Theorie der Wissenschaft sind ohne die Weite dieser Perspektive und außerhalb des Horizonts der praktischen Philosophie zu verstehen. Die Idee der Natur verbindet sich jetzt mit der Idee der Freiheit. Kant schreibt: „Die Gesetzgebung der menschlichen Vernunft (Philosophie) hat [...] zwei Gegenstände, Natur und Freiheit, und enthält also sowohl das Naturgesetz, als auch das Sittengesetz, anfangs in zwei besonderen, zuletzt aber in einem einzigen philosophischen System. Die Philosophie der Natur geht auf alles, was da ist, die der Sitten nur auf das, was da sein soll."[39]

Mit der letzten Seite seiner *Kritik der reinen Vernunft* wagt Kant nach kurzen Darstellungen zur Geschichte der Philosophie, die mit Wolff und Hume enden, eine Prognose und sagt: „Der kritische Weg ist allein noch offen." Dieser Weg ist freilich in dem Sinne offen, daß er begangen oder nicht begangen werden kann. Kant schließt deshalb mit einem Appell an den Leser seines Werkes: Der Leser möge „urteilen, ob nicht, wenn es ihm beliebt, das Seinige dazu beizutragen, um diesen Fußsteig zur Heerestraße zu machen, dasjenige, was viele

---

37   Kritik der reinen Vernunft B 860 f.
38   Kritik der reinen Vernunft B 867.
39   Kritik der reinen Vernunft B 868.

Jahrhunderte nicht leisten konnten, noch vor Ablauf des gegenwärtigen erreicht werden möge: nämlich die menschliche Vernunft in dem, was ihre Wißbegierde jederzeit, bisher aber vergeblich beschäftigt hat, zur völligen Befriedigung zu bringen."[40]

Seit Kant ist das „dogmatische Verfahren der reinen Vernunft, *ohne vorangehende Kritik ihres eigenen Vermögens*"[41] Aussagen über Wirklichkeit zu machen, zwar nicht unmöglich geworden, aber es ist aus prinzipiellen Gründen nicht mehr akzeptabel. Aus ihnen ergeben sich zwei Folgen. Die eine besteht darin, daß der noch von der rationalistischen Metaphysik geforderte Vorrang der Ontologie vor der Epistemologie aufgegeben wird; denn alle Sätze über das Seiende bedürfen nun einer transzendentalen Kritik, einer Analyse der epistemischen Bedingungen ihrer Möglichkeit. Die andere besteht darin, daß nach Kant im Prinzip drei Wege versperrt sein müßten: der subjektive Idealismus der Eliminierung der objektiven Realität, wie ihn Fichte vorschlägt; der objektive Idealismus der Transformation des Subjekts der Erfahrung in die Substantialität des absoluten Begriffs, wie ihn Hegel gedacht hat; und schließlich die Anti-Philosophie, wie sie in verschiedenen Gestalten begegnen wird – als Materialismus, als Naturalismus, als Empirizismus, der sich auf einen vorkritischen metaphysischen Realismus stützt. Alle diese Auffassungen gehen von der Unterstellung aus, daß die Fragen der kritischen Philosophie der Erkenntnis rein empirisch beantworten können. Soweit es die auf Kant folgende Philosophie des Deutschen Idealismus betrifft, wird sich zeigen, daß Schelling derjenige ist, der als einziger das Erbe Kants anzutreten bereit ist. Mit den positiven Wissenschaften und durch die Faszination, die sie zunächst ausüben, wird sich im 19. Jahrhundert aber über einige Jahrzehnte eine andere, eine empirizistische und naturalistische Tendenz geltend machen. Erst die Krise, die seit den 1840er Jahren in der Physiologie und in der Physik zu einem epistemologischen Schock führen wird, wird den Weg ‚zu Kant' wieder freimachen.

Kant bleibt für die Epistemologie und die Naturerkenntnis ein Modell; seine Kritik der Bedingungen der Möglichkeit von Erkenntnis macht Epoche, bleibt aber nicht ohne Konkurrenz. Bereits zu Kants Zeiten entwickeln sich in Frankreich Alternativen zum Projekt der Transzendentalphilosophie, die für ein anderes Konzept von Natur und für einen anderen Umgang mit den Naturwissenschaften plädieren.

40   Kritik der reinen Vernunft B 884.
41   Kritik der reinen Vernunft B XXXV.

3. Naturerkenntnis und Gesellschaftstheorie.
Die *Idéologie* als empirische Alternative in der Erkenntnistheorie und die ‚Entdeckung einer neuen Wissenschaft der Gesellschaft'

Um 1800 entstehen nahezu gleichzeitig zwei empirisch orientierte und nach dem Muster der Naturwissenschaft konzipierte Modelle: die nicht transzendentalphilosophisch, sondern physiologisch begründete Ideenlehre namens ‚*Idéologie*' und die kritisch-utopistischen Wissenschaftskonzeptionen der ‚Neuerer' Saint-Simon und Fourier. Sowohl die *Idéologie* als auch der ‚*physicisme*' als ‚neue Wissenschaft vom Menschen' bleiben allerdings episodische Erscheinungen des Übergangs von der Philosophie zur Wissenschaft.

3.1 Destutt de Tracy: Die Idéologie *als empirische Wissenschaft von den Ideen*

Antoine-Louis-Claude Destutt de Tracy, 1754 geboren, kann zu den Großen der europäischen Ideengeschichte gezählt werden. Doch nur Spezialisten erwähnen ihn, meist im Kontext der sensualistischen Erkenntnistheorie Condillacs. 1801 erscheint das *Projet d'Eléments d' Idéologie à l'usage des Ecoles centrales de la République française*. Es wird 1803 unter dem Titel *Idéologie proprement dite* (‚Eigentliche Ideenlehre') als erster Band in das mehrbändige Hauptwerk einbezogen; es folgen als zweiter Teil 1803 die *Grammaire*, als dritter 1805 die *Logique*, als vierter und fünfter Teil 1815 der *Traité de la volonté et de ses effets*. 1817/18 erscheinen die Bände in 2. bzw. 3. Auflage, und 1824/25 wird das Gesamtwerk in vier Bänden erneut vorgelegt. Zu erwähnen sind darüber hinaus auch die *Principes logiques ou Recueil de faits relatifs à l'intelligence humaine* (1817) und der *Traité d'Economie politique* (1822). Und nicht zu vergessen sind drei kleinere Schriften, in denen Destutt de Tracy während der Arbeit am großen Werk die Ziele seiner Philosophie erläutert: *Quels sont les moyens de fonder la morale chez un peuple?* (1798), eine Abhandlung über Dupuis' *Origine de tous les cultes ou Religion universelle* (1799) und *Observations sur le système actuel d'instruction publique* (1800).

Die intellektuelle Biographie Destutt de Tracys ist ein Stück Revolutionsgeschichte. Sie signalisiert die Ablösung der Generation der Vordenker der Revolution und einen Endpunkt der Aufklärung in Frankreich. 1789 wird Destutt de Tracy Adels-Deputierter in den Generalständen. Als Liberaler schließt er sich La Fayette an, ohne dessen Flucht 1792 mitzuvollziehen. Im November 1793 verhaftet und zur Guillotine verurteilt, durch den Sturz Robespierres am 9. Thermidor befreit, findet sich Destutt de Tracy nach dem 18. Brumaire unter den ersten dreißig Mitgliedern des Senats, dem er auch während des Kaiserreichs angehört. 1808 übernimmt er Cabanis' Platz in der Académie française. Sein Werk ist mit einer der bedeutendsten Institutionen des revolutionären Frankreich verbunden. Die Verfassung des Jahres III (1795) errichtet das ‚Institut national des sciences et des arts', für dessen II. Klasse, 1. Sektion (Sciences morales et politiques; Analyse des sensations et des idées) Destutt de Tracy auf Drängen Cabanis' 1796 ernannt wird. Hier liest er über Erkenntnistheorie, über die ‚faculté de penser' (das Erkenntnisvermögen). In Auseinandersetzung mit der Tradition von Berkeley bis Condillac und Kant entsteht eine neue Wissenschaft, die ‚Idéologie'. Das Stichwort fällt erstmals in *Mémoire sur la faculté de penser* im Jahre 1798.

Was heißt *Idéologie* und was sind die wesentlichen Merkmale dieser neuen Wissenschaft? In seiner Vorrede zum Projekt der *Eléments d'Idéologie* von 1801 heben sich zwei Stränge des Interesses und der Begründung ab; dort heißt es:

„Ich biete in diesem Augenblick der Öffentlichkeit ein Werk an, das mich viel Arbeit gekostet hat und von dem ich für mich keinen großen Erfolg erwarte, vielmehr ein wenig Nutzen für die Wissenschaft. Ich stelle es der Jugend als einen Forschungsplan vor [...] Man hat von einem Lebewesen nur unvollständig Kenntnis, wenn man seine intellektuellen Fähigkeiten nicht kennt. Die Idéologie ist ein Teil der Zoologie, und vor allem bezüglich des Menschen ist dieser Teil bedeutsam und verdient Vertiefung."[1]

Vertiefung über das durch die Wissenschaften und durch Logik, Grammatik und Moral verfügbare Wissen hinaus erwartet sich Destutt de Tracy von einer neuen Wissenschaft, die ihren Maßstab im Modell der *naturwissenschaftlichen Erkenntnis* findet und Ordnung in das heterogene Wissen über die intellektuellen Fähigkeiten der Menschen bringen soll. Es geht dabei nicht um eine wissenschaftliche Revoluti-

---

1   Eléments, S. XIII. Eine deutsche Übersetzung gibt es bis heute nicht.

on, vielmehr um die *Reform* des bestehenden Denkens; Destutt de Tracy beansprucht keine Originalität für sich: Es sei, so sagt er offen, Condillac gewesen, der die *Idéologie* geschaffen habe.[2] In der Tat hat Condillac 1746 in seinem *Essai sur l'origine des connaissances humaines* die Forderung erhoben, man müsse bis auf den Ursprung der Ideen zurückgehen und ihre Entstehung und Entwicklung verfolgen bis an die Grenzen, die ihnen von der Natur gesetzt seien; auf diesem Wege könne man den Umfang und die Grenzen der menschlichen Erkenntnisse bestimmen und den gesamten menschlichen Verstand erneuern. Es ist vor allem Condillacs *Traité des sensations* von 1754, dessen Erbe Destutt de Tracy antrat, freilich nicht ohne Kritik und Korrektur: Condillac habe seine Untersuchung auf die intellektuelle Perzeption beschränkt, es fehle an Beobachtung der unmittelbaren Sinnlichkeit; darüber hinaus sei sein Werk noch zu unsystematisch. Er selbst habe freilich, so stellt Destutt de Tracy einleitend fest, „noch ein anderes Motiv" für seine Abhandlung gehabt; er zeigt sich skeptisch bezüglich der Frage, ob die Intention, den Wissenschaftsfortschritt zu fördern, 1801 noch auf günstige äußere Bedingungen stoßen kann: „denn ich sehe, daß auf die Wut, alles zerstören zu wollen, die Sucht gefolgt ist, nichts sich etablieren zu lassen, und daß man unter dem Vorwand des Hasses auf die Verirrungen der Revolution allem, was sie an Gutem hervorgebracht hat, den Krieg erklärt. [...] Früher sprach man nur von Reformen, von notwendigen Veränderungen in der Bildung; heute sähe man sie gerne nach dem Muster der Zeiten Karls des Großen".[3] Die Argumentation weiß sich in der Defensive: „man hat Menschen gesehen, enthemmte Neuerer, geschmückt mit der roten Mütze, die die Philosophen anklagten, furchtsame Reformisten und kalte Freunde der Menschheit zu sein, und die ihnen nun vorwerfen, alles ins Chaos gestürzt zu haben."[4]

Wenden wir uns wesentlichen Aussagen zu, welche die *Idéologie* kennzeichnen. „Denken [...] ist immer empfinden, nichts als empfinden"[5] – dies ist der sensualistische Kernsatz der Lehre, der ebenso an Condillac erinnert wie die folgende Aussage: „Tatsächlich beginnt der Mensch immer mit der Beobachtung der Tatsachen; von seinen Bedürfnissen bewegt, zieht er daraus zunächst praktische Schlußfolge-

---

2   Ebd., S. XVI.
3   Ebd., S. XXV.
4   Ebd., S. XXVI.
5   Ebd., S. 24.

rungen"; er variiert, kombiniert und modifiziert die Tatsachen, und dies begründet seine Fertigkeiten und Künste. Der Vergleich, die Untersuchung der Beziehungen zwischen den Tatsachen und die Entdekkung konstanter Gesetzmäßigkeiten – kurz: Theorien – folgen nach; Theorien bieten zwar „große Vorteile für das Zukünftige", erreichen aber wenig „für die Bedürfnisse des Augenblicks".[6] Es ist für den Begründer der *Idéologie* „ganz natürlich, daß die oft höchst-vervollkommnete Praxis jeder guten Theorie vorausgeht; dies kann auch nicht anders sein, denn man könnte Tatsachen nicht vergleichen, ohne sie kennengelernt zu haben, und man könnte die allgemeinen Gesetze, die diese Tatsachen regieren, nicht entdecken, ohne sie zuvor untereinander verglichen zu haben. Dies erklärt uns auch, warum die Wissenschaft, die uns beschäftigt – die der Entstehung der Ideen –, so neuartig und so wenig vorangetrieben ist: weil sie die Theorie der Theorien ist, muß sie als letzte das Licht der Welt erblicken".[7]

Idéologie[8] ist der Name einer neuen Wissenschaft vom Denken, genauer: von der *Natur* des Denkens. Der für uns heute ungewöhnliche Sprachgebrauch irritiert. Welche Selbstbezeichnung haben ihre Schöpfer für sich? Ideologen (*idéologues*)? Wieder einmal greift die Nachwelt zu falschen Bezeichnungen: ,Ideologen', ,Schule der Ideologen'. Destutt de Tracy selbst, der die *Idéologie* als System von Allgemeiner Grammatik und Logik ausweist[9], kennt die Bezeichnung ,idéologues' nicht: Dem Ideal der Wissenschaftlichkeit und dem Wissenschaftskonzept der *Idéologie* entspricht vielmehr die Selbstbezeichnung „les idéo*logistes*". Dieser Sprachgebrauch kennt noch nicht die mit Napoléon einsetzende Denunziation der *idéologistes* als *idéologues*, sondern verweist darauf, daß es ganz einfach um eine ,Lehre' geht, die Lehre von den Ideen. Die *Idéologistes* sind Ideen-Theoretiker.[10]

---

6 Ebd., S. 304.
7 Ebd., S. 307.
8 Vgl. zu Geschichte und Problematik des Ideologiebegriffs Sandkühler 1999b.
9 Ebd., S. 5.
10 Geht es um ,Ideologen' – dies ist die Formel einer Bezichtigung, der Kampfbegriff des Anti-Intellektualismus –, so ist nicht Destutt de Tracy der Name, der zu erwähnen ist, sondern Napoléon Bonaparte. Er vermutet in der Idéologie, die sich als „Philosophie première" (Eléments, S. 435). etablieren will, von dem Moment an eine Herausforderung und nichts als Unheil, wo sich die nachrevolutionäre Macht festigt und statt der Kritik der Ideen ein ,positives Denken' verordnet wird. Napoléon ist zunächst von der Schule der Idéologie so fasziniert, daß er sie bei seinem ägyptischen Feldzug in Kairo institutionalisieren will. Doch die Intellektuellen verweigern die gewünschte Anpassung; die offene Kritik z.B. Cabanis' am

Die *Idéologie*, die seit 1801 in Destutt de Tracys ‚Elementarlehre' *Eléments d'idéologie* und 1802 in P.-J.-G. Cabanis' *Rapports du physique et du morale de l'homme* systematisch ausgearbeitet vorliegt, analysiert die Bedingungen der Möglichkeit von Empfindung, Wahrnehmung, Denken, Antizipation, Vergessen und Vorurteil nicht in transzendentaler Perspektive, sondern auf physiologischer und sprachanalytischer Grundlage. Sie knüpft philosophiehistorisch an der Entwicklung von Hobbes über Locke zu Helvétius und Condillac an, erweitert aber die Tradition des Wissen über Ideen um die Dimension empirischer naturwissenschaftlicher und medizinischer Forschung. Zugleich teilt die *Idéologie* mit dem Materialismus und Naturalismus der französischen Aufklärung die Weite des Horizonts der Kritik, auch an den gesellschaftlichen Verhältnissen.

Die von Destutt de Tracy zu Cabanis' Werk verfaßte ‚Table analytique'[11] läßt den weitgespannten Rahmen der *Idéologie* erkennen: Der einführenden These, das Studium der menschlichen Physis sei für den Mediziner so nützlich wie für den Moral-Forscher, folgen allgemeine Überlegungen über das Studium des Menschen und über das Verhältnis zwischen seiner physischen Organisation und seinen Fähigkeiten. Die Beziehungen zwischen den Organen, der Zusammenhang zwischen Krankheit und Verhalten, die Bedeutung des für unser Denken notwendigen Gebrauchs der Zeichen unserer Ideen und der Sprache stehen im Zentrum des Interesses; es handelt sich um wichtige Vorfragen der *Idéologie*. Diese wird als deskriptive Theorie der Beziehung zwischen Physis und Verhalten der Menschen konzipiert; sie gewinnt die Basis ihrer genetischen Erklärungen aus der ‚physiologischen Geschichte der Empfindungen' und aus der Analyse physiologischer De-

Ersten Konsul Napoléon und der Widerspruch zwischen antireligiöser Idéologie und Zugeständnissen der staatlichen Macht an die Kirche machen den Konflikt unvermeidbar. Die Klasse der moralischen und politischen Wissenschaften – Cabanis' und Destutt de Tracys Klasse – wird aufgelöst, die Grammatik wird von der Idéologie abgespalten. Napoléon polemisiert: „Alle Übel sind der Idéologie zuzuschreiben, dieser dunklen Metaphysik, die mit Scharfsinn auf der Suche nach den ersten Ursachen ist und auf ihrer Grundlage die Gesetzgebung der Völker begründen will, anstatt die Gesetze mit dem Wissen über das menschliche Herz und mit den Lehren der Geschichte in Übereinstimmung zu bringen." (Zit. n. Dierse 1976, S. 159; vgl. Dierse 1982, S. 136 ff.) Es geht ihm darum, diejenigen zu diskreditieren, die im Sinne der Aufklärung davon ausgehen, man könne durch eine kritische wissenschaftliche Analyse der Ideen zur Vervollkommnung der Menschheit beitragen.

11 Vgl. Cabanis 1980, S. 3-40.

terminanten des Denkens; untersucht werden Alter und Geschlecht, die Temperamente und die Krankheiten, die Einfluß ausüben auf die Entwicklung der Ideen und auf das menschliche Verhalten. Cabanis' Werk endet mit Betrachtungen über die ersten Determinanten des Empfindungsvermögens, den Instinkt, die Sympathie, den Schlaf und den Wahn. Die Schlußfolgerungen etablieren eine Alternative gegen das Konzept angeborener Ideen: Die beim Individuum als natürlich anzusehenden Dispositionen sind Resultate von immer wiederholten Funktionen, Aktionen und Bewegungen, und diese Resultate werden durch Vererbung von Generation zu Generation weitergegeben. Die Annahme, die *Idéologie* sei in einem engen Sinne reduktionistisch und führe alle intellektuellen Fähigkeiten physiologisch auf Organleistungen zurück, wäre allerdings verfehlt.

Ganz ähnlich sind die Ergebnisse, die Destutt de Tracy für sein eigenes Werk hervorhebt; er habe, so schreibt er, eine „annähernd vollständige Geschichte des Denkens" gegeben zu haben:

„[W]ir haben gesehen, worin die Fähigkeit, zu denken, besteht. Welches sind die elementaren Fähigkeiten, die es gemeinsam bilden; wie bilden sie den Zusammenhang unserer Ideen; wie lassen sie uns unsere Existenz erkennen und die der anderen, ihre Eigenschaften und die Art, diese zu bewerten; wie verknüpfen sich die intellektuellen Fähigkeiten mit den anderen aus unserer [physischen] Organisation herrührenden Fähigkeiten; wie hängen die einen und die anderen von unserer Fähigkeit des Wollens ab; wie sind alle durch die häufige Wiederholung ihrer Akte modifiziert worden; wie vervollkommnen sie sich im Individuum und in der Gattung; und schließlich: welche Unterstützung bietet ihnen und welche Veränderungen trägt ihnen der Gebrauch von Zeichen ein?"[12]

Die Ideologie hat ant-aufklärerische Polemik auf sich gezogen, weil sie das Denken und die Sprache durchschaubar und kritisierbar machen wollte, und dies mit Folgen nicht nur im Feld der Theorie. Die Intellektuellen, die sie schufen, arbeiteten an ihrer Institutionalisierung und Verbreitung durch öffentliche Volksbildung. Daß sie zum politischen Ärgernis geworden ist, liegt nur mittelbar in ihr selbst begründet. Es ist in erster Linie die intellektuelle Kultur, deren Ausdruck sie ist, die den Widerspruch der politischen Herrschaft provoziert, und diese ist am nachrevolutionären *status quo* interessiert.

---

12 Eléments, S. 423 f.

3.2   Saint-Simon: Der physicisme als ,allgemeine Wissenschaft' und die Reorganisation der Gesellschaft

Im Prozeß der Konstituierung der modernen bürgerlichen Gesellschaft spielt eine Form der Opposition eine herausragende Rolle: Es ist die *Wissenschaft*, von der man sich rationale Prinzipien der Veränderung verspricht. Um welchen Typus von Wissenschaft geht es? Es ist offensichtlich, daß die Philosophie, von der man über lange Zeit die notwendigen Erkenntnisse erwartet hatte, von einem neuen Typus der Erkenntnis und des Wissens abgelöst wird. Das Neue wird von der Wissenschaft erhofft, freilich nicht von Wissenschaft schlechthin, sondern von der *Naturwissenschaft*. Dies bedeutet zum einen eine Änderung im kognitiven Status der Theorie und in den Formen der Konstruktion und Begründung von Wissenschaft. Es bedeutet zum anderen ein neues Bild der Gesellschaft und der Zukunft des Zusammenlebens der Menschen. Die entscheidende Frage lautet nun: Wie muß eine Wissenschaft beschaffen sein, die als Motor des Fortschritts operieren kann? Dies ist die Frage, auf die auch Saint-Simon, Fourier und Comte eine Antwort suchen. Die Antworten sollen, obwohl es um Zukunft geht, nicht utopisch sein, und deshalb beziehen sie sich auf ,Natur'.

Wie auch Fourier entwickelt Saint-Simon das Programm einer ,neuen Wissenschaft', einer Wissenschaft der Gesellschaft, die analytische deskriptive und explanatorische Leistungen verspricht und realistisch ist. Doch wie alles Neue, entsteht auch diese Wissenschaft nicht an einem Nullpunkt; sie stützt sich auf bekanntes Altes – auf das *Newtonische Modell der mathematisierten Physik*. Zwar sieht sich Saint-Simon als ,novateur' (Neuerer) und notiert 1807 in seiner *Introduction aux travaux scientifiques du dix-neuvième siècle*, er schreibe, weil er ,Neues zu sagen' habe; er ist sich aber auch der Tatsache bewußt, daß das neue System die Vereinigung dessen ist, was er an Brauchbarem in den Werken der Schriftsteller gefunden hat, kurz: die Systematisierung früherer Auffassungen.[13] Im 1813 verfaßten *Mémoire sur la science de l'homme* macht er als pragmatischen Grund für den Bezug des Neuen zum akkumulierten Wissen geltend, der nützlichste Schritt in der Wissenschaft sei derjenige, der dem zuletzt gemachten folge. Sein systematisches Argument lautet: „Alle Dinge, die sich ereignet haben, und alle, die sich ereignen werden, bilden ein und dieselbe Reihe [...] Daher wird das Studium des bis heute vom menschlichen Geist zu-

---

13 Œuvres de Saint-Simon, Vol. IVa, S. 168.

rückgelegten Entwicklungsganges uns die nutzbringenden Schritte enthüllen, die in der wissenschaftlichen Laufbahn und auf dem Wege des
Glücks noch zurückzulegen" sind.[14] Erstaunlicherweise bleibt aber die
Geschichte der Erkenntnis und der Wissenschaften, die aus der systematischen Prämisse hätte folgen müssen, ungeschrieben. Dem evolutionären Ansatz der Physiologie, der Naturgeschichte und der materialistischen Geschichtsphilosophie seiner Zeit verpflichtet, zieht Saint-
Simon stattdessen seine Schlußfolgerungen in der Konstruktion der
Formalstruktur seiner Theorie. Die genetische Rekonstruktion ist nur
ein Mittel der Begründung der Theorie. Im Plan der *Introduction aux
travaux scientifiques du dix-neuvième siècle* ist für das Werk nach dem
historischen Abriß, der mit Condorcets Kritik der Geschichte des
menschlichen Geistes beginnen soll, die Thematik vorgesehen, die den
‚Neuerer' eigentlich bewegt: Er will über die ‚Wissenschaft in der Zukunft' schreiben. Das historische Denken Saint-Simons hat die Funktion, die geschichtliche *Notwendigkeit* einer Theorie zu begründen, die
neu ist: In der Wissenschaftsentwicklung gibt es einen Weg, der auch
die größten intellektuellen Kräfte übersteigt; die Träger der Erkenntnis
erscheinen als Werkzeuge, die dazu bestimmt sind, zu gegebener Zeit
die jeweiligen Entdeckungen hervorzubringen.

Aus dem Zusammenhang, der so zwischen dem Entwicklungsden-
ken und dem Postulat der geschichtlichen Notwendigkeit der Theorie
hergestellt ist, wird nun das Programm einer Wissenschaft abgeleitet,
die nicht darauf verzichten will, Theorie der Wirklichkeit zu sein. Das
Kennwort dieser Wissenschaft heißt *Entdeckung* (découverte). Im Gegensatz zum spekulativen Verfahren der metaphysischen Philosophie
und im Unterschied zur Mannigfaltigkeit der Tatsachen, die in den empirischen Wissenschaften bearbeitet werden, soll die neue Theorie
zwei Dimensionen miteinander verbinden: Sie soll zugleich positive
Beobachtungswissenschaft und *allgemeine Wissenschaft* sein. Die einzelnen Wissenschaften sind Elemente der allgemeinen Wissenschaft.
Die allgemeine Wissenschaft wird aber erst dann eine positive Wissenschaft sein können, wenn die einzelnen Wissenschaften auf Beobachtung gegründet sein werden. Diesem Ziel dient laut Saint-Simon die
Organisation des Wissenschaftssystems; die Ordnung des Wissens
stellt er – in Anlehnung an Francis Bacon – in der Metapher des ‚enzyklopädischen Baumes' dar. Den Stamm dieses Baumes bildet der

---

14 Saint-Simon 1977, S. 101.

,*Physicisme*' der allgemeinen Wissenschaft. Diesem Modell entspricht die Methode, die Saint-Simon als ,Entdecker-Philosoph' skizziert. Das Prinzip der Methode besteht darin, daß man die Stufenleiter der Tatsachen abwechselnd hinauf- und hinuntersteigt, d.h. Induktion und Deduktion miteinander verbindet.

Es ist Saint-Simons Schrift *De la Réorganisation de la Société Européenne* von 1814, in der die Methode der Beobachtungswissenschaft in die Untersuchung politischer Phänomene eingeführt wird, damit endlich das ,Kindheitsstadium' der politischen Wissenschaft überwunden werden könne. Auch in der politischen Wissenschaft kommt es auf die Vermittlung von zwei Arten wissenschaftlicher Tätigkeit an, die dem Widerspruch zwischen Apriorismus und Aposteriorismus zum Opfer gefallen war: Zum einen geht es darum, Tatsachen zu *suchen*; zum anderen geht es darum, über die Tatsachen *metatheoretisch zu reflektieren*. Für Saint-Simon stellt sich die Aufgabe so: Man muß alle Wissenschaften, auch die theoretischen, der Beobachtung unterwerfen; zugleich soll das von Descartes entworfene wissenschaftliche System in einer neuen Enzyklopädie organisiert werden. Unter diesen Voraussetzungen wird der *Physizismus* zu einer *allgemeinen Beobachtung*.

Schon 1808 versteht sich Saint-Simon in *Histoire de ma vie* als Experimentator. Es gebe, schreibt er, kein besseres Mittel, den Fortschritt der Wissenschaft zu beschleunigen, als das Experiment: Man muß mit dem Universum experimentieren, und da dies nicht mit dem Makrokosmos möglich ist, muß man mit dem Mikrokosmos experimentieren, d.h. mit dem gesellschaftlichen Menschen. Eines der wichtigsten Experimente mit dem Menschen besteht darin, ihn in neue gesellschaftliche Beziehungen hineinzustellen.[15] Die neue ,physico-politische Wissenschaft' hat ihr Fundament also in Erfahrung und Experiment. Und doch verlangt Saint-Simon nicht einfach einen Methodentransfer, also die Übertragung naturwissenschaftlicher Methoden auf die Gesellschaftstheorie. Die newtonische Naturwissenschaft bietet vielmehr ein *Modell* exakter und objektiver Erkenntnis; nomologische Aussagen sollen in der positiven Gesellschaftswissenschaft *in Analogie* zur Naturwissenschaft erreicht werden. Die Funktion des Analogisierens besteht darin, dort für Plausibilität zu sorgen, wo die programmatisch skizzierte, aber unreife Theorie noch nicht über exakte Erklärungen verfügt. So heißt es etwa in *De la Réorganisation de la Société Euro-*

---

15 Ebd., S. 40-58.

péenne, das individuelle und das kollektive Glück seien wie Repulsion und Attraktion in der Bewegung der Körper zu denken. Aus der ‚Identität' von Zahlenreihen und Tatsachenreihen sollen Beobachtungen und Prognosen über die Entwicklung der europäischen Staaten gewonnen werden. Saint-Simons strukturelle Analogien gründen in ontologischen Annahmen über die Gleichheit von Elementen unterschiedlicher Systeme, so des Mikrokosmos und des Makrokosmos, der Gesellschaftsgeschichte und der Naturgeschichte. Es kann deshalb nicht überraschen, daß er schon 1807 in seinen *Lettres d'un habitant de Genève à ses contemporains* auch das Problem politischer Herrschaft durch eine Analogie lösen will: Er schlägt einen *Newton-Rat* vor, um zu einer rationalen, wissenschaftlich begründeten Ordnung des gesellschaftlichen Lebens zu kommen.

Saint-Simon denkt offensichlich nicht nur an eine neue Wissenschaft. Es geht um weit mehr, um den Wechsel von der Revolution zur Reform, von der Kritik zur Reorganisation. Die Enzyklopädie des 19. Jahrhunderts – so lautet Saint-Simons Bilanz – muß die von den Denkern des 18. Jahrhunderts eingeschlagene, dem Wesen nach revolutionäre Richtung vollkommen verändern; war die die alte Philosophie kritisch, ‚negativ' und revolutionär, so soll die neue ‚positive' Wissenschaft ‚organisierenden Charakter' haben. Das Ziel besteht in der *Reorganisation* des moralischen, religiösen und politischen Systems.

3.3   Fourier: Die Entdeckung einer neuen Wissenschaft

Die Orientierung am Corpus des verfügbaren Wissens führt bei Saint-Simon zu einer Theorie der Gesellschaft, die eher zum Realismus als zur Utopie tendiert. Charles Fourier ist weit weniger ‚Re-Organisator' als Saint-Simon; seine Kritik am Bestehenden betrifft auch den Bestand des Wissens. Bis hinein in die Struktur und bis in die Formen und Instrumente der *Konstruktion* der Theorie machen sich Antizipation, Phantasie und Utopie bemerkbar. Die bei Saint-Simon sichtbare und in seiner Schule bis hin zu Auguste Comte zugespitzte Ambiguität – einerseits die Berufung auf die bestehenden Wissenschaften und andererseits die Konstruktion der Zukunft – ist in Fouriers Denken kaum zu entdecken. Fourier denkt ‚das Neue' weit radikaler; er will die Stabilität, Geschlossenheit, Evidenz und Überzeugungskraft der Theorie nicht auf Kosten der inneren Dynamik des neuen wissenschaftlichen Systems verteidigen. Dies zeigen alle seine Schriften, angefangen von

Lettre de Fourier au Grand Juge (1803) über die *Théorie des quatre mouvements et des destinées générales* von 1808 und die *Nouvelle Introduction à la Théorie des quatres mouvements* von 1818 bis hin zu *Le nouveau monde industriel et sociétaire* (1829) und zu den nachgelassenen Manuskripten *Le nouveau monde amoureux*.

Zwar ist auch bei ihm das Motiv wirksam, als Entdecker der Wissenschaft von der gesellschaftlichen Bewegung nicht in Übereinstimmung zu sein mit dem *mainstream* der Wissenschaften; der ‚wirkliche Entdecker' ist verpflichtet, sich gegen die herrschenden Irrtümer zu stellen, wenn er nicht „nur ein Sophist mehr" sein will.[16] Er hat drei Aufgaben zu erfüllen: Er muß, so heißt es in der *Théorie des quatre mouvements et des destinées générales*, erstens nachweisen, daß der Satz der „Sophisten des 19. Jahrhunderts [...], *es gebe nichts Neues zu entdecken"*, falsch ist[17]; er muß zweitens begründen, warum „die Aufdeckung einer Theorie, die das Gesicht der Welt ändern wird, bis auf unsere Tage verzögert worden ist"[18]; die dritte Aufgabe stellt das größte Problem dar; zu lösen ist der Widerspruch zwischen der Selbsteinschätzung – „Ich bringe die Entdeckung, die die Menschheit vom zivilisierten, barbarischen und wilden Chaos befreien wird"[19] – und den realen Möglichkeiten der Theorie, die versprochene Befreiung praktisch ins Werk zu setzen.

Es wäre kurzschlüssig, in Fourier nur einen Utopisten zu sehen. Er zeigt sich in seinem Werk problembewußt, sensibel auch für methodologische Probleme einer ‚neuen Wissenschaft'. So betont er etwa in seiner späten *Théorie de l'unité universelle* von 1822 in einer Zwischenbilanz zwölf Grundsätze, zu deren Beachtung die Theorie verpflichtet ist und durch deren Mißachtung die Entdeckung der Bewegungen und die Analyse der Wirklichkeit unmöglich wird; diese Prinzipien sind: die Vollständigkeit der Forschung; die Würdigung der Erfahrung; das Erschließen des Neuen durch Analogie; die Verbindung von Analyse und Synthese; die Förderung wissenschaftlicher Alternativen (vor allem der vernachlässigten Wissenschaften); die Reduktion der Mannigfaltigkeit der Triebkräfte auf Gesetze der „attraction", die Suche nach Wahrheit; der Rekurs auf die Natur; die Kritik der Vorurteile; Beobachtung anstelle von Spekulation; Sprachkritik und der

---

16 Nouveau Monde, S. 62.
17 Théorie des quatres mouvements, S. 86.
18 Nouveau Monde, S. 44.
19 Théorie des quatres mouvements, S. 84.

Mut, *„das Erlernte [zu] vergessen und das menschliche Verständnis von Grund auf [zu] erneuern“*.[20] Fourier provoziert den revolutionären Bruch mit überlieferten Theoremen; das neue Wissenschaftsprogramm soll eine neue gesellschaftliche Ordnung antizipieren.

Fourier stellt sich selbst bereits früh in *Lettre au Grand Juge* als Erfinder und Entdecker vor: „Ich bin der Entdecker des mathematischen Kalküls der Bestimmungen, des Kalküls, auf dem Newton die Hand hatte und den er doch nicht einmal geahnt hat; er hat die Gesetze der materiellen Attraktion bestimmt und ich die der Attraktion der Leidenschaften, deren Theorie niemand vor mir zur Sprache gebracht hatte“.[21] Konstitutiv für sein Programm ist seit 1803 die Kritik[22] am Hochmut von drei Wissenschaften[23], der Metaphysik, der Politik und der Moral, die er 1808 um die Kritik an der Ökonomie erweitert – und vor allem an der Philosophie überhaupt, und zwar wegen ihres methodischen Leichtsinns, wegen des „simplisme“ ihrer Erklärungsmethoden[24] und wegen der Identität der Zivilisation mit dem „philosophischen Regime“.[25] Schließlich kommt ein auffälliger Punkt der Kritik hinzu: Die Philosophie ist verstrickt in eine Modekontroverse – die *Idéologie*. Fouriers Philosophiekritik weist weit über kognitive Gesichtspunkte hinaus: Seine Kritik gilt den ‚philosophes', weil sie „immer zu spät in die soziale Bewegung eingreifen“.[26]

Die Radikalität Fouriers wird besonders in der Übernahme eines klassischen Topos der ‚Kritik des Alten' deutlich, jenes vom ‚Brand der Bibliotheken'.[27] Die Verbrennung der Bücher ist für ihn der Preis für die Enthüllung der „Naturgesetze“.[28] Der Topos ist das Sinnbild für den Sturz der metaphysischen, nicht-exakten Wissenschaften.

Den methodischen Weg für sein gesamtes Werk, das er als „allgemeines System der Natur“ versteht, hat Fourier in der ‚Introduction' und im ‚Discour préliminaire' zur *Théorie des quatres mouvements* dargestellt. Von den vier Bewegungen – der *„sozialen, animalischen,*

---

20 Fourier 1980, 81-85.
21 Lettre, S. 349.
22 Vgl. den Artikel ‚Critique' in: Silberling 1911, S. 105 ff.
23 Vgl. den Artikel ‚Science', ebd., S. 396 ff.
24 Le nouveau monde, S. 337.
25 Ebd., S. 128.
26 Théorie des quatres mouvements, S. 198.
27 Vgl. H.J. Sandkühler, ‚Bücherverbrennung' in: ders. (Hg.), Europäische Enzyklopädie zu Philosophie und Wissenschaften, Bd. 1, Hamburg 1990.
28 Manuscrits, S. 164-169.

organischen et *materiellen*" – sind bisher nur durch Newton und Leibniz die Gesetze „der materiellen Entwicklung" entschleiert worden. Alle anderen Theorien sind unbrauchbar: „man muß alle politischen, moralischen und ökonomischen Theorien ins Feuer werfen und sich auf das erstaunlichste, das glücklichste Ereignis vorbereiten, das auf dieser Erbe und in allen Welten stattginden kann – *auf den plötzlichen Übergang des gesellschaftlichen Chaos zur universellen Harmonie*".[29] Für Fourier dokumentiert die ‚Katastrophe von 1793' nicht nur die Unfähigkeit der Philosophen und der politischen und moralischen Wissenschaften, sondern auch den Moment der Entdeckung einer bisher unbekannten ‚*science sociale*'. Es handelt sich um eine ‚Entdeckung' und nicht etwa um eine ‚Erfindung', weil man den Spuren des schon Bekannten, d.h. der Naturwissenschaft, folgen kann. Die neue Wissenschaft wird *per analogiam* konzipiert, und dies ist möglich aufgrund des ontologischen Arguments der *universellen Einheit alles Existierenden*. Die Analogie ist die ‚Algebra' der neuen Wissenschaft, und sie schütz die zentrale Theorie der „séries progressives" oder „séries passionnées" vor dem Einwand, sie sei „willkürlich ausgedacht"; das Argument lautet: „Die Anordnung dieser Serien ist den geometrischen Serien, mit denen sie alle Eigenschaften teilen, völlig analog."[30]

Fragt man sich, welchen Status die Mathematik und die Naturwissenschaften bei Saint-Simon und bei Fourier haben und welche Rolle sie bei der Begründung des Programms einer neuen Wissenschaft der Gesellschaft spielen, so kann die Antwort nur lauten: *keine konstitutive Rolle als Wissenschaften*. Der Transfer von Theoremen aus den Wissenschaften der Natur bedient sich mehr oder weniger vager Analogien und Metaphern; deren Funktion ist es, der noch nicht stabilisierten, noch unreifen ‚science sociale' ein Höchstmaß an Plausibilität und scheinbarer Notwendigkeit zu verleihen. Beide Theoretiker verwenden *Bilder der Natur* und stützen sich auf eine Idee von ‚Naturgesetzen der sozialen Bewegung'. Diesen Mechanismus der Sicherung des noch unsicheren Neuen wird man immer wieder finden, wenn neue soziale Bewegungen Theorieprogramme entwerfen. Man findet ihn später auch bei Auguste Comte, freilich in Form einer ideologischen Instrumentalisierung der Natur und der Naturwissenschaften.

Zunächst aber soll der rote Faden wieder aufgenommen werden, der seinen Anfang bei Kant hat.

---

29 Théorie des quatres mouvements, S. 71.
30 Théorie des quatres mouvements, S. 77.

4. „Wie die Naturwissenschaft den Idealismus aus dem Realismus hervorbringt." Zur Naturphilosophie Schellings

F.W.J. Schelling hat sich den intellektuellen Anforderungen seiner Epoche nicht entzogen. Dies gilt vor allem für sein Interesse an der Entwicklung der Naturforschung und für seine Philosophie der Natur. Der frühe Schelling läßt sich, immer in kritischem Habitus, von Denkstilen seiner Zeit inspirieren, so vor allem – wie immer wieder auch in seinem späteren Denken – durch die Philosophie Kants. Er nimmt die Idee einer Geschichtstheorie des Fortschritts auf und ist von den Ergebnissen der Naturwissenschaften fasziniert. Er leistet wesentliche Beiträge zur Entwicklung; wo er hingegen Fehlentwicklungen beobachtet und kritisiert, formuliert er als Oppositioneller *Gegen-Entwürfe*. Das Mitläufertum, das ihm – vor allem seiner späteren ‚positiven Philosophie' – nachgesagt wurde, ist ihm fremd. Hier die großen Themen seiner Opposition: Er streitet mit der Idee *freier Subjektivität* gegen jede metaphysische Grundlegung von Recht und Staat, mit der Idee einer *Zukunft der Mythologie* gegen den theologischen und philosophischen Rationalismus, mit seiner *Rekonstruktion der Freiheit und der Geschichtlichkeit des Seins* gegen die Hegelsche Metaphysik der Notwendigkeit aller Entwicklung; und er legt mit der Idee einer *produktiven Natur* sein Veto ein gegen die Annahme einer immer schon *gegebenen Natur*. Sein Denken läßt sich auf einen einfachen Nenner bringen: Die Philosophie hat die ganze Seinsgeschichte als offenen Prozeß zu ihrem Gegenstand; das Sein läßt sich nicht auf die Evolution des Physischen in der Natur beschränken und weder auf die Endlichkeit menschlicher Existenz noch auf ein Ende der Geschichte in Gott fixieren.

Schelling nimmt im 19. Jahrhundert eine Ausnahmestellung ein. Für keinen der deutschen philosophischen Klassiker dieser Zeit kann gesagt werden, was die intellektuelle Biographie Schellings zwischen der

1 Vgl. Tilliette 1970.

Magisterdissertation von 1792 und der auch im Todesjahr 1854 noch nicht vollendeten *Philosophie der Mythologie* und *Philosophie der Offenbarung* kennzeichnet: Er ist Zeitgenosse der gesamten Epoche von intellektuellen und politischen Revolutionen; in diesen Kontexten entsteht seine Philosophie – als eine ‚Philosophie im Werden', wie Xavier Tilliette treffend formuliert hat.[1]

Was für jede Philosophie gilt, gilt auch für Schelling: Man kann ihn allein aus der Philosophiegeschichte nicht verstehen. Es empfiehlt sich vielmehr eine ausgreifende *kulturgeschichtliche* Lektüre, und zwar unter Einschluß der Wissenschaftsgeschichte.[2] Spricht Schelling von den „Metamorphosen, die in dem Geiste des Menschen selbst vorgehen", als „Revolutionen der Wissenschaften"[3], so belegt dies, wie sehr auch ihn Atmosphäre von Innovationen geprägt hat, die das Jahrhundert kennzeichnen. Wie kaum ein anderer interessiert er sich für die Fortschritte in den Naturwissenschaften. In Schellings Lebenszeit fallen revolutionäre wissenschaftliche Entdeckungen und Erfindungen, z.B. auf dem Gebiet der Elektrodynamik – von der quantitativen Elektrostatik im letzten Drittel des 18. Jahrhunderts (Priestley, Cavendish, Coulomb) über Galvani, Volta und Davy, Ampère, Ohm und Faraday (Gleichstrom bzw. magnetisches Feld eines Stromes) bis hin zur Theorie des elektromagnetischen Feldes Mitte der 1840er Jahre. Zu erwähnen sind die Wiederbelebung und Präzisierung der Wellentheorie des Lichts, die Entwicklung der Wärmelehre, der Übergang vom chemischen Gewerbe zum wissenschaftlichen System der Chemie; die Phlogiston-Theorie wird durch den experimentellen Nachweis chemischer ‚Elemente' und Verbindungen auf der Grundlage von Lavoisiers Oxydationstheorie abgelöst. Gewichtige Entwicklungen spielen sich in der Biologie ab, so im Bereich der Morphologie und in der Klassifikation der Arten sowie in der durch Verbesserung der technischen Erkenntnismittel (z.B. Mikroskope) geförderten Embryologie; in der Theorie der Zelle wird das strukturelle Grundelement aller Lebewesen festge-

---

2 Einen Schlüssel zu jenem Schelling, den die Nähe zur wissenschaftlichen Forschung auszeichnet, vor allem zu seiner frühen Naturphilosophie, bietet inzwischen der umfassende „Wissenschaftshistorische Bericht zu Schellings naturphilosophischen Schriften 1797-1800" mit den Arbeiten von M. Durner zur Chemie, von S. Moiso zu Magnetismus, Elektrizität und Galvanismus und von J. Jantzen zur Physiologie; sie rekonstruieren den heute kaum mehr präsenten Stand der Wissenschaften, aus denen Schelling geschöpft hat. (AA I, Ergänzungsbd. zu den Bänden 5-9)

3 SW V, S. 226.

stellt. Nicht weniger bedeutend sind die Veränderungen in der geologischen Forschung, in der etwa durch Lyell bewußt wird, daß in der Erdgeschichte mit langen Zeiträumen zu rechnen ist. Schelling nimmt z.b. diese Entdeckung in seinen *Weltaltern* auf und schreibt: „Kaum waren die ersten Schritte, Philosophie mit Natur wieder zu vereinigen, geschehen, als das hohe Alter des Physischen anerkannt werden mußte [...]".[4] Auch die Geographie wird in einer zweiten Phase von Entdeckungsreisen durch eine Fülle an Daten bereichert, z.b. durch die Südamerika-Expeditionen Alexander v. Humboldts, mit dem Schelling in Verbindung steht.

Schellings Naturphilosophie ist faszinierend. Weit mehr als anderen Dimensionen seines Werkes gehört ihr die Aufmerksamkeit gegenwärtigen Philosophierens.[5] Dies ist um so bemerkenswerter als Schelling seit 1807 – seit er, wie er selbst sagt, „den Mißbrauch, der [in der Romantik] mit den Ideen der Naturphilosophie getrieben worden, gesehen"[6] habe– mit einer Ausnahme bis zu seinem Tode 1854 keine Schriften zur Naturphilosophie mehr veröffentlicht hat.

Doch Schelling *wird* nicht erst in verspäterer Lektüre zum Philosophen der Natur; es ist das Spezifische seines Denkens, das den Übergang zum 19. Jahrhundert markiert: „Vor allem unter dem Einfluß des Naturphilosophen Schelling [...] kommt es in Deutschland [...] zu einer metaphysischen Form der Naturforschung, die zugleich ein besonderes Verständnis des Menschen und seiner Beziehung zur Natur bedeutet und auch die anderen Wissenschaften wie Künste nicht unberührt läßt."[7]

Nicht ohne guten Grund kann heute die „Naturphilosophie Schellings [als] eine singuläre Erscheinung innerhalb des Deutschen Idealismus [erscheinen]. Unbestreitbar hat sich Schelling in einer ungewöhnlichen Tiefe und Breite in die Naturforschung und Naturtheorie seiner Zeit [...] hineingearbeitet, aber – und dies wird meist übersehen – von

---

4   SW VIII, S. 205.
5   Vgl. etwa die Sammelbände Heckmann/Krings/Meyer 1985; Sandkühler 1984.
6   Schelling, Kritische Fragmente. In: Jahrbücher der Medicin als Wissenschaft 2 (1807), S. 303 f.
7   So D. v.Engelhardt in der Einleitung zu seiner philosophie- und wissenschaftshistorisch höchst begrüssenswerten Edition: H. Steffens, Was ich erlebte. Aus der Erinnerung niedergeschrieben. Bd. 1. Neudruck des 1. und 2. Bandes der Erstausgabe Breslau 1840, mit einer Einl. v. D. von Engelhardt, Stuttgart-Bad Cannstatt 1995, S. 9*.

Anfang an in einer kritischen Distanz zum Paradigma neuzeitlicher Naturwissenschaften."[8]

In Schellings frühen Jahren war es J.G. Fichte, der – wohl 1794 – Schelling zu ersten Arbeiten zur Möglichkeit von Philosophie und auch zur Kritik des Naturrechts inspiriert hat. Als Fichte-Schüler wäre er aber verkannt; er macht sich schon bald als originärer Denker einen Namen.

1796 oder 1797 wird ein Aufsehen erregendes Programm verfaßt. Wer von den drei berühmten Tübinger Studenten – Hölderlin, Schelling oder Hegel – der Autor des so kurzen wie begeisterten Textes ist, ist umstritten. Es muß hier nicht interessieren, ob er aus Schellings Feder stammt. Der Text, der erst im 20. Jh. unter dem Titel *Das älteste Systemprogramm des deutschen Idealismus* veröffentlicht wurde, hat Geschichte gemacht. Dieses Programm gibt ein Echo der Französischen Revolution weiter, und es ist in einem solchem Maße der Vorschein dessen, was Schelling später systematisch zusammenbindet – die Idee der Freiheit, die spekulative Physik, die Philosophie der Kunst, die Erinnerung der Mythos, die Religionen des Polytheismus und des Monotheismus, die Kritik des Staates ... –, daß seine Philosophie als die eigentliche Vollstreckerin des Programms gelten kann:

„– *eine Ethik.* [...] Die erste Idee ist natürlich die Vorstellung *von mir selbs* als einem absolut freien Wesen. Mit dem freien, selbstbewußten Wesen tritt zugleich eine ganze *Welt* – aus dem Nichts hervor – die einzig wahre und gedenkbare *Schöpfung aus Nichts.* – Hier werde ich auf die Felder der Physik herabsteigen; die Frage ist diese: Wie muß eine Welt für ein moralisches Wesen beschaffen sein? Ich möchte unserer langsamen, an Experimenten mühsam schreitenden Physik ein mal wieder Flügel geben.

So, wenn die Philosophie die Ideen, die Erfahrung die Data angibt, können wir endlich die Physik im Großen bekommen, die ich von späteren Zeitaltern erwarte. Es scheint nicht, daß die jetzige Physik einen schöpferischen Geist, wie der unsrige ist oder sein soll, befriedigen könne.

Von der Natur komme ich aufs *Menschenwerk.* Die Idee der Menschheit voran, will ich zeigen, daß es keine Idee vom *Staat* gibt, weil der Staat etwas *Mechanisches* ist, so wenig als es eine Idee von einer *Maschine* gibt. Nur was Gegenstand der *Freiheit* ist, heißt *Idee.* Wir müssen also über den Staat hinaus! – Denn jeder Staat muß freie Menschen als mechanisches Räderwerk behandeln; und das soll er nicht; also soll er *aufhören.* [...]

Endlich kommen die Ideen von einer moralischen Welt, Gottheit, Unsterblichkeit, – Umsturz alles Afterglaubens, Verfolgung des Priestertums, das neu-

---

erdings Vernunft heuchelt, durch die Vernunft selbst. – Absolute Freiheit aller
Geister, die die intellektuelle Welt in sich tragen und weder Gott noch Unsterblichkeit *außer sich* suchen dürfen.

Zuletzt die Idee, die alle vereinigt, die Idee der *Schönheit,* das Wort in hö-
herem platonischen Sinne genommen. Ich bin nun überzeugt, daß der höchste
Akt der Vernunft, der, in dem sie alle Ideen umfaßt, ein ästhetischer Akt ist
und daß *Wahrheit und Güte nur in der Schönheit* verschwistert sind. Der Philosoph muß ebensoviel ästhetische Kraft besitzen als der Dichter. [...]

Die Poesie bekommt dadurch eine höhere Würde, sie wird am Ende wieder,
was sie am Anfang war – *Lehrerin der Menschheit;* denn es gibt keine Philosophie, keine Geschichte mehr, die Dichtkunst allein wird alle übrigen Wissenschaften und Künste überleben.

Zu gleicher Zeit hören wir so oft, der große Haufen müsse eine *sinnliche
Religion* haben. Nicht nur der große Haufen, auch der Philosoph bedarf ihrer.
Monotheismus der Vernunft und des Herzens, Polytheismus der Einbildungskraft und der Kunst, dies ist's, was wir bedürfen. Zuerst werde ich hier von einer Idee sprechen, die, soviel ich weiß, noch in keines Menschen Sinn gekommen ist – wir müssen eine neue Mythologie haben, diese Mythologie aber muß
im Dienste der Ideen stehen, sie muß eine Mythologie der *Vernunft* werden.

Ehe wir die Ideen ästhetisch, d.h. mythologisch machen, haben sie für das
Volk kein Interesse; und umgekehrt, ehe die Mythologie vernünftig ist, muß
sich der Philosoph ihrer schämen. So müssen endlich Aufgeklärte und Unauf-
geklärte sich die Hand reichen, die Mythologie muß philosophisch werden und
das Volk vernünftig, und die Philosophie muß mythologisch werden, um die
Philosophen sinnlich zu machen. Dann herrscht ewige Einheit unter uns."[9]

Der Geist dieses Manifests findet sich in Schellings Naturphilosophie
wieder, die ihren Autor schon in jungen Jahren berühmt gemacht hat.
Vom 12. November 1798 an notiert Goethe in seinen Tagebüchern, er
lese Schellings Naturphilosophie; im Oktober 1799 findet sich die No-
tiz: „Prof. Schelling, Einleitung zu seinem Entwurf der Naturphilosophie bis pag. 33 zusammen durchgegangen".[10] Der junge Professor
Schelling hält in Jena mit großem Erfolg Vorlesungen über Transzendentalphilosophie und Naturphilosophie. Im Jahre 1800 wird er in seinem ersten großen Werk, im *System des transzendentalen Idealismus,*
versuchen, beide Philosophien – und so Subjektivität und Objektivität
– miteinander zu vereinigen. Mehrere Schriften zur Begründung der
Naturphilosophie lassen Schelling als glänzenden Kenner der zeitgenössischen Naturforschung und der empirischen Naturwissenschaften
bekannt werden.

---

9 Hegel, Werke [Suhrkamp-Ausgabe], Bd. 1, S. 234 ff.
10 SSZ I, S. 34.

Worum geht es Schelling? Um eine neue Naturlehre des Geistes.[11] Als Motto seines ganzen Programms sind folgende Sätze zu verstehen:

„Freywillig entläßt die Natur keinen aus ihrer Vormundschaft, und es giebt keine *gebohrnen* Söhne der Freyheit. [...] Es wäre auch nicht zu begreifen, wie der Mensch je jenen [Natur-]Zustand verlassen hätte, wüßten wir nicht, daß er einen *Geist in sich* hat, der, weil sein Element *Freyheit ist*, *sich selbst* frey zu machen strebt, sich den Fesseln der Natur und ihrer Vorsorge entwinden, und dem ungewissen Schicksal seiner eigenen Kräfte überlassen mußte, um einst als Sieger und durch eignes Verdienst in jenen Zustand zurückzukehren, in welchem er unwissend über sich selbst die Kindheit seiner Vernunft verlebte."[12]

Die zwei Bücher von Schellings *Ideen zu einer Philosophie der Natur* sind 1797 in Leipzig in einer Auflage von kaum mehr als 500 Stücken erschienen; eine veränderte und erheblich erweiterte Fassung wurde mit dem Untertitel ‚Als Einleitung in das Studium dieser Wissenschaft' 1803 veröffentlicht. Auf diesen Text, der wegen der bevorstehenden Leipziger Buchmesse unter Termindruck verfaßt wurde, wollte Schelling – wie er sagte – „einige Ansprüche gründen"; er kündigt ihn öffentlich „als künftige Grundlage eines allgemeinen Natur-Systems" an, das die allgemeine Bewegungslehre, Statik und Mechanik, die Prinzipien der Naturlehre, der Teleologie und der Physiologie umfassen sollte. Stattdessen erschien 1798 *Von der Weltseele, eine Hypothese der höheren Physik*; der junge Philosoph sah sich noch außerstande, „das Ganze mit einer *wissenschaftlichen Physiologie* zu beschließen, die erst dem Ganzen Rundung geben kann".[13]

Bereits in der *Vorrede* formuliert Schelling zwei erkenntnisleitende Motive und Prinzipien: „Was für die theoretische Philosophie [im Zeitalter nach Kant] übrig bleibt, sind allein die allgemeinen Prinzipien einer möglichen Erfahrung, und anstatt eine Wissenschaft zu sein, die auf Physik folgt (Metaphysik), wird sie künftig eine Wissenschaft sein, die der Physik *vorangeht.*"[14]

In Schellings Klassifikation werden die theoretische und die praktische Philosophie je „in die *reine und angewandte*" eingeteilt, und die angewandte theoretische Philosophie hat die Aufgabe, als „Philosophie der Natur [...] *ein bestimmtes* System unsers Wissens, (d.h. das

---

11 Vgl. ausführlicher Jantzen 1998, S. 82-107.
12 AA I,5, S. 70; SW II, S. 12.
13 AA I,5, S. 10-14; SW II, S. 351.
14 AA I,5, S. 61; SW II, S. 3.

System der gesammten Erfahrung) aus Principien abzuleiten". Wie durch die *„Philosophie der Natur"* die „Naturlehre", soll die „Geschichte" durch die *„Philosophie des Menschen"* ihre „wissenschaftliche Grundlage erhalten".[15] Zur Perspektive der *Einleitung* notiert Schelling in seiner *Vorrede*, wie er nun die Beziehung zwischen Philosophie und Wissenschaft konzipiert: Philosophie ist *Prinzipien-Wissenschaft* und verhält sich *als solche* zu empirischem Wissen; es geht nun nicht mehr um das „Tagelöhnergeschäft", „Philosophie auf Naturlehre *anzuwenden"*; ihr „Zweck ist vielmehr: die Naturwissenschaft selbst philosophisch *entstehen zu* lassen". Als Prinzipientheorie ist sie zugleich eine Hermeneutik der Natur: „Es ist wahr, daß uns Chemie die *Elemente*, Physik die *Sylben*, Mathematik die Natur *lesen* lehrt; aber man darf nicht vergessen, daß es der Philosophie zusteht, das Gelesene *auszulegen."*[16]

Schelling scheint zu argwöhnen, sein neuartiger Ansatz könne unverstanden bleiben, und so leitet er das erste Buch noch einmal mit einer Grundsatzerklärung ein, bevor er den Leser auf die Reise durch die philosophisch ausgelegten empirischen Details (Verbrennung, Licht, Luft, Elektrizität usf.) schickt:

„Daß der Mensch auf die Natur selbstthätig wirkt, sie nach Zweck und Absicht bestimmt, vor seinen Augen handeln läßt und gleichsam im Werke belauscht, ist nichts anders, als Ausübung seiner rechtmäßigen Herrschaft über die todte Materie, die ihm mit Vernunft und Freyheit zugleich übertragen wurde. Daß aber die Ausübung dieser Herrschaft *möglich* ist, verdankt er doch wieder der Natur, die er vergebens zu beherrschen strebte, könnte er sie nicht in Streit mit sich selbst und ihre eignen Kräfte gegen sie in Bewegung setzen."[17]

Bereits die *Ideen zu einer Philosophie der Natur* zeigen die große Komplexität Schellingscher Fragestellungen an: Sie sind Philosophie *und* Theorie der Philosophie, Naturphilosophie *und* Theorie der Naturphilosophie *und* transzendentale Methodenlehre, also (Meta-)Theorie der für Schelling problematischen, überhaupt erst zu klärenden Beziehung zwischen *Spekulation und Empirie*. Mit Rousseau sagt er: „Die bloße Spekulation [...] ist eine Geisteskrankheit des Menschen [...] Gegen eine Philosophie, die Spekulation nicht zum *Mittel*, sondern zum *Zweck* macht, ist jede Waffe gerecht."[18] Dieser Schelling formuliert

15   AA I,5, 61 f.; SW II, S. 4.
16   AA I,5, S. 64; SW II, S. 6.
17   AA I,5, S. 111; SW II, S. 74.
18   AA I,5, S. 71; vgl. SW II, S. 13 f.

ein Programm, wie es erst nach der Ernüchterung des wissenschaftlichen Positivismus angesichts der prekären Beziehung zwischen ‚Theorien und Tatsachen' in der erkenntnistheoretischen Krise der Physiologie und Physik seit den 1860er Jahren wieder gedacht werden sollte: Es geht um die realistische Transformation des transzendentalen Idealismus und die kritische Transformation des ontologischen Realismus. Hiervon handelt die ‚Einleitung' zu den *Ideen:* „Wie entstehen Vorstellungen äußerer Dinge in uns? Durch diese Frage versetzen wir die Dinge *außer* uns, setzen sie als unabhängig von unsern Vorstellungen. Gleichwohl soll zwischen ihnen und unsern Vorstellungen Zusammenhang sein. [...] Nun haben wir aber ausdrücklich Dinge als *unabhängig von uns gesetzt. Uns* dagegen fühlen wir als abhängig von den Gegenständen."[19]

Kurz, es geht um *„Geist und Materie"* und damit um *die* „Frage selbst, mit der alle Philosophie beginnt", und um jene zweite, für die Naturphilosophie entscheidende Frage nach den „Elemente[n] unsers empirischen Wissens".[20] Schelling, der für die Transzendentalphilosophie das verlorene Terrain des Materiellen, der Realität als Natur zurückzugewinnen sucht, will *im* „Ich" die bloße Selbst-Bezüglichkeit des Ich überwinden. Die Lösung, die er in den *Ideen* vorschlägt, um zwischen der Skylla des metaphysischen Realismus („die Dinge existiren außer uns, unabhängig von unseren Vorstellungen") und der Charybdis des metaphysischen Idealismus („daß auch die Erscheinungen selbst zugleich mit der Succession nur in unsern Vorstellungen werden und entstehen")[21] einen Weg zwischen Geist und Materie zu finden, ist die einer bemerkenswerten Weiterentwicklung der Kantischen *Kritik der Urteilskraft:*

„Philosophie ist also nichts anderes, als *eine Naturlehre unseres Geistes.* [...] Wir betrachten das System unserer Vorstellungen nicht in seinem *Seyn,* sondern in seinem *Werden.* Die Philosophie wird *genetisch* [...] Von nun an ist zwischen Erfahrung und Spekulation keine Trennung mehr. Das System der Natur ist zugleich das System unsers Geistes, und jetzt erst, nachdem die große Synthesis vollendet ist, kehrt unser Wissen zur Analysis (zum *Forschen und Versuchen)* zurück."[22]

---

19 AA I,5, S. 72 f.; SW II, S. 15 f.
20 AA I,5, S. 74, 83; SW II, S. 16, 28.
21 AA I,5, S. 87; SW II, S. 30.
22 AA I,5, S. 93; SW II, S. 39.

Die Antwort auf die Frage, „wie eine Natur außer uns möglich sei", ist weit mehr als ein Programm. Die Theorie hat eine *Norm* zu erfüllen: „Die Natur soll der sichtbare Geist, der Geist die unsichtbare Natur sein." Deshalb muß sie selber zur Philosophie „der absoluten Identität des Geistes *in* uns und der Natur *außer* uns" werden.[23]

Schelling sucht seine Lösung der mit der Kantischen Philosophie aufgeworfenen Fragen vor seinem großen *System des transzendentalen Idealismus* vor allem in Schriften zur Naturphilosophie[24]: Mit der *Einleitung zu den Ideen zu einer Philosophie der Natur* (1797), mit den *Ideen zu einer Philosophie der Natur* (1797), mit der Schrift *Von der Weltseele, eine Hypothese der höheren Physik*, in *Erster Entwurf eines Systems der Naturphilosophie*, schließlich mit der *Einleitung zu dem Entwurf eines Systems der Naturphilosophie oder über den Begriff der spekulativen Physik* (1799). Er konzentriert sein Interesse bis 1800 im wesentlichen auf zwei Fragen: 1. Wie ist ein Anfang der Erkenntnis möglich? Anders gewendet: Wie ist eine Philosophie begründbar, die ihre Nähe zur erfahrbaren Welt nicht verliert und die doch nicht durch Empirie, sondern voraussetzungslos zu begründen ist? 2. Wie kann die Kantische Transzendentalphilosophie so erweitert werden, daß Realität nicht nur durch die unerkennbaren ‚Dinge, wie sie an sich selbst sind' im philosophischen Denken präsent ist, sondern materialiter im Begriff einer wirklichen produktiven Natur?

Schelling will nicht „abstrakte Prinzipien auf eine bereits vorhandene empirische Wissenschaft" übertragen[25]; er verwahrt sich aber auch gegen die Annahme, man könne Erkenntnisse empirischer Wissenschaft unmittelbar in die Philosophie übernehmen.[26] Schellings Vorhaben ist, „die Naturwissenschaft selbst erst philosophisch *entstehen* zu lassen"; seine Philosophie sei „selbst nichts anderes als Naturwissenschaft".[27] Es geht ihm um die Frage, wie es denkbar sei, daß „alle Naturgesetze [...] in reine Vernunftgesetze sich auflösen".[28] Die Philosophie der Natur soll „die Möglichkeit der Natur, d.h. der gesamten

---

23   AA I,5, S. 107; SW II, S. 56.
24   Vgl. Jantzen 1998.
25   SW II, S. 6.
26   Ebd.
27   Ebd.
28   SW II, S. V, S. 253 f.

Erfahrungswelt aus Prinzipien ableiten".[29] Das Problem besteht nicht darin, „ob und wie jener Zusammenhang der Erscheinungen und die Reihe von Ursachen und Wirkungen, die wir Naturlauf nennen, *außer uns* [existiert], sondern wie sie *für uns* wirklich geworden, wie jenes System und jener Zusammenhang der Erscheinungen den Weg zu unserm Geiste gefunden, und wie sie in unsern Vorstellungen die Notwendigkeit erlangt haben, mit welcher sie zu denken wir schlechthin genötigt sind".[30]

Bereits die *Einleitung* von 1799 dokumentiert eine Veränderung der erkenntnistheoretischen Problemlage der Zeit nach Kant, den Versuch einer neuartigen Vermittlung von Erkenntnislehre und Seinslehre. Indem die Naturphilosophie sich als „Spinozismus der Physik" bzw. als „spekulative Physik"[31] versteht und derart Empirie und spekulative Konstruktion als Seiten einer Medaille behauptet, erscheinen ihr begründete Sätze über die „letzten *Ursachen* der Naturerscheinungen" als möglich.[32] Empirische Erkenntnis, gerichtet auf „die Natur als Objekt", und theoretische Erkenntnis, gerichtet auf „*Natur* als *Produktivität*"[33], auf „*Natur als Subjekt*", bilden eine perspektivische Einheit[34]; Empirie und Theorie sind Momente einer für die Erkenntnis unhintergehbaren *Komplementarität*.

Es gibt eine Idee, die wie keine andere das Besondere an Schellings Konzeption einer neuen Naturphilosophie kennzeichnet. Es handelt sich um seine These, *daß wir nur das erkennen können, was wir selbst hervorgebracht haben*.[35] Was an Schellings Argumentation faszinieren kann, ist die Folge von drei ,ideal-realistischen' Begründungsschritten.[36]

Der erste Schritt: Während für die Transzendentalphilosophie „die Natur nichts anderes als Organ des Selbstbewußtseins" ist, können in der Naturphilosophie „idealistische Erklärungsarten" nichts leisten. Gefordert wird statt dessen: „Die erste Maxime aller wahren Naturwis-

---

29 SW II, S. 11.
30 SW II, S. 29 f.
31 SW III, S. 273f
32 SW III, S. 277.
33 SW III, S. 284.
34 Ebd.
35 Dieses Vico-Theorem hat Schelling nachhaltig geprägt.
36 SW III, S. 273-279.

senschaft, alles auch aus Natur-Kräften zu erklären, wird daher von unserer Wissenschaft in ihrer größten Ausdehnung angenommen, und selbst bis auf dasjenige Gebiet ausgedehnt, vor welchem alle Naturerklärung bis jetzt stillzustehen gewohnt ist, z.B. selbst auf diejenigen organischen Erscheinungen, welche ein Analogon der Vernunft vorauszusetzen scheinen."

Der zweite Schritt: Die ‚spekulative Physik' hat das Profil eines transzendentalen, eines *internen* Realismus mit einer deutlich holistischen Tendenz: Im Unterschied zur Physik der natürlichen Einzelseienden muß die Naturphilosophie begreifen, „daß man [...] eigentlich nur von solchen Objekten *wissen* kann, von welchen man die Prinzipien ihrer Möglichkeit einsieht". Es folgt die programmatische Erklärung: „Wir *wissen* nur das Selbsthervorgebrachte, das Wissen im *strengsten* Sinne des Wortes ist also *reines* Wissen *a priori*."

Und schließlich der dritte Schritt: Entscheidend wird das Argument der *Natur als Subjekt*. Das Ganze der Natur entsteht nicht erst in der Synthesis der Apperzeption, sondern existiert vor den erscheinenden Teilen. Die hieraus resultierende antidualistische Wende verändert auch das Verfahren transzendentaler Begründung: „*Nicht also wir kennen die Natur, sondern die Natur ist a priori* [...] Aber ist die Natur *a priori*, so muß es auch sein, sie *als* etwas, das *a priori* ist, zu *erkennen*."

Die Folgen dieser Vereinigung von ontologischem Realismus und methodologischem Idealismus zu jenem *Real-Idealismus*, als den Schelling seine frühe Philosophie bezeichnet, treten zutage in einer völlig neuartigen *genetischen* Selbstbegründung dessen, was Transzendentalphilosophie ist. Schelling versteht sich zu einer „*physikalischen Erklärung des Idealismus*"[37] und erklärt:

„Der Idealist hat Recht, wenn er die Vernunft zum Selbstschöpfer von allem macht, denn dies ist in der Natur selbst begründet – er hat die eigne Intention der Natur mit dem Menschen für sich, aber eben weil es die Intention der Natur ist – (wenn man nur sagen dürfte, weil die Natur darum weiß, daß der Mensch auf solche Art sich von ihr losreißt!) -[,] wird jener Idealismus selbst wieder zum Schein; er wird selbst etwas Erklärbares – und damit fällt die theoretische Realität des Idealismus zusammen."[38]

37 SW IV, S. 76.
38 SW IV, S. 77.

Dies ist im Jahre 1800 formuliert und ermöglicht es Schelling, im gleichen Jahr im *System des transzendentalen Idealismus* die nachkantische Kernfrage zu stellen: „wie können die Vorstellungen zugleich als sich richtend nach den Gegenständen, und die Gegenstände als sich richtend nach den Vorstellungen gedacht werden?"[39] Es ist der „Parallelismus der Natur mit dem Intelligenten", der im Begriff der neuen Transzendentalphilosophie die zuvor dilemmatische Alternative aufzuheben verlangt, in der entweder durch Naturphilosophie „*das Objektive zum Ersten*" gemacht werden muß[40] oder aber die Bewußtseinsphilosophie „*das Subjektive* [...] *zum Ersten*" erhebt.[41] Das neue Band knüpft die Natur; sie wird freilich nicht mehr als Gegenwelt des Bewußtseins mißverstanden, sondern als jene Natur begriffen, die ihr Ziel, „selbst ganz Objekt zu werden", erst „durch die höchste und letzte Reflexion" erreicht, „welche nichts anderes als der Mensch, oder, allgemeiner, das ist, was wir Vernunft nennen, durch welche zuerst die Natur vollständig in sich selbst zurückkehrt, und wodurch offenbar wird, daß die Natur ursprünglich identisch ist mit dem, was in uns als Intelligentes und Bewußtes erkannt wird". Das transzendentale Wissen ist „ein Wissen des Wissens", in dem sich die Identität der „beiden Sätze: *Ich bin*, und: *es sind Dinge außer mir*" herstellt.[42]

Schelling hat dieses Prinzip, das nach Kant und Fichte, aber auch gegen Hegel kaum mehr denkmöglich schien, in einem eindrucksvollen Satz formuliert:

„Wie die Naturwissenschaft den Idealismus aus dem Realismus hervorbringt, indem sie die Naturgesetze zu Gesetzen der Intelligenz vergeistigt, oder zum Materiellen das Formelle hinzufügt [...], so die Transzendental-Philosophie den Realismus aus dem Idealismus, dadurch, daß sie die Gesetze der Intelligenz zu Naturgesetzen materialisiert, oder zum Formellen das Materielle hinzubringt."[43]

Das Werk, in dem Schelling seine Ideen sowohl zur Erkenntnistheorie als auch zur Naturphilosophie systematisch gebündelt hat, ist das *System des transzendentalen Idealismus*. Hier leitet Schelling aus der ersten, materiellen und produktiven Natur eine *Geschichte des Selbstbewußtseins* ab, die ihren Weg über die zweite Natur des Menschen in

39 SW III, S. 348.
40 SW III, S. 339 ff.
41 SW III, S. 341 f.
42 SW III, S. 344 f.
43 SW III, S. 352.

Recht und Staat nimmt und in der *Philosophie Kunst* als dem Organon aller Philosophie ihren Gipfel erreicht. Das Werk will den transzendentalen Idealismus „zu einem System des gesamten Wissens" dadurch erweitern, daß es „alle Teile der Philosophie in Einer Kontinuität und die gesamte Philosophie als das, was sie ist [darstellt], nämlich als fortgehende Geschichte des Selbstbewußtseins, für welche das in der Erfahrung Niedergelegte nur gleichsam als Denkmal und Dokument dient".[44] Schelling erläutert:

„Der Zweck des gegenwärtigen Werkes ist nun eben dieser, den transzendentalen Idealismus zu dem zu erweitern, was er wirklich sein soll, nämlich zu einem System des gesammten Wissens, also den Beweis jenes Systems nicht bloß im Allgemeinen, sondern durch die That selbst zu führen, d. h. durch die wirkliche Ausdehnung seiner Principien auf alle möglichen Probleme in Ansehung der Hauptgegenstände des Wissens, welche entweder schon vorher aufgeworfen aber nicht aufgelöst waren, oder aber erst durch das System selbst möglich gemacht worden und neu entstanden sind."[45]

Gegen jenen zu einfachen „Empirismus" gewandt, „welcher alles von außen in die Intelligenz kommen läßt"[46], räumt die theoretische Transzendentalphilosophie einer anderen Form der Anschauung den zentralen Ort der philosophischen Konstruktion ein, – dem freien, sich seiner selbst bewußten Ich: „Das Ich ist reiner Akt, reines Tun, was schlechthin nicht-objektiv sein muß im Wissen, eben deswegen, weil es *Prinzip* alles Wissens ist." Die Form, in der es „Objekt des Wissens" werden kann, „wird im Gegensatz gegen die sinnliche, welche nicht als Produzieren ihres Objekts erscheint, wo also das *Anschauen selbst* vom Angeschauten verschieden ist, *intellektuelle Anschauung* genannt".[47] Diese Anschauung übernimmt in der Philosophie die Funktion des jede Vorstellung begleitenden *Ich denke.*

Die vermeintlich rätselhafte Verbindung von Vernunft und Erfahrung – und entsprechend von von Theorie und Empirie – im Konzept der *intellektuellen Anschauung*[48] kann nicht mehr irritieren, wenn man die auf den ersten Blick noch rätselhaftere Schlußfolgerung Schellings recht versteht. Schelling hat das *Modell* dieser welt-bildenden Produktivität des Ich in der *ästhetischen Tätigkeit* gesehen: „Die objektive

---

44   SW III, S. 330 f.
45   SW III, S. 330.
46   SW III, S. 490.
47   SW III, S. 368 f.
48   SW III, S. 368 f.

Welt ist nur die ursprüngliche, noch bewußtlose Poesie des Geistes; das allgemeine Organon der Philosophie – und der Schlußstein ihres ganzen Gewölbes – *die Philosophie der Kunst*".[49]

Dies ist der Rahmen, in dem Schelling im *System* erstmals auch Probleme der Moralphilosophie, des Rechts und des Staates thematisiert, von denen im nächsten Kapitel die Rede sein wird. Er thematisiert sie freilich nicht *als* solche, sondern im Horizont einer strikt *transzendentalen* „Deduktion der Denkbarkeit und der Erklärbarkeit der moralischen Begriffe überhaupt".[50] Das Grundproblem, vor das sich Schelling – nicht anders als Kant – gestellt sieht, ist das der Beziehung zwischen *Freiheit und Notwendigkeit*. Er schreibt:

„Etwas, wofür die Bedingungen in der Natur überhaupt nicht gegeben werden können, muß schlechthin unmöglich sein. Wenn nun aber die Freiheit, um objektiv zu sein, ganz dem Anschauen gleich und völlig den Gesetzen desselben unterworfen wird, so heben ja eben die Bedingungen, unter welchen die Freiheit erscheinen kann, die Freiheit selbst wieder auf, die Freiheit wird dadurch, daß sie in ihren Aeußerungen ein Naturphänomen ist, auch erklärbar nach Naturgesetzen, und eben dadurch als aufgehoben."[51]

‚Freiheit und Notwendigkeit' – ist dies ein Thema der Naturphilosophie? Ist es nicht das zentrale Thema der Geschichtsphilosophie? Gehört nicht die Epoche, die zeitlich und inhaltlich durch den Begriff ‚Deutscher Idealismus' bezeichnet wird, zu den großen Zeiten der Geschichtsphilosophie? Für Hegel war es selbstverständlich, daß seine Philosophie in ihrem Kern Geschichtsphilosophie sei. Für Schelling ist dies umstritten. Er hat weder ein Werk mit dem Titel einer Philosophie der Geschichte geschrieben noch eines zu diesem besonderen Gegenstand. Sollte er also im Deutschen Idealismus die Ausnahme eines Philosophen bilden, dem die Geschichte, *der* Topos der großen Hoffnungen bürgerlicher Emanzipation, nichts bedeutet hätte? Dies anzunehmen hieße eine Philosophie mißverstehen, die von ihren ersten Anfängen und bis an ihr Ende *geschichtliches Denken* ist. Schelling selbst hat dies, wie sein Rückblick in den Münchener *Vorlesungen zur Geschichte der neueren Philosophie* 1827 zeigt, nicht anders gesehen:

„Ich suchte also mit Einem Wort den unzerreißbaren Zusammenhang des Ich mit einer von ihm nothwendig vorgestellten Außenwelt durch eine dem *wirkli-*

---

49 SW III, S. 349.
50 SW III, S. 532.
51 SW III, S. 571.

chen oder empirischen Bewußtsein vorausgehende *transzendentale Vergangenheit* dieses Ich zu erklären, eine Erklärung, die sonach auf eine *transzendentale Geschichte des Ichs* führte. Und so verrieth sich schon durch meine ersten Schritte in der Philosophie die *Tendenz zum Geschichtlichen* wenigstens in der Form des sich selbst bewußten, zu sich selbst gekommenen Ich. [...] Die Philosophie ist [...] für das Ich nichts anderes als eine Anamnese, Erinnerung dessen, was es in seinem allgemeinen (seinem vorindividuellen) Seyn gethan und gelitten hat."[52]

Was Schellings Theorie auszeichnet, ist die besondere Verbindung zwischen Geschichtsphilosophie und Naturphilosophie. Es handelt sich um ein und dieselbe Philosophie. Später wird Schelling sagen: „Und so wurde denn dieselbe Philosophie, welche auf einer früheren Stufe Naturphilosophie war, hier Philosophie der Geschichte."[53] Er nimmt damit sein Thema aus der frühen Philosophie wieder auf: „Was [...] die Seele anschaut, ist immer ihre *eigne, sich entwickelnde Natur*. Ihre Natur aber ist nichts anderes als jener oft angezeigte Widerstreit, den sie in bestimmten Objekten darstellt. So bezeichnet sie durch ihre eignen Produkte, für gemeine Augen unmerklich, für den Philosophen deutlich und bestimmt, den Weg, auf welchem sie allmählich zum Selbstbewußtsein gelangt. Die äußere Welt liegt vor uns aufgeschlagen, um in ihr die Geschichte unseres Geistes wieder zu finden."[54] Die Geschichte des Geistes ist eine Geschichte der Freiheit. Die Natur steht weder im Widerspruch zur Freiheit noch ist sie eine bloße Vorstufe der Geschichte. Dies ist es, was man aus Schellings Naturphilosophie lernen kann.

Schelling hat auch nach seiner Selbstkritik, also der Kritik an der ‚negativen Philosophie' im Namen einer neuen historischen, ‚positiven Philosophie', das Terrain seiner Fragestellung nicht gewechselt. Natur und Geist bleiben die Koordinaten auch des veränderten Begründungssystems. Im Tagebuch des Jahres 1810, in dem sich wichtige Ausarbeitungen zur Philosophie der *Weltalter* finden, wird dies deutlich. Sein Denkmodell ist und bleibt an der *poiesis*, dem Gestalten der Welt durch den Menschen, orientiert: „Der Mensch ist die *Gott setzende* Natur. – also die Natur in ihm ist das Setzende Gottes. Nun [ist] aber Gott nicht schlechthin gesetzt – sondern geschichtlich. Gott [ist] kein bloßes

---

52　SW X, S. 93 ff.; Hervorh. von mir.
53　SW X, S. 116.
54　AA I,4, S. 110; SW I, S. 383.

totes Sein – aber die [Natur.] Und zwar [ist] *Er* blindlings die Gott set-z[ende] Natur."[55]

Werfen wir abschließend einen Blick auf Schellings Wirkung und auf die noch zu seinen Lebzeiten einsetzende Kritik an der spekulativen Naturphilosophie. Schellings transzendentale Philosophie der Natur hat in der Philosophie- und Wissenschaftsentwicklung weit weniger Spuren hinterlassen als etwa Kant, vermittelt durch den Neukantianismus. Die von Schelling geprägte Denkform hat zunächst in der romantischen Naturforschung weitergewirkt. So ist z.B. auch noch der erste der Vorträge vor der ‚Versammlung der Gesellschaft Deutscher Naturforscher und Ärzte' zu verstehen, den Carl Gustav Carus 1822 unter dem Titel *Von den Anforderungen an eine künftige Bearbeitung der Naturwissenschaften* gehalten hat. Carus ist für längere Zeit aber auch der letzte, der sich von der schon gängigen Polemik gegen die Naturphilosophie distanziert und nachdrücklich fordert: „Naturbetrachtung und spekulative Betrachtung können und dürfen [...] nicht geschieden sein".[56]

Doch es sollte nicht lange dauern, bis derartige Anforderungen an das Studium der Natur angesichts der Fortschritte der empirischen Wissenschaften geradezu als absurd erschienen. So forderte z.B. der Botaniker Schleiden 1844 in seiner polemischen Schrift *Schelling's und Hegel's Verhältnis zur Naturwissenschaft*: „Die Naturwissenschaft darf nicht allein, sondern sie *muss* sogar, wenn sie sich nicht *selbst vernichten will*, *Schelling* und seine Philosophie völlig ignorieren".[57]

Eine der heftigsten Attacken gegen Schellings Naturphilosophie findet sich in Justus von Liebigs Schrift *Über das Studium der Naturwissenschaften*, in der er den Zustand der Chemie in Preußen thematisiert. Dort heißt es: „Kann man solche Schwindler Naturforscher oder Philosophen nennen, die den ersten Grundsatz der Naturforschung und Philosophie, nur das Beweisbare und Bewiesene für wahr gelten zu lassen, auf die gewissenloseste Weise verletzen?" Während Liebig 1840 die Philosophie noch auf ihrem eigenen Feld zu treffen versucht und die Schellingsche Naturphilosophie als „mit Stroh ausgestopftes und mit Schminke angestrichenes totes Gerippe" vorführt, verändert sich in den folgenden Jahren die Argumentation. Selbst ein so bedeu-

---

55 Schelling 1994, S. 43.
56 Carus 1822 in Autrum 1987, S. 4.
57 Schleiden 1844, S. 52.

tender, aus der Schule Johannes Müllers stammender und philosophisch geschulter Physiologe wie Wilhelm Griesinger zeigt vorerst am Zustand der Philosophie kaum mehr Interesse. Aus seiner Kritik spricht bereits eine autonom gewordene Naturwissenschaft, wenn er schreibt: „Die Zeiten sind vorbei, wo einst Schelling es als einen Erbfehler bezeichnen durfte, dass viele Empiriker mit ihren Fakten zufrieden zu sein sich schämen und sich auf Theoretisieren verlegen; er hatte wohl Recht, wenn er damit den Wucher philosophischer Spekulation abwies, den jene mit den Resultaten empirischer Forschung trieben; jetzt aber haben glänzende Beispiele der Welt gezeigt, dass eben die vor allem zu theoretischer Feststellung der Begriffe befähigt und berufen sind, welche selbst in mühsamer Forschung mit dem Einzelnen des Materials gerungen haben.“[58]

Diese und ähnliche Äußerungen sind als Nachrufe auf die Naturphilosophie gedacht. Es sind allerdings voreilige Nachrufe, wie sich schon bald zeigt. Es wird nicht länger als zwanzig Jahre dauern, bis Naturwissenschaftler wie Hermann von Helmholtz für eine Wiedervereinigung von empirischer Wissenschaft und Philosophie plädieren werden.

---

58 Griesinger 1842, S. 3.

5. Die menschliche Natur, die Geschichte, das Recht und der Staat als ‚zweite Natur'. Zu Schellings politischer Philosophie

Es gibt *on dits* darüber, was Schelling keinesfalls gewesen sei – nicht Geschichtsphilosoph, nicht politischer Denker. Dies ist nicht ganz falsch und nicht ganz richtig. Ich möchte in drei Schritten folgendes zeigen: (1) Schelling ist ein radikaler analytischer Denker der Geschichtlichkeit der Menschen[1]; (2) die in der Perspektive der Freiheit – Freiheit ist „Vermögen des Guten und des Bösen"[2] – verstandene Geschichtlichkeit gibt die möglichen Orte von Recht und Staat an; was Schelling ganz offensichtlich intendiert, ist eine – im Kantischen Verständnis – ‚Kritik des Rechts und des Staats'; es geht um Bedingungen ihrer Möglichkeit. Von besonderem Interesse ist dabei, daß Schelling Recht und Staat im Kontext von ‚*Natur*' denkt.

Geht man von repräsentativen Ausagen Schellings zu Geschichte, Recht und Staat aus, steht man freilich zunächst vor Problemen, wie die folgenden drei Passagen zeigen:

Geschichte: „Wenn [...] der Mensch Geschichte (a posteriori) hat, so hat er sie nur deßwegen, weil er keine (a priori) hat; kurz, weil er seine Geschichte nicht mit-, sondern selbst erst hervorbringt."

Recht: Das „Rechtsgesetz" ist ein „Naturgesetz", „und die zweite Natur, in welcher dieses Gesetz herrschend ist, [ist] die Rechtsverfassung, welche daher als Bedingung des fortdauernden Bewußtseyns deducirt ist."

Staat: „Die Natureinheit, diese zweite Natur über der ersten, zu welcher der Mensch notgedrungen seine Einheit nehmen muß, ist der Staat, und der Staat ist daher [...] eine Folge des auf der Menschheit ruhenden Fluchs".

---

1 Vgl. zu ‚Geschichte' v.a. Schulz 1977; Baumgartner 1981, 1996; Jacobs 1993, 1996, 1998; vgl. auch Marx 1977, Sandkühler 1984a, 1998a. Zu ‚Recht und Staat' v.a. Hollerbach 1957; Schraven 1989, 1998; vgl. jetzt auch Hofmann 1999.

2 SW VII, 352. Zu den Siglen vgl. das entsprechende Verzeichnis in der Bibliographie. Zum Freiheitsproblem bei Schelling vgl. Duque 1999. Zum Problem des Bösen vgl. Marx 1981; Pieper 1985.

5.1 Schelling – Theoretiker der Geschichtlichkeit aller Existenz

Es wird oft zweifelnd gefragt, ob Schelling *wirkliche* Geschichte im Sinn hatte oder doch nur eine „transzendentale Geschichte des Ichs"?[3] Ging es ihm nur um die Einsicht, daß „die äußere Welt vor uns aufgeschlagen [liegt], um in ihr die Geschichte unseres Geistes wieder zu finden"?[4] Genügt zu einer *Geschichts*philosophie die Idee einer Zukunft, die – so scheint es – nur in Gott vorstellbar ist, kaum aber – sieht man vom *System des transzendentalen Idealismus* ab – als zukünftige weltbürgerliche Rechtsverfassung der Individuen und Staaten?

Schelling läßt an der Bedeutung der *Geschichtlichkeit der Existenz* und deren radikaler Analyse keinen Zweifel. Und doch bildet er eine Ausnahme, vergleicht man ihn mit Vorläufern wie Kant und mit Zeitgenossen wie Hegel und dann auch mit Feuerbach oder Marx. Sein historisches Philosophieren hat eine eigene Tonart; das Thema wird in vielfältigen, zum Teil fremd klingenden Variationen aufgenommen. Er wollte – *à la lettre* genommen – kein Geschichtsphilosoph sein; so heißt es im *System der Weltalter* von 1827:

„Eine andere Mißdeutung des Ausdrucks *geschichtliche Philosophie* wäre, als sollte sie eine kritische Geschichte abgeben; dergleichen aber wird Niemand von mir erwarten. Übrigens soll der Ausdruck überhaupt nur ein *vorläufiger* sein und nur so lange dienen bis ein besserer gefunden ist. Der Ausgangspunkt aller Philosophie der früheren Epochen ist die Gegenwart, die aber ein für uns unbegreifliches Ganzes ist, worin das Werk einer unbestimmbaren Vergangenheit liegt. *Das ganze Gebäude der Zeit muß abgetragen werden um auf den Grund zu kommen.*"[5]

Die Schelling interessierende Dimension der Geschichte ist die *Zukunft*; sie soll als mögliche Welt begriffen werden, ihr ist die Arbeit am Vergangenen verpflichtet.

Bei Schelling sehen wir, weit mehr als bei Kant und bei Fichte, die Vernunft im Übergang zur Geschichte. „Schellings Denken greift ständig aus auf Geschichte, ‚Geschichte' ist stets leitende Idee philosophischer Problemlösung".[6] Schelling sucht nach den ‚Spuren der Vernunft' auf verschiedenen Wegen; einige werden sich aus seiner späte-

3   SW X, S. 93.
4   SW I, S. 383.
5   SdW, S. 10 f.; Hervorh. von mir.
6   Baumgartner 1981, S. 175 f.; vgl. auch Habermas 1954.

ren Sicht als Sackgassen erweisen. Bis hinein in des *System des transzendentalen Idealismus* von 1800 bildet die *Natur* das Medium der
Entdeckung. Wesentlich ist: Nie geht es um Naturgeschichte um ihrer
selbst willen; zu entdecken ist Geschichtlichkeit, zunächst die ‚Geschichte unseres Geistes'.

Die Frage, ob er denn überhaupt als Geschichtsphilosoph anzusehen
sei, hat Schelling selbst provoziert: Eine durch die Stadien seines Denkens hindurch gleichbleibende Theorie der Geschichte wird man nicht
finden. Für das häufige Mißverstehen seiner Äußerungen zu
‚Geschichte' ist er aber nicht verantwortlich: Seine Interpreten haben
ihn oft in zu großer Nähe zu Kant oder Hegel vermutet und mit diesen
verglichen. Zwar wagt auch Schelling – so 1795 in *Vom Ich* – „den
großen Gedanken [...], daß, so wie alle Wissenschaften, selbst die empirischen nicht ausgenommen, immermehr dem Punkt vollendeter
Einheit entgegeneilen, auch die Menschheit selbst, das Princip der
Einheit, das der Geschichte derselben von Anfang an als Regulativ zu
Grunde liegt, am Ende als constitutives Gesetz realisiren werde".[7]
Zwei Jahre später aber zeigt sich Schelling bereits als Erbe einer anderen Tradition. In seinen kritischen Reflexionen über den Gegenstand
der Geschichts*philosophie* wird deutlich, daß er – anders als die Aufklärung, als Kant oder auch Hegel – am rationalistischen, rein *begrifflichen* Zugang der *Philosophie* zum Geschichtlichen zweifelt und ein
poëtisches, Vico nahes Verständnis favorisiert: „*Es ist*" – unter bestimmten Bedingungen, notabene – „*keine Philosophie der Geschichte
möglich*". Denn „*1) Was nicht progressiv ist, ist kein Objekt der Geschichte.* [...] *2) Wo Mechanismus ist, ist keine Geschichte*, und umgekehrt, *wo Geschichte ist, ist kein Mechanismus.* [...] Wenn also der
Mensch Geschichte (a posteriori) hat, so hat er sie nur deßwegen, weil
er keine (a priori) hat; kurz, weil er seine Geschichte nicht mit-, sondern selbst erst hervorbringt."[8] Es wird sich zeigen, daß Schelling zu
Recht und Staat ganz ähnlich argumentiert.

Es ist eine schon früh formulierte Frage, auf die Schelling zeitlebens
Antworten sucht. Die Frage lautet: „Was sind wir und für welches Leben sind wir geboren?" Der Sündenfall, die Freiheit zum Guten und
zum Bösen, die Entstehung und Entwicklung der Mythologie – dies
sind sind die Signaturen, unter denen er über Geschichte schreibt.

---

7 SW I, S. 158 f.; vgl. AA I,2, S. 79 f.
8 SW I, 470 f.

„Was sind wir und für welches Leben sind wir geboren? Was für eine Ordnung ist gegeben?"[9] Mit diesem Motto, einem Zitat aus Persius Flaccus' *Saturae*, gibt 1792 der junge Tübinger Student einen ersten Schlüssel zu seinem Denken. Was ihn bereits in *Antiquissimi de prima malorum humanorum origine* interessiert, ist die „die Betrachtung der gemeinen menschlichen Natur. In dieser sind nämlich die letzten Gründe der Menschheitsgeschichte zu suchen."[10] Damit hat Schelling *seine* Problematik entdeckt. Das Problem der menschlichen Natur wird Schelling immer beschäftigen; es bestimmt – ungeachtet der Veränderungen in den Problemlösungen – das weitere Denken:

„[D]ie bohrende Unruhe [...] hinsichtlich der menschlichen Bosheit, die uns größtenteils unsere Kultur eingebracht hat, kann jedem zu schaffen machen, dem die menschlichen Dinge am Herzen liegen und der sich um sie Sorge macht. Es ist ein großes und schwieriges Problem, wie der Anfang der in uns freigesetzen Kultur bzw. Vernunft auch zum Anfang der menschlichen Bosheit werden konnte, und warum wir damals so außerordentlich glücklich waren, als wir von jedem Vernunftgebrauch – und das heißt in der Tat: von der höchsten Würde, die wir besitzen – noch weit entfernt waren."[11]

Die große, in Schellings Magisterdissertation umrissene Thematik gerät auch in der Zeit, in der sich Schelling vorrangig der Naturphilosophie widmet, nicht in Vergessenheit. Die „ganze Geschichte unseres Geschlechts [...] beginnt mit dem Sündenfall, d.h. mit der ersten willkürlichen That, und endet mit dem Vernunftreich, d.h. wenn alle Willkür von der Erde verschwindet."[12] Bereits hier scheint auch eine spätere Einsicht jenes Schellings auf, der von „historische[r] Dialektik"[13] sprechen wird: Das Heraufkommen des *geist*begabten Menschen in der Natur bezeichnet nicht nur das Ende der physischen Naturentwicklung, sondern den Beginn einer „völlig andern und neuen über der Natur sich erhebenden und über sie hinausgehenden Welt, der Welt des *Wissens, der Geschichte*, und des menschlichen *Geschlechts.*"[14] Was die Mythen und Religionen den 'Sündenfall' nennen, ist für Schelling kein Gegenstand moralisierender Kritik. Er hat vielmehr als Zeichen

9 AA I,1, S. 104; SW I, S. 2.
10 AA I,1, S. 126.
11 AA I,1, S. 140 f.
12 AA I,4, S. 166; SW I, S. 439.
13 SW XI, S. 9.
14 SW XI, S. 400.

der Freiheit und der Möglichkeit zum Bösen für die Theorie der Geschichtlichkeit die Funktion einer *notwendigen Bedingung.*

Auch im *System* geht Schelling von zwei Voraussetzungen aus: (1) „Die Mythologie läßt die Geschichte mit dem ersten Schritt aus der Herrschaft des Instinkts in das Gebiet der Freiheit, mit dem Verlust des goldenen Zeitalters, oder mit dem Sündenfall, d.h. mit der ersten Aeußerung der Willkür, beginnen. In den Ideen der Philosophen", so fährt Schelling – sich deutlich distanzierend – fort, „endet die Geschichte mit dem Vernunftreich, d.h. mit dem goldenen Zeitalter des Rechts, wenn alle Willkür von der Erde verschwunden ist, und der Mensch durch Freiheit an denselben Punkt zurückgekehrt seyn wird, auf welchen ihn ursprünglich die Natur gestellt hatte, und den er verließ, als die Geschichte begann [...]."[15] (2) formuliert Schelling die These, „daß ebensowenig das absolute Gesetzlose, oder eine Reihe von Begebenheiten ohne Zweck und Absicht, den Namen der Geschichte verdiene, und daß nur Freiheit und Gesetzmäßigkeit in Vereinigung, oder das allmähliche Realisiren eines nie völlig verlorenen Ideals durch eine ganze Gattung von Wesen das Eigenthümliche der Geschichte constituire".[16]

Es ist hier nicht möglich, die Begründungsschritte näher darzustellen. Der Weg, den Schelling wählt, führt zu einem Ergebnis, das ganz kantisch anmutet und mit dessen *Ideen zu einer allgemeinen Geschichte in weltbürgerlicher Absicht* es doch wenig mehr gemein hat als die *politisch-geschichtliche* Zielsetzung: „das einzig wahre Objekt der Historie [kann] nur das allmähliche Entstehen der weltbürgerlichen Verfassung seyn [...], denn eben diese ist der einzige Grund einer Geschichte." Liegt zwar auch für Schelling „im Begriff der Geschichte der Begriff einer unendlichen Progressivität", so will er aber daraus nicht mehr „unmittelbar auf die unendliche Perfektibilität der Menschengattung" schließen; es kommt erschwerend hinzu, daß sich „diejenigen, welche dafür oder dawider sich vernehmen lassen, über den Maßstab, nach welchem die Fortschritte gemessen werden sollen, in der größten Verworrenheit sich befinden, indem einige auf die *moralischen* Fortschritte der Menschheit reflektiren, wovon wir wohl den Maßstab zu besitzen wünschten".[17] Wir haben ihn nicht.

15 SW III, S. 589.
16 Ebd., S. 590.
17 SW III, S. 591 ff.

In geschichtsphilosophischer Hinsicht ist es nicht sinnvoll, zwischen dem ‚frühen' Schelling des *Systems*, dem ‚späteren' der *Weltalter* und dem ‚späten' der *Philosophie der Mythologie* bzw. der *Philosophie der Offenbarung* Bruchlinien zu projizieren. Schon der Schelling des Jahres 1800 kennt bei der Periodisierung der Geschichte „drei Perioden [der] Offenbarung [...] Den Eintheilungsgrund dazu geben uns die beiden Gegensätze, Schicksal und Vorsehung, zwischen welchen in der Mitte die Natur steht, welche den Übergang von dem einen zum andern macht." In der ersten Periode herrscht das Schicksal als blinde Macht; in sie fällt „der Untergang des Glanzes und der Wunder der alten Welt". In der zweiten Periode verwandelt sich, was Schicksal war, in Natur und „offenes *Naturgesetz* [...], das die Freiheit und die ungezügeltste Willkür zwingt einem *Naturplan* zu dienen, und so allmählich wenigstens eine mechanische Gesetzmäßigkeit in der Geschichte herbeiführt". Die dritte Periode der Geschichte „wird die seyn, wo das, was in den früheren als Schicksal und als Natur erschien, sich als *Vorsehung* entwickeln und offenbar werden wird, daß selbst das, was bloßes Werk des Schicksals oder der Natur zu seyn schien, schon der Anfang einer auf unvollkommene Weise sich offenbarenden Vorsehung war." Es folgt der für das Rechts- und Staatsdenken entscheidende Satz: „Wann diese Periode beginnen werde, wissen wir nicht zu sagen. Aber wenn diese Periode seyn wird, dann wird auch Gott *seyn*."[18] Am Rande angemerkt: Dieser Gott, dessen in den polytheistischen Mythen und in den monotheistischen Religionen erzählte Geschichte Schelling zunehmend interessiert[19], ist das allegorische Zeichen der Moderne – die Freiheit, die *sein* wird. Schon früh hatte er in seinem Tagebuch radikal ein für seinen Gottesbegriff entscheidendes Prinzip formuliert, das mit der zeitgenössischen Theologie und mit traditionellen kirchlichen Auffassungen inkommensurabel und nur im Kontext der einheitlichen Geschichte des Polytheismus und Monotheismus verständlich ist: „Der Mensch ist die *Gott setzende* Natur. – also die Natur in ihm ist das Setzende Gottes. Nun |ist| aber Gott nicht schlechthin gesetzt – sondern geschichtlich."[20]

Geboren für die Verwirklichung unserer Freiheit, leben wir in der Ordnung der *zweiten Periode*; wir bedürfen „wenigstens eine[r] mechanische[n] Gesetzmäßigkeit in der Geschichte": Zu dem zu überwin-

---

18   SW III, S. 603 ff.
19   Vgl. zur Spätphilosophie Tilliette 1987.
20   TGB 1809-13, S. 43.

denden Stadium der Geschichte gehören die ‚Willkür' und eben jener ‚Naturplan', „der in seiner vollständigen Entwicklung den allgemeinen Völkerbund und den universellen Staat herbeiführen muß". Erst aus *dieser* Prämisse erhellt, warum Schelling das Recht als „zweite *Natur*" versteht und ohne innere Widersprüchlichkeit in Termini des ‚Mechanismus' spricht.

Damit hat die Schellingsche Philosophie der Geschichtlichkeit ihren *transitorischen* Gegenstand gefunden. Zugleich ist so die unabschließbare *Offenheit der Geschichte der Zukunft* bestimmt: Es gibt kein *Ende der Geschichte*, weder in der weltlichen universellen Rechtsverfassung[21] noch in der Götter- oder Gottesentwicklung. Schelling verläßt endgültig das Terrain, auf dem die traditionelle rationale Metaphysik der Geschichte versagt. Zu betonen ist, daß für ihn die Alternative keineswegs im ‚Irrationalismus' besteht; die rationalen „logischen" Systeme bleiben für ihn unverzichtbare historische und systematische Voraussetzungen des Begreifens der Wirklichkeit; sie „werden erst falsch, wenn sie das Positive ausschließen und sich selbst dafür ausgeben".[22] Entsprechend heißt es an anderer späterer Stelle: „Mit der Vernunftwissenschaft ist eine Philosophie der wirklichen Geschichte unmöglich, obgleich wir zugegeben haben, daß auch die Philosophie der Geschichte ihre negative Seite hat".[23] Schellings Philosophie entwickelt ihre eigene Rationalitätsform: Sie wird in genau dem Sinne *historisch*, wie sie im Interesse der Zukunft die Vergangenheit aus der Perspektive, die der Philosophie der Gegenwart möglich ist, erklärt, d.h. sie zunächst aus der Idee der Freiheit spekulativ konstruiert und dann erzählt.

Erst durch ihre Erweiterung in die Geschichten der symbolischen Formen, der Sprachen, der Mythen, der Religionen und der Künste wird das Geschichtliche so zum Sprechen gebracht, daß aus der Rekonstruktion des Prozesses der Freiheit die Idee einer Zukunft entsteht. Dieser Prozeß beginnt in der Überführung des ‚unvordenklichen Seins' in Welt und Wirklichkeit durch die ‚Willkür', der kein Grund mehr vorausgeht, sondern die ‚*Un*grund' ist. Zwar ist es für Schelling das *eine* Prinzip der Freiheit, das in allen geschichtlichen Prozessen wirkt; es tritt aber in den verschiedensten Gestalten auf, die in dem Maße als

21 Vgl. SW XI, S. 229ff, S. 551 f.
22 SdW, S. 12.
23 SW XI, S. 568. Zur Erläuterung: Die Bezeichnung ‚negativ' steht hier für ‚kritisch' im Sinne der Transzendentalphilosophie.

gleichrangig gelten können, wie sie Formen der Emanzipation aus der ‚blinden Natur' sind. In seiner *Einleitung in die Philosophie* (1830) wird Schelling erneut davon sprechen, „daß über der Natur sich eine neue zweite ideale Welt erhebe, reicher als die Natur an Sinnen. In dieser zweiten Welt wird die Geschichte der Natur durch das menschliche Bewußtsein wiederholt; es kehrt das Prinzip der sukzessiven Überwindung nur in einer gesteigerten Gestalt wieder (Geschichte im engern Sinn). Wie dieses Prinzip in der Natur ein wahrer Proteus ist, so wird es auch in der Geschichte unter verschiedenen Gestalten sich zeigen, obwohl es in sich stets dasselbe bleibt. Auf diese Weise glaube ich in der Geschichte den[n] Ariadnes Faden gefunden zu haben."[24]

Schelling versteht die Philosophie zunehmend als neuen, ‚höheren Empirismus'[25], und sie kann „ihren Stützpunkt nicht in irgendeiner Tatsache, sondern nur in der *grossen Tatsache der Welt* suchen. Die Philosophie kann sich von den anderen Wissenschaften nur dadurch unterscheiden, dass sie die *Tatsache der Welt* findet. Aber was ist daran die *eigentliche* Tatsache? Offenbar nicht ein Äusserliches. [...] Die wahre Tatsache ist überhaupt nur jederzeit etwas Innerliches."[26] Unter dieser ‚Tatsache' versteht er, daß die „*Genesis der ganzen Natur* [...] *auf einem Übergewicht [beruht], welches fortschrittweise dem Subjektiven über das Objektive bis zu dem Punkt gegeben ist, wo das Objektive selbst zum Subjektiven geworden ist im menschlichen Bewusstsein.*" Hielte man sich allein an das Faktische, so müßte „man bemerken, dass der Process <mit der Natur schon irgendwie> vollendet und geschlossen ist. Erhebt sich über die Natur gleichwohl eine zweite Welt, so ist dies eine Überhebung des schon in der Natur *überwundenen* Objektiven. Der allgemeine *Weltprocess* beruht <so> auf einem Fortschreiten und endlichen *Sieg des Subjektiven über das Objektive.*"[27]

5.2   Die Naturnotwendigkeit von Recht und Staat

Für philanthropischen Optimismus sieht Schelling schon früh keine guten Gründe. Für ihn haben 1804 (Würzburger Vorlesungen zum *System der gesammten Philosophie*) die „menschenfreundlichen Ideen

---

24   EPh, S. 141 f.
25   Vgl. SW X, S. 199; SW XIII, S. 130.
26   GPPh, S. 272.
27   Ebd., S. 275.

eines künftigen goldenen Zeitalters, eines ewigen Friedens u.s.w. [...]
großentheils ihre Bedeutung [verloren]. Das goldene Zeitalter würde
von selbst kommen, wenn es jeder in sich darstellte, und wer es in sich
hat, bedarf es nicht *außer* sich."[28] Eine Folge ist, daß Schelling Recht
und Staat nicht als Entitäten mit der 'Würde des Metaphysischen' begründet, sondern nahezu durchgängig pragmatische, funktionale Bestimmungen vorlegt.

Recht und Staat sind konstitutive Elemente jener Geschichte, die
Schelling interessiert – der großen allgemeinen Geschichte, „welche
nicht bloß das Menschengeschlecht, sondern die Schöpfung selbst von
Anfang her begreift".[29] Er schreibt weder eine Rechts- noch eine
Staatsphilosophie; aber Recht und Staat sind als Folgen des freien
Handelns der Menschheit die Formen des Politischen, die ihn heraus-
fordern.

Recht und Staat gehören intrinsisch zu dem, was er den 'Sieg des
Subjektiven über das Objektive' nennt – freilich aus einem aporeti-
schen Grund. Die Freiheit der Menschen, welche die Geschichte stiftet
und ihre Geschichtlichkeit prägt, ist problematisch und begründet das
Bedürfnis an einer auf Notwendigkeit gegründeten Ordnung. Der junge Schelling hat dies zunächst nicht gesehen. Seine erste rechtsphilo-
sophische Schrift, die *Neue Deduktion des Naturrechts*, ist noch eine
Apologie der Subjektivität: „Sey! im höchsten Sinne des Worts; höre
auf, selbst Erscheinung zu sein: strebe, ein Wesen an sich zu werden!"[30] Noch behauptet er, der „allgemeine Wille [sei] bedingt durch
den individuellen, nicht der individuelle durch den allgemeinen."[31]
Doch gehen wir zunächst noch einen weiteren Schritt zurück.

Im *Ältesten Systemprogramm des deutschen Idealismus* ist empha-
tisch behauptet worden, es könne keine Idee vom Staat geben, „weil
der Staat etwas *Mechanisches* ist [...]. Nur was Gegenstand der *Freiheit* ist, heißt *Idee*. Wir müssen also über den Staat hinaus!"[32]

---

28 SW VI, S. 563 ff.
29 SW XIII, S. 197.
30 AA I, 3, S. 139; SW I, S. 247.
31 AA I,3, S. 145, SW I, S. 253.
32 HW Bd. 1, S. 234 ff. Liest man die Rede, die der Herzog Karl v. Württemberg
    1792 gehalten hat – der „Fürst" sei es, „der den Zusammenhang durchschauet,
    und die ganze Staatsmaschine in einem ordentlichen Gange hält" (Georgii-Geor-
    genau 1886, S. 12) –, so kann man im Ältesten Systemprogramm eine direkte
    Antwort vermuten.

Schelling nimmt diesen radikalen Gedanken schon bald wieder auf, so etwa 1797 in den bereits oben zitierten Sätzen seiner *Ideen zu einer Philosophie der Natur:* „Freywillig entläßt die Natur keinen aus ihrer Vormundschaft, und es giebt keine *gebohrnen* Söhne der Freyheit. [...] Es wäre auch nicht zu begreifen, wie der Mensch je jenen [Natur-]Zustand verlassen hätte, wüßten wir nicht, daß er einen *Geist in sich* hat, der, weil sein Element *Freyheit ist, sich selbst* frey zu machen strebt, sich den Fesseln der Natur und ihrer Vorsorge zu entwinden".[33]

Dies ist der Rahmen, in dem Schelling 1800 im *System* Probleme der Moral und des Politischen thematisiert. Das Grundproblem, vor das sich Schelling – nicht anders als Kant angesichts des Kausalitätsproblems – gestellt sieht, ist das der Beziehung zwischen *Freiheit und Notwendigkeit:* „Etwas, wofür die Bedingungen in der Natur überhaupt nicht gegeben werden können, muß schlechthin unmöglich seyn. Wenn nun aber die Freiheit, um objektiv zu seyn, ganz dem Anschauen gleich und völlig den Gesetzen desselben unterworfen wird, so heben ja eben die Bedingungen, unter welchen die Freiheit erscheinen kann, die Freiheit selbst wieder auf, die Freiheit wird dadurch, daß sie in ihren Aeußerungen ein Naturphänomen ist, auch erklärbar nach Naturgesetzen, und eben dadurch als aufgehoben."[34]

Schelling plädiert für einen Lösungsweg, der in den Begriffen einer *zweiten Natur* und eines „Naturgesetzes zum Zwecke der Freiheit" zu einer Harmonisierung von Freiheit und Notwendigkeit führt; um ein Beispiel seiner Argumentation zu geben, soll er hier ausführlicher zu Wort kommen:

„Die Natur kann nicht *handeln* im eigentlichen Sinn des Worts. Aber Vernunftwesen können handeln, und eine Wechselwirkung zwischen solchen durch das Medium der objektiven Welt ist sogar Bedingung der Freiheit. Ob nun alle Vernunftwesen ihr Handeln durch die Möglichkeit des freien Handelns aller übrigen einschränken oder nicht, dieß hängt von einem absoluten Zufall, der Willkür, ab. So kann es nicht seyn. Das Heiligste darf nicht dem Zufall anvertraut seyn. Es muß durch den Zwang eines unverbrüchlichen Gesetzes unmöglich gemacht seyn, daß in der Wechselwirkung aller die Freiheit des Individuums aufgehoben werde. Dieser Zwang kann sich nun freilich nicht unmittelbar gegen die Freiheit richten, da kein Vernunftwesen gezwungen, sondern nur bestimmt werden kann sich selbst zu zwingen; auch wird dieser Zwang nicht gegen den reinen Willen, der kein anderes Objekt hat als das allen Vernunftwesen Gemeinschaftliche, das Selbstbestimmen an sich, sondern nur

33 AA I,5, S. 70; SW II, S. 12.
34 SW III, S. 571.

gegen den vom Individuum ausgehenden und auf dasselbe zurückkehrenden eigennützigen Trieb gerichtet seyn können. Gegen diesen Trieb aber kann nichts als Zwangsmittel oder als Waffe gebraucht werden außer ihm selbst. Die Außenwelt müßte gleichsam so organisirt werden, daß sie diesen Trieb, indem er über seine Grenze schreitet, gegen sich selbst zu handeln zwingt, und ihm etwas entgegensetzt, wo das freie Wesen zwar, insofern es Vernunftwesen ist, nicht aber als Naturwesen wollen kann, wodurch das Handelnde mit sich selbst in Widerspruch gesetzt, und wenigstens aufmerksam gemacht wird, daß es in sich selbst entzweit ist.

Die objektive Welt an und für sich kann den Grund eines solchen Widerspruchs nicht in sich enthalten, da sie sich gegen das Wirken freier Wesen als solcher völlig indifferent verhält; der Grund jenes Widerspruchs gegen den eigennützigen Trieb kann also nur von Vernunftwesen in sich gelegt seyn.

Es muß eine zweite und höhere Natur gleichsam über der ersten errichtet werden, in welcher ein Naturgesetz, aber ein ganz anderes, als in der sichtbaren Natur herrscht, nämlich ein Naturgesetz zum Behuf der Freiheit. Unerbittlich, und mit der eisernen Nothwendigkeit, mit welcher in der sinnlichen Natur auf die Ursache ihre Wirkung folgt, muß in dieser zweiten Natur auf den Eingriff in fremde Freiheit der augenblickliche Widerspruch gegen den eigennützlichen Trieb erfolgen. Ein solches Naturgesetz, wie das eben geschilderte, ist das Rechtsgesetz, und die zweite Natur, in welcher dieses Gesetz herrschend ist, die Rechtsverfassung, welche daher als Bedingung des fortdauernden Bewußtseyns deducirt ist."[35]

Den Vernunft-, Fortschritts- und Rechts-Optimismus der Aufklärung, ja selbst noch Kants, teilt Schelling nicht mehr: „Eben daraus aber, daß die rechtliche Verfassung nur das Supplement der sichtbaren Natur seyn soll, folgt daß die rechtliche Ordnung nicht eine moralische ist, sondern eine bloße Naturordnung, über welche die Freiheit so wenig vermögen darf als über die der sinnlichen Natur. Es ist daher kein Wunder, daß alle Versuche, sie in eine moralische umzuwandeln, sich durch ihre eigne Verkehrtheit und den Despotismus in der furchtbarsten Gestalt, die unmittelbare Folge davon, in ihrer Verwerflichkeit darstellen."[36]

Das Recht als zweite *Natur* – sollte Schelling von Kants nichts über die Grenzen der Naturkausalität und des Determinismus gelernt haben? Sollte er Zuflucht zur Natur genommen haben, um das Problem der Freiheit der Subjektivität zu lösen? Keineswegs! *Um welche Natur also geht es?* Erinnern wir uns an drei Grundsätze der Schellingschen Naturphilosophie: (1) Die Philosophie der Natur soll „die Mög-

---

35 SW III, S. 582 f.
36 SW III, S. 583 f.

lichkeit der Natur, d.h. der gesamten Erfahrungswelt aus Prinzipien ableiten"[37], d.h. der Natur unter Einschluß der Menschenwelt. (2) „Die Natur soll der sichtbare Geist, der Geist die unsichtbare Natur sein."[38] (3) Im Unterschied zur empirischen Erkenntnis, welche die „Natur als Objekt" zu ihrem Gegenstand hat, ist die philosophische Erkenntnis gerichtet auf die „*Natur* als *Produktivität*", auf die „*Natur als [das] Subjekt*"[39]; sie bringt in ihrem Werden den Menschen hervor.

Daß Schelling den Begriff des Rechts aus der Natur begründet, hat zwei gute Gründe. Der erste Grund ist ein *Seins*grund: Diese Natur ist kein dem Menschen äußerliches Sein; vielmehr umfaßt die Natur selbst auch jene ‚zweite Natur', in der Notwendigkeit und Freiheit koexistieren, Vernunft und Natur identisch sind; deshalb kann ‚Natur' das Recht begründen. Der zweite Grund ist *pragmatischer* Art: Das menschliche Handeln geht auf etwas, „das nicht durch das Individuum allein, sondern nur *durch die ganze Gattung* realisirbar ist". Daß sich aber alle Individuen in ihrer Freiheit diesem Ziel verpflichten, ist für Schelling „zweifelhaft und ungewiß, ja unmöglich, da bei weitem die meisten sich jenen Zweck nicht einmal denken". Schellings Frage „Wie läßt sich nun aus dieser Ungewißheit herauskommen?" verweist mit Kant „auf eine moralische Weltordnung"; anders als bei Kant erscheint deren Evidenz aber nicht mehr als durch Vernunft gesichert:

„Allein wie will man den Beweis führen, daß diese moralische Weltordnung als objektiv, als schlechthin unabhängig von der Freiheit existirend gedacht werden könne? Die moralische Weltordnung, kann man sagen, existirt, sobald wir sie errichten, aber wo ist sie denn errichtet? Sie ist der gemeinschaftliche Effekt aller Intelligenzen, sofern nämlich alle mittelbar oder unmittelbar nichts anderes als eben eine solche Ordnung wollen. Solang dieß nicht der Fall ist, existirt sie auch nicht."[40]

Wäre Schelling der Hegel der *Rechtsphilosophie*, so könnte man an dieser Stelle Analysen zur modernen bürgerlichen Gesellschaft erwarten. Dann würde aber auch die normative Idee eines sittlichen Staats als des Korrektivs der modernen Gesellschaft unabwendbar. Im Rahmen der Schellingschen Analyse dessen, was aus der Freiheit an Zwang zur Ordnung folgt, kann der Staat weder Ort der Sittlichkeit sein noch ein *Sollen*. Schelling zeigt sich an der bürgerlichen Gesell-

---

37 SW II, S. 11.
38 SW II, S. 56.
39 SW III, S. 284.
40 SW III, S. 596.

schaft so uninteressiert, daß er von ihr nur in seinen *Vorlesungen zur Methode des akademischen Studiums* (1803) beiläufig im Kontext des Problems der Wissenschaftsfreiheit spricht.

„Wenn die bürgerliche Gesellschaft uns großentheils eine entschiedene Disharmonie der Idee und der Wirklichkeit zeigt, so ist es, weil sie vorläufig ganz andere Zwecke zu verfolgen hat, als aus jener hervorgehen, und die Mittel so übermächtig geworden sind, daß sie den Zweck selbst, zu dem sie erfunden sind, untergraben. [...] Die bürgerliche Gesellschaft, solange sie noch empirische Zwecke zum Nachtheil der Absoluten verfolgen muß, kann nur eine scheinbare und gezwungene, keine wahrhaft innere Identität herstellen. Akademien können nur einen absoluten Zweck haben: außer diesem haben sie gar keinen. – Der Staat hat zur Erreichung seiner Absichten Trennungen nöthig, nicht die in der Ungleichheit der Stände bestehende, sondern die weit mehr innerliche durch das Isoliren und Entgegensetzen des einzelnen Talents, die Unterdrückung so vieler Individualitäten, die Richtung der Kräfte nach so ganz verschiedenen Seiten, um sie zu desto tauglicheren Instrumenten für ihn selbst zu machen."[41]

Der ‚politische' Schelling ist in seinen systematischen Überlegungen auf „der Spur" einer „Gesetzmäßigkeit, „welche als das Gewebe einer unbekannten Hand durch das freie Spiel der Willkür in der Geschichte sich hindurchzieht". Sein Weg soll zwischen der Skylla einer völligen Vorherbestimmtheit (Prädetermination) der Geschichte und des daraus folgenden „Fatalismus" und der Charybdis des mit verabsolutierter Subjektivität einhergehenden „System[s] der absoluten Gesetzlosigkeit", der „*Irreligion* und des *Atheismus*" hindurchführen.[42] Dieser Weg ist keineswegs durchgängig gradlinig; er führt nicht zu als endgültig behaupteten Lösungen; es gibt Denkansätze zu Recht und Staat, die Schelling in seiner Entwicklung als gescheitert ansieht und zu denen er Alternativen sucht. So bestimmt Schelling in seinen *Vorlesungen über die Methode des akademischen Studiums* – ganz anders als der frühe Hegel und trotz des Wortgebrauchs ‚Organismus' ganz anders auch als politische Romantiker wie etwa J. Görres und A. Müller – den Staat als einen „objektiven Organismus der Freiheit"[43], in dem eine Harmonie der Notwendigkeit und der Freiheit erreicht ist: „Die vollkommene Erscheinung [...] ist der vollkommene Staat, dessen Idee erreicht ist, sobald das Besondere und das Allgemeine absolut eins, al-

---

41 SW V, S. 235 f.
42 SW III, S. 601 f.
43 SW V, S. 312.

les was nothwendig zugleich frei und alles frei Geschehende zugleich nothwendig ist."[44]

Im weiteren Kontext gelesen, sind auch derartige Passagen nicht als metaphysische Überhöhungen einer ‚Staatsidee' zu verstehen. Der Staat ist *historisch* notwendig, nicht mehr und nicht weniger. Zugleich sind Grenzen seiner Wirksamkeit zu beachten. Er darf weder zu stark noch zu schwach sein; vor allem hat er sich – so Schelling sieben Jahre später in seinen *Stuttgarter Privatvorlesungen* – auf das Mindestmaß an notwendiger Regulierung zu beschränken. „Will man dem Staat die Kraft-Einheit geben, so verfällt er in den abscheulichsten Despotismus: beschränkt man die oberste Staats-Gewalt durch Verfaßung und Stände, so hat er nicht die gehörige Kraft."[45] Der Staat, wie Schelling ihn denkt, ist nicht mehr und nicht weniger als die *Bedingung der Möglichkeit einer freien, durch das Recht limitierten Entfaltung des Individuums.*

Kaum eine zweite Formulierung ist für Schellings Staatsverständnis so repräsentativ wie die geschichtstheoretische, das Sündenfall-Motiv aufnehmende Bilanz, die er bereits 1810 zieht:

„Die Natureinheit, diese zweite Natur über der ersten, zu welcher der Mensch notgedrungen seine Einheit nehmen muß, ist der Staat, und der Staat ist daher [...] eine Folge des auf der Menschheit ruhenden Fluchs [...] Es ist bekannt, wie viel Mühe man sich, besonders seit der Französischen Revolution und den Kanntischen Begriffen gegeben hat, eine Möglichkeit zu zeigen, wie mit der Existenz freier Wesen Einheit vereinbar, also ein Staat möglich sei, der eigentlich nur die Bedingung der höchstmöglichen Freiheit sei. Allein dieser ist unmöglich".[46]

In der Georgii-Nachschrift der Stuttgarter Privatvorlesungen folgen die noch schärferen Äußerungen zum Staat unmittelbar auf jene über die „Wirkung des menschlichen Falls auf sein Inneres": „Nichts beweist mehr, daß der Mensch, als Geist, zu einem physischen Wert herabgesunken ist, als die Construction des Staats [...], der eine bloße Folge der Deteriorisation des Menschengeschlechts ist. [...] Die wahre Republik kann nur in Gott seyn"[47]; notabene: in dem Gott, der in der dritten Periode *sein wird*. Schelling hat sein späteres theoretisches Veto gegen

---

44   SW V, S. 313 f.
45   Vetö, S. 174 f. Vgl. Vetö 1971.
46   SW VII, S. 461.
47   Vetö 1971, Tl. 2, S. 43 f.

das restaurative „bloße (im Grunde negative) Erhalten"[48] folgerichtig auch auf den Staat bezogen: Auch der bestehende Staat verdient es nicht, erhalten zu werden.

Schellings Kritik des Politischen, in erster Linie: des Staats, durchzieht weite Teile seiner Philosophie. In seiner ‚positiven Philosophie' ändern sich die systematischen Gründe für sein Verdikt nicht mehr. So heißt es in der 31. Vorlesung der Münchner *Grundlegung der positiven Philosophie* aus dem Winter 1832/33 im Kontext einer scharfen Hegel-Kritik: „Der Staat, so viel Positives er in sich schliesst, so gehört er doch gegen alles Positive, gegen alle Erscheinungen des höheren und geistigen und sittlichen Lebens auf die Seite des *Negativsten*. [...] Die wahre, aber sehr missverstandene Aufgabe unserer Zeit ist, den Staat selbst und den Staat überhaupt, d.h. in jeder seiner Formen, zu beschränken, nicht bloß etwa in der monarchischen."[49] Auch die späteren Berliner Vorlesungen zur *Philosophie der Mythologie* führen hinsichtlich der Staats-Kritik keine neuen Argumente ein. Die immer bestehende Ambiguität zwischen systematischer Begründung und pragmatischem politischem Urteil wird nun unübersehbar. Philosophische ‚Kritik des Staats' und der auf konkrete Erfahrungen gestützte politische Ruf nach dem starken Staat stehen geradezu unvermittelt nebeneinander. Die Ursachen liegen auf der Hand: Sie bestehen in den revolutionären Ereignissen des Jahres 1848.[50] Zu berücksichtigen ist auch, daß Schelling ein guter Kenner jener Theorien und sozialen Bewegungen ist, die in seinen Augen zur Entwicklung in Richtung 1848 beigetragen haben. Schon 1834 spricht Schelling in seiner Vorrede zu einer deutschen Übersetzung Victor Cousins explizit vom „plumpe[n] Skandal des St.-Simonismus"[51], und er weiß, was in Rede steht. Er wendet sich nämlich gegen alle, die sich vornehmen, „den *Himmel auf Erden* einzurichten".[52] Im Revolutionsjahr 1848 notiert er im Jahreskalender als Fazit seiner Lektüre eines Artikels über Louis Blanc in der *Revue des deux mondes*: „In der Tat mit dem wissenschaftlichen Communism fing's an; jetzt ist's schon soweit, daß jeder über die Linie der Gemeinheit und Alltäglichkeit sich erhebende proskribirt

48 Schelling an Maximilian II., 20.7.1848. In: Trost/Leist, S. 158.
49 GGPh, S. 235.
50 Vgl. hierzu ausführlicher Sandkühler 1990. Zu ideengeschichtlichen und ideologischen Gründen für Schellings Politik-Kritik, v.a. zu seiner Kenntnis des Saint-Simonismus und Proudhonismus, vgl. Sandkühler 1988.
51 SW X, S. 223.
52 SW XI, S. 537; vgl. Trost/Leist 1890, S. 278.

wird. La propriété c'est le vol; dieser saubere Grundsatz [Proudhons] ist auch auf Ideen ausgedehnt worden".[53] Schelling kennt zu dieser Zeit nicht nur Proudhon; im Tagebuch 1849 finden sich auch Exzerpte aus Bakunins Schriften.

Die Revolutionskritik der vor allem in den 1850er Jahren ausformulierten 22. bis 24. Vorlesung zur ‚Philosophie der Mythologie' gibt von diesen Erfahrungen wenig wieder. Die Sätze gegen die Idee der Demokratie und das ‚Verbrechen der Staatsumwälzung', zur Verteidigung der Rechte individueller Innerlichkeit gegen den realen Staat und das Plädoyer für das den Staat legitimierende Gesetz der Vernunft in der Seinsgeschichte wirken blaß gegenüber den tagespolitischen Erfahrungen, die Schelling seinen *Tagebüchern*[54] anvertraut.

Ein Urteil zu Schellings philosophischem Verständnis des Politischen fällt weit leichter als das zur politisch interessierten Persönlichkeit. Varnhagen hat durchaus Gründe, am 5. April 1848 – nach der von den Aufständischen erzwungenen Ehrenbezeugung des preußischen Königs vor den März-Gefallenen und nach dessen Aufruf vom 21. März ‚An mein Volk und die deutsche Nation' – zu notieren: „Schelling hat alle Fassung verloren; alle Stützen der Gunst und Macht, die ihn hielten, sind zerbrochen. Er war so blindwütend, daß er schon lange zu sagen pflegte, das Volk müsse man mit Kartätschen zusammenschiessen!"[55] Auf der anderen Seite *gibt es* den Schelling, der an der Bedeutung des Rechts keinen Zweifel läßt. Am 20. Oktober 1848 arbeitet Schelling an „Aristotelica"; im Tagebuch folgt ein langes Exzerpt aus einem nicht identifizierten Text, den sich Schelling offensichtlich zu eigen macht:

„„Wir sind im Revolutionszustand. Mit dieser Phrase wurde seit den Märztagen jede Mahnung zur Beachtung des bestehenden Staats- und Bundesrechts, jede Hinweisung auf die in Kraft befindlichen Verfassungen der einzelnen Staaten – zurückgewiesen. [...] Wir sind im Revolutionszustand d.h. *wir haben jetzt*

---

53 TGB 1848, S. 64.
54 Bis jetzt sind im Rahmen der geplanten 16-bändigen Ausgabe erschienen: F.W.J. Schelling. Das Tagebuch 1848. Rationale Philosophie und demokratische Revolution. Mit Alexander v. Pechmann und Martin Schraven aus dem Berliner Nachlaß hg. v. H.J. Sandkühler, Hamburg 1990. F.W.J.Schelling, Philosophische Entwürfe und Tagebücher. Aus dem Berliner Nachlaß hg. v. H.J. Sandkühler mit L. Knatz und M. Schraven: Bd. 1: 1809-1813. Philosophie der Freiheit und der Weltalter. Hamburg 1994; Bd. 12: Philosophie der Mythologie und reinrationale Philosophie. Hamburg 1998.
55 SSZ, S. 502.

gar keinen Rechtsboden. [...] wo soll noch ein Ankergrund bleiben für den Glauben an die Herrschaft des Rechts, für eine friedliche Zukunft? Die Mißachtung aller Lehren der Geschichte trägt ihre Früchte. Unvermeidliche Folge eines durch Jahre andauernden Revolutionszustandes, daß dem Volke der Sinn für die Heiligkeit eines Rechtszustandes ganz verloren geht'. – Noch länger, ‚so kommt wie in Frankreich über das aufgewühlte Volk der Fluch des ewigen Juden, und die Revolution kann nicht mehr *sterben*, außer im eisernen Arme neuer bleibender Gewaltherrschaft.'"[56]

Das Politische – das Recht, vor allem aber der Staat – hat bei Schelling im Vergleich zu Kant oder zu Hegel einen schwer identifizierbaren Ort. Ich selbst habe lange Zeit die These vertreten, Schelling sei ein Repräsentant von *Anti-Politik*.[57] Ich zweifle heute an der Richtigkeit dieser Annahme. Von der Idee des Rechts als des Korrektivs und Regulativs der Freiheit hat Schelling nie Abstand genommen. Was den Staat betrifft, so spielen bei ihm Gründe für die geschichtliche Notwendigkeit staatlicher Ordnung und ein starker Anti-Etatismus zusammen. Dieser Affekt gegen den Staat ist nicht philosophisch verursacht, sondern er ist offensichtlich aus einem emotionalen Überdruß an der politischen Zeitgeschichte motiviert.

Eine knappe Bilanz: Schelling hat das Politische in einer allgemeinen Theorie der Geschichtlichkeit verortet, in einer Geschichte, die von Anbeginn Geschichte der Freiheit war und sich in der Verwirklichung von Individualität erfüllt. Seine Hoffnung war, „das Ende der *gegenwärtigen* Welt-Krisis werde sein, daß der Staat wieder an seine wahre Stelle – *als Bedingung*, als *Voraussetzung*, nicht als *Gegenstand* und *Zweck* der individuellen Freiheit gesetzt werde".[58] Schelling war ein Realist: Aus seiner Idee einer ‚zweiten Natur' spricht die realistische Forderung, die *menschliche Natur* in Rechnung zu stellen, wenn eine Zukunft der Freiheit gedacht werden soll. Die Verbindung von ‚Geschichte' und ‚Natur' führt nicht bei Schelling zu einer Naturalisierung des Politischen, sondern – hier muß der zweite rote Faden wieder aufgenommen werden – im ordnungspolitischen Programm des Positivismus Comtes.

56 TGB 1848, S. 170 ff.
57 Vgl. z.B. Sandkühler 1988.
58 Schelling an König Maximilian, 17. 12. 1853. In: Trost/Leist, S. 243

6. Die *Physique sociale*
und die Naturgesetze der Gesellschaft

Nach dem ersten Drittel des 19. Jahrhunderts etabliert sich der Positivismus als Paradigma empirischer Wissenschaften. Der Weg, der zu ihm geführt hat, ist allerdings so weitgehend vergessen, daß man seinen Ursprung spontan in den Naturwissenschaften vermutet; tatsächlich entsteht er als Gesellschaftstheorie, die sich aus Gründen, von denen noch die Rede sein wird, den Anschein einer naturwissenschaftlichen Fundierung gibt. Vergleicht man die ,*philosophie positive*' Auguste Comtes mit den Konzeptionen der *Idéologie* und den Theorieentwürfen Saint-Simons sowie Fouriers, so werden ganz unterschiedliche Motive der Naturalisierung deutlich.

Im Prozeß der Verwissenschaftlichung und Empirisierung der nun miteinander verknüpften Probleme der Naturerkenntnis und der Gesellschaftsanalyse übernehmen Mathematik und Physik, zunehmend auch Physiologie und Biologie, die Funktion von *Mustern* und *Modellen*. Versuche, für noch fehlendes Wissen über die Geschichte und die Gesellschaft durch Anleihen bei den Naturwissenschaften einen Ersatz zu schaffen, können durch Ansprüche auf radikale Veränderungen motiviert sein oder aber dem Interesse an einer Stabilisierung der Gesellschaft durch technokratische Reformen folgen. Letzteres zeigt die *Physique sociale* Comtes, der nach seinem naturwissenschaftlichen Studium von 1817 bis 1824 Sekretär Saint-Simons war. Seine ,*philosophie positive*' zeigt, daß der Positivismus des 19. Jahrhunderts[1] nicht in den Naturwissenschaften, sondern als gesellschaftstheoretische und gesellschaftspolitische Strategie entsteht.

Formal betrachtet hat Comtes *Physique sociale* den von Saint-Simon entwickelten Prinzipien wenig hinzugefügt, ja er ist kaum von ihnen abgewichen. Fragt man jedoch nach den Zielen, dann sind die Gegensätze unübersehbar. Bereits 1825 formuliert Comte in seinen *Considérations philosophiques sur les sciences et sur les savans*[2], die er im Saint-Simonistischen Organ *Le producteur* veröffentlicht, die Grund-

---

1   Vgl. Plé 1996, 1999.
2   Die deutsche Übersetzung erschien in der Monatsschrift für Deutschland, historisch-politischen Inhalts, Bd.19, Berlin 1826.

sätze seines Verständnisses der ‚positiven' Wissenschaften: Die Geltung der allgemeinen Theorie der Gesellschaft muß durch mathematische Konstruktion und durch Empirie begründet werden. Comte versteht unter *Physique sociale* eine Wissenschaft, die das Studium der Gesellschaft zu ihrem Gegenstand hat, gesellschaftliche Phänomene aber in demselben Geist betrachtet wie astronomische, physische, chemische und physiologische Phänomene. Die Grundthese lautet: Das gesellschaftliche Leben ist unabänderlichen deterministischen Naturgesetzen unterworfen, deren Untersuchung das spezielle Ziel der *Physique sociale* ist. Auch in der Gesellschaftstheorie sollen die methodischen Standards der Naturwissenschaft durchgesetzt werden, um allgemeine nomologische Aussagen, Objektivität und Exaktheit zu sichern. Dies sind Comtes Ideale einer Theorie, die sich – im Unterschied zum ‚kritischen' Impetus der Philosophie der Aufklärung – dadurch auszeichnet, daß sie eine ‚Ordnung' herstellt, in der ‚positive Gesetze' herrschen, die aus beobachtbaren Tatsachen gewonnen werden.

In seinen *Cours de philosophie positive* stellt er ab 1830 unter dem Titel ‚Les préliminaires généraux et la philosophie mathématique' die mathematische Wissenschaft an die Spitze der positiven Philosophie und der Hierarchie der Wissenschaften.[3] Der Begriff des Positiven bezieht sich zunächst auf natürliche Ordnungen, greift aber direkt über auf die gesellschaftliche Ordnung, deren Erklärbarkeit von ihrer Unveränderbarkeit abhängig gemacht wird: Nicht Gesetze der Entwicklung und Veränderung werden untersucht, sondern Gesetze *stabiler* sozialer Systeme.

Comtes berühmter späterer *Discour sur esprit positif* aus dem Jahre 1844 läßt keinen Zweifel an der Forderung zu, die die positive Theorie der Gesellschaft zu erfüllen hat: „Nicht nur müssen sich unsere positiven Forschungen überall im wesentlichen auf die systematische Beurteilung dessen was ist beschränken, indem sie darauf verzichten, seinen ersten Ursprung und seine letzte Bestimmung zu entdecken; sondern es ist auch wichtig einzusehen, daß dieses Studium der Phänomene, statt irgendwie absolut werden zu können, (im Gegenteil) stets auf unsere Organisation und auf unsere Lage *relativ* bleiben muß."[4] Entsprechend der „ständige[n] Unterordnung der Einbildungskraft unter

---

3   Philosophie première, S. 64.
4   Discours, S. 29.

die Beobachtung"[5] ist allein eine wissenschaftliche Erkenntnis als
‚positiv' anzuerkennen, die sich auf das *Gegebene* erstreckt, dessen
Ordnungsstruktur aufdeckt und so „als rationale Basis für die Einwirkung der Menschheit auf die Außenwelt" fungiert.[6] In Abgrenzung
zum Empirismus ist die *science positive* allerdings nicht in erster Linie
an bloßen Tatsachen interessiert, sondern sie geht „– weit davon entfernt, aus einfachen Tatsachen zusammengesetzt zu sein – immer darauf aus [...], so weit wie möglich von der unmittelbaren Erforschung
zu entbinden, indem sie diese durch jene rationale Voraussicht ersetzt,
die in jeder Beziehung das Hauptkennzeichen des positiven Geistes
darstellt".[7] Die ‚rationale Voraussicht' ist insofern auch in der Wissenschaft von der Gesellschaft möglich, als sie sich – wie „die mathematische Astronomie" – auf „die Unveränderlichkeit der Naturgesetze"[8]
stützen kann.

Es ist die industrielle Revolution, von der Comte eine ständige Verbesserung der „individuellen und kollektiven Natur" der Menschheit
erwartet, freilich „unter der einzig normalen Bedingung einer ständigen Positivität": „Denn die Technik wird dann nicht mehr ausschließlich geometrisch, mechanisch oder chemisch sein, sondern auch und in
erster Linie politisch und moralisch." Jede Veränderung der Menschheit muß „in der ständigen Verbesserung ihrer eigenen individuellen
wie kollektiven Natur bestehen, innerhalb der Grenzen, die [...] die
Gesamtheit der tatsächlichen Gesetze gibt."[9] Dies ist der Kontext, innerhalb dessen Comte den Begriff des Positiven definiert:

„Zunächst in seiner ältesten und verbreitetsten Bedeutung betrachtet, bezeichnet das Wort positiv das *Tatsächliche* im Gegensatz zum Eingebildeten: in dieser Hinsicht kommt es voll und ganz dem neuen philosophischen Geiste zu,
der auf Grund der ständigen Hingabe unserer Intelligenz an wirklich erreichba-
re Forschungsobjekte unter dauerndem Ausschluß der unergründlichen Myste-
rien, mit denen sich vor allem seine Kindheit befaßte, so bezeichnet wird. In
einem zweiten, dem vorhergehenden sehr nahestehenden, gleichwohl aber von
ihm unterschiedenen Sinn gibt dieser wesentliche Ausdruck den Gegensatz
zwischen dem *Nützlichen* und dem Müßigen an: in der Philosophie erinnert er
dann an die notwendige Bezogenheit aller unserer gesunden Theorien auf die
ständige Verbesserung unserer individuellen und kollektiven Lebensbedingun-

5   Ebd., S. 33.
6   Ebd., S. 57.
7   Ebd., S. 35.
8   Ebd., S. 39.
9   Ebd., S. 61.

gen im Gegensatz zu der nichtigen Befriedigung einer unfruchtbaren Neugier. In einer dritten verbreiteten Bedeutung wird dieser glücklich gewählte Ausdruck häufig dazu benützt, den Gegensatz von *Gewißheit* und Unentschiedenheit zu bezeichnen: er gibt so die typische Fähigkeit einer derartigen Philosophie an, von selbst, anstelle der unbestimmten Zweifel und der endlosen Debatten, die die alte Denkweise hervorbringen mußte, die logische Harmonie im Individuum und die geistige Vereinigung der gesamten Gattung zu begründen. Eine vierte verbreitete Auffassung, die zu oft mit der vorangehenden verwechselt wird, besteht in der Entgegensetzung von *Genauem* und Ungewissem: diese Bedeutung erinnert an das ständige Streben des wahrhaft philosophischen Geistes, überall den Grad von Genauigkeit zu erreichen, der mit dem Wesen der Erscheinungen vereinbar ist und mit den Forderungen unserer wahren Bedürfnisse übereinstimmt; während die alte Weise zu philosophieren notwendig zu ungewissen Meinungen führte, weil sie erst auf Grund eines ständigen auf übernatürliche Autorität gestützten Druckes eine unentbehrliche Disziplin zuließ. Schließlich muß noch auf eine fünfte Anwendung besonders aufmerksam gemacht werden, die zwar weniger gebräuchlich aber im übrigen ebenso umfassend ist wie die anderen, wenn man nämlich das Wort positiv als das Gegenteil von *negativ* gebraucht. In dieser Hinsicht gibt sie eine der höchsten Eigenschaften der neuzeitlichen wahren Philosophie an, indem sie zeigt, daß diese von Hause aus nicht dazu bestimmt ist, zu zerstören, sondern zu *organisieren*."[10]

Mit dem Konzept des Positiven ist der Zusammenhang zwischen der Modellfunktion einer für ideologische Ordnungsideale eingesetzten Naturwissenschaft, der Empirie und der Beschränkung der Theorie auf das Bestehende verbunden. Dies wird zu *dem* Kennzeichen einer Wissenschaft, die den Fortschritt im 19. Jahrhundert bewirken soll. Die ‚positive Theorie' beabsichtigt Veränderung, aber keine Entwicklung über die bürgerliche Gesellschaft hinaus. Es ist deshalb durchaus berechtigt, wenn Jean-Paul Enthoven seine Einführung in den Band *Physique sociale* des ‚Cours de philosophie positive' von Comte unter den Titel stellt „La fin de l'utopie".[11] Was für Comte jetzt zählt, ist die Verbindung und Versöhnung von zwei Prinzipien, „welche die Antike für ganz und gar unversöhnlich unversöhnlich gehalten hat" – „Ordnung und Fortschritt".[12]

---

10 Ebd., S. 85 und 87.
11 Physique sociale, S. 1 ff.
12 Ebd., S. 16.

7. Tatsachen und Theorien.
Die Krise des Positivismus
und die Philosophie der induktiven Wissenschaften

In der Entwicklung des theoretischen Denkens über die Wirklichkeit, die Natur, die Natur des Menschen und über seine Fähigkeiten der Naturerkenntnis scheint der rote Faden, zu dem die spekulative Naturphilosophie gehört, schon um 1830 abgeschnitten zu sein. Die ‚positiven' Wissenschaften sind – so scheint es – durch die positivistische Wissenschaftsphilosophie hinreichend interpretierbar. Dies ist zwar eine Behauptung, die in dieser Zeit vehement vertreten wird, aber sie erweist sich schon bald als fragwürdig. Mit dem positivistischen Programm gerät auch das empirizistische Verständnis der Natur und der Naturwissenschaften in dem Maße in eine Krise, wie das Verhältnis von *Tatsachen und Theorien* problematisch wird.

Die Frage nach dem Status jener ‚natürlichen' Entitäten, die von den Naturwissenschaften untersucht werden und auf deren ‚Gegebenheit' sich die Gesellschaftstheorie Comtes beruft, kann offensichtlich mit dem schlichten Hinweis auf das ‚Gegebene', das ‚Faktische', das ‚Natürliche', nicht mehr angemessen beantwortet werden. Man begreift, daß es keine *Identität* zwischen dem Wirklichen und den Aussagen über das Wirkliche gibt, weil – so eine treffende Formulierung A.N. Whiteheads – „die Vernunft ein Faktor in unserer Erfahrung ist, der das Anstreben eines Ziels, das in unserer Vorstellung, aber noch nicht in der Wirklichkeit besteht, leitet und kritisch korrigiert".[1] Die ontologische Frage nach dem Wirklichen wird reformuliert; sie lautet jetzt: Auf welche Weise ist das Wirkliche in *Vorstellungen* über eine phänomenale Wirklichkeit transformiert worden, wenn es die Gestalt einer Theorie oder eines Gesetzes angenommen hat? Der Positivismus nach dem Muster Comtes schweigt zu diesem Problem, und auch von einem Empirismus, der im Vergleich zur klassischen empiristischen Tradition Humes nur noch ein Schatten seines Ursprungs ist, sind keine Lösungen zu erwarten.

In den Wissenschaften erinnert man sich an eine fast vergessene Theorie, die schon bald eine unerwartete Aktualität bekommt: die kri-

---

1 Whitehead 1974, S. 9.

tische Philosophie Kants. Hatte nicht Kant zwischen empirischer und rationaler Erkenntnis – zwischen der *„cognitio ex datis"* und der *„cognitio ex principiis"*[2] – unterschieden und damit eine Lösung auch des epistemologischen Problems der Beziehung zwischen Tatsachen und Theorien sowie zwischen Induktion und Deduktion angeboten? Mit Kant öffnet sich der Blick zurück auf die noch längere Spur dieser Tradition. Sie führt zu Francis Bacons Projekt der Philosophie der Forschung. Hatte nicht Bacon vor einem zu einfachen Empirismus gewarnt und die Idee der *Interpretation der Natur* stark gemacht?

Damit steht eine Rehabilitierung der Philosophie in den Wissenschaften auf der Tagesordnung. Vom Verlust an Vertrauen in die ‚Tatsachen' zu Beginn der 1840er Jahre spricht z.B. der Physiologe Wilhelm Griesinger, wenn er ausruft: „Thatsachen! Nur Thatsachen! ruft ein Positivismus, der keine Ahnung davon hat, daß auf jedem Punkte die Wissenschaft zu einem neuen Schritte der Negation sich bedienen muss, der sich nicht klar machen will, daß der jedesmaligen Reconstruction der Begriffe ihre Auflösung vorangehen muss. [...] Die Thatsachen, der Beobachtung, dem Experimente und Mikroskope mühsam entrissen, bedürfen geistiger Trennung und Wiedervereinigung."[3] Griesinger erklärt die *„Kritik"* zur „Schwester und Freundin" der Empirie und fordert eine „Kritik der Beobachtungen selbst [und] der gegenwärtigen und vergangenen Theorien".[4]

Dies spielt sich vor 150 Jahren ab. Eine Vergangenheit, die nicht mehr zu interessieren braucht? Historische Rekonstruktionen systematischer Probleme laufen immer Gefahr, den Eindruck zu erwecken, als handle es sich um Probleme von gestern. Doch die Probleme sind aktuell, und von den Versuchen zu ihrer Lösung kann man noch heute lernen. Denn ohne eine Analyse der Genese empirischer Erkenntnis (des *context of discovery*) und der Geltung wissenschaftlichen Wissens (des *context of justification*) kommt es gar nicht erst zu der entscheidenden Frage nach den *prä*-empirischen Voraussetzungen empirischer Erkenntnis. In genau dieser Frage bestand und besteht die vorrangige Aufgabe einer *‚Kritik der Wissenschaften'*.[5]

Von der Philosophie der induktiven Wissenschaften im 19. Jahrhundert kann man lernen, warum und wie es zu einer Einstellung kommt,

---

2 Kant, Kritik der reinen Vernunft A 836/ B 864; vgl. A 841/ B 869.
3 Griesinger 1872, S. 1.
4 Ebd., S. 4.
5 Vgl. Pasternack 1990.

auf welche die Wissenschaften nicht verzichten können. Ich nenne sie in Analogie zum geschichtsphilosophischen *Vico-Axiom* – daß wir die geschichtliche Welt nur erkennen können, weil wir selbst sie herstellen – das *Hume-Kant-Axiom* des konstruktiven Empirismus: Wenn allgemeine Ideen wie die der Kausalität nicht aus der Erfahrung des Singulären abgeleitet werden können, dann ist die Idee der *Konstruktion* des Allgemeinen in der Wissenschaft durch Abstraktion und Synthesis, also durch kategoriale Leistungen des Verstandes, eine unausweichliche Schlußfolgerung. Mit anderen Worten: Alle wissenschaftlichen Theorien beziehen sich auf das *für uns Beobachtbare* und sind Ausdruck des *von uns Sagbaren*. Um nichts anderes geht es auch heute, wenn über ontologische Probleme der Referenz und über die epistemologische Frage der Empirie diskutiert wird. Nehmen wir als Beispiel W.V.O. Quine.

Seit *Word and Object* (1960) hat Quine, der 1932 bei A.N. Whitehead promoviert hat und dem Carnapschen Programm der ,Konstitution' und der logischen Analyse des ,Aufbaus der Welt' verpflichtet ist, das Problem der Empirie im Kontext des Problems der ,ontologischen Relativität' (*Ontological Relativity and Other Essays*, 1969) thematisiert. „Der Empirist", beobachtet Quine, „hat ein wesentliches Zugeständnis gemacht, als er die Hoffnung aufgab, die Wahrheiten über die Natur aus der Beobachtung zu deduzieren. Indem er nun sogar die Hoffnung aufgibt, diese Wahrheiten in Beobachtungsbegriffe und logisch-mathematische Hilfsmittel zu übersetzen, macht er ein weiteres wesentliches Zugeständnis."[6] Was vom Empirismus bleibt, sind zwei Annahmen: „Die eine besagt, daß alles, was für oder gegen wissenschaftliche Theorien spricht, aus der Beobachtung stammt. Die andere [...] besagt, daß jegliche Bedeutungsgebung für Wörter letztlich auf Beobachtungen basieren muß."[7] Damit sind allerdings die Probleme noch nicht gelöst. In vier Schritten mit Quine ist das Problem zu präzisieren:

1. Wissenschaft muß sich auf Beobachtungssätze stützen, die zwar ,Gelegenheitssätze' sind, aber dadurch intersubjektive Geltung haben, daß ihr „Anlaß intersubjektiv beobachtbar ist. Doch das ist immer noch nicht genug. [...] Ein Beobachtungssatz ist [...] von der folgenden Art: Er ist ein Gelegenheitssatz, dessen Anlaß nicht nur intersubjektiv beobachtbar ist, sondern außerdem im allgemeinen hinreicht, um je-

6   Quine 1975, S. 109.
7   Ebd., S. 105.

dem mit der Sprache vertrauten anwesenden Zeugen Zustimmung zu dem Satz zu entlocken. Er ist kein Bericht über private Sinnesdaten. Vielmehr enthält er typischerweise Bezugnahmen auf physikalische Gegenstände. Diese Sätze [...] sind direkt mit Beobachtungen verknüpft."[8]

2. Die „Beobachtungsausdrücke" (*observation terms*) sind aber jeweils in theoretische Kontexte und Theoriesprachen eingebettet. „Wenn wir versuchen, die Beziehung zwischen wissenschaftlicher Theorie und den Beobachtungssätzen zu verstehen, werden wir durch die Kluft zwischen Gelegenheitssätzen und bleibenden Sätzen behindert; denn diese Beobachtungssätze gehören zu ersteren, theoretische Sätze zu letzteren. Das System der Wissenschaft kann Gelegenheitssätze nicht verdauen; ihre Substanz muß zuvor in bleibende Sätze umgeformt werden. Der Beobachtungssatz ‚Regen' oder ‚Es regnet' genügt nicht; wir müssen seine Information in einen bleibenden Satz bringen: ‚Regen über Heathrow 16.00 MEZ 23. Februar 1974'. Dieses Protokoll [ist] ein bleibendes Protokoll (*standing report*) und kein Gelegenheitssatz. Wie aber gelangen wir von der flüchtigen Beobachtung des Regens zum bleibenden Protokoll?"[9]

3. Alle theoretischen Sätze sind an eine Sprache gebunden; dies führt zu einer weiteren Einschränkung des Protokollsatz-Empirismus: „Ein wichtiger Punkt für die Beziehung zwischen Theorie und Beobachtung [...] ist die immense Freiheit, die die Form der Theorie genießen muß – sogar relativ zu allen möglichen Beobachtungen. Theorie ist empirisch unterbestimmt."[10] Man kann dies auch so wenden: Alle Theorien, die sich allein auf Empirie stützen wollten, wären *ontologisch überdeterminiert*.

4. Das vierte Argument Quines führt direkt zum Ausgangspunkt im 19. Jahrhundert zurück. Wir können zwar sinnvoll über die jeweiligen Theorien und ihre Ontologien sprechen, „aber nur relativ zu der Rahmentheorie mit ihrer eigenen, vorgängig angeeigneten und letztlich unerforschlichen Ontologie." Dies führt zu der Schlußfolgerung Quines, der man bereits in der Kritik empiristischer Dogmen in den frühen Philosophien der induktiven Wissenschaften begegnet: Wir interpretieren tatsächlich die Theorie „*relativ* zu unseren eigenen Worten und relativ

8 Quine 1983, S. 427.
9 Ebd., S. 429.
10 Ebd., S. 433.

zu unserer heimischen Gesamttheorie, die hinter ihnen steht."[11] Die Kritik des Empirismus gründet letztlich darin, daß die ontologische Position eines Realismus aufgegeben wird, den H. Putnam als ‚metaphysischen Realismus' charakterisiert: Diese Ontologie behaupte, „that we can think and talk about things as they are, independently of our minds, and that we can do this by virtue of a ‚correspondence' relation between the terms in our language and some sorts of mind-independent entities."[12]

Die hier verhandelten Probleme werden im 19. Jahrhundert nicht mehr unter dem Titel ‚Ontologie' erörtert, sondern unter einem Titel, der für Wissenschaftsphilosophien bezeichnend wird: *Logik und Erkenntnistheorie*'. Mit diesem Titel ist die Instanz bezeichnet, von der man sich eine Antwort auf die Frage erwartet, was die Bedingungen der Möglichkeit empirischer Erkenntnis sind. Ist diese Frage einmal gestellt, löst sich der zuvor von Positivisten verteidigte ‚starke Induktivismus' auf. Der Weg zu einem neuen wissenschaftlichen Geist wird frei. Wohin der Weg führt, kann an drei Beipielen gezeigt werden, an Willliam Whewell, John Stuart Mill und Friedrich Adolf Trendelenburg.

7.1   William Whewell: Nature is the Book, and Man is the Interpreter

Die Erinnerung an Bacon[13] und Kant ist besonders offensichtlich bei Willliam Whewell (1794-1864), dem prominenten Vertreter der ‚*Cambridge Inductivists*', der sich als physikalischer Astronom, Wissenschaftshistoriker und Wissenschaftstheoretiker einen Namen gemacht hat.[14] Die allgemeine fundamentale These seiner Philosophie der Naturwissenschaften[15], die er aus der Geschichte der empirischen Wissenschaften ableitet, lautet: Die Wissenschaft entwickelt sich von induktiven Generalisierungen zu hypothetisch-deduktiven Theorien. Seine Wissenschaftsphilosophie greift weit aus in die Wissenschaften und erstreckt sich auf die Physik, die Chemie, die Morphologie und Biologie sowie auf die Paläontologie; seine umfassende Geschichte der Wissenschaften setzt ein bei der Physik der griechischen Antike.

11   Quine 1975, S. 74.
12   Putnam 1983, S. 205.
13   Vgl. Whewell 1967a, Part II, Book XII, Ch. XI: Francis Bacon.
14   Vgl. Yeo 1993.
15   Vgl. allgemein Giere/Westfall 1973; zu Whewell vgl. Fisch 1991.

In Whewells *History of the Inductive Sciences* (1837, [3]1857) sind
,induktive Wissenschaften' durch den folgenden Begriff der Induktion
charakterisiert: „by *Induction* is to be understood that process of col-
lecting general truths from the examination of particular facts, by
which such sciences have been formed". Whewells *The Philosophy of
the Inductive Sciences* ist 1840 erschienen ([2]1847). In beiden Werken
steht die Problematik von „*Facts and Ideas*" im Zentrum des Interesses. Whewell verteidigt das Prinzip der Induktion, doch er räumt explizit ein, daß für die Bildung der Wissenschaft zwei Elemente erforderlich sind – eben „Facts *and* Ideas". Seine Begründung klingt wie eine
Paraphrase zu Bacon und zu Kant: Wissenschaft gründet in Beobachtung; zur Beobachtung gehört aber *intrinsisch* die Leistung des Denkens („inward effort of Thought"); „Sense and Reason" bilden eine
unauflösbare Einheit, und keines dieser beiden Elemente kann allein
substanzielles allgemeines Wissen begründen. „The impressions of
sense, unconnected by some rational and speculative principle, can
only end in a practical acquaintance with individual objects; the opera-
tions of the rational faculties, on the other hand, if allowed to go on
without a constant reference to external things, can lead only to empty
abstractions and barren ingenuity." Man kann sich in der Wissenschaft
nicht mit den Tatsachen der Beobachtung in ihrer bloßen Faktizität begnügen; sie sind vielmehr eine Herausforderung für die Reflexion –
"facts to reason upon".[16]

Whewell widmet sich im 1. Buch von *The Philosophy of the Inductive Sciences* unter den Titeln *Theories and Facts* und *Ideas and Sensations* einer Analyse der „fundamentalen Antithesis der Philosophie"
zwischen „Gedanken und Dingen", und diese Analyse ist so baconia-
nisch wie kantisch, entspricht sie doch der Metapher der ,zwei Säulen',
über denen sich unsere Erkenntnis überhaupt erst erheben kann: Die
eine Säule besteht aus den *Daten* der Sinne, die andere aus der *Interpretation* der Daten durch den Verstand; beide zusammen tragen die
Konstitution von Wissen. Whewell schreibt, „that in all human KNOW-
LEDGE both Thoughts and Things are concerned. In every part of my
knowledge there must be some *things* about which I know, and an internal act of *me* who know. [...] Without Thoughts, there could be no
connexion; without Things, there could be no reality."[17]

16   Whewell 1967, S. 5 f.
17   Whewell 1967a, S. 17 f.

Daß aus dieser epistemologischen Prämisse die These eines unauf-
lösbaren Zusammenhangs von Deduktion und Induktion folgt, versteht
sich von selbst. Wichtig ist, daß dies alles unter einer nach wie vor ver-
teidigten empiristischen Voraussetzung gelten soll; die Induktion
bleibt das vorrangige Prinzip. Aber die Akte des Denkens („acts of
thought") und „Ideen" wie die der Kausalität mischen sich direkt in
unsere Wahrnehmungen externer Dinge ein; sie kommen – wie bei
Kant – nicht etwa erst im zweiten Akt des Erkennens auf die Bühne.
Bei der Abwägung der Bedeutung des Denkens für die Wahrnehmung
kommt Whewell zu dem Ergebnis, daß die Akte des Denkens und die
Ideen fünfzig Prozent des Erkennens ausmachen: „they *half* create";
diese Annäherung an den transzendentalen Idealismus geht allerdings
auch nicht weiter: „they do not wholly create".[18]

Auf diese Weise ist hier innerhalb eines Konzepts der empirischen
Fundierung wissenschaftlichen Wissens eine Wende zu dem bekannten baconischen und für die ‚Logik der Induktion' zugleich neuen Paradigma vorbereitet, eine Wende zum Paradigma der *Interpretation*.
Zum Verhältnis von Mensch und Natur und zur Komposition des
menschlichen Wissens kann nun (wieder) gesagt werden: „Nature is
the Book, and Man is the Interpreter". Mit der Erneuerung dieses Topos der Renaissance geht eine gewisse Ambivalenz zwischen ontologischem Realismus und epistemologischen Interpretationismus einher.
Auf der einen Seite betont Whewell, daß das Buch der Natur selbst
dem Interpreten die Buchstaben und Symbole darbietet; sie sind „really objects of sensations". Auf der anderen Seite haben Zeichen und
Bedeutung („*Signs* and *Meaning*") den Status von Ideen, die der Geist
(„mind") mit allen sinnlichen Wahrnehmungen verbindet. Whewells
Bilanz ist dennoch eindeutig: Die Naturwissenschaften sind nicht etwa
nur im übertragenen Sinne, sondern tatsächlich *Interpretationen* der
Natur.[19]

Von Interpretationen zu sprechen, ist uns heute so geläufig, daß man
die Dramatik übersehen könnte, die sich in diesem Konzept für die
empirischen, induktiven Wissenschaften verbirgt. Was bedeutet ‚Interpretation'? In seinem viel diskutierten Buch *Interpretationswelten* charakterisiert Günter Abel Interpretationen als Vorgänge, „in denen wir
etwas *als* ein bestimmtes Etwas phänomenal diskriminieren, Identifi-
kationen und Re-Identifikationen vor nehmen, Prädikate und Kennzei-

18 Ebd., S. 25 f.
19 Ebd., S. 37 f.

chen applizieren, Zuschreibungen durchführen, Zusammenhänge konstruieren, durch Einteilungen klassifizieren und in bezug auf so formierte Welten dann über Meinungen, Überzeugungen und auch über ein gerechtfertigtes Wissen verfügen. Unsere Welten können darum als Interpretationswelten qualifiziert und diese als jene behandelt werden."[20]

Es ist offensichtlich, daß sich Whewell der Tragweite seines Konzepts „*Nature is the Book, and Man is the Interpreter*" bewußt ist. Nachdrücklich hebt er die Grenzen hervor, an welche eine allein durch Erfahrung gestützte Erkenntnis stößt und an denen die Wahrheit empirischer Sätze fragwürdig wird; er betont, „that experience cannot establish any universal or necessary truths [...] We can never acquire from mere observations of facts, the right to assert that a proposition is true in all cases, and that it could not be otherwise than we find it to be."[21]

7.2   John Stuart Mill: Wie ist Verallgemeinerung aus Erfahrung möglich?

Das Ziel, eine ,Logik' der naturwissenschaftlichen Forschung – eine Logik der Induktion – zu etablieren, verfolgt auch J. S. Mill (1806-1873). Er will eine allgemeine Methodologie der Wissenschaften begründen, die auch auf die soziologische und politische Wissenschaft anwendbar ist und für die politisch-soziale Welt zu ebenso verläßlichen Voraussagen führt wie Newtons Theorie für die physische Welt. Die Einheit der Wissenschaften sieht Mill gesichert, wenn sie sich alle den Methoden der Naturwissenschaften als idealem Standard verpflichten. In diesem Sinne sind alle strengen oder deduktiven Wissenschaften induktive Wissenschaften: alle Axiome werden aus Verallgemeinerungen der Erfahrung gewonnen. Mill argumentiert in der Tradition des britischen Empirismus, aber auch unter dem Einfluß A. Comtes[22]; er sucht allerdings seinen eigenen Weg im Ausgang von der Psychologie und kommt zu einer These, die bei einem Positivisten[23] überraschen mag: Alles, was wir an der Wirklichkeit als *wirklich* erfassen, ist relativ zu Leistungen des Bewußtseins.

20   Abel 1993, S. 14.
21   Whewell 1967a, S. 245.
22   Vgl. Mill 1974.
23   Vgl. Plé 1999.

Bei Mill stellen sich die Probleme nur wenig anders dar als bei Whewell, auch wenn er mit diesem einen Konflikt austrägt.[24] Die Methodologie der experimentellen Forschung ist der Gegenstand seines großen Werkes *A System of Logic, Ratiocinative and Inductive*, in dem es um die *'Principles of Evidence, and the Methods of Scientific Investigation'* geht.[25] Auch Mill konzentriert sich auf das Problem der Induktion; er definiert sie „als die Geistesverrichtung [...], durch die man allgemeine Wahrheiten entdeckt und beweist"[26]; „die Induktion ist das Verfahren, vermöge dessen wir schließen, daß, was von gewissen Individuen einer Klasse wahr ist, auch von der ganzen Klasse wahr ist, oder daß das, was zu gewissen Zeiten wahr ist, unter gleichen Umständen zu allen Zeiten wahr sein wird."[27] Das, was Whewell das Zusammenknüpfen (*colligation*) der Tatsachen[28] und Bacon und Locke „abstraction" genannt haben, will Mill „streng logisch als Beschreibung" konzipieren. Wie aber ist – so sein vorrangiges Problem – „*Verallgemeinerung aus der Erfahrung*" möglich?[29]

Mill beantwortet diese für die Wissenschaften entscheidende Frage vor allem im 4. Buch seiner *Logik* unter dem Titel *Von den Hilfsverrichtungen der Induktion*. Er schreibt der Beobachtung den ersten Rang unter den ‚Hilfsverrichtungen' zu. Doch auch er kommt nicht umhin, eine ‚zweite Säule' zu berücksichtigen. Dem „Anscheine nach" sei zwar bei jeder Induktion die Bedingung erfüllt, „daß das, was man für beobachtet hält, auch wirklich beobachtet worden, daß es eine Beobachtung und nicht ein Schluß sei". Dies ist für ihn aber nur scheinbar zutreffend. Denn was was man für ein Ergebnis der Beobachtung hält, ist normalerweise etwas ganz anderes – eine brisante Mischung aus zehn Prozent Beobachtung und neunzig Prozent Folgerungen.[30] Diese Erfahrung mit den Wissenschaften führt auch bei jemandem, der wie Mill das Ideal der durch Induktion gewonnenen Empirizität der Wissenschaft verteidigt, zu einer folgenreichen Einsicht:

„Wir können nicht eine Tatsache beschreiben, ohne mehr als die Tatsache vorauszusetzen. Die Wahrnehmung ist nur die Wahrnehmung eines einzelnen

24   Vgl. Mill 1968, Bd. 2, S. 335 ff. und passim.
25   Vgl. Buch III der Logik.
26   Mill 1968, Bd. 2, S. 332.
27   Ebd., S. 337:
28   Ebd., S. 344.
29   Ebd., S. 358 f.
30   Ebd., Bd. 4, S. 2.

Dinges; aber sie beschreiben, heißt einen Zusammenhang zwischen ihr und jedem anderen Dinge behaupten, das irgend einer der gebrauchten Ausdrücke entweder bezeichnet oder mitbezeichnet."[31]

Die Folge ist, daß sich die Analyse der Empirie dem Problem zuwenden muß, wie die Beobachtung des Singulären zu allgemeinen Aussagen führen kann. Für Mill liegt die Antwort in der Funktion der „abstrakten Ideen": Es gibt offensichtlich „etwas von der Art wie allgemeine Vorstellungen, oder Vorstellungen, vermittelst deren wir allgemeine Gedanken bilden können", z.B. „wenn wir aus einer Gruppe von Erscheinungen eine Klasse bilden". Induktion ist ohne „allgemeine Vorstellungen" nicht möglich. Zwar besteht Mill auf der realistischen Annahme, daß jede allgemeine Vorstellung durch „Vergleichung" empirischer Daten zustande kommt, d.h. „durch *Abstraktion* aus Einzeldingen"[32], und was wir zur „Zusammenknüpfung und methodischen Anordnung der Tatsachen verwenden, entwickel[t] sich [...] nicht von innen heraus, sondern [wird] dem Geiste von außen zugeführt".[33] Die ‚induktive Logik' muß aber um eine Theorie präempirischer Voraussetzungen ergänzt werden, unter denen Mill der Sprache große Bedeutung beimißt[34]: alle Beobachtungen und Abstraktionen sind sprachlich verfaßt; eine wichtige Funktion hat vor allem das *Benennen* („*naming*").[35] Mit den Namen erhalten die Dinge ihre Bedeutungen.

Bei Mill zeichnet sich so das Interesse an der konstitutiven Rolle der Sprache ab; es bildet sich ein semantisches und hermeneutisches Verständnis der induktiven Methode heraus. Auch wenn für ihn „aller Beweis und alle Entdeckung von Wahrheiten" aus der Induktion entstehen, teilt er doch die Schlußfolgerung, zu der auch Whewell gekommen ist: Es gibt keine wissenschaftliche Erkenntnis, die nicht zugleich auch „aus der *Auslegung* von Induktionen" entspringt.[36]

---

31 Ebd., S. 5.
32 Ebd., S. 11 f.
33 Ebd., S. 15.
34 Zur Notwendigkeit einer Analyse der Sprache vgl. S. 17 ff.
35 Ebd., S. 26 ff.
36 Mill 1968, Bd. 2, S. 331. Hervorh. von mir.

7.3   Friedrich Adolf Trendelenburg: Das Objektive ist keine unge-mischte Nachricht von Eigenschaften der Dinge

Sieht man von Spezialisten der Wissenschaftsphilosophie ab, so kann von den drei hier genannten Theoretikern der induktiven Wissenschaf-ten heute wohl nur noch J.S. Mill als bekannt gelten. Friedrich Adolf Trendelenburg (1802-1872) gehört zu denen, die zu unrecht vergessen sind. In seiner Zeit ist er als Philosoph eine weithin bekannte und aner-kannte Persönlichkeit. Er studiert ab 1822 unter anderen bei C.L. Rein-hold, Schleiermacher und Hegel und legt eine an Aristoteles orientierte Kritik der formalen Logik und der Hegelschen dialektischen Logik vor; das Resultat ist eine ganz eigenständige Kategorienlehre. Nicht anders als bei Whewell und Mill gilt sein Interesse der Frage, wie in der wissenschaftlichen Erkenntnis Denken und Sein eine Verbindung eingehen. Sein Weg führt ihn zu einer Theorie der Erkenntnis, die das kantische Programm erneuern soll; er wird zu einem Wegbereiter des Neukantianismus.

1840, also in dem Jahr, in dem auch Whewells *The Philosophy of the Inductive Sciences* erscheint, legt Trendelenburg sein zweibändiges Hauptwerk *Logische Untersuchungen* (^{2}1862, ^{3}1870) vor. Dort heißt es: „Die Thatsache der Wissenschaften ist die Basis des logischen Pro-blems." Worin besteht es? Die Wissenschaften sind zunächst blind ge-genüber dem fundamentalen epistemologischen Problem sind, das sie haben, und „stellen der Skepsis ein Factum entgegen, dem bedenkli-chen Zweifel eine wachsende, schöpferische That." Aber sie sind aber aus inneren Gründen veranlaßt, über sich selbst zu reflektieren und sich ihres epistemischen Status zu vergewissern: „Wie ist indessen die Erkenntniss möglich? fragt die Wissenschaft weiter, da sie sich ihrer selbst bewußt wird; und wie sie allenthalben nach Gründen fragt, so fragt sie auch nach ihren eigenen."[37] Die unabweisbaren Fragen lau-ten: „Wie kommt das Denken zum Sein? Wie tritt das Sein in das Den-ken?" Trendelenburg lehnt die von den empirischen Wissenschaften in der Regel spontan anerkannte Korrespondenztheorie der Wahrheit ab: Man kann nicht von einer ‚Übereinstimmung' des Denkens mit dem Sein ausgehen, bevor sie nicht geprüft und erklärt ist. Er formuliert das Problem so um, daß eine realistische Antwort kaum mehr möglich ist, indem er fragt: „Wie bringt das Denken diese Uebereinstimmung her-vor und zwar auf eine solche Weise, dass es selbst der Uebereinstim-

---

37 Trendelenburg 1964, S. 131.

mung gewiss wird?"[38] Es versteht sich, daß in einer derartigen transzendentalen Sichtweise „eine Erkenntniss von Gegenständen, die im
Geiste entspringen und von der Erfahrung nicht abhängen", kein Skan-
dalon darstellt und sich „eine Welt *a priori*" eröffnet.[39] Folgerichtig ist
„der Sinneseindruck, die sinnliche Empfindung, [...] kein rein Objektives, keine ungemischte Nachricht von Eigenschaften der Dinge. Es ist
darin ein Stück eigenen Lebens mitgefasst."[40]

Diese Theorie der Erkenntnis, bei deren Begründung Trendelenburg
immer wieder die Physiologie Johannes Müllers[41] zu Rate zieht, ist die
Grundlage der Theorie der Wissenschaft. Was erreicht werden soll, ist
„eine in sich einige logische und metaphysische Anschauung"[42]; sie
wird im Vorwort zur 2. Auflage der *Logischen Untersuchungen* (1862)
eine „organische Weltanschauung", genannt, deren Formulierung nur
von jener Philosophie erwartet werden kann, „die berufen ist, in einer
allgemeinen menschlichen Anschauung und in einer nothwendigen
Aufgabe der Wissenschaften die Völker und Zeiten zu vereinigen".[43]

Trendelenburg plädiert einerseits für eine enge Bindung der Philosophie an die Wissenschaften und anderseits für eine philosophische
Kritik der Wissenschaften. An der Philosophie bemängelt er das Feh-
len einer klar bestimmten Methode und die Unfähigkeit, sich im
„Kampf mit den Thatsachen" zu bewähren; selbst die logischen Theorien – schreibt er in der ersten Auflage von 1840 – haben den „Kampf
mit den Thatsachen der Erkenntnis" noch längst nicht intensiv genug
aufgenommen.[44] In den Wissenschaften sieht er den Mangel, daß aufgrund disziplinärer Abgrenzungen und immer weitergehender Spezia-
lisierung der organische Zusammenhang der Wirklichkeit nicht mehr
begriffen wird. In dem Maße, wie sich die Wissenschaften empirisch
auf die Dinge konzentrieren, verlieren sie die Fähigkeit, ihre Methoden
kritisch zu reflektieren. Der hohe Preis, den sie dafür zu zahlen haben,
besteht in der unkontrollierten Wirkung fragwürdiger Voraussetzungen und Prinzipien, deren Geltung unkritisch unterstellt wird. In Trendelenburgs *Logischen Untersuchungen* wird deutlich, warum in den
Methodendiskussionen seit den 1840er Jahren kein *Zurück hinter Kant*

---

38 Ebd., S. 135.
39 Ebd., S. 236.
40 Ebd., S. 521.
41 Siehe hier Kap. 9.
42 Trendelenburg 1964, S. V f.
43 Ebd., S. VIII f.
44 Ebd., S. V.

mehr möglich ist. Die „Theorie der Wissenschaft", die er entwickelt[45], nimmt den „Kampf mit Thatsachen" auf.

Für Trendelenburg stehen wie für jeden Wissenschaftsrealisten die ‚Tatsachen' – „richtig beobachtet" – „unbiegsam da", und „der Gedanke muss sich fügen". Aber dieses Sich-fügen ist keine Kapitulation des Denkens vor dem ‚Gegebenen', geht es doch darum, die Tatsachen dem kritischen Denken „zu unterwerfen".[46] Die *Logischen Untersuchungen* entsprechen in ihrer Orientierung an der Empirie ganz dem Geist der Zeit: Im Unterschied zur Philosophie und ihrer Intention, „aus dem Ganzen das Einzelne zu erkennen", gilt für die Empirie, daß „jeder Punkt auch etwas Eigenthümliches für sich sei und darum auch eigenthümlich zu erforschen". Dieser Unterschied der Methoden hebe sich freilich „im Fortschritte der Wissenschaften auf. Denn das Einzelne strebt zum Ganzen und aus dem Ganzen zu erkennen ist nie der Anfang."[47] Trendelenburg geht als einer der Erben Kants einen metaphysischen Schritt sowohl über den naiven Empirismus als auch über die Induktionskritik seiner Zeit hinaus, wenn er programmatisch unterstellt: Wo das Einzelne nur scharf genug beobachtet wird, „offenbart es *an sich* die Züge des Allgemeinen".[48] Auch die Wissenschaften selbst „fassen den Gedanken eines Allgemeinen, an welchem sie selbst nur ein Theil sind, und haben das Verlangen, sich zusammen als dieses Ganze zu denken". Mehr noch: Es treibt die Einzelwissenschaften – ob sie es wollen oder nicht – „über sich hinaus. [...] Sie müssen die Grenzen doch wiederum öffnen, indem sie einsehen, dass sie *blinde Voraussetzungen in sich tragen, unbesehene Grundbegriffe, aufgenommene Principien, unerörterte Ursprünge*".[49] Für Trendelenburg ist es eine notwendige und gesicherte Erkenntnis der Logik der Wissenschaften, daß alle „besondere Erkenntnis [...] in einem Allgemeinen [geschieht] und jede Wissenschaft [...] ihren Gegenstand auf allgemeine Gründe zurück[führt], welche sich zwar in den besonderen Objekten eigenthümlich gestalten, aber doch einen höhern Ursprung als das Besondere haben".

Whewell hat betont, die Annahme, es könne Wissenschaft ohne ‚Metaphysik' geben, sei eine Illusion; es komme vielmehr darauf an,

---

45 Ebd., S. 11.
46 Ebd., S. IV.
47 Ebd., S. 1.
48 Ebd., S. 2. Hervorh. von mir.
49 Ebd., S. 4. Hervorh. von mir.

daß sich die Wissenschaft statt auf schlechte auf gute Metaphysik stütze. Gemeint war: Jede empirische Wissenschaft geht von *prä*empirischen, im weitesten Sinne ‚philosophischen' Voraussetzungen aus.[50]
Trendelenburg argumentiert ganz ähnlich, radikalisiert aber als Aristo-
teliker auf riskante Weise Whewells Position, indem er aus der Einheit
von Sein und Denken die Einheit von Metaphysik und Logik begründet: „Der besondere Gegenstand jeder Wissenschaft thut sich als die
Verzweigung eines allgemeinen Seins und die eigenthümliche Methode thut sich als eine besondere Richtung des erkennenden Denkens,
des Denkens überhaupt, kund." Aus diesem Grund „mündet jede Wissenschaft in die Metaphysik, wenn sie bis dahin vordringt, wo ihre besonderen Gründe in das Allgemeine übergehen oder vielmehr wo sich
das Allgemeine zum Besonderen ausbildet. Inwiefern diese Gestaltung
des Allgemeinen zum Besonderen bei den einzelnen Wissenschaften,
je nach dem Gegenstand, verschieden sein wird [...]: so hat jede Wissenschaft ihr eigenes metaphysisches Problem, und ihre Metaphysik
muss den eigenthümlichen Zusammenhang ihres Objektes mit dem
Seienden als solchem, ihrer Gründe mit den allgemeinen darstellen,
welche, unabhängig von den einzelnen Wissenschaften, gleichsam vor
den einzelnen liegen."[51]

Auf dieser Grundlage bestimmt Trendelenburg, was unter ‚Theorie
der Wissenschaft' verstanden werden soll: „Wenn alle Wissenschaften
hier auf die Logik, dort auf die Metaphysik hinweisen, als auf die Erkenntnisse eines Allgemeinen, das sie voraussetzen: so wird diejenige
Erkenntniss, welche die Wissenschaft in ihrem Wesen begreifen und
Theorie der Wissenschaft sein will, die Metaphysik und die Logik gemeinsam umfassen müssen."[52]

In dieser Perspektive, in der die Metaphysik[53] wieder eine konstitutive Rolle spielt, geht Trendelenburg bei seiner Suche nach einem
Grund der Allgemeinheit und zugleich der Einheit aller Wissenschaften seinen eigenen Weg, auf dem er sich auf halber Strecke von Empiristen wie Whewell und Mill verabschiedet. Er behauptet nämlich einen metaphysischen „inneren Zweck" der Erkenntnis, d.h. er glaubt

---

50 Vgl. zu diesem Problem aus heutiger Sicht Pasternack 1990.
51 Ebd., S. 6 f.
52 Ebd., S. 11.
53 Es handelt sich bei Trendelenburg um eine Metaphysik der Bewegung als des
    einheitlichen Prinzips von Sein und Denken.

den gesuchten Grund in der Perspektive einer *Teleologie* der Wissenschaft finden zu können. Seine Prämisse lautet: Der ‚Geist' strebt und gelangt mit Notwendigkeit „zu der Anwendung seiner idealen Kategorie, des Zweckes".

Unter dieser Voraussetzung hält Trendelenburg auch eine Versöhnung von Realismus und Idealismus und die Vermeidung des Materialismus für möglich. In der erweiterten Auflage der *Logischen Untersuchungen* heißt es, der Realismus, „der das *a priori* voraussetzt", werde „transzendental [...] und der Idealismus, der sich im Gegebenen gründet", habe „seinen Boden im Empirischen. So tauscht sich das Transzendentale und Empirische einander aus; Gedanke und Wirklichkeit suchen und bezeugen einander." Trendelenburg ist davon überzeugt, daß ein solcher Realismus „nicht in Materialismus ausschlagen kann; denn seine Bestimmungen gehen durch den inneren Zweck vom Gedanken im Grunde der Dinge aus". Zugleich werde so ein Idealismus begründet, „der nicht Subjektivismus werden kann, denn er begründet sich durch eine dem Denken und Sein gemeinsame Thätigkeit, welche in der Auffassung der Erscheinungen den zwingenden Anweisungen des Gegebenen folgt. [...] Realismus ohne die Idee wird Materialismus, und Idealismus ohne Zugang zum Realen wird ein Traum der Vorstellung", der – wie Trendelenburg mit einem kritischen Seitenblick auf Herbart sagt – eine Welt der „Eidole", d.h. der Bilder der Selbstdarstellung der Seele, träumt.[54]

Den tieferen Grund von Trendelenburgs Versuchs, die Einheit der Welt der Dinge und der Welt der Erkenntnis aufzudecken und eine neue Einheit von Metaphysik und Logik sowie von Realismus und Idealismus zu stiften, bildet, mehr oder weniger verborgen, ein anderes Problem. Die *Logischen Untersuchungen* sind ein Beispiel dafür, daß in den Diskussionen dieser Zeit über die ‚Wirklichkeit', über die Empirie und die Induktion die Ahnung einer Gefahr auftaucht. Diese Gefahr ist der *Relativismus*. Er scheint aus der kantischen Kritik, aus dem Idealismus, aus der Skepsis in der Erkenntnistheorie zu folgen. Mit der Idee der *Konstitution* bzw. *Konstruktion* der Entitäten in der Wissenschaft wird – so befürchtet man – die Nähe zu einer ‚Wirklichkeit' preisgegeben, die sich nur dem ontologischen Realisten und dem methodologischen Empiristen erschließt. Trendelenburg formuliert diese

---

54 Trendelenburg 1964, Bd. 2, S. 529, vgl. S. 515. Hier erweist sich die Formulierung des Problems, nicht anders als bei Whewell und Mill, als Paraphrase des bekannten Kantschen Diktums über leere Begriffe und blinde Erfahrung.

Ahnung so: „Der gesunde praktische Mensch ist Realist; der theoretische, der speculierende, kann es nicht in demselben Sinne sein; denn
das Unmittelbare erscheint ihm als vermittelt. Aber er darf die Beziehungen nicht abschneiden, die in's Reale zurückführen, sonst wird als-
bald der Mensch das Mass der Dinge".[55] Es ist kein Zufall, daß diese
Reflexionen in einem Kontext formuliert werden, in dem Trendelenburg eine *empirische Wissenschaft* seiner Zeit würdigt, die Physiologie, die in seiner Sicht zu einem echten Gewinn an Erkenntnis der Erkenntnis geführt hat. Dieser Typus von Theorie weist – so offensichtlich die Hoffnung – einen Weg *zwischen* Materialismus und Idealismus.[56]

Daß weder die Menschen noch die Wissenschaften um eine Hoffnung ärmer sind, wenn sie auf Illusionen des metaphysischen Realismus verzichten, werden spätere Philosophen und Theoretiker der Wissenschaften mit guten Gründen zeigen, so z.B. Pierre Duhem in seiner
Analyse der Struktur physikalischer Theorien und Ernst Cassirer in
seiner Philosophie der symbolischen Formen.

Die ‚positiven Wissenschaften' dieser Zeit sind den Wegweisern der
Philosophie der induktiven Wissenschaften zunächst nicht gefolgt.
Auch in der Philosophie bleibt noch ein ziemlich langer Weg zurückzulegen, bis durch den Neukantianismus, durch Husserl und Cassirer
die Prinzipien der Kritik der Empirie und der Induktion zum Allge-
meingut werden. In den Wissenschaften wird die Relativitätstheorie
einen entsprechenden Impuls auslösen, der in der Philosophie in kontroversen Debatten aufgenommen wird.

In der Praxis der Wissenschaften spricht man zu Zeiten Whewells,
Mills und Trendelenburgs – geradezu unbeirrt von den kritischen Reflexionen der Philosophie der induktiven Wissenschaften – noch bis
etwa 1860 die Sprache des Positivismus, gerade so, als habe man
‚Befehlen der Dinge' zu gehorchen. Die Selbstgewißheit der Positivisten verflüchtigt sich erst in der Krise der Naturwissenschaften, vor allem in der epistemologischen Krise der Physik, die kritische Theoretiker wie Helmholtz auf den Plan ruft.

Vor dieser Zeit verlaufen sich viele Wissenschaftler zunächst in
Sackgassen und tragen dazu bei, daß ein bemerkenswerten Wider-
spruch das Bild der Wissenschaften prägen kann. Worin besteht dieser
Widerspruch? Einerseits wird die Idee verabsolutiert, daß nur Wissen-

---

55 Ebd., S. 515.
56 Vgl. ebd., S. 519 ff.

schaften nach dem Muster der exakten Naturwissenschaften für sich in Anspruch nehmen könnten, wissenschaftlich und zugleich für die ‚Praxis' von Bedeutung zu sein. Andererseits wird die Tendenz immer stärker, bestimmte wissenschaftliche Theorien oder Systeme zu ‚Weltanschauungen' zu stilisieren, um in dieser Form öffentliche praktische Wirkung zu erzielen. Die Wissenschaft soll nicht nur die Kenntnisse vermehren, sondern als ‚wissenschaftliche Weltanschauung' auch gesellschaftlichen Sinn stiften. Es kann nicht verwundern, daß verschiedene Weltanschauungen miteinander in Konkurrenz treten. Um so mehr muß es erstaunen, mit welcher Naivität – oft auch: mit welchem Fanatismus – die alleinige Wahrheit einer partikularen Weltanschauung behauptet wird. Die Wissenschaft ‚nimmt Partei' und wird Partei. Die Übergänge zur Ideologie werden gleitend. ‚Wissenschaftlichkeit' wird zu einem ideologischen Fetisch, nicht zuletzt in politischen Kontexten. Der Marxismus und der Sozialdarwinismus sind Beispiele hierfür, wenn auch keineswegs die einzigen.

8. Gesellschaftstheorie zwischen Philosophien und Wissenschaften: Marx' problematische Bezugnahme auf die Naturwissenschaften

8.1 Marx in Kontexten

Philosophien und Wissenschaften stehen um die Mitte des 19. Jahrhunderts in einer grundlegend veränderten Situation. Sie sind konfrontiert mit dem Prozeß, in dem sich – in kritischer Auflehnung gegen die Tradition spekulativer Natur- und Geschichtstheorien – ,positive' Wissenschaften herausbilden, die sich an einem der Philosophie vermeintlich überlegenen Ideal der Erkenntnis orientieren; *Empirizität, Nomologie, Exaktheit, Objektivität* und *praktische Innovation* sind ihre Ziele. Diese Wissenschaften verschreiben sich nicht mehr der Totalisierung der Phänomene im spekulativen *Begriff*, sondern der Analyse der ,Tatsachen'; man will zu den ,Sachen selbst'. In den 1840er Jahren gelten bereits die *Naturwissenschaften* aufgrund ihrer Erkenntnisfortschritte und praktischen Erfolge als das Maß wissenschaftlicher Theorie. Die theoretischen Entwürfe von Marx[1] sind von der Faszination, die von ihnen ausgeht, nicht ausgenommen. Und wie bei nicht wenigen anderen Theoretikern der Übergangszeit des Vormärz und der Revolutionen von 1848 zeigen sich bei ihm innerhalb der Programmatik des *Neuen* und der praktischen Verwirklichung einer wissenschaftlichen Alternative Widersprüche, wie sie im Konflikt zwischen Tradition und Innovation kaum vermeidbar sind.

Die Veränderung des Weltbildes, unter deren Eindruck auch Marx steht, ist eingebettet in eine breite Bewegung der Verwissenschaftlichung von Theorie und Praxis. Zu dieser Veränderung gehört freilich eine Orientierungskrise, ausgelöst durch Zweifel an bisherigen Gewißheiten, sei es der Religion, sei es der Philosophie, sei es traditioneller sozialer Verhaltensweisen. In dieser Übergangs- und Krisenzeit ist es

---

1 Ich spreche bewußt nicht von ,der' Marxschen Theorie; das Marxsche theoretische Denken entwickelt sich in Entwürfen, in Konzeptualisierungs-Versionen und – bei einigen durchgängigen Grundannahmen – in permanenten Revisionen, die oft durch die Erweiterung empirischer Kenntnisse, aber auch durch Veränderungen des philosophischen und methodologischen Begriffsrahmens veranlaßt sind.

nicht *ein* Weltbild, das sich durchsetzt, sondern es treten *noch* idealistische und *schon* materialistische Weltbilder in Konkurrenz zueinander. Die Koexistenz gegensätzlicher Prinzipien ist auch in den Wissenschaften sichtbar. Auf der einen Seite gibt es bereits kritische Wissenschaftsphilosophien wie die Whewells, Mills und Trendelenburgs; auf der anderen Seite sind für eine gewisse Zeit in den Wissenschaften ganz andere Leitbilder dominant: Hinsichtlich ihrer *Gegenstände* herrschen realistische, materialistische und naturalistische Verständnisse vor und hinsichtlich der *Methoden* empiristische und reduktionistische Auffassungen, und zwar nach dem Motto ,Die Welt ist so, wie die Physik sie beschreibt, und mehr ist auch nicht zu sagen'. Epistemologische Skrupel dringen nur schwer vor zu den Evidenzen und Intuitionen des *common sense*; auch der Wissenschaftler im Labor sieht sich durch sie eher bedroht als gefördert. Die skeptischen wissenschaftstheoretischen Fragen gewinnen zunächst nur innerhalb der Grenzen bestimmter Philosophien Terrain, und zwar in solchen Theorien, in denen die Erinnerung an Kant wach ist oder wieder erwacht. Dies ist gewiß nur eine grobe Skizze der Topologie der Wissenschaften, der Philosophie und der Methodologien[2] in der Mitte des 19. Jahrhundert, aber sie genügt, um zu zeigen, wo und unter welchen Schwierigkeiten Marx seinen Ort sucht.

Marx interessiert hier in ganz bestimmten *Kontexten*; diese Kontexte sind die *Dialektik Hegels* und die *positiven Wissenschaften*. Am Fall Marx sind Interaktionen, Konkurrenzen und Kontroversen zwischen Philosophie und Wissenschaften[3] zu studieren. An seinen Ideen kann man den Paradigmenwechsel von der spekulativen Konstruktion der Welt zur ,Positivität' empirischer Forschung sichtbar machen. Marx steht in schwierigen Verwandtschaftsbeziehungen mit der Hegelschen Dialektik *und* dem bereits antiphilosophischen, physikalistisch motivierten ,kritisch-utopistischen Sozialismus' *und* der Feuerbachschen ,Anti-Philosophie' *und* einem methodologischen Reduktionismus, der die politische Ökonomie prägt. Er versucht, innerhalb dieser *Designatoren*, die der Kultur der bürgerlichen Welt entstammen, die neue Bedeutungswelt des Kommunismus zu benennen; er bewundert und kritisiert diese Kultur, er fürchtet sie und er setzt sie zu seinen Zwecken ein. So sehr die Marxschen Theorieentwürfe die große Alternative suchen, sind sie doch eingebettet in Evidenzen ihrer Zeit. Fraglich ist, ob

2   Vgl. zur Methodenentwicklung Giere/ Westfall 1973.
3   Vgl. Sandkühler 1995.

ihm die Gratwanderung zwischen dem spekulativen Hegel und dem empirischen Aristoteles, den er für sich entdeckt, und zwischen einer dialektischen und einer naturalistischen Methode gelungen ist. Die Antwort, die zu erläutern bleibt, lautet *Nein:* Marx hat den ihm durchaus bewußten Konflikt[4] zwischen deskriptiver empirischer Wissenschaft und normativer spekulativer Konstruktion nicht lösen können. Meine epistemologische Lektüre, in der die praktischen und politischen Dimensionen bei Marx ausgeblendet bleiben, wird zeigen, daß bei ihm die Ideale einer empirischen Methodologie und eine Metaphysik der Substanz – der Geschichte und der Natur – in Konflikt geraten. Der Konflikt stellt sich dar als Widerspruch zwischen der intendierten *positiven Theorie* der Wirklichkeit und einer *normativ motivierten Ontologie* der Bewegung, der Revolution, der Zukunft.

Wesentlich für die Situation, in der Marx sich befindet, sind die Naturwissenschaften. Er studiert sie und die Mathematik und die Entwicklungen der Technologie mit großem Engagement. Was ihn fasziniert, sind genau genommen nicht die Details naturwissenschaftlicher Theorien, sondern die Methoden und allgemein ein *Bild der Natur*, in dem auch die gesellschaftliche Entwicklung ihren Platz findet. Dies gilt nicht allein für Marx. Schon Feuerbach stellt 1842 in seinen *Vorläufigen Thesen zur Reform der Philosophie* die Forderung auf, die Philosophie müsse sich wieder mit der Naturwissenschaft, die Naturwissenschaft mit der Philosophie verbinden. In diesem Programm findet die ganze sozialistische Bewegung dieser Zeit ihre Orientierung, nachdem die Gewißheit der Erkenntnis, die von der Hegelschen *Logik als Ontologie* verbürgt schien, durch die Kritik der empirischen Wissenschaften ihren Kredit verloren hat. Dieser Kontext darf nicht vergessen werden, wenn man Motive z.B. für die Marxsche Kritik am Idealismus und für seine Variante des Materialismus aufdecken will. Diesen Materialismus hat Friedrich Engels später so charakterisiert:

„Die Trennung von der Hegelschen Philosophie erfolgte [...] durch die Rückkehr zum materialistischen Standpunkt. Das heißt, man entschloß sich, die wirkliche Welt – Natur und Geschichte – so aufzufassen, wie *sie sich selbst* einem jeden gibt, der ohne vorgefaßte idealistische Schrullen an sie herantritt [...] Und weiter heißt Materialismus überhaupt nichts [...] *Wir faßten die Begriffe unsres Kopfes wieder materialistisch als die Abbilder der wirklichen*

---

4   Seine Einleitung zu den Grundrissen der Kritik der politischen Ökonomie diskutiert diesen Konflikt.

Dinge, statt [wie Hegel] die wirklichen Dinge als Abbilder dieser oder jener Stufe des absoluten Begriffs."[5]

Dieser ontologische und epistemologische Realismus soll das politische Programm der Emanzipation stützen; die revolutionäre Politik soll sich von ‚Tatsachen' und von ‚Gesetzen' ausgehen, nicht von (idealistischen oder utopischen) Ideen der ‚Ideologen'.

Marx bestimmt in *Das Kapital* den Weg und das Ziel seiner Analyse der bürgerlichen Gesellschaft oft in Analogien, die er aus naturwissenschaftlichen Begriffen und Verfahren gewinnt. Er vergleicht die Analyse der Wertform mit der „mikrologischen Anatomie". Er konzentriert die Erforschung der kapitalistischen Produktionsweise auf England, wie (bzw. weil) „der Physiker [...] Naturprozesse entweder dort [beobachtet], wo sie in der prägnantesten Form oder von störenden Einflüssen mindest getrübt erscheinen". Für die bürgerliche Gesellschaft nimmt er ein „Naturgesetz ihrer Bewegung" an. Die Gesellschaft erscheint als Organismus, als „umwandlungsfähiger und beständig im Prozeß der Entwicklung begriffener Organismus".[6]

Ein Beispiel kann allerdings zeigen, daß Marx trotz aller Faszination keineswegs geneigt ist, einfach auf die Seite der Wissenschaft der Natur überzuwechseln. Er reagiert mit Befremden auf das einzige innerhalb der kommunistischen Bewegung entstandene naturwissenschaftliche Werk, – auf Roland Daniels' *Mikrokosmos. Entwurf einer physiologischen Anthropologie*; das erst 1988 veröffentlichtes Manuskript liegt ihm 1851 vor.[7] Daniels war Physiologe, Arzt und ein führendes Mitglied des ‚Bundes der Kommunisten'[8]; Marx steht seit 1844 mit ihm in Beziehung. Daniels fordert immer wieder eine andere intellektuelle Kontinuität als die junghegelianische und die Feuerbachs, dessen Anthropologie und Kommunismus er als abstrakt kritisiert. Auch *Die heilige Familie*, das gemeinsame Erstlingswerk von Marx und Engels liest Daniels als Beleg dafür, daß „die materialistische Entwicklung selbst noch durch philosophische oder ideologische Voraussetzungen getrübt" ist.[9]

5   MEW 21, S. 292 f. Hervorh. von mir.
6   MEGA2 II/5, S. 12 ff.
7   Vgl. hierzu näher Sandkühler 1988a.
8   Vgl. hierzu Hundt 1993.
9   Mikrokosmos, S. 17.

Daniels plädiert in seinem *Mikrokosmos* für die „richtigen Wege der empirischen Forschung"[10], und dies sind die Wege einer sensualistischen Epistemologie und einer induktiven Methodologie.[11] Sie führen zur Kritik an philosophischen Kategorien wie ,Vernunft' und ,Verstand'[12] und zur Hervorhebung des Gehirns als des materiellen Trägers von Bewußtsein.[13] Soweit der Briefwechsel zwischen Daniels und Marx überliefert ist, dokumentiert er unterschiedliche, in der subjektiven Wahrnehmung der Korrespondenten auch unvereinbare Perspektiven. Der Physiologe Daniels zeigt Interesse an Fragen der industriellen kapitalistischen Produktionsweise und setzt große Hoffnungen auf Marx' noch ausstehende politische Ökonomie.[14] Vor allem aber entwickelt er sein Programm, „die Wissenschaft von der Philosophie zu befreien", denn „nur die Wissenschaften können die Welt befreien". Er rät Marx, sich „nach den ökonomischen Arbeiten [...] ganz auf Naturwissenschaften" zu verlegen[15], und ist bemüht, ihm zu erklären: „Die Reaktion des Menschen auf die Natur geschieht folgendermaßen: In Folge der sinnlichen Eindrücke entstehen Gefühle, Vorstellungen, beim Menschen vorzugsweise *Begriffe*. Die Reflexbewegungen in Folge der letztern bedingen das menschliche Handeln", ohne aber je „zu einer ,*herrschenden Macht*' über bestimmte Geschichtsepochen" zu gelangen, denn „sie sind fortwährend im Wechsel begriffen, in fortschreitender Production aus den gegebenen Verhältnissen und ihre Reflexbewegungen produciren Neues aus dem Neuen, von dem der früheren Epoche verschiedenen Material".[16] Marx aber steht, wie der Briefwechsel zeigt, Daniels verständnislos gegenüber.

8.2   ,Wirklichkeit' und ,Kritik' – eine problematische Allianz

Die Transformation der Philosophie zur ,reellen Wissenschaft', die Verpflichtung der Wissenschaft auf die Empirie des *Wirklichen* und die konkrete Analyse der Strukturen der Gesellschaft als Vorbedin-

---

10 Mikrokosmos, S. 14.
11 Vgl. Mikrokosmos, S. 51, S. 129.
12 Mikrokosmos, S. 53.
13 Mikrokosmos, S. 62.
14 Vgl. MEGA2 III/4, S. 356 ff., S. 361, S. 385, S. 392.
15 Ebd., S. 363.
16 Ebd., S. 336 ff.

gung praktischer *Kritik*[17] und revolutionärer Praxis – dies sind Kernstücke des Marxschen Programms. Aus der Analyse der *,wirklichen'* Bedingungen der Ideen und aus der materialistischen Kritik der großen, als Substanz gedachten Vernunft sollte eine neue Rationalität handelnder Subjekte entstehen.

Was waren die Mittel, die Marx zur Verfügung standen, eine ,neue Wissenschaft' zu begründen, eine Wissenschaft, die fähig wäre, die determinierenden Strukturen der Wirklichkeit zu entdecken? Sehen wir, wie die Marxsche Theorie ,arbeitet', blicken wir Marx in seinem Laboratorium[18] über die Schulter. Die hier interessierenden Fragen sind: Was sind die Gründe dafür, daß Marx seine Theorie anders versteht als diese tatsächlich am Werk ist? Wie kommt es, daß sich Hypothesen in Fakten und Präskriptionen in Beschreibungen verkleiden?

Der junge Marx fordert eine „Selbstverständigung (kritische Philosophie) der Zeit über ihre Kämpfe und Wünsche. [...] Es handelt sich um eine *Beichte*, um weiter nichts. Um sich ihre Sünden vergeben zu lassen, braucht die Menschheit sie nur für das zu erklären was sie sind."[19] Es sei „der Vorzug der neuen Richtung", so Marx, „dass wir nicht dogmatisch die Welt anticipieren, sondern erst aus der Kritik der alten Welt die neue finden wollen. [...] Die Philosophie hat sich verweltlicht. [...] Es hindert uns also nichts, unsre Kritik an die Kritik der Politik, an die Parteinahme in der Politik, also an *wirkliche* Kämpfe anzuknüpfen und mit ihnen zu identifizieren."[20] Das hier angedeutete Konzept ,empirischer Tatsachen'[21] wird mit *Die deutsche Ideologie* (1845/46) übermächtig. Marx lehnt sich an den Zeitgeist an. Der Materialismus der *Deutschen Ideologie* drückt sich in dem Satz aus: „Ganz im Gegensatz zur deutschen Philosophie, welche vom Himmel auf die Erde herabsteigt, wird hier von der Erde zum Himmel gestiegen". Es geht um die „empirisch konstatierbaren" *Tatsachen*, bei denen „die wirkliche, positive Wissenschaft" beginnt; die „selbständige Philosophie verliert mit der Darstellung der Wirklichkeit ihr Existenzmedium".[22] Doch die theoretische Praxis von ,wissenschaftlichen Kommu

---

17 In der Auseinandersetzung mit Lassalle wird deutlich, daß Marx den Begriff der Kritik dem Projekt direkt entgegensetzt, „die politische Ökonomie hegelsch vorzutragen" (Marx an Engels, 1. 2. 1858, MEW 29, S. 275. Hervorh. von mir.)
18 Vgl. Guerraggio/Vidoni 1982.
19 MEGA2 III/1, S. 57.
20 Ebd., S. 55 f.
21 Vgl. Tagliagambe 1983.
22 MEW 3, S. 26 ff.

nisten' wie Marx entwickelt sich nicht ohne innere Widersprüche zwischen den Erfordernissen der Empirie und der indentierten dialektischen Methode. Mit der Orientierung am Ideal der positiven Wissenschaft scheint sich bei Marx die Ablösung vom Hegelschen Denkstil und damit von der dialektischen Methode vollzogen zu haben. Philologische Befunde sprechen zunächst für diese Annahme.

Die ‚dialektische Methode', die sich Marx zuschreibt, versteht sich – wie er betont – nicht nur im Unterschied zur Hegelschen, sondern als deren ‚*direktes* Gegenteil'. Was es heißt, *direktes* Gegenteil zu sein, läßt sich nicht mehr im Hegelschen Konzept ‚Aufhebung' verstehen. Das ‚direkte Gegenteil' kann nur erreicht werden durch die Rückkehr zu einer *realistischen Ontologie* als Grundlage der empirischen Methode. Wie vertragen sich Empirie (als Methode) und Dialektik (als Darstellungsform)?

Marx eliminiert in der 2. Auflage des *Kapital* 1872 und in allen weiteren Auflagen und Übersetzungen gerade den Begriff ‚Dialektik', den er in der 1. Auflage noch verwendet hat. [23] Entsprechend sind nun im überarbeiteten 1. Kapitel die in ‚Ware und Geld' 1867 vorhandenen Fußnoten zu Hegel getilgt. Für Marx wird ein anderer Denker maßgeblich, derjenige, „der die Wertform, wie so viele Denkformen, Gesellschaftsformen und Naturformen zuerst analysirt hat. Es ist dieß *Aristoteles.*" [24] Der Name ist Programm, und das Programm lautet: Die Empirie positiver Wissenschaft würde sich im Besonderen der Erscheinungen verlieren, hätte sie ihr Fundament nicht in einer realistischen *Ontologie der Substanz*; Aristoteles ist der Stammvater dieser Ontologie und der mit ihr verbundenen Adäquationstheorie der Wahrheit: Die *Begriffe* der empirischen Wissenschaft *entsprechen* dem Realen und Substanziellen. Empirie soll die Übereinstimmung des theoretischen Denkens mit dem Gegenstand ‚Gesellschaft' verbürgen; die Gegenstände selbst sollen *sich* in der Theorie repräsentieren. Die Wahrheit der Theorie soll von ‚idealistischen' bzw., wie Marx sagt, ‚ideologischen' Interpretationen unabhängig sein; deshalb muß ‚das Wirkliche' in seiner bewußtseinsunabhängigen Objektivität und als *kausales* Antezedens von Empirie bestimmt werden. In dieser Perspektive wird verständlich, daß und warum Marx Mitte des 19. Jahr-

23 Es muß erstaunen, daß sich in den ansonsten präzisen Änderungsverzeichnissen, die Marx angelegt hat, gerade hierzu nichts findet.
24 MEGA2 II/6, S. 91. Hervorh. von mir. Vgl. Vadée 1992 und McCarthy 1990, 1992.

hunderts die Idee der Substanz durch die *Natur*wissenschaften[25] repräsentiert sieht.

Im *Nachwort* von 1873 räumt Marx ein, die „im ‚Kapital' angewandte Methode" sei „wenig verstanden worden". „Die deutschen Recensenten schreien natürlich über Hegel'sche Sophistik." Er betont dagegen, seine Theorie sei „realistisch". Er weiß sein Anliegen in einer russischen Rezension gut vertreten; aus *dieser* Besprechung zitiert er: „Marx betrachtet die gesellschaftliche Bewegung als einen *naturgeschichtlichen* Proceß [...] Mit einem Wort, das ökonomische Leben bietet uns eine der Entwicklungsgeschichte auf *andren Gebieten der Biologie analoge* Erscheinung".[26] Marx quittiert diese ganz offensichtlich nicht auf Hegel verweisende, sondern naturalistische Lektüre lakonisch mit den Worten: „was anderes hat er geschildert als die dialektische Methode?" Die Ironie in Marx' Rekurs auf Hegel ist nicht zu übersehen: „Ich bekannte mich [...] offen als Schüler jenes großen Denkers, *und kokettirte sogar hier und da im Kapitel über die Werttheorie mit der ihm eigenthümlichen Ausdrucksweise.*"[27] Dies ist der Kontext der deutlichen Distanzierung: „Meine dialektische Methode ist der Grundlage nach von der Hegelschen nicht nur verschieden, sondern ihr direktes Gegenteil."[28]

Gerade zum Problem der Dialektik bieten Vorarbeiten zum *Kapital*, so *Zur Kritik der politischen Ökonomie. Erstes Heft* [1859] oder die *Ökonomische[n] Manuskripte 1863-1867*, Interessantes. Das Wort oder gar der Begriff ‚Dialektik' bzw. ‚dialektisch' ist in *Zur Kritik der politischen Ökonomie* nicht zu finden; selbst noch die einzige im *Urtext* anzutreffende kritische Anspielung – „wie die dialektische Form der Darstellung nur richtig ist, wenn sie ihre Grenzen kennt"[29] – ist in der publizierten Schrift getilgt.

8.3 Auf der Suche nach der verlorenen Wirklichkeit: Empirie statt Spekulation

Marx versteht sich als Wissenschaftler, nicht als Philosoph. Es kann deshalb nicht überraschen, daß er sowohl das methodologische Ideal

---

25 MEGA2 II/5, S. 12.
26 MEGA2 II/6, S. 704-708. Hervorh. von mir.
27 MEGA2 II/6, S. 709. Hervorh. von mir.
28 Ebd.
29 Ebd., S. 91.

wissenschaftlicher Objektivität als auch die realistische ontologische Grundlage seines Materialismus dort sucht und findet, wo sie zu seiner Zeit bereits in elaborierter Form vorliegen: *in den Naturwissenschaften*. Er will den Übergang von der Hegelschen *Logik der Idee* zur empirischen *Logik der Tatsachen*. Er sieht sich angespornt durch die offensichtlichen Entdeckungserfolge sich etablierender Wissenschaften, vor allem der Physiologie, Physik, Geologie und Biologie. *Was* freilich als ‚Tatsache' verstanden und *wie* aus singulären ‚Tatsachen' allgemeine *Gesetze* des gesellschaftlichen Lebens abgeleitet werden sollen, ist bei Marx im Unterschied zur zeitgenössischen englischen Debatte über Methodenprobleme in der Nationalökonomie kein Thema einer Methodenkritik.[30] Marx studiert z.B. J. S. Mill, aber er liest und kritisiert ihn nur als Ökonomen; die Wissenschaftslogik von Mill, diese Selbstkritik der induktiven Methode, nimmt er nicht zur Kenntnis. Dies hat Folgen.

Die *Erklärung* des geschichtlichen Lebens soll von Konstruktionen a priori entlastet werden. An die Stelle des Fortschritts, dessen Notwendigkeit bei Hegel vom Absoluten verbürgt schien, tritt die Hypothese der Aktivität der Menschen, die ihre *Geschichte machen*. Aber wer sind diese Menschen? Die tatsächlichen Menschen? Marx ist kein naiver Philanthrop. Er begründet diese materialistische Hypothese durch eine eine Analogie zur *Natur*. Es geht darum, daß die ‚materielle' Produktion und Reproduktion des Lebens eine mit der Naturgeschichte *strukturell* gleiche Objektivität und Notwendigkeit haben soll. Aus genau diesem Punkt ergibt sich, daß Marxsche Theorie der Revolution *empirisch unterdeterminiert* ist. Marx bedient sich einer Kombinatorik unterschiedlicher Ideen und Modelle, die in sich widersprüchlich ist. Zwei Formen wissenschaftlicher Rationalität konkurrieren und koexistieren: Es verbindet sich bei ihm eine *kausale Erklärung* der gesellschaftlichen Wirklichkeit mit einer *teleologischen Philosophie*: die neue bessere Welt *soll* möglich sein, weil sie gesetzmäßig notwendig *ist*. Oder umgekehrt: Seine Geschichtsphilosophie verbindet sich mit dem Ideal exakter empirischer Wissenschaft, die ihrerseits nicht ohne Geschichtsphilosophie auskommt.

Marx nähert sich in dem Maße, wie er sich von Hegel entfernt, in epistemologischer Hinsicht einer einfachen Abbild-Theorie an, die sich auf eine naturalistische Strategie stützt, wie sie zeitgenössisch

---

30 Vgl. Wise/Smith 1989/90 und Han 1995.

noch gängig ist. Man liest bei Marx Sätze wie: „Da der Denkprozeß selbst aus den Verhältnissen herauswächst, selbst ein *Naturprozeß* ist, so kann das wirklich begreifende Denken immer nur dasselbe sein."[31] Naturalisierung und die Reduktion des ‚Geistes' gehören zu seinen Antworten auf die *quest for certainty.*

Damit ist Marx dem physiologischen Materialismus seiner Zeit[32] weit näher, als er weiß und es ihm lieb sein kann. Dieser Materialismus war nicht nur als antispekulatives Programm der Lösung epistemologischer Probleme populär, sondern er bildete zugleich eine Alternative auch zur radikalen sozialistischen Strategie der Veränderung der Gesellschaft. Ein für diese Strömung typischer Satz findet sich in 1852 in der Schrift *Der Kreislauf des Lebens. Physiologische Antworten auf Liebig's Chemische Briefe* von J. Moleschott: „Die Naturforscher sind die tätigsten Bearbeiter der sozialen Frage [...] Ihre Lösung liegt in der Hand des Naturforschers, die von der Erfahrung der Sinne mit Sicherheit geleitet wird."[33] Der physiologische Materialismus folgt dem traditionellen Sensualismus; Moleschott verteidigt den von Cabanis übernommenen Satz, „daß die Gedanken in demselben Verhältnis etwa zu dem Gehirn stehen wie die Galle zu der Leber oder der Urin zu den Nieren", und schreibt: „Der Vergleich ist unangreifbar [...]: Das Hirn ist zur Erzeugung der Gedanken ebenso unerläßlich wie die Leber zur Bereitung der Galle."[34] Vor allem L. Büchner hat diese Denkweise in seinem Hauptwerk *Kraft und Stoff. Empirisch-naturwissenschaftliche Studien. In allgemein-verständlicher Darstellung* (1855) vertieft. Seine zentrale These, die er als Resultat „empirisch-philosophischer Naturbetrachtung" versteht, lautet, „daß das makroskopische wie das mikroskopische Dasein in allen Punkten seines Entstehens, Lebens und Vergehens nur *mechanischen* Gesetzen gehorcht". Wegen der „Identität der Natur- und Vernunftgesetze", aus der er die „Grundgleichheit des Erkenntnisvermögens im ganzen Weltall"[35] folgert, fordert Büchner, „daß die Naturwissenschaften die Basis jeder auf Exaktheit Anspruch machenden Philosophie abgeben müssen".[36] Auf dieser Grundlage

---

31   Marx an Kugelmann, 11. 7. 1868. In: MEW 32, S. 553.
32   Zur Geschichte des Materialismus in Deutschland vgl. Gregory 1977, Wittkau-Horgby 1998.
33   Moleschott, in: Wittich 1971, Bd. 1, S. 322.
34   Ebd., S. 284.
35   Ebd., S. 380 f.
36   Ebd., Bd. 2, S. 348 f.

konzipiert er die Prinzipien der, wie er sagt, „materialistischen Weltanschauung".[37]

Auch als 30 Jahre später erstmals von Joseph Dietzgen 1888 in *Streifzüge eines Sozialisten in das Gebiet der Erkenntnistheorie* der Name ‚dialektischer Materialismus' eingeführt wird, ist die Differenz zum mechanischen physologischen Materialismus weit kleiner als die marxistische Historiographie es hat einräumen wollen. Auch Dietzgen, der die „*Erkenntnistheorie* [als] eine eminent sozialistische Angelegenheit"[38] propagiert, ist ein Sensualist. Wenn er den modernen Sozialismus als „*wissenschaftlich*" definiert, so ist sein Kriterium, daß dieser „wie die Naturwissenschaft" seine „Thesen nicht aus dem Kopfe zieht, sondern aus der sinnlichen Beobachtung der materiellen Wirklichkeit". Das sensualistische Programm tritt mit dem Anspruch an, das Ende aller philosophischen Spekulation einzuläuten: „Auflösung der Spekulation, Schluß der Philosophie heißt, der *induktiven* Methode die absolute, die Alleinherrschaft in den gesamten Wissenschaften übermachen". Auffällig ist, wie Dietzgen in diesem Kontext Marx versteht: „Marx, der Wortführer des wissenschaftlichen Sozialismus, erringt [...] die herrlichsten Erfolge, indem er das logische Naturgesetz, die Erkenntnis von der absoluten Gültigkeit der Induktion auf Disziplinen anwendet, die bisher nur spekulativ mißhandelt wurden."[39]

Zurück zu Marx. Dieser widmet sich von 1851 bis 1883 der Lektüre naturwissenschaftlicher Werke, zunächst vorrangig der Agrikulturchemie und Geologie, dann verstärkt der Physiologie, Biologie, Physik und Chemie. Der Umfang der von ihm gelesenen, annotierten und teilweise auch exzerpierten Texte beträgt annähernd 10.000 Seiten im Format der MEGA[2].[40] Es handelt sich um keine Nebensache; um so bemerkenswerter ist es, daß die Marx-Forschung dieses Thema noch kaum entdeckt hat. Die Marxsche Orientierung an Methoden der Naturwissenschaften und die Verwendung von deren Terminologie gewinnt im dritten Entwurf des *Kapital*, also etwa ab dem Jahr 1863, immer mehr an Einfluß. Was Marx so erreicht, sind keineswegs nur empirische Daten zur Lösung von Detailproblemen seiner politischen Ökonomie. In der Abkehr von der spekulativen Philosophie findet er vielmehr zu dem, was L. Althusser als *spontane Wissenschaftlerphilo-*

37 Ebd., S. 511 ff.
38 Dietzgen 1930, S. 306.
39 Ebd., S. 229.
40 Zu näheren Informationen vgl. Griese/Sandkühler 1997.

sophie beschrieben hat. Bei Marx handelt es sich um eine spontane *realistische* Ontologie der Wissenschaft. Das Resultat sind Parameter der Wissenschaftlichkeit der ökonomischen Theorie sowie methodologische Regeln für das Verfahren seiner historisch-ökonomischen kategorialen Konstruktion.[41]

Marx vergleicht die „Menschengeschichte" mit der „Paläontologie"[42]; für seine Arbeiten zur Grundrente macht er sich z.B. mit der Agrikulturchemie Justus von Liebigs vertraut; er erklärt, „die neue Agrikulturchemie in Deutschland, speziell Liebig und Schönbein", sei „wichtiger [...] als alle Ökonomen zusammen".[43] Bei Marx wird nun eine offensichtliche Ambiguität von Kritik und Affirmation naturwissenschaftlicher Analogien sichtbar. So bemängelt er einerseits die „historisch-materialistisch-naturwissenschaftliche Verbrämung" von Careys *Principles of social science*,[44] lobt aber Darwins 1859 erschienenes Hauptwerk über die Entstehung der Arten, das er umgehend zur Kenntnis nimmt: „Sehr bedeutend ist Darwins Schrift und paßt mir als naturwissenschaftliche Unterlage des geschichtlichen Klassenkampfes."[45] Geradezu mit Selbstverständlichkeit bescheinigt Marx den Physiokraten, die er ansonsten kritisiert, das große Verdienst, ökonomische Formen als „physiologische Formen der Gesellschaft auf[zu]fassen"; er fährt fort: „als aus der Naturnotwendigkeit der Produktion selbst hervorgehende Formen, die vom Willen, Politik u.s.w. unabhängig sind. Es sind materielle Gesetze."[46]

Hier erhält man einen Schlüssel zum Verständnis der terminologischen Anleihen der ökonomischen Theorie bei den Naturwissenschaften; man versteht Begriffe wie ‚Kraft', ‚Zelle' und ‚Organismus' in neuer Perspektive. Gewiß, Marx wollte keine einfache Übertragung naturwissenschaftlicher Begriffe in die Gesellschaftstheorie; man kann ihn mit Leszek Nowak als einen ‚*methodologischen* Naturalisten' bezeichnen.[47]

Die Frage, warum Marx eine so intime Nähe zu Methoden sucht, die er *per analogiam* in den modernen Naturwissenschaften finden zu können glaubt, ist damit noch nicht beantwortet. Es ist nicht zu überse-

41   Vgl. Vidoni 1986, S. 466.
42   MEW 32, S. 51.
43   In einem Brief an Engels vom 13. 2. 1866.
44   Vgl. Ex libris K. Marx und Fr. Engels, Berlin 1967, Nr. 78.
45   Marx an F. Lassalle, 16.1.1861. MEW 30, S. 578; vgl. Vidoni 1985.
46   MEGA2 II/3.2, S. 338.
47   Vgl. Nowak 1980, S. 44 ff.

hen, daß er in seiner politischen Ökonomie eine Analyse der gesellschaftlichen Genesis und der Funktion der Naturwissenschaften liefert,
in deren Perspektive sich diese Nähe eigentlich verbieten müßte. Man
kann den Eindruck gewinnen, daß Marx eine strikte Trennung zwischen der sozialen Genesis der Naturwissenschaften und der von dieser Funktion unabhängigen, neutralen Geltung ihrer Methoden vor-
nimmt.

In den ausführlichsten Studien seines Gesamtwerkes zu ‚Maschine-
rie. Anwendung von Naturkräften und Wissenschaft', wie sie in den
Manuskripten von 1861-1863 vorliegen[48], hat Marx seine Kritik der
Bedingungen und Wirkungen der Wissenschaft im Kapitalismus for-
muiert:

„Die Anwendung der natural agents – gewissermaßen ihre Einverleibung ins
Capital – fällt zusammen mit der Entwicklung der Wissenschaft als eines selbständigen Factors des Productionsprocesses. Wie der Productionsproceß zur
Anwendung der Wissenschaft, wird umgekehrt die Wissenschaft zu einem
Factor, so zu sagen zu einer Function des Productionsprocesses. Jede Entdekkung wird Basis neuer Erfindung oder neuer verbesserter Methoden der Production. Erst die capitalistische Productionsweise macht die Naturwissenschaften dem unmittelbaren Productionsproceß dienstbar, während umgekehrt die
Entwicklung der Production die Mittel zur theoretischen Unterwerfung der Natur liefert. [...] Exploitation der Wissenschaft, des theoretischen Fortschritts der
Menschheit. Das Capital schafft die Wissenschaft nicht, aber es exploitiert sie,
eignet sie dem Productionsproceß an. [...] Die Wissenschaft erscheint als der
Arbeit fremde, feindliche und sie beherrschende Potenz und [...] ihre Anwendung beruht ganz so auf der Trennung der geistigen Potenzen des Processes
von dem Wissen, Kenntniß und Geschick des einzelnen Arbeiters [...]. Es wird
allerdings eine kleine Klasse höhrer Arbeiter gebildet, dieß jedoch in keinem
Verhältnis zu den Massen der ‚entkenntnißten' Arbeiter. Andrerseits ist ebenso
klar zweierlei: Die Entwicklung der Naturwissenschaften selbst (und sie bilden
die Basis allen Wissens) wie alles auf den Productionsproceß bezüglichen
Wissens, entwickelt sich selbst wieder auf der Grundlage der capitalistischen
Production, die ihr zum grossen Theil erst die materiellen Mittel der Forschung, Beobachtung, Experimentierung schafft."[49]

Marx beschränkt sich also nicht auf die Beschreibung der Entwicklung
der Wissenschaft. Sein Interesse gilt der Analyse der ‚Exploitation des
theoretischen Fortschritts der Menschheit' und einer *politisch-ökono-
mischen Kritik* jener Verhältnisse, unter denen die Wissenschaft Men-

48 MEGA2 II/3.1, S. 292-328; II/3.6, S. 2060 ff.
49 MEGA2 II/3.6, S. 2060 ff.

schen ,entkenntnißt'.[50] Zu einer *epistemologischen Kritik* aber kommt es nicht.

8.4   Das Dilemma der substanzontologischen ,Dialektik'

Im Marxschen Denken gibt es einen *Konflikt der Traditionen und der Rezeptionen.* Wir finden die *Utopie* als philosophische Konstruktion der Geschichte und die ihr entsprechende *Normativität* und wir beobachten eine *Wissenschaft* auf dem Wege zu empirischen Standards der Beobachtung, der Analyse und der Erklärung. Dementsprechend sind die Muster der Marxschen Argumentation nicht einfach aufzudecken. Die Naturalisierung des Gesellschaftlichen, die im Konzept der Gesellschaft vorherrscht, die wie ein ,Naturprozeß' erforscht werden soll, ist die eine Seite der Medaille. Die andere ist die explizite Kritik daran, daß – wie es in den *Ökonomischen Manuskripten* von 1858/59 heißt – „*bürgerliche* Verhältnisse als unumstößliche Naturgesetze der Gesellschaft in abstracto untergeschoben werden".[51] Die *empirische* Grundtendenz, die Marx mit dem Positivismus seiner Zeit teilt, verlangt nach ,Gesetzen' und nach *kausaler* Erklärung; die empirisch unterdeterminierte gegenläufige *spekulative* Theorie der Geschichte und der Gesellschaft verlangt nach einer *teleologischer* Sicherung der Idee des ,revolutionären Subjekts'. Es gibt, so die Analyse G.H. von Wrights, bei Marx eine „Ambivalenz zwischen einerseits einer ,kausalistischen', ,szientistischen' und andererseits einer ,hermeneutisch-dialektischen', ,teleologischen' Orientierung"; sein Denken ist „zu einem gewissen Maß durch den damals sowohl in der Wissenschaft als auch in der Wissenschaftstheorie (dem Positivismus) vorherrschenden ,Galileismus' gehemmt und verzerrt".[52] Es kommt bei Marx immer wieder zu einer *Inversion der Begründungen*: Das Teleologische schlüpft in die Kleider des Kausalismus und das Kausale in jene der Teleologie; das ,Gesetz' *soll* eine Entwicklung hin zum Kommunismus verbürgen; denn das ,revolutionäre Subjekt' *ist* nicht so, wie es sein müßte, um das Gesetz zu repräsentieren. *Die empirische Unterdeterminierung der Theorie und die ontologische Überdeterminierung der Empirie sind zwei Seiten einer Medaille.*

50 Zur Kritik der sozialen Funktionen der Wissenschaft und zu den Marxschen Perspektiven einer neuen Rolle der Wissenschaften vgl. MEW 12, S. 4.
51 MEGA2, II/1.1, S. 24.
52 Von Wright 1991, S. 21.

Zum Beleg für diese These verweise ich auf ein für Marx wichtiges und im ganzen späteren Marxismus folgenreiches Theorem. Es geht um das kategoriale Schema der *Negation der Negation*. Marx' Formulierungen im *Kapital* sind eher vorsichtig; doch sie sprengen in ihrer Normativität an entscheidender Stelle den analytischen Rahmen, in dem sich dieses Werk bewegen will. In der 1. Auflage von 1867 heißt es im 6. Kapitel im Kontext der Analyse der ‚sogenannten ursprünglichen Akkumulation': „Mit der beständig abnehmenden Zahl der Kapitalmagnaten [...] wächst die Masse des Elends [...], aber auch die Empörung der stets anschwellenden und durch den Mechanismus des kapitalistischen Produktionsprozesses selbst geschulten, vereinten und organisirten Arbeiterklasse. [...] *Die Expropriateurs werden expropriirt.*"

Was hier in einem deskriptiven Ton formuliert ist, ist tatsächlich eine *Prognose*; sie ist nicht empirisch begründet[53], sondern eine normative Konstruktion. Sie hat ihre Geltung aus einem *geschichtsphilosophischen* Theorem begründet; dieses Theorem hat Marx aus einer Tieferlegung der Begründungsebene durch die These *naturgeschichtlicher Kausalität* gewonnen: „Die kapitalistische Produktions- und Aneignungsweise, daher das *kapitalistische Privateigenthum*, ist die *erste Negation des individuellen, auf eigne Arbeit gegründeten Privateigenthums*. Die Negation der kapitalistischen Produktion wird durch sie selbst, mit der Nothwendigkeit eines Naturprozesses, producirt. Es ist *Negation der Negation*."[54] Eine Variante dieser Aussage lautet: „Die kapitalistische Produktion erzeugt *mit der Notwendigkeit eines Naturprozesses* ihre eigne Negation."[55]

Friedrich Engels, der hier als von Marx akzeptierter Zeuge gehört werden kann, hat unmittelbar nach dem Erscheinen des 1. Bandes des *Kapital* den Eindruck verstärkt, Marx habe „die ökonomischen Verhältnisse in einer ganz neuen, *materialistischen* [...] Methode" behandelt. Um welche neue materialistische Methode geht es? Der genaue Wortlaut bei Engels ist aufschlußreich: „in einer ganz neuen, *materialistischen, naturhistorischen* Methode". [56] Engels wollte mit der syn-

---

53 Zur Frage, wie sich im Marxschen Denken Hegels Konzept der ‚realen Möglichkeit' und das Kausalitätsdenken der Wissenschaft verbinden, vgl. Vadée 1992.
54 MEGA2 II/5, S. 609.
55 Ebd. Hervorh. von mir.
56 MEW 16, S. 226. Hervorh. von mir.

onymen Verwendung von ,materialistisch' und ,naturhistorisch' zeigen, daß Marx' Sätze „streng wissenschaftliche Deduktionen"[57] seien.

Sowohl Zeitgenossen als auch spätere Marxisten sind Engels in diesem Verständnis gefolgt. Ganz selbstverständlich geht z.B. Marx' Weggefährte Louis Kugelmann davon aus, daß die Kritik der politischen Ökonomie sich auf „dieselbe Methode" stütze wie etwa Virchow in der medizinischen Zellularpathologie; Kugelmann schreibt dies 1868 an Virchow und informiert wiederum Marx mit den Worten, das gerade erschienene Werk *Das Kapital* könne man „die Zellularpathologie der bürgerlichen Gesellschaft nennen".[58] Unter den politischen und theoretischen Erben ist es vor allem Karl Kautsky, der „die Zusammenfassung von *Naturwissenschaft* und *Geisteswissenschaft*" als die wesentliche Marxsche Leistung würdigt. Kautsky, der sich stark vom Darwinismus inspirieren läßt, übersetzt die Marxsche Analogie in eine *ontologische* Identität von ,Gesellschaft' und ,Naturprozeß', wenn er schreibt: „Für Marx [...] war der Klassenkampf nur eine besondere Form des allgemeinen Entwicklungsgesetzes der Natur."[59]

Ohne der Tradition folgen zu wollen, in der man Marx und Engels wie Zwillinge behandelt und deshalb von ,Marx/Bindestrich/Engels' gesprochen hat, lohnt es sich doch, hier einen Blick auf Engels zu werfen, der noch stärker als Marx einen epistemologischen Naturalismus favorisiert hat. Dies zeigt sich etwa an der Formulierung der sogenannten ,Grundfrage der Philosophie', die Engels in seinem *Ludwig Feuerbach* gegeben hat. Sie steht im Kontext seines Plädoyers für eine *realistische Weltanschauung*; die Argumentation ist vor allem in der aus drei Kapiteln des *Antidühring* erarbeiteten, 1880 auf Französisch in der sozialistischen *La Revue socialiste* und 1883 auf Deutsch veröffentlichten Schrift *Die Entwicklung des Sozialismus von der Utopie zur Wissenschaft* gut erkennbar.

Im Bemühen, den ,wissenschaftlichen Sozialismus' in Frankreich zu verbreiten, will Engels die Prognose begründen, daß die bürgerliche Gesellschaft aufgrund der ihr *immanenten* Widersprüche zur proletarischen Revolution führe; es geht um den „geschichtlichen Beruf des modernen Proletariats".[60] Es kommt für Engels darauf an, die neue Weltanschauung durch eine empirische Geschichtsdarstellung gegen

57   Ebd., S. 365.
58   Zitiert nach Hundt 1974, S. 255 f.
59   Kautsky 1933, S. 4 und 10.
60   MEW 21, S. 228.

‚idealistische' Spekulation zu sichern, d.h. „auf einen realen Boden" zu stellen.

In diesem Kontext erweist sich für Engels die „große Grundfrage aller, speziell neuerer Philosophie" – „die nach dem Verhältnis von Denken und Sein" – als Resultat der *historischen* Feststellung, daß die Menschen schon früh „auf die Vorstellung kamen, ihr Denken und Empfinden sei nicht eine Tätigkeit ihres Körpers, sondern einer besonderen [...] Seele":[61] Im Zentrum der Argumentation steht die Frage: Was ist das Ursprüngliche, der Geist oder die Natur? Engels formuliert die ‚Grundfrage' so: „Wie verhalten sich unsre Gedanken über die uns umgebende Welt zu dieser Welt selbst? Ist unser Denken imstande, die wirkliche Welt zu erkennen, vermögen wir in unsern Vorstellungen und Begriffen von der wirklichen Welt ein richtiges Spiegelbild der Wirklichkeit zu erzeugen?"

Die Schrift, in der die impliziten Prämissen des ‚dialektischen Materialismus besonders deutlich zu Tage treten, hat Engels 1876 bis 1878 verfaßt und zunächst als Artikelserie im sozialdemokratischen *Vorwärts*, dann 1878 als Buch veröffentlicht – die Polemik *Herrn Eugen Dühring's Umwälzung der Wissenschaft* (*Anti-Dühring*). Er hat sie 1885 als „mehr oder minder zusammenhängende Darstellung der von Marx und mir vertretnen dialektischen Methode und kommunistischen Weltanschauung" bezeichnet.[62] Auffällig spricht er von „einer vollständigen mathematischen und naturwissenschaftlichen ‚Mauserung'", die er durchgemacht habe.[63] Was ist damit gemeint? Engels hat sich davon „überzeugen [können] – woran im allgemeinen kein Zweifel für mich war –, daß in der Natur dieselben dialektischen Bewegungsgesetze im Gewirr der zahlreichen Veränderungen sich durchsetzen, die auch in der Geschichte die scheinbare Zufälligkeit der Ereignisse beherrschen; dieselben Gesetze, die, ebenfalls in der Entwicklungsgeschichte des menschlichen Denkens den durchlaufenden Faden bildend, allmählich den denkenden Menschen zum Bewußtsein kommen".[64]

Die für Engels fraglose Tatsache, „daß Bewußtsein und Natur, Denken und Sein, Denkgesetze und Naturgesetze zusammenstimmen",

---

61 Ebd., S. 274.
62 Ebd., S. 8.
63 Ebd., S. 11.
64 Ebd.

wird nicht in der Tradition philosophischer Begrifflichkeit, sondern in der des *physiologischen* Materialismus erklärt:

„Fragt man aber weiter, was denn Denken und Bewußtsein sind und woher sie stammen, so findet man, daß es Produkte des menschlichen Hirns und daß der Mensch selbst ein Naturprodukt, das sich in und mit seiner Umgebung entwikkelt hat; wobei es sich dann von selbst versteht, daß die Erzeugnisse des menschlichen Hirns, die in letzter Instanz ja auch Naturprodukte sind, dem übrigen Naturzusammenhang nicht widersprechen, sondern entsprechen".[65] Die ontologische Prämisse dieser These lautet: Die „wirkliche Einheit der Welt besteht in ihrer Materialität".[66]

Beenden wir diesen kurzen Exkurs mit Engels' theoretischer Bilanz: „Die Dialektik, die sogenannte objektive, herrscht in der ganzen Natur und die s.g. subjektive Dialektik, das dialektische Denken, ist nur der Reflex der in der Natur sich überall geltend machenden Bewegung in Gegensätzen".[67]

Gibt es also gute Gründe für die Annahme eines Paradigmenwechsel von der Hegelschen Dialektik zur positiven Wissenschaft? Marx verfolgt eindeutig eine Spur, und zwar die der Kritik der Spekulation und der Empirisierung der Analyse der Wirklichkeit. Er läßt sich – wie auch Engels und andere Theoretiker des Sozialismus – von den Naturwissenschaften faszinieren und fordert etwas, was man ein Baconisches Projekt nennen könnte. Trotz seiner kritischen Analysen der Funktion der Naturwissenschaften im Kapitalismus *spricht* er in Termini der Physik, der Physiologie und der Biologie; unter der Oberfläche bleibt die von seinem Freund Engels behauptete neue *‚materialistische naturhistorische Methode'* letztlich doch eine *Meta*-Physik der Geschichte. Die Achillesferse der Marxschen naturalisierten Geschichtstheorie wird sichtbar: die teleologische Konstruktion der geschichtlichen Formationen, aus der die Hoffnung genährt, ja sogar das Versprechen abgeleitet wird, nach dem absehbaren Ende der ‚Vorgeschichte' werde eine Revolution eine bessere Zukunft eröffnen.

Marx will die Beziehungen zwischen dem Handeln der Menschen und jenen verselbständigten Strukturen *erklären*, in denen das Handeln nicht mehr den Handelnden zugerechnet werden kann, weil sie in der kapitalistischen Ökonomie zu Charaktermasken deformiert sind. Was ist dann das Motiv dafür, daß der in der Selbsteinschätzung ganz neu-

65 Ebd., S. 33.
66 Ebd., S. 41.
67 Ebd., S. 48.

artige *historische* Materialismus sich in solchem Maße einer naturalistischen Begrifflichkeit anvertraut? Um in einer Zeit, in der es Gesellschafts*wissenschaften* noch nicht gibt, eine Methode der Erklärung zu gewinnen, muß er einen Ausweg finden. Er nimmt Zuflucht zu *Metaphern* und *strukturellen Analogien* aus der Naturwissenschaft; sie scheinen das zu verbürgen, was von der spekulativen Gesellschaftsphilosophie nicht mehr zu erwarten ist – *Referenz* im Sinne eines direkten empirischen Bezugs zur Realität und *Nomologie*. Doch damit ist nicht mehr zu gewinnen als eine geliehene Plausibilität und so etwas wie ein hermeneutisches *Verstehen*.[68] So entsteht zunächst nicht mehr als eine *Norm* zur Begründung einer neuen Wissenschaft.

Bei dem, was bei Marx als gesicherte *Prognose* auftritt, handelt es sich oft um Sätze ,im Glauben' und ,mit dem Wunsch' (*belief and desire sentences*); sie gründen in einer *präskriptiven* Einstellung. Was Marx unterläuft, ist nicht nur in seiner Zeit eher die Regel als die Ausnahme: Die gesellschaftstheoretische Instrumentalisierung von ,Natur' verführt dazu – nicht nur bei Marx. Ein Argument für ein Ende der wissenschaftlichen Befassung mit Marx ergibt sich so nicht. Seine theoretischen und praktischen Motive und Absichten sind völlig andere als die Comtes; die Begründungsmuster aber sind sich sehr ähnlich. Bei Marx hat der Denkansatz, die Gesellschaft als Naturprozeß zu verstehen, behindert, ja auch verhindert, was zumindest *auch* Aufgabe und Ziel der Gesellschaftswissenschaft ist: eine Theorie des Politischen, d.h. eine Theorie subjektiver Aktivität. Marx hat gezeigt, daß und warum gesellschaftliche Prozesse als Naturprozesse *erscheinen*. Zu zeigen, warum sie es *nicht sind*, ist ihm nicht gelungen.[69] Die geradezu zwangsläufige Unterbewertung der Rolle des Rechts und des Staates für gesellschaftliche Veränderungen haben hierin ihre Ursachen. Ob Marx die Schwierigkeiten, mit denen er sich konfrontiert gesehen hat, hätte meistern können, wenn er begriffen hätte, daß sein Bild der Naturwissenschaften in wissenschaftstheoretischer und methodologischer Hinsicht schon anachronistisch war, ist eine wissenschaftshistorische Spekulation. Daß er nicht auf dem Niveau der Diskussionen war, die in den Naturwissenschaften geführt wurden, ist ei-

---

68 Vgl. Torrance 1995, S. 57 f.
69 In Sandkühler 1978 habe ich dies ganz anders gesehen; im Rückblick erkenne ich das apologetische Interesse, Marx und den Marxismus von diesem Makel freizusprechen.

ne Tatsache. Dies belegen die kritischen Debatten in der Physiologie und in der Physik seiner Zeit.

9. Physiologie und Philosophie – Naturwissenschaften und das Bedürfnis nach Epistemologie im 19. Jahrhundert

Die Ablösung der sich als ‚positiv' deklarierenden Wissenschaften von der Philosophie erfüllt im 19. Jahrhundert den Autonomieanspruch einer immer größer werdenden *scientific community*, die der philosophischen Spekulation eine Absage erteilt und sich der Empirie zuwendet.[1] Auch die Medizin, die in der Romantik eine spekulative Orientierung hatte, wird auf naturwissenschaftlicher Grundlage neu begründet. Zugleich verliert die Philosophie ihre Nähe zu den Wissenschaften. Diese Feststellungen sind richtig, doch sie sagen nur die halbe Wahrheit. Denn nach einer Phase beiderseitiger Entfremdung sind bald neue Formen und Prozesse von Interaktionen zwischen der Philosophie und den Wissenschaften zu beobachten, vor allem mit den Naturwissenschaften. Zunächst sind es diese Wissenschaften, die eine neue Nähe zur Philosophie suchen, bevor man sich auch in der Philosophie auf die notwendigen Beziehungen zu den Wissenschaften besinnt.[2] Denn die seit dem Zusammenbruch der spekulativen Systeme des Deutschen Idealismus – man kann sagen, seit Hegels Tod im Jahre 1831 – gestörte Beziehung hat zu Krisen sowohl in der Philosophie als auch in den Wissenschaften geführt. Rudolf Haym stellt 1857 nüchtern fest, die Philosophie sei in einer Zeit, in der „die Materie lebendig geworden zu sein scheint" und die „untersten Grundlagen unseres physischen wie unseres geistigen Lebens [...] durch die Triumphe der Technik" zerstört würden, in einer Situation „*vollkommener Herrenlosigkeit, im Zustande der Auflösung und Zerrüttung*".[3]

Die Beziehung zwischen Philosophie und Wissenschaften wird aus zwei Gründen wieder lebendig: Zum einen leben Ideen der idealistischen Philosophie, mehr oder weniger untergründig, im Denken von Naturwissenschaftlern fort; zum anderen entsteht aus internen Gründen der Wissenschaftsentwicklung – es handelt sich vornehmlich um

---

1 1863 verlassen in Tübingen die Naturwissenschaftler die philosophische Fakultät und gründen die erste naturwissenschaftliche Fakultät in Deutschland.

2 Vgl. Ströker 1995, 1997.

3 Haym, 1857, S. 3 ff.

die Probleme der Induktion und der Empirie – ein erneutes Bedürfnis
nach philosophischer Theorie. Es besteht ein Bedarf an Prinzipien, wie
sie – im Gegensatz zum neueren Materialismus und Naturalismus – in
der Erkenntnistheorie, in der Logik der Wissenschaften und in der Epistemologie gefunden werden können. Besonders signifikante Beispiele
einer fruchtbaren Wechselwirkung sind die Physiologie der Sinneswahrnehmungen und die neue Geschichtstheorie in Gestalt der *Historik* Droysens. Hier soll es nicht um letztere, sondern um die Beziehungen zwischen Physiologie und Philosophie gehen.

Die Physiologie, zunächst eine anatomische Wissenschaft, befindet
sich in einem Prozeß des Übergangs vom traditionellen spekulativen
Prinzip der ‚Lebenskraft', die sich in den Erscheinungen des Lebens
der Organismen äußeren soll, zu einem physikalistischen Paradigma
der Deutung von Lebensvorgängen. Der Wegbereiter der modernen
Physiologie in Deutschland ist Johannes Müller, in seiner Bedeutung
vergleichbar mit Claude Bernard in Frankreich. Noch in Müllers
Handbuch der Physiologie des Menschen (1833/38), das den Stand der
Forschung in der ersten Hälfte des Jahrhunderts repräsentiert, spielt die
‚Lebenskraft' eine wichtige Rolle. Seine Nachfolger Emil du Bois-
Reymond und Hermann von Helmholtz plädieren aber bald für eine
naturwissenschaftlichen Kritik des Vitalismus; sie halten eine Reduktion aller Funktionen des Lebens auf Molekularbewegungen für möglich. Dieses mechanische Paradigma provoziert jedoch wiederum eine
Reaktion, die sich im Topos ‚*Grenzen der Erkenntnis in den Naturwissenschaften*' ausdrückt; er wird für das letzte Drittel des 19. Jahrhunderts charakteristisch. Repräsentativ für diesen Prozeß sind die bedeu-
tenden Physiologen Hermann von Helmholtz und Emil du Bois-Reymond. Beide sind Schüler Müllers.[4]

9.1   Johannes Müller: Physiologie auf philosophischer Grundlage

Im Zentrum von Müllers Interesse steht die Physiologie der Sinne.
Während man sich bisher den physikalischen Bedingungen der Wahrnehmung gewidmet und für das Sehen besondere Aufmerksamkeit auf
die Gesetze der Optik gerichtet hat, bemüht sich Müller um eine theoretisch gestützte Physiologie auf „philosophische[r] Grundlage"[5], die

4   Vgl. Müller 1826, Post 1905.
5   Müller 1826, S. xviii.

„philosophisch und empirisch zugleich" sein soll.[6] Er konzentriert sich auf die „Sinnlichkeit des Sehorgans"[7] und auf die *Subjektivität des Sehens*. Diese verweist auf eine tiefere Dimension, als sie von der bisherigen Auffassung der passiven Beziehung zwischen dem optischen Reiz der Wahrnehmung, der Retina als Medium und dem Bild als Produkt erfaßt worden war – auf die transformierende Aktivität und Kreativität des *Bewußtseins*, auf den *Geist*.

Eine auffällige Parallele gibt es in der Philosophie dieser Jahrzehnte. Ludwig Feuerbach zeigt sich in den 1840er Jahren besonders intensiv am Problem des Empirischen interessiert. In seinen Reflexionen zu einer „Empirie, welche auf *Kritik* beruht" fordert er anzuerkennen, „daß auch das *Sehen Denken* ist".[8] In seiner Theorie zeigt sich die neue Nähe zwischen Philosophie und Wissenschaft. Er kennt die Physiologie Müllers, den er als „modernen physiologischen Idealisten" bezeichnet.[9] Er kritisiert die empirische Naturwissenschaft als eine „bornierte, eine miserable Empirie, die sich nicht bis zum Philosophischen erhebt". Doch für nicht weniger beschränkt hält er eine Philosophie, „die nicht zur Empirie herabsteigt. Aber wie" – fährt er fort – „kommt die Philosophie zur Empirie? Dadurch, daß sie sich nur die Resultate der Empirie aneignet? Nein, nur dadurch, daß sie die *empirische Tätigkeit* auch als eine philosophische Tätigkeit anerkennt."[10]

Müller ist gewiß Realist, aber ein kritischer Realist: Es gibt die ‚äußeren Dinge', doch sie sind nicht Ursache, sondern Anlaß einer Wahrnehmung, durch die wir nicht primär auf materielle Entitäten verwiesen sind, sondern auf unsere Leiblichkeit und durch die Erfahrung der Leiblichkeit auf unser Selbstbewußtsein. Mit Bezug auf das Sehen schreibt er:

„Wir mögen uns die Mahnung gelten lassen, daß Licht, Dunkel, Farbe, Ton, Wärme, Kälte, und die verschiedenen Gerüche und Geschmäcke, mit einem Worte, was Alles uns die fünf Sinne an allgemeinen Eindrücken bieten, *nicht die Wahrheiten der äußeren Dinge, sondern die realen Qualitäten unserer Sinne sind*, daß die thierische Sensibilität allein in diesen rein subjectiven Zweigen ausgebildet ist, wodurch das Nervenmark hier nur sich selbst leuchtet, dort sich selbst riecht und schmeckt. [...] Die Wesenheit der äußeren Dinge und

---

6 Ebd., S. xviii. Vgl. Hagner/ Wahrig-Schmidt 1992.
7 Müller 1826, S. xvii.
8 Feuerbach 1990, S. 85, S. 145.
9 Feuerbach 1982, S. 179 f.
10 Feuerbach 1990, ebd.

dessen, was wir äußeres Licht nennen, kennen wir nicht, wir kennen nur die Wesenheiten unserer Sinne."[11]

9.2   Hermann von Helmholtz: Die Warnung vor blinder Empirie

Die Entwicklung theoretischer und methodologischer Probleme der Wissenschaft im 19. und 20. Jahrhundert spiegelt sich in besonderer Wiese in vielen programmatischen Vorträgen, die seit 1822 bei den Versammlungen deutscher Naturforscher und Ärzte gehalten werden. Einen wichtigen Denkanstoß, auf den sich viele später beziehen werden, gibt eine Rede, die der Physiologe, Physiker und Philosoph Hermann von Helmholtz 1869 unter dem Titel *Über die Entwicklungsgeschichte der neueren Naturwissenschaften* hält. Helmholtz will so viel an Realismus retten wie möglich und soviel an kritischer Erkenntnistheorie integrieren wie notwendig. Er besteht in seiner Rede zunächst darauf, daß ein Naturgesetz „nicht bloß ein logischer Begriff [ist], den wir uns zurecht gemacht haben als eine Art mnemotechnischen Hilfsmittels, um die Tatsachen besser zu behalten". Die Naturgesetze müssen viemehr „in den Tatsachen" *entdeckt* werden.[12] Helmholtz hält auch daran fest, daß die Physik einen Gegenstand *hat*, doch die Art und Weise, wie er diesen Gegenstand bestimmt, wird zum Symptom der ‚kritischen Wende'. Das Argument seiner Kritik an der sensualistischen Theorie der *Repräsentation als Abbildung* ist bekannt; es stammt von Müller. Das Argument ist semiotischer Art; es besagt, man könne die physiologischen Erkenntnisse nicht als Abbildung von Natur auffassen. Müller habe nämlich aufgedeckt,

„daß keinerlei Art von physikalischer Gleichheit der subjektiven Gleichheit verschieden gemischter Lichtmengen von gleicher Farbe entspricht. Es geht aus diesen und ähnlichen Tatsachen die überaus wichtige Folgerung hervor, *daß unsere Empfindungen nach ihrer Qualität nur Zeichen für die äußeren Objekte sind und durchaus nicht Abbilder von irgendwelcher Ähnlichkeit.* Ein Bild muß in irgendeiner Beziehung seinem Objekt gleichartig sein; wie zum Beispiel eine Statue mit dem abgebildeten Menschen gleiche Körperform, ein Gemälde gleiche Farbe und gleiche perspektivische Projektion hat. *Für ein Zeichen genügt es, daß es zum Erscheinen komme, so oft der zu bezeichnende*

---

11 Müller 1826, S. 49 f.
12 Vgl. Helmholtz 1869 in: Autrum 1987, S. 35. Zu Helmholtz' epistemologischen, im Kontext der Sinnesphysiologie entwickelten Auffassungen vgl. Moulines 1981, S. 66 ff. und Heidelberger 1995, 1997.

Vorgang eintritt, ohne daß irgendwelche andere Art von Übereinstimmung als die Gleichzeitigkeit des Auftretens zwischen ihnen existiert. Nur von dieser letzteren Art ist die Korrespondenz zwischen unseren Sinnesempfindungen und ihren Objekten."[13]

Diese These ist für die weitere Entwicklung des Verständnisses der Natur in den Wissenschaften so wichtig, daß sie in einer Variante, die Helmholtz 1878 formuliert, noch einmal zitiert werden soll:

„Unsere Empfindungen sind eben Wirkungen, welche durch äussere Ursachen in unseren Organen hervorgebracht werden, und wie eine solche Wirkung sich äussert, hängt natürlich ganz wesentlich von der Art des Apparats ab, auf den gewirkt wird. Insofern die Qualität unserer Empfindung uns von der Eigenthümlichkeit der äusseren Einwirkung, durch welche sie erregt ist, eine Nachricht giebt, kann sie als ein *Zeichen* derselben gelten, aber nicht als ein *Abbild*. Denn vom Bilde verlangt man irgend eine Art der Gleichheit mit dem abgebildeten Gegenstande, von einer Statue Gleichheit der Form, von einer Zeichnung Gleichheit der perspectivischen Projection im Gesichtsfelde, von einem Gemälde auch noch Gleichheit der Farben. Ein Zeichen aber braucht gar keine Art der Aehnlichkeit mit dem zu haben, dessen Zeichen es ist. Die Beziehung zwischen beiden beschränkt sich darauf, dass das gleiche Object, unter gleichen Umständen zur Einwirkung kommend, das gleiche Zeichen hervorruft, und dass also ungleiche Zeichen immer ungleicher Einwirkung entsprechen."[14]

Es ist allerdings offensichtlich, daß bei Helmholtz dieser kritische semiotische Ansatz und die Rettung des Realismus unvermittelt bleiben. Einerseits hält er daran fest, „daß unsere Sinnesempfindungen nur Zeichen für die Veränderungen in der Außenwelt sind, und nur in der Darstellung der zeitlichen Folge die Bedeutung von Bildern haben." Andererseits zieht er eine hieraus nicht ableitbare Schlußfolgerung, wenn er im folgenden Satz schreibt: „Eben deshalb sind sie aber auch imstande, die Gesetzmäßigkeiten in der zeitlichen Folge der Naturphänomene direkt abzubilden."[15]

Wenn Helmholtz 1878 nach den *Thatsachen in der Wahrnehmung* fragt, dann formuliert er seine Frage nicht nur am Rande in der Sprache der Philosophie: „Was ist Wahrheit in unserem Anschauen und Denken? In welchem Sinne entsprechen unsere Vorstellungen der

---

13 Helmholtz 1869, S. 56 f. Hervorh. von mir.
14 Helmholtz 1884, S. 226. Auf diese wegweisende Position von Helmholtz wird sich Cassirer immer wieder beziehen, vgl. Kap. 12.
15 Ebd., S. 59.

Wirklichkeit?"[16] Es ist nicht nebensächlich für ihn, daß er seine Antwort in der Sprache Kants gibt. Für den Weg, der ihn zu seinen Annahmen geführt hat, sind von Anfang an epistemologische Prämissen
gegen den Materialismus und zugunsten eines modifizierten Idealismus maßgebend. Er teilt sie mit Müller, wie 1855 seine Schrift *Über
das Sehen der Menschen* belegt. Schon dort heißt es: „Wir nehmen nie
die Gegenstände der Aussenwelt unmittelbar wahr, sondern wir nehmen nur Wirkungen dieser Gegenstände auf unsere Nervenapparate
wahr, und das ist vom ersten Augenblicke unseres Lebens an so gewesen."[17] Die Erregungen, die zu Wahrnehmungen führen, können externe Ursachen haben; Helmholtz eröffnet aber auch die Alternative, daß
sie aus der „eigenen Tätigkeit des Geistes" stammen.[18] Seine Nähe zur
kantischen Tradition wird besonders deutlich hinsichtlich des Problems der Kausalität. Daß es für Wirkungen Ursachen geben muß,
wissen wir keineswegs „aus der inneren Erfahrung unseres Selbstbewußtseins"; das Kausalgesetz ist ein Apriori, „ein vor aller Erfahrung
gegebenes Gesetz unseres Denkens".[19] An anderer Stelle heißt es
ebenso nachdrücklich, das Kausalgesetz sei ein „wirklich a priori gegebenes, ein transzendentales Gesetz. Ein Beweis desselben aus der
Erfahrung ist nicht möglich."[20]

Es kann also nicht überraschen, daß der Physiologe Helmholtz in
seiner Rede über die Naturwissenschaften 1869 eine explizite War-
nung vor „übertriebenem Empirismus"[21] ausspricht. Einige seiner
Zeitgenossen und Nachfolger haben diese Ausgangsposition radikalisiert. Für die innerhalb der Naturwissenschaften einsetzenden selbst-
kritischen epistemologischen Tendenzen wird das Stichwort von den
Grenzen der Erkenntnis zum Topos.

9.3   Emil du Bois-Reymond: Die Grenzen der Erkenntnis

Mit der Philosophie Kants scheinen die Grenzen der wissenschaftlichen Erkenntnis dort erreicht zu sein, wo der Bereich der *Erfahrung*
überschritten wird. In den epistemologischen Diskussionen der Phy-

---

16 Helmholtz 1878, S. 222.
17 Helmholtz 1855, S. 395.
18 Helmholtz 1878, S. 222.
19 Helmholtz 1855, S. 396.
20 Helmholtz 1878, S. 278.
21 Ebd., S. 60.

siologie und der Physik im letzten Drittel des 19. Jahrhunderts taucht ein viel schwierigeres Problem auf. Die nun gestellte Frage lautet, ob mit den Mitteln der Naturwissenschaften überhaupt jemals eine Erkenntnis des *Wesens der Materie* und des *menschlichen Bewußtseins* möglich sein könne. Daß Naturwissenschaftler Grenzen einräumen, wird zur Selbstverständlichkeit. So schreibt z.B. Rudolph Virchow 1864 – unter Berufung auf Kant –, „daß es besonders dem Naturforscher unmöglich ist, über eine gewisse Grenze der Forschung hinauszukommen, und daß wir resignieren müssen darauf, ein System des Alls zu entwerfen".[22] In seiner Polemik gegen den Materialismus wertet er es als Indiz für den Realismus der Naturwissenschaft, daß sie einräume, bezüglich der „Thaten des Bewußtseins" inkompetent zu sein.[23]

Es ist eine Aufsehen erregende und Kontroversen auslösende Rede, in der dieses Problem nicht nur radikaler gestellt wird, sondern mit einer These beantwortet wird, die aus einem Wort besteht: *Ignorabimus.* Während eine früher und auch heute gängige Redeweise das Problem dadurch entschärft, daß man aus einem ‚Wir-wissen-es-*noch-nicht*' die Hoffnung auf Fortschritte der Erkenntnis ableitet, schließt die These ‚*Wir-werden-es-nicht-wissen*' die Erkennbarkeit des Bewußtseins mit naturwissenschaftlichen Mitteln für alle Zukunft aus. Der Autor des *Ignorabimus* ist Emil du Bois-Reymond (1818-1896)[24], ein hervorragender Physiologe und Wissenschaftshistoriker, ein Materialist aus der Schule Johannes Müllers.[25]

Du Bois-Reymond ist ein vehementer Kritiker der Hegelschen spekulativen Philosophie und dessen, was er die „Geisteskrankheit der falschen Naturphilosophie" nennt.[26] Er ist ein Verfechter der Anwendung physikalischer Methoden in der Physiologie und des Konzepts der mathematischen Beschreibung empirischer Daten. Sollte man also gerade bei ihm ein *Ignorabimus* erwarten? 1872 schickt er einer Rede in der Berliner Akademie der Wissenschaften *Über Geschichte der Wissenschaft* als Motto eine der *Xenien* Schillers voraus: „*Naturforscher und Transzendentalphilosophen.* Feindschaft sei zwischen euch, noch

---

22 Virchow 1964, S. 39.
23 Ebd., S. 41.
24 Zur Biographie vgl. Ruff 1981.
25 Vgl. Mann 1981, Vidoni 1991.
26 Du Bois-Reymond 1974, S. 212.

kommt das Bündnis zu frühe/ Wenn ihr im Suchen euch trennt, wird erst die Wahrheit erkannt."

Du Bois-Reymond gibt eine Skizze der Entwicklung der Naturwissenschaften und kommt zu folgender Bilanz: „Die Naturforschung [...] ist an mehreren Punkten bis an die Grenze ihres Gebietes gelangt." Es ist die Folgerung, die hier von Interesse ist: „Die Physiologie der Sinne führt so unmittelbar an die Erkenntnistheorie". Doch es scheine nur so, „als strecke die Naturwissenschaft der Spekulation zu erneutem Bunde eine Hand entgegen." Tatsächlich könne die Naturforschung aus „der Methode der Philosophie" keinen Vorteil ziehen; „ihr Ziel und der Weg dazu", die „mit zweifelloser Klarheit und Gewißheit vorgezeichnet" sind, lassen dies nicht zu. Denn das Ziel und der Weg sind: „Erkenntnis der Körperwelt und ihrer Veränderungen und mechanische Erklärung der letzteren, durch Beobachtung, Versuch und Rechnung".[27]

Das zentrale Problem du Bois-Reymonds ist das des Verhältnisses von Materie und Bewußtsein. Anläßlich der 45. Versammlung Deutscher Naturforscher und Ärzte in Leipzig hält er 1872 seinen Vortrag *Über die Grenzen des Naturerkennens*, der als *Ignorabismus-Rede* in die Wissenschaftsgeschichte eingegangen ist. Dieser Vortrag steht nun unter dem bezeichnenden Motto: „In Nature's infinite book of secrecy/ A little I can read".

Was ist es, was man im Buch der Natur nicht lesen kann? Du Bois-Reymond definiert einleitend „Naturerkennen" als „Zurückführen der Veränderungen von Atomen, die durch deren von der Zeit unabhängige Zentralkräfte bewirkt werden oder Auflösen der Naturvorgänge in Mechanik der Atome". Er wertet es als „psychologische Erfahrungstatsache, daß, wo solche Auflösung gelingt, unser Kausalitätsbedürfnis vorläufig sich befriedigt fühlt." Auch er nimmt Bezug auf Kant und geht zugleich über Kant hinaus: „*Kants* Behauptung [...], ,daß in jeder besonderen Naturlehre nur so viel *eigentliche* Wissenschaft angetroffen werden könne, als darin *Mathematik* anzutreffen sei' – ist also vielmehr noch dahin zu verschärfen, daß für Mathematik Mechanik der Atome gesetzt wird."[28] Die von der Philosophie unterstellte Existenz von Substanzen und Qualitäten wird physiologisch bestritten: „Daß es

27 Ebd., S. 51 f.
28 Ebd., S. 55.

in Wirklichkeit keine Qualitäten gibt, folgt aus der Zergliederung unserer Sinneswahrnehmungen."[29]

Die Zielrichtung der Argumentation wird in der These deutlich, „daß das Naturerkennen, welches vorher als unser Kausalitätsbedürfnis vorläufig befriedigend bezeichnet wurde, in Wahrheit dies nicht tut und kein Erkennen ist. Die Vorstellung, wonach die Welt aus stets dagewesenen und unvergänglichen kleinsten Teilen besteht, deren Zentralkräfte alle Bewegung erzeugen, ist gleichsam nur Surrogat einer Erklärung." Philosophische Hypothesen können dieses Defizit freilich nicht beheben. Denn es hat seine Gründe „in unserem Unvermögen, etwas anderes, als mit den äußeren Sinnen entweder, oder mit dem inneren Sinn Erfahrenes uns vorzustellen". Es trägt nichts zum „Verständnis der Dinge" bei, wenn wir andere Entitäten behaupten als jene, die quantifizierend festgestellt werden können.[30]

Es sind zwei Probleme, bei deren Lösung die Naturerkenntnis kapitulieren muß. Das erste betrifft das *Wesen* von Materie und Kraft. Was Materie sei, so hatte Helmholtz schon früher gesagt, könne man nicht wissen, weil der Begriff ,Materie' das Ergebnis einer Abstraktion und eines Urteils sei, d.h. weil man „überhaupt zu ihrer Kenntniß nur durch die Wirkungen" komme, „welche von ihnen aus auf unsere Sinnesorgane erfolgen, *und weil* [...] wir aus diesen Wirkungen auf ein Wirkendes schließen".[31] Das zweite Problem betrifft die „Verbindung von Leib und Seele im Menschen". Die zentrale Passage in du Bois-Reymonds Rede hat folgenden Wortlaut:

„[E]s tritt nunmehr, an irgendeinem Punkt der Entdeckung des Lebens auf Erden, den wir nicht kennen [...], etwas Neues, bis dahin Unerhörtes auf, etwas wiederum, gleich dem Wesen von Materie und Kraft, und gleich der ersten Bewegung, Unbegreifliches. Der [...] Faden des Verständnisses zerreißt, und unser Naturerkennen gelangt an eine Kluft, über die kein Steg [...] trägt: wir stehen an den Grenzen unseres Witzes. Dies neue Unbegreifliche ist das Bewußtsein."

Du Bois-Reymond will den Beweis dafür antreten, „daß nicht allein bei dem heutigen Stande unserer Kenntnis das Bewußtsein aus seinen materiellen Bedingungen nicht erklärbar ist [...], sondern daß es auch der Natur der Dinge nach aus diesen Bedingungen nicht erklärbar sein

29 Ebd., S. 58.
30 Ebd., S. 60 f.
31 Helmholtz 1982, S. 15 f.

wird."[32] Diese These gilt nicht etwa nur für entwickelte Formen des Bewußtseins, sondern, wie der Physiologe später erläutert, auch für „das Entstehen der einfachen Sinnesempfindung".[33]

Was darüber hinaus zu sagen bleibt, ist im Irrealis zu sagen: „Es wäre grenzenlos interessant, wenn wir [...] mit geistigem Auge in uns hineinblickend die zu einem Rechenexempel gehörige Gehirnmechanik sich abspielen sähen wie die Mechanik einer Rechenmaschine". *Es wäre* ... Doch die neben „den materiellen Vorgängen im Gehirn einhergehenden geistigen Vorgänge entbehren [...] für unseren Verstand des zureichenden Grundes. Sie stehen außerhalb des Kausalgesetzes, und schon darum sind sie nicht zu verstehen". Zwischen den „bestimmten Bewegungen bestimmter Atome in meinem Gehirn" und dem Satz „Ich fühle Schmerz", der einen subjektiven phänomenalen Zustand ausdrückt, gibt es keine „denkbare Verbindung". Selbst wenn wir eine unermeßlich große Kenntnis des Gehirns hätten, so würde sie uns doch nichts anderes enthüllen „als bewegte Materie. Durch keine zu ersinnende Anordnung oder Bewegung materieller Teilchen aber läßt sich eine Brücke ins Reich des Bewußtseins schlagen".[34] An anderer Stelle formuliert du Bois-Reymond lakonisch, die Menschen würden nie wissen, „wie die Materie denkt".[35]

Andere neben ihm haben ähnlich gedacht. Der jungen Ernst Mach ist ein Beispiel; er argumentiert 1863 in seinen *Vorträgen über Psychophysik*:

„Man kann nicht sagen, Gedanken seien physikalische Vorgänge im Gehirn. Wenn wir die physikalischen Vorgänge noch so genau untersuchen, so finden wir wohl Molekularbewegungen, aber keine Gedanken. Die elektrischen Ströme im Gehirn sind doch wesentlich etwas Anderes, als die Vorstellung der grünen Farbe, welche das untersuchte Subjekt vielleicht eben hat. *Es sind eher unsere Vorstellungen, die wir das Hirn untersuchend finden und nicht jene des untersuchten Hirns.*"[36]

Hiermit sind die Grenzen der Erkenntnis der Natur abgesteckt: Für du Bois-Reymond ist es die „mechanische Weltanschauung"[37], die unsere Erkenntnis zwischen zwei Grenzen einschließt, Grenzen, „welche ei-

32 Du Bois-Reymond 1974, S. 65.
33 Ebd., S. 170.
34 Ebd., S. 70 f.
35 Ebd., S. 140.
36 Mach 1863, S. 39. Hervorh. von mir.
37 Du Bois-Reymond 1974, S. 72.

nerseits [durch] die Unfähigkeit, Materie und Kraft, andererseits [durch] das Unvermögen, geistige Vorgänge aus materiellen Bedingungen zu begreifen", gesetzt sind. „Innerhalb dieser Grenzen ist der Naturforscher Herr und Meister [...]; über diese Grenzen hinaus kann er nicht, und wird er niemals können."[38] Das Fazit lautet kurz und bündig: „*Ignorabismus*".[39]

Das Theorem der ‚Grenzen der Erkenntnis' zeigt mehr an als nur die zugespitzte Selbstkritik des physiologischen Materialismus[40]; es bezeichnet – weit allgemeiner – eine Krise in den Naturwissenschaften. Es verweist auf ein epistemologisches Vakuum, das entsteht, wenn die Philosophie ihre Funktion als Kritik der Erkenntnis nicht mehr erfüllen kann bzw. in den Wissenschaften nicht mehr erfüllen darf. Es liegt darüber hinaus nahe, eine Schlußfolgerung zu ziehen, die bei du Bois-Reymond noch nicht, wenig später aber bei Husserl gezogen wird: Wenn die Naturwissenschaft geistige Tätigkeit nicht erklären kann, dann taugt sie auch nicht zur Erklärung ihrer selbst, gründet sie doch selbst in eben dieser Tätigkeit.[41]

9.4 Heinrich Hertz und Ludwig Boltzmann: „daß keine Theorie etwas Objektives sein kann"

Zwanzig Jahre nach der Rede von Helmholtz Über die Entwicklungsgeschichte der neueren Naturwissenschaften findet ein ähnlich programmtischer Vortrag Ludwig Boltzmanns Über die Entwicklung der Methoden der theoretischen Physik in neuerer Zeit (1889) statt. Solange – so eine seiner Reflexionen – eine Wissenschaft sich ihrer Methoden gewiß ist, solange also Beobachtung, Experiment oder Messung unproblematisch sind, führt man keine Methodendebatten. Genau diese Gewißheit aber ist zum Problem geworden. Deshalb wird nun gefragt: Was ist Beobachtung? Welche Rolle spielt der Experimentator im Experiment? In welchem Verhältnis stehen unsere Meßmethoden zu dem Gemessenen? Dies sind Fragen zu den „Methoden der theoretischen Physik". Boltzmann hebt hervor:

38 Ebd., S. 73.
39 Ebd., S. 77.
40 Vgl. Ritzer 2000.
41 Vgl. Kap. 10.3.1.

„Die hohe Bedeutung der richtigen Methode erklärt es, daß man bald nicht
bloß über die Dinge nachdachte, sondern auch über die Methode unseres
Nachdenkens selbst. Es entstand die sogenannte Erkenntnistheorie, welche
trotz eines gewissen Beigeschmacks der alten, nun verpönten Metaphysik für
die Wissenschaft von größter Bedeutung ist. Die Fortentwicklung der wissenschaftlichen Methode ist sozusagen das Skelett, das den Fortschritt der gesamten Wissenschaft trägt".[42]

Der nun offensichtliche Verlust an Gewißheit, von der die empirischen
Naturwissenschaften ausgegangen waren, findet genau in der Zeit
statt, in der Hermann Cohen und andere Neukantianer in der Philosophie Vergleichbares formulieren. Boltzmann bezieht sich – wie im
gleichen Jahr 1889 auch Heinrich Hertz – auf Maxwell und interpretiert dessen elektromagnetische Lichttheorie in der Perspektive der Erkenntnistheorie. Maxwell warne davor, „eine Naturanschauung bloß
aus dem Grunde für die einzig richtige zu halten, weil sich eine Reihe
von Konsequenzen derselben in der Erfahrung bestätigt hat". Das Problem, das sich angesichts der neuen Entwicklungen in der Elektrizi-
tätslehre stellt, ist folgendes: Dem positivistischen Programm zufolge
kann es zur angemessenen Erklärung eines Phänomens nur *eine* wahre,
eine richtige Theorie geben. Die Theorie sollte „als ein bloßes Bild der
Natur" aufgefaßt werden können, als eine „mechanische Analogie" der
realen Erscheinungen. Maxwell zeige aber – so Boltzmann – „an vielen Beispielen, wie sich oft eine Gruppe von Erscheinungen auf zwei
total verschiedenen Arten erklären läßt. Beide Erklärungsarten stellen
die ganze Erscheinungsgruppe gleich gut dar."[43] Auch Heinrich Hertz
bezieht sich in seinem 1889 gehaltenen Vortrag *Über die Beziehungen
zwischen Licht und Elektrizität* auf Maxwell: Maxwell „erweiterte die
elektrischen Formeln in der Weise, daß sie alle bekannten Erscheinungen, aber neben denselben auch eine unbekannte Klasse von Erscheinungen enthielten, elektrische Wellen. Diese Wellen wurden dann
Transversalwellen, deren Wellenlänge jeden Wert haben konnte, welche sich aber im Äther stets mit gleicher Geschwindigkeit, der Licht-
geschwindigkeit, fortpflanzten."[44]
    In Hertz' Argumentation fällt nun eine Ambivalenz hinsichtlich der
Bedeutung von Theorien und von Experimenten auf. Auf der einen
Seite fordert er entsprechend dem Prinzip der „Ökonomie der Wissen-

42 Boltzmann 1889 in Autrum 1987, S. 206.
43 Ebd., S. 212.
44 Hertz 1889 in Autrum 1987, S. 194.

schaft [...], daß Umwege vermieden werden, wo ein gerader Weg möglich ist. Können wir mit Hilfe elektrischer Wellen *unmittelbar* die Erscheinungen des Lichts *herstellen*, so bedürfen wir keiner *Theorie als Vermittlerin*; die Verwandtschaft tritt aus den *Versuchen* selbst hervor."[45] Auf der anderen Seite legt die Metaphorik in seinen Sätzen die Vermutung nahe, daß sich Hertz durchaus der Bedeutung der Theorie bewußt ist, die dem Experiment vorausgeht: Es ist die *Theorie*, die er mit dem Bergsteigen „zu den hohen Gipfeln, den allgemeinen Zielen" vergleicht.[46]

Für die Methodologie bedeutet die Anerkennung mehrerer gleich guter Erklärungen einen ‚epistemologischen Einschnitt' (Bachelard), und es beginnt sich eine andere Einstellung durchzusetzen: Man muß auf die Annahme der *einen* richtigen Theorie verzichten; es können unterschiedliche Theorien koexistieren. In seinen epistemologischen Schlußfolgerungen beruft sich Boltzmann auf Hertz, um die veränderte Situation zu kennzeichnen: Hertz habe „den Physikern so recht zu Bewußtsein [gebracht], was wohl die Philosophen schon längst ausgesprochen hatten, *daß keine Theorie etwas Objektives, mit der Natur sich wirklich Deckendes sein kann, daß vielmehr jede nur ein geistiges Bild der Erscheinungen ist, das sich zu diesen verhält wie das Zeichen zum Bezeichneten*".[47]

Was zu diesem Zeitpunkt noch nicht auf der Tagesordnung steht, ist die Einsicht, daß die Forschungsgegenstände durch unterschiedliche *Perspektiven* konstituiert werden können. Diese Einsicht verdankt die Naturwissenschaft Theoretikern wie Niels Bohr. Er, Heisenberg u.a. werden zeigen, daß mit den epistemologischen Debatten in den Naturwissenschaften die Grundlagen der Begriffsbildung erschüttert worden sind, auf denen nicht nur die klassische Darstellung der Physik, sondern auch unsere gewöhnliche Denkweise beruht hat. Erschüttert sind damit die bisherigen Ansprüche, naturwissenschaftliche Aussagen seien objektiv, allgemeingültig und direkt auf die Realität bezogen.

Was ich die ‚Erosion der Gewißheit' genannt habe, findet in einem Prozeß statt, bei dem sich zwei Momente wechselseitig bedingen:

(1) Der Beobachter verliert seinen archimedischen Standpunkt; sobald er sich auf ‚Gegenstände der Außenwelt' bezieht, muß er sich auf *sich selbst* als *Ich in der Welt* beziehen, um die Bedingungen der Mög-

45 Ebd., S. 200 f. Hervorh. von mir.
46 Ebd., S. 202.
47 Ebd., S. 223. Hervorh. von mir.

lichkeit von Gegenständen zu begreifen. Seine Subjektivität ist konstitutiv für seine Feststellungen über die Außenwelt. Die Beziehung zwischen Subjekt und Objekt ist tatsächlich eine Beziehung zwischen dem Subjekt *der Erkenntnis* und dem Objekt *der Erkenntnis.* Die Wahrheit über Objekte ist indexikalisch: Die Wahrheit einer Aussage über ein Objekt, einen Prozeß oder einen Bereich von Phänomenen gilt unter der Voraussetzung eines bestimmten präferierten *Interpretanten.* Dies bedeutet: Alle Objekte der Wissenschaft sind Objekte einer *phänomenalen, in Begriffen präsent gemachten Wirklichkeit*; ein Objekt ist nichts *Substantielles*, sondern eine *Funktion* der ideellen und instrumentellen Mittel[48] der Erkenntnis, durch die es konstituiert wird.

(2) Die Natur verliert ihre ‚Objektivität‘, sofern unter ‚Objektivität‘ verstanden wird, daß Entitäten und Eigenschaften von Entitäten unabhängig von Leistungen des menschlichen Bewußtseins sind. Auch die Natur-Begriffe sind kontextuell und indexikalischer Art. Was unter ‚Natur‘ verstanden wird, ist abhängig vom gewählten Interpretanten, vom Begriffsschema, vom Theorierahmen, vom Sprachspiel, oder wie immer man dieses zwischen Subjekt und Objekt vermittelnde *Dritte* nennen mag. Dieses Dritte gehört zu einer epistemischen Kultur. Genau dies ist gemeint, wenn Heinrich Rickert in *Kulturwissenschaf und Naturwissenschaft* (1926) schreibt: „Auch die Naturwissenschaft ist doch ein sinnvolles historisches *Kulturprodukt.*“[49]

Daß die ‚Tatsachen‘ der Wissenschaft theoriegeladen sind und ihre Bedeutungen in bestimmten, auf der Grundlage von Überzeugungen präferierten Zeichensystemen erhalten sind, ist eine Einsicht, der sich die Wissenschaften nun nicht mehr entziehen können. Für diesen Sachverhalt gibt es zahlreiche Belege, von denen hier nur einer als repräsentativ angeführt werden soll: Der Physiker und Nobelpreisträger Willhelm Wien sagt 1905 in einem Vortrag *Über Elektronen:*

„Immer mehr erkennen wir, daß alle Naturgesetze, die wir aufstellen, alle Theorien, die wir bauen, nichts anderes sind als *Bilder*, die wir herstellen, um das Naturgeschehen verständlich zu machen und zu begreifen. [...] Nur *Gleichnisse* können wir uns von dem machen, dessen wir um uns gewahr werden, Bilder, die als Menschenwerk notwendig unvollkommen sind und niemals abgeschlossen werden können.“[50]

---

48 Zum Zusammenhang von neuzeitlichen instrumentellen Erkenntnismitteln und „Entdeckung der modernen Welt“ vgl. Weigl 1990.
49 Rickert 1926, S. 140 f.
50 Wien 1905 in Autrum 1987, S. 308. Hervorh. von mir.

10. „Wir fangen mit dem Denken an."
Der Neukantianismus oder:
Zurück zu Kant und über Kant hinaus

Einer der Sätze, die nach der Mitte des 19. Jahrhunderts als Indiz einer einschneidenden Veränderung des philosophischen Denkens über die Natur und die Theorie der Naturwissenschaften gelesen werden können, lautet: *Wir fangen mit dem Denken an. Das Denken darf keinen Ursprung haben außerhalb seiner selbst.* Es ist unübersehbar, daß dieser Satz Folgen für Naturbegriffe und das Verständnis der Naturwissenschaften hat. Er steht im Mittelpunkt des epistemologischen Programms, das unter dem Namen ‚Neukantianismus' Epoche gemacht hat. Sein Autor ist Hermann Cohen, der ihn 1902 in seiner *Logik der reinen Erkenntnis* schreibt.

Wir fangen mit dem Denken an. Es ist offensichtlich, daß diese Aussage sich auf *das* Problem bezieht, das von Kant artikuliert wurde und das in der kantischen Tradition immer wieder gelöst werden sollte. Ebenso offensichtlich ist, daß Cohens Aussage in ihrer Radikalität einen Bruch mit zwei für Kant charakteristischen Prinzipien bedeutet: Denn erstens werden die Gegenstände der Erkenntnis – also etwa die Natur – nicht mehr durch feststehende apriorische Formen konstituiert, sondern durch ein offenes, dynamisches System von Urteilen; und zweitens bleibt vom Realismus der Dinge, wie sie an sich selbst sind, nichts mehr übrig. Hier zeigt sich, was ‚Neukantianismus' – und zwar nach dem Selbstverständnis dieser Bewegung selbst – bedeutet: Mit Kant über Kant hinaus. Fragen wir, warum und wie es zu diesem *Mit Kant über Kant hinaus* gekommen ist, so sind im wesentlichen zwei Gründe zu nennen.

Der *erste Grund* liegt in der Entwicklung der Philosophie, die sich in der Mitte des 19. Jahrhunderts in Deutschland in einer Isolierung befindet.[1] Die Überzeugung wird immer stärker, daß nach dem Ende des spekulativen Idealismus eine Theorie der Welt und eine Theorie des Wissens von der Welt *ohne Metaphysik* – sei es der *Ideen*welt, sei es der *Ding*welt – notwendig seien. Diese Theorie soll aber auch dem

---

1   Vgl. zur institutionellen Situation der Philosophie und zur Entstehung des Neukantianismus Köhnke 1986.

Sachverhalt Rechnung tragen, daß weder der Materialismus noch der Positivismus akzeptable neue Wege eröffnet haben. Auch die Versuche, den Idealismus neu zu begründen, sind – so ist man überzeugt – gescheitert: Der Idealismus sei nur das schiere Gegenteil des Materialismus; wie letzterer beanspruche er, die Welt monistisch, d.h. aus einem einzigen Prinzip, erklären zu können. Da dieses einzige Prinzip die Idee bzw. der Geist ist, ist der Konflikt mit den Naturwissenschaften und der empirischen Methode programmiert. Auf der anderen Seite erweist sich der Positivismus als naiv und simplistisch, weil er mit seinem Prinzip – der verabsolutierten Erfahrung – auf eine ‚gegebene fertige Welt‘ fixiert ist und den gerade in den Naturwissenschaften inzwischen anerkannten engen Zusammenhang von Induktion und Deduktion und von Beobachtung und Interpretation nicht berücksichtigt. Anders gesagt: Weil die Welt der Idealisten keine wirkliche Welt und die Welt der Positivisten eine geistlose Welt ist, wächst das Bedürfnis nach einer Theorie, in der die Welt und die Konstitution der Welt durch das Erkennen eine Einheit bilden – eine Einheit im *Wissen: Die Natur, wie sie von Menschen objektiviert wird, entsteht im Dialog des Menschen mit sich selbst über die Natur und über sich selbst.*

Der *zweite Grund* dafür, daß nach Hegel und Schopenhauer erneut Kant die Bühne des 19. Jahrhunderts betritt, liegt in den Wissenschaften. Die Idee der Fundierung von Wissenschaft allein aus Daten der Beobachung (aus den ‚Tatsachen‘ der ‚positiven‘ Wissenschaften) und aus einer Nomo*logie*, die sich auf eine noch von Skepsis unbehelligte Idee der Kausalität stützt, ist fragwürdig geworden. In der Wissenschaft selbst kündigt sich die Einsicht an, ‚Gesetze der Natur‘ seien Sätze der Gesetz*gebung* durch die Wissenschaft. Was Nomologie war, wird Nomo*thetik*. Innerhalb der Naturwissenschaften werden – nicht zuletzt durch die Entdeckung nichteuklidischer Geometrien – die Voraussetzungen für das geschaffen, was der Neukantianismus in der Sprache der Philosophie formuliert. Für viele Wissenschaftler führt der Weg aus der Krise zu Kant, und die neukantianische Bewegung ist ein Spiegel der Krisis des wissenschaftlichen Geistes.

Bemerkenswerterweise ist es ein Physiologe und Physiker, der an das Kantische Modell der Verbindung von Philosophie und Naturwissenschaften erinnert und es als nachahmenswertes Muster empfiehlt: Hermann von Helmholtz in seinem Vortrag *Über das Sehen des Menschen* (1855). Als einer der ersten beklagt er die Entfremdung zwischen Naturwissenschaft und Philosophie, die bei Kant noch nicht be-

standen habe, und räumt selbstkritisch ein: „Man hört die Naturforscher sich gern und laut dessen rühmen, die großen Fortschritte ihrer
Wissenschaft in der neuesten Zeit hätten angehoben von dem Augenblicke, wo sie ihr Gebiet von den Einflüssen der Naturphilosophie
ganz und vollständig gereinigt hätten".[2] Helmholtz spricht aus, was in
der Philosophie zwei Jahre später der Hegelianer Rudolph Haym als
Prognose wagt, als er seine Vorlesungen über Hegel mit einem Aus-
blick auf die künftige Entwicklung der Philosophie beendet: „Die Philosophie der Zukunft wird wieder eine *kritische* und *transzendentale*
sein".[3] Bald mehren sich die Stimmen innerhalb verschiedener Naturwissenschaften, die Helmholtz' Kritik teilen und auf Kant als den Ausweg aus dem Dilemma verweisen.[4] So schreibt z.B. 1862 Wilhelm
Wundt, der Begründer der Psychologie in Deutschland:

„Kants Erkenntniskritik ist die Basis, auf der die empirischen und die philosophischen Wissenschaften dieses Jahrhunderts ruhen. Die Empirie entnimmt für
sich das realistische Moment, die positiven Ergebnisse seiner Kritik [...] Die
Grundansichten, welche in der Physiologie der Sinne der Hauptsache nach
noch jetzt gültig sind, leiten ihren Ursprung aus der Kantschen Philosophie
her, die einen meistens unbewußten Hauptbestandteil unserer ganzen wissenschaftlichen Bildung und Denkrichtung ausmacht."[5]

Der Entwicklung, die sich hier andeutet, ist eine Zeit vorausgegangen,
in der man in der Philosophie Hoffnungen durch ein *Zurück zu Kant*
geweckt hat. Schon bevor die Bewegung entsteht, die zugleich über
Kant hinaus will, gibt es eine Tendenz, die Philosophie durch einen
Rekurs auf Kant zu erneuern. Beispiele sind F.E. Benekes Schrift *Kant
und die philosophische Aufgabe unserer Zeit* (1832), in der er dazu
auffordert, wieder an Kants Erkenntnistheorie anzuknüpfen, und Ch.H.
Wießes Rede *In welchem Sinn die deutsche Philosophie jetzt wieder
an Kant sich zu orientiren hat* (1847). Zu den Wegbereitern des neuen
philosophischen Denkens gehört Kuno Fischer, der 1860 seine Einführung *Immanuel Kant, Entwicklungsgeschichte und System der kritischen Philosophie* veröffentlicht. ‚Kant' wird zu einer Chiffre für zwei
Ziele: Die Philosophie soll wieder wissenschaftlich werden und sie

2   Helmholtz 1971, S. 45 f.
3   Haym 1857, S. 468.
4   Vgl. hierzu Texte in Autrum 1987.
5   Wundt 1862, S. 92.

soll als *Kritik der Erkentnis* das leisten, was die Einzelwissenschaften
nicht zureichend leisten können.[6]

Wie Richard Rorty in *Philosophy and the Mirror of Nature* gut gezeigt hat, führen beide Gründe, die in dieser Zeit eine kantianische
Tendenz begünstigen – Gründe in der Philosophie und Gründe in den
Wissenschaften –, dazu, daß eine neue philosophische Disziplin in das
Zentrum des Interesses rückt, die *Erkenntnistheorie:* „Das kantianische Bild von der Philosophie mit der Erkenntnistheorie im Zentrum
wurde [...] allgemein akzeptiert, als Hegel und der spekulative Idealismus nicht mehr die intellektuelle Szenerie Deutschlands dominier-
ten."[7] Das Wort ‚Erkenntnistheorie' wird 1862 in Eduard Zellers
Schrift *Über Bedeutung und Aufgabe der Erkenntnistheorie* zwar nicht
erstmals verwendet, aber man kann diese Schrift als Symptom dafür
nehmen, daß sich die Disziplin in einem kantischen Geist etabliert hat.
Zeller definiert die Erkenntnistheorie als die Wissenschaft, „welche
die Bedingungen untersucht, an welche die Bildung unserer Vorstellungen durch die Natur unseres Geistes geknüpft ist, und hiernach bestimmt, ob und unter welchen Voraussetzungen der menschliche Geist
zur Erkenntnis der Wahrheit befähigt ist".[8] In genau dieser Bestimmung wird die Erkenntnistheorie für die Wissenschaften interessant,
vor allem für die Naturwissenschaften, und diese Theorie ist vom Neukantianismus zu erwarten, der theoretische Ausgangspunkte sowohl
beim klassischen, durch Kant interpretierten Empirismus als auch bei
der Physiologie des 19. Jahrhunderts hat, deren Ergebnisse die Prinzipien der Kantischen Philosophie im wesentlichen bestätigen.

„*Also muß auf Kant zurückgegangen werden!*" Dies ist die Formel
eines programmatischen Plädoyers; mit ihm wird der Punkt des Übergangs von der Kant-Schule zum Neukantianismus erreicht. Die Formel
findet sich 1865 am Ende aller Kapitel von Otto Liebmanns schon bald
populärem Buch *Kant und die Epigonen*: „*Also muß auf Kant zurückgegangen werden!*" Nur ‚zurück'? Den nun entstehenden *Neu*kantianismus kennzeichnet der Versuch, bestimmte von der Sinnesphysiologie entdeckte Tatsachen und Zusammenhänge für den Ausbau einer
Erkenntnislehre auf kantischer Grundlage fruchtbar zu machen. In diesem Kontext wird die Transzendentalphilosophie neu interpretiert; was

6   Vgl. Holzhey/Renz 1999.
7   Rorty 1985, S. 150 ff.
8   Zitiert nach R. Eisler, Wörterbuch der philosophischen Begriffe, 21904, Bd. 1, S.
    299.

bei Kant apriorische Formen der Subjektivität waren, sind nun Momente der psychophysischen Organisation des Menschen. Man argumentiert *mit Kant*, aber man geht zugleich *über Kant hinaus.*

Den Durchbruch des Neukantianismus leitet 1865 ein Werk ein, das in seiner zweiten Auflage (in zwei Bänden, 1873 bzw. 1875) und danach in vielen weiteren Auflagen enorme Wirkung erreicht. Es erscheint unter dem die Stoßrichtung bezeichnenden Titel *Geschichte des Materialismus und Kritik seiner Bedeutung in der Gegenwart.* Sein Autor ist Friedrich Albert Lange, der Marburger Philosoph, dessen Nachfolger Hermann Cohen sein wird. Langes Werk ist nicht nur eine gelehrte Geschichte des Materialismus von der Antike bis zur französischen Aufklärung und bis zu den Naturwissenschaften seiner Zeit; es ist vor allem eine Kritik des Materialismus aus der Feder eines Theoretikers, der den modernen physiologischen Materialismus gut kennt. Es kommt ein drittes Element hinzu, das den Neukantianismus von nun an charakterisiert: die Verbindung von Erkenntnistheorie und Ethik.

Im zweiten Band, der mit ‚Kant und der Materialismus' beginnt, zeigt sich Lange einerseits vom „schnellen Fortschritt der Naturwissenschaften" fasziniert[9]; andererseits fordert er, die Philosophie solle der Erkenntnis Rechnung tragen, „daß es dieselbe Notwendigkeit, dieselbe transzendente Wurzel unseres Menschenwesens ist, welche uns durch die Sinne das Weltbild der Wirklichkeit gibt, und welche uns dazu führt, in der höchsten Funktion dichtender und schaffender Synthesis eine Welt des Ideals zu erzeugen, in die wir aus den Schranken der Sinne flüchten können, und in der wir die wahre Heimat unseres Geistes wiederfinden".[10] Die hervorragende Stellung Kants ergibt sich für Lange aus dem „Rückzug unsrer deutschen Begriffsromantik". Er schreibt:

„Wie eine geschlagene Armee sich nach einem festen Punkt umsieht, bei welchem sie hofft, sich wieder sammeln und ordnen zu können, so hörte man schon allenthalben in philosophischen Kreisen die Parole ‚auf Kant zurückgehen!' [...] Mißverständnisse und ungestümer Produktionsdrang haben sich [im spekulativen Idealismus] die Hand gereicht, um in einer geistig reich bewegten Zeit die strengen Schranken, welche Kant der Spekulation gezogen hatte, zu durchbrechen. Die Ernüchterung, welche dem metaphysischen Rausche folgte, trieb um so mehr zur Rückkehr in die vorzeitig verlassene Position, als man

9 Lange 1974, S. 3.
10 Ebd., S. 449 f.

sich wieder dem *Materialismus* gegenüber sah, der einst mit dem Auftreten Kants fast spurlos verschwunden war. Gegenwärtig haben wir nicht nur eine junge Schar von Kantianern. [...] Ganz besonders [ist] das Entgegenkommen der *Naturforscher* hervorzuheben, die, soweit ihnen der Materialismus nicht genügte, sich überwiegend einer Weltanschauung zugeneigt haben, welche mit der Kantischen in sehr wesentlichen Zügen übereinstimmt."[11]

Lange plädiert nicht für einen „orthodoxen Kantianismus"; was ihn interessiert, ist der Kant der „Kritik der *theoretischen* Vernunft" mit der These, *„daß unsere Begriffe sich nicht nach den Gegenständen richten, sondern die Gegenstände nach unseren Begriffen".*[12] Hieraus leitet Lange seine Kritik an falschen Naturbegriffen ab: „Der Materialismus nimmt hartnäckig die Welt des Sinnenscheins für die Welt der wirklichen Dinge".[13] Sein Einwand lautet: „ein absolut festes, von uns unabhängiges und doch von uns erkanntes Dasein – eine solche Wirklichkeit gibt es nicht und kann es nicht geben, da sich der synthetische, schaffende Faktor unserer Erkenntnis [...] bis in die ersten Sinneseindrücke und bis in die Elemente der Logik hinein erstreckt." Lange formuliert als Gegenkonzept: „Die Welt ist [...] *unsre* Vorstellung: ein Produkt der Organisation der *Gattung* in den allgemeinen und notwendigen Grundzügen aller Erfahrung, des *Individuums* in der frei mit dem Objekt schaltenden Synthese."[14]

Der sich etablierende Neukantianismus hat sich in zwei Schulrichtungen mit unterschiedlichen Akzentuierungen entwickelt. Die Marburger Schule mit Hermann Cohen (1842-1918) und Paul Natorp (1854-1924) hat sich vorrangig im Gebiet der Erkenntnistheorie und der Wissenschaftstheorie bewegt und mit den logischen, formalen Strukturen naturwissenschaftlicher Erkenntnis befaßt. Die Heidelberger Schule – auch ‚Südwestdeutsche' oder ‚Badische' Schule genannt – hat sich mit Wilhelm Windelband (1848-1915) und Heinrich Rickert (1863-1936) auf die Geistes- bzw. Kulturwissenschaften konzentriert; sie betont als deren Charakteristikum die individualisierende Methodik des *Verstehens*, die mit der nomologischen und generalisierenden Methodik der Naturwissenschaften konfrontiert wird.

---

11 Ebd., S. 453 f.
12 Ebd., S. 454 f.
13 Ebd., S. 394.
14 Ebd., S. 981.

10.1 Der Marburger Neukantianismus: Anschauung ist Denken

Die Marburger Schule sieht in der *transzendentalen Methode* das Erbe Kants, das es erlaubt, die Philosophie zu erneuern. Die Philosophie hat die Aufgabe, die Faktizität der wissenschaftlichen Erkenntnis transzendental zu begründen; sie muß also die Bedingungen der Möglichkeit und der Geltung wissenschaftlicher Aussagen analysieren und rechtfertigen. Die Philosophie ist in erster Linie Erkenntniskritik, und zwar vorrangig Kritik der naturwissenschaftlichen Erkenntnis. Sie grenzt sich so vor allem von der empirischen Psychologie ab. Es soll nachgewiesen werden, daß die apriorischen Grundsätze der Mathematik und der Naturwissenschaft ihren Ursprung im *reinen Denken* haben.

Eines der bedeutendsten und für den Marburger Neukantianismus repräsentativen Werke ist Hermann Cohens *Kants Theorie der Erfahrung* (1871). Cohen, zunächst von Herbarts Methode der Analysis der individuellen psychischen Empfindungen geprägt, macht es sich nicht zur Aufgabe, Kant philologisch zu rekonstruieren, sondern ihn – in Kritik an realistischen Inkonsequenzen von Kants Begriff der Erfahrung – zu radikalisieren: Bereits die Empfindung, die der Anschauung ihren Gegenstand gibt, ist vom Verstandesdenken geformt. Es gibt keine Dinge-an-sich als Basis der Empfindung und der sinnlichen Wahrnehmung und in diesem Sinne auch keine Natur, die der Erkenntnis einfach vorgegeben wäre. Die Philosophie der Erkenntnis wird zur *Methodologie der reinen wissenschaftlichen Erkenntnis*, deren Muster die Mathematik ist. Der Kantische Realismus, der sich in der *Kritik der reinen Vernunft* in der Problemstellung ausdrückt, „wie sich Begriffe a priori auf Gegenstände beziehen können"[15], wird eliminiert: *„Wir fangen"*, heißt es nun in Cohens *Logik der reinen Erkenntnis*, *„mit dem Denken an*. Das Denken darf keinen Ursprung haben außerhalb seiner selbst".[16] Für Cohen ist die Unterstellung eines ‚*Gegebenen*' ein Vorurteil; in seiner Analyse der ‚reinen' Erkenntnis ist dem Denken nur das ‚gegeben', was es selbst erzeugen kann. Das ‚erzeugende' Denken wird als Ursprung schlechthin, als „Prinzip des Ursprungs" bestimmt: *„Denken ist Denken des Ursprungs*. Dem Ursprung darf nichts gegeben sein".[17]

15 Kant, Kritik der reinen Vernunft, B 117.
16 Cohen 1914, S. 13.
17 Ebd., S. 36.

Paul Natorp kommt in einem programmatischen Aufsatz, den er 1912 unter dem Titel *Kant und die Marburger Schule* veröffentlicht, zu keiner anderen Bilanz: Die Anschauung sei lange Zeit „als denkfremder Faktor in der Erkenntnis" aufgefaßt worden, als „dem Denken gegenüber- und entgegenstehend". Nun wisse man: Anschauung „*ist* Denken".[18] Was man unkritisch als ‚Gegebenheit' genommen habe, sei nichts als das ‚*Postulat* der Wirklichkeit' – also eine Forderung der Naturwissenschaft – und habe keine andere als *modale* Bedeutung. Natorp räumt zwar ein, daß die Naturwissenschaften ohne ‚Tatsachen' nichts beginnen können. Doch er betont, die Stabilität und Absolutheit der räumlich-zeitlichen Ordnung, von der man bisher ausgegangen sei, sei nicht *gegeben*. Das ‚Faktum der Wissenschaft' beweise nichts anderes, als daß es eine *Intention* der Erkenntnis gebe, die sich auf diese Ordnung richte. Fassen wir zusammen: Was die Naturwissenschaften ‚Beobachtung' einer externen Welt nennen, ist Interpretation mit den Mitteln des Denkens, nicht zuletzt Interpretation durch Theorien. Experimente erzeugen die Untersuchungsgegenstände und zwingen sie in die interne Logik naturwissenschaftlicher Erkenntnis. Die in der Naturwissenschaft präsente ‚Natur' ist eben jene Natur, wie sie durch die Wissenschaft für uns entsteht.

10.2 Der Heidelberger Neukantianismus: Die Wirklichkeit wird Natur, wenn ...

Die Heidelberger Schule widmet ihre Aufmerksamkeit in erster Linie dem Problem der *Werte*. Was, so wird gefragt, unterscheidet ein Urteil von einer wertenden Beurteilung? Eine weitere zentrale Frage lautet: Sind Wertungen in alle Urteile und in alle Theorien eingeschrieben oder gibt es Bereiche, die gegenüber Wertungen neutral sind? Dies ist der Kontext, in dem die Heidelberger Neukantianer ihre spezifische – mit der Theorie Wilhelm Diltheys nicht deckungsgleiche – Unterscheidung zwischen Naturwissenschaften und Geisteswissenschaften bzw. Kulturwissenschaften begründen; es geht dabei nicht um eine ontologische Unterscheidung auf der Ebene der *Gegenstände*, sondern um eine epistemologische Differenzierung auf der Ebene der *Methoden*.

Wie im wissenschaftlichen Leben dieser Zeit oft zu beobachten, ist es eine programmatische Rede, in der sich der südwestdeutsche Neu-

18   Natorp 1912, S. 204.

kantianismus profiliert. Wilhelm Windelband hält sie 1894 als Rektor der Universität Straßburg unter dem Titel *Geschichte und Naturwissenschaft*. Diese Rede gibt wichtige Impulse für eine erneute intensive Debatte über die Methodologie der Wissenschaften, nachdem die Unterscheidung zwischen den Naturwissenschaften und allen anderen Wissenschaften bereits seit der Mitte des 19. Jahrhunderts diskutiert worden ist, d.h. seit J. St. Mills Klassifikation der Wissenschaften in ,*natural sciences*' und ,*moral sciences*' und seit W. Diltheys Versuch, in einer Philosophie der Geisteswissenschaften deren methodologische Sonderstellung zu begründen.

Windelband nimmt nun aber kritisch Stellung zur traditionellen ontologischen Unterscheidung empirischer Wissenschaften nach ihren *Gegenständen* – nach ,Natur' oder ,Geist'.[19] Er schlägt vor, die wissenschaftlichen „Disziplinen hinsichtlich des formalen Charakters ihrer Erkenntnisziele" zu gliedern, um so „eine rein methodologische, auf sichere logische Begriffe zu gründende Einteilung der Erfahrungswissenschaften" vorzunehmen zu können.[20] Der Unterschied wird jetzt darin gesehen, daß für die nomothetischen Wissenschaften „das generelle, apodiktische Urteil" und für die idiographischen Wissenschaften „der singulare, assertorische Satz" charakteristisch ist.[21]

Windelband betont, daß sowohl die Naturwissenschaften als auch die Geisteswissenschaften „Erfahrungswissenschaften" sind: „Gemeinsam ist [...] der Naturforschung und der Historik der Charakter der Erfahrungswissenschaft, d.h. beide haben zum Ausgangspunkte – logisch gesprochen, zu Prämissen ihrer Beweise – Erfahrungen, Tatsachen der Wahrnehmung". Was das Konzept der Erfahrung angeht, spricht er als Neukantianer, wenn er betont, beide stimmten darin überein, „daß die eine so wenig wie die andere sich mit dem begnügen kann, was der naive Mensch so gewöhnlich zu erfahren meint. Beide bedürfen zu ihrer Grundlage einer wissenschaftlich gereinigten, kritisch geschulten und in begrifflicher Arbeit geprüften Erfahrung."[22] Worin sich die Wissenschaften unterscheiden, sind ihre Methoden: „die Erfahrungswissenschaften suchen in der Erkenntnis des Wirklichen entweder das Allgemeine in der Form des Naturgesetzes oder das Einzelne in der geschichtlich bestimmten Gestalt; sie betrachten zu ei-

---

19 Vgl. zu einer übereinstimmenden Kritik Rickert 1915, S. 12.
20 Windelband 1915, S. 143 f.
21 Ebd., S. 144.
22 Ebd., S. 148.

nem Teil die immer sich gleichbleibende Form, zum andern Teil den einmaligen, in sich bestimmten Inhalt des wirklichen Geschehens. Die einen sind Gesetzeswissenschaften, die andern Ereigniswissenschaften; jene lehren was immer ist, diese was einmal war. Das wissenschaftliche Denken ist [...] in dem einen Falle *nomothetisch*, in dem anderen *idiographisch*."[23] Der Dualismus der nomothetischen und idiographischen Methoden ist unaufhebbar: „Das Gesetz und das Ereignis bleiben als letzte, inkommensurable Größen unserer Weltvorstellung nebeneinander bestehen."[24]

Heinrich Rickert, der Nachfolger Windelbands in Heidelberg, begleitet die Arbeit an diesem Ansatz mit eigenen Werken, setzt ihn fort und modifiziert ihn. Auch er widmet sich der kritischen methodologischen Rekonstruktion der Erfahrungswissenschaften und der Bedeutung der Werte und Normen für die Sonderstellung der historischen Disziplinen. Er nimmt jedoch begriffliche Änderungen vor, indem er von *Kultur*wissenschaften statt von *Geistes*wissenschaften spricht[25]; er ersetzt Windelbands Unterscheidung zwischen ‚nomothetisch' und ‚idiographisch' durch die Differenz zwischen ‚generalisierenden' und ‚individualisierenden' Verfahren[26]; schließlich mindert er die Rolle der ‚Tatsachen' und legt den Akzent stärker auf die Konstruktivität der Erkenntnis und auf die Konstitution von ‚Gegenständen'. Die generalisierenden Naturwissenschaften organisieren – besser gesagt: konstituieren – die mannigfaltigen Erscheinungen der Wirklichkeit durch *Gesetze*; in den individualisierenden historischen Kulturwissenschaften übernehmen die *Werte* die entsprechende Funktion. Rickert schreibt: „Durch die *Werte*, die an der Kultur haften, und durch die Beziehung auf sie wird der Begriff einer darstellbaren historischen Individualität als eines realen Trägers von Sinngebilden erst *konstituiert*."[27] In *Kulturwissenschaft und Naturwissenschaft* formuliert Rickert 1899 das Prinzip der Konstitution als Prinzip der Perspektivität:

„Die Wirklichkeit wird Natur, wenn wir sie betrachten mit Rücksicht auf das Allgemeine, sie wird Geschichte, wenn wir sie betrachten mit Rücksicht auf das Besondere und Individuelle."[28]

---

23 Ebd., S. 145.
24 Ebd., S. 160.
25 Vgl. zur Begründung Rickert 1915, S. 1 ff.
26 Vgl. ebd., S. 60.
27 Rickert 1926, S. 81.
28 Ebd.

Dieser Perspektivismus, den zu gleicher Zeit auch Ernst Cassirer begründet, hat eine epistemologische Prämisse, die auch andere Neukantianer teilen – die Kritik am metaphysischen Realismus. Rickert betont, daß man mit dem „Begriff der Außenwelt im eigentlichen Sinne des Wortes [...] in Wahrheit ebensowenig wie mit dem Begriff des immanenten Objektes über Tatsachen des *Bewußtseins*" hinausgelangt: „Die ‚Außenwelt' also, nach deren Existenz wir fragen, darf weder die außerhalb meines Körpers gelegene noch das unmittelbar gegebene Objekt des Bewußtseins sein. Es bleibt demnach nur [...] die Wirklichkeit ‚außerhalb' meines Bewußtseins oder die *transzendente* Realität übrig, gegen die sich der Zweifel zu richten hat, und für welche die Bezeichnung ‚Außenwelt' *nicht* gebraucht werden sollte."[29]

In seinem späten Werk *Grundprobleme der Philosophie* wird Rickert 1934 eine radikale Schlußfolgerung ziehen: Die ‚Wirklichkeit' existiert nicht als ein Gegebenes, nicht als etwas, das *sich gibt*, sondern sie ist nur als Prädikat einer Aussage verständlich. *‚Das Wirkliche'* ist *das als wirklich prädizierte Seiende*.[30] Das Seiende selber aber determiniert nicht die Weise der Prädikation. Es gibt vielmehr eine Pluralität der möglichen Prädikationen, und deshalb gibt es auch *denkmögliche Welten*, die nicht fiktiv sind, sondern in denen wir tatsächlich leben. Dem entspricht die „*Vielheit* der tatsächlich vorhandenen Weltanschauungen". Für die Philosophie entsteht hieraus die Aufgabe, „nach einem System von *Weltalternativen* zu suchen". Gewiß bleibt die Hoffnung, die Philosophie könne „eine *Erkenntnis* der Welt in ihrer *Totalität* geben". Es kommt jedoch darauf an zu verstehen, „wie das Weltganze aus dem Einen *und* dem Andern sich zusammensetzt"; „um zum Ganzen vorzudringen, hat die Philosophie überall *das Eine und das Andere* zu erforschen, also heterologisch zu verfahren". Rickerts Schlußfolgerung, die zum Leitmotiv wird, lautet: „Nur ein *ontologischer Pluralismus* wird dem Weltreichtum gerecht."[31]

Aus den Prämissen Rickerts ergibt sich eine Frage, die von den Neukantianern vor Cassirer nicht konsequent – nicht entsprechend den Möglichkeiten ihrer Theorien – beantwortet wird. Die erste Prämisse beinhaltet ‚Weltalternativen' und einen Pluralismus der Begriffe und Theorien. Die zweite Prämisse besteht in der These, daß die Naturwissenschaften, wo sie ‚Tatsachen' festzustellen glauben, tatsächlich die

29 Rickert 1921, S. 18 f.
30 Rickert 1934, S. 52.
31 Rickert 1982, S. 174-176.

Wirklichkeit durch die Bildung von Begriffen *transformieren*[32]; Rikkert spitzt diese These zu, wenn er schreibt: „man stellt der Naturwissenschaft die Aufgabe, Fakta zu beschreiben. Aber das einzelne Faktum geht als solches [...] in die naturwissenschaftlichen Urteile [...] gar nicht ein. Insofern gilt für die Logik der Naturwissenschaften das Wort: ‚Das Höchste wäre zu begreifen, daß alles Faktische schon Theorie ist.'"[33] Eine dritte Prämisse besagt, es gehe in der Philosophie um die Analyse der „Wertvoraussetzungen der Kultur überhaupt".[34]

Worin besteht das Problem? Es ist bemerkenswert, ja überraschend, daß bei Rickert – nicht anders als bei Windelband – von der *Kulturalität* der Naturbegriffe und der Naturwissenschaften noch nicht die Rede ist. Rickert hält daran fest, daß Kant den „für die Methodenlehre maßgebenden *Begriff der Natur* als des Daseins der Dinge, ‚sofern es nach Gesetzen bestimmt ist', und damit auch den allgemeinsten Begriff der *Naturwissenschaft* wohl für absehbare Zeit endgültig festgestellt" habe.[35] Daß hieraus die Annahme einer Indifferenz der Naturwissenschaft gegenüber Werten folgt, versteht sich für ihn von selbst. Auch in Windelbands Schrift *Die Prinzipien der Logik* von 1912 liest man: „Ihrer methodischen Bestimmung nach ist die *Naturforschung wertfreie Wissenschaft* [...] Dagegen ist die Geschichte [...] darauf angewiesen, den Menschen als wertbewußtes Wesen in den Mittelpunkt ihrer Auswahl und Synthesis zu stellen."[36]

Husserl und Cassirer werden dieses Problem konsequenter lösen, indem sie den Dualismus von Naturwissenschaft und Kulturwissenschaft aufheben.

10.3 Kantische Motive und Prinzipien außerhalb des deutschen Neukantianismus

Kant wird im 19. und im beginnenden 20. Jahrhundert nicht nur durch den Neukantianismus in Deutschland wieder aktuell. Vergleichbare Rekurse gibt es z.B. im *Néo-criticisme* von Charles Renouvier in Frankreich. Eine konstitutive Rolle spielt Kant auch im nordamerika-

32 Rickert 1921, S. 88.
33 Ebd., S. 90. Auf diesen modern klingenden Satz – er könnte von Nelson Goodman stammen, er findet sich aber bei Goethe – wird sich auch Cassirer berufen.
34 Rickert 1915, S. 162.
35 Rickert 1915, S. 6.
36 Windelband 1912, S. 43 f.

nischen Pragmatismus und in der Phänomenologie Edmund Husserls. So verschieden die Gegenstände, Methoden und Prämissen auch sein mögen, so kann man doch sagen, daß Kant einen *Denkstil* repräsentiert, dessen Erneuerung den wissenschaftliche Geist dieser Zeit prägt; das Programm der *Kritik* stiftet Gemeinsamkeiten in der Zielsetzung. Dies zeigt sich auch in Husserls Forderung nach einer Philosophie als strenger Wissenschaft und in seiner Kritik des Naturalismus.

10.3.1 Husserl: Der Widersinn einer ,naturwissenschaftlichen Erkenntnistheorie'

Husserl, der sich zunächst mit Problemen der Grundlegung der Mathematik und der Logik befaßt und von 1916 an der Nachfolger Windelbands in Freiburg sein wird, veröffentlicht 1910/11 in der Zeitschrift *Logos* seine *Philosophie als strenge Wissenschaft*. Sein Anliegen ist zu zeigen, daß und warum die Philosophie trotz aller Debatten über ihre Stellung zu den Natur- und Geisteswissenschaften „noch keine Wissenschaft" ist.[37] Die Philosophie soll nun durch eine Kritik des Hegelianismus, des Historismus und des Naturalismus zur strengen Wissenschaft erhoben werden. Der Naturalismus, den Husserl durch den Hegelianismus provoziert sieht, ist in seinen Augen ein „alle absolute Idealität und Objektivität der Geltung preisgebender Skeptizismus", der „die Weltanschauung und Philosophie der neuesten Zeit in vorherrschender Weise" bestimmt hat.[38] Husserls Kritik gilt zugleich auch dem Historizismus, den er als die Kehrseite des Naturalismus ansieht.[39]

Woran nimmt der Phänomenologe Anstoß, wenn er alle „Formen des extremen und konsequenten Naturalismus, angefangen vom populären Materialismus bis zum neuesten Empfindungsmonismus und Energetismus" seiner Kritik unterzieht? Der Stein des Anstoßes ist die „*Naturalisierung des Bewußtseins*", die mit einer Naturalisierung „aller intentional-immanenten Bewußtseinsgegebenheiten" verbunden ist und aus der „die *Naturalisierung der Ideen* und damit aller absoluten Ideale und Normen" folgt. Dieses Vergehens hat sich nicht nur der Materialismus schuldig gemacht, sondern auch der „Positivismus und

---

37 Husserl 1965, S. 8.
38 Ebd., S. 10 f.
39 Ebd., S. 13, vgl. S. 49.

der ihn im Relativismus überbietende Pragmatismus".[40] Husserl kritisiert und argumentiert im Interesse einer „Erkenntnistheorie", die auf die Idee der *Intentionalität* nicht verzichtet.

Was meint ‚Intentionalität'? Allgemein gesagt, bezeichnet dieses Konzept die Gerichtetheit des Bewußtseins auf Gegenstände *als* interne Gegenstände des Bewußtseins und nicht auf externe Objekte der Außenwelt. Der Begriff ist durch Franz Brentano zu einem zentralen Thema der Philosophie des 20. Jahrhunderts geworden. Brentano charakterisiert psychische Phänomene durch ihre ‚intentionale Inexistenz': „Jedes psychische Phänomen ist durch das charakterisiert, was die Scholastiker des Mittelalters die intentionale (auch wohl mentale) Inexistenz eines Gegenstandes genannt haben, und was wir [...] die Beziehung auf einen Inhalt, die Richtung auf ein Objekt (worunter hier nicht die Realität zu verstehen ist), oder die immanente Gegenständlichkeit nennen würden".[41]

Ein weiterer Adressat von Husserls Kritik ist die naturalistische Psychologie; die empirische Psychologie konkurriert seit langem mit der Erkenntnistheorie und erhebt den Anspruch, die epistemologischen Fragen der Philosophie empirisch und somit besser beantworten zu können. Husserl hingegen sieht in ihr nur ein schlechtes Surrogat einer Philosophie des Bewußtseins. Er bringt seine Kritik des Naturalismus auf die radikale allgemeine Formel: „Alle Naturwissenschaft ist ihrem Ausgangspunkt nach naiv. Die Natur, die sie erforschen will, ist für sie einfach da."[42]

Husserl beschreibt die Lage der Philosophie zwischen Skylla und Charybdis, zwischen Naturalismus und Historizismus, als „geistige Not unserer Zeit".[43] Was den beiden Formen gemein ist, die durch bloße Empirie Auskunft über den ‚Geist' geben wollen, ist der „Aberglaube der Tatsache", also die Tendenz, „Ideen in Tatsachen umzudeuten und alle Wirklichkeit, alles Leben in ein unverständliches ideenloses Gemenge von ‚Tatsachen' zu verwandeln".[44]

Gewiß, Husserl kennt die Kritik der Induktion und des Empirizismus, wie sie in den Naturwissenschaften selbst formuliert worden ist. Doch er verlangt, diese Kritik müsse durch eine „ganz andere Erfah-

40   Ebd., S. 14 f.
41   Brentano 1973, I, S. 124 f.
42   Husserl 1965, S. 18.
43   Ebd., S. 65.
44   Ebd., S. 66.

rungskritik" überboten werden, „eine Kritik, die die gesamte Erfahrung überhaupt und das erfahrungswissenschaftliche Denken zugleich
in Frage stellt." Denn „wie Erfahrung als Bewußtsein einen Gegenstand geben oder treffen könne; wie Erfahrungen durch Erfahrungen
sich wechselseitig berechtigen oder berichtigen können, und nicht nur
sich subjektiv aufheben oder sich subjektiv verstärken; [...] – das alles
wird zum Rätsel, sowie die Reflexion sich darauf ernstlich richtet". Es
erscheint als völlig unklar, wie ein Bewußtsein, das sich allein der Logik der Erfahrung anvertraut, „objektiv Gültiges, für an und für sich
seiende Dinge Gültiges besagen soll". Was – alles in allem – entlarvt
werden soll, ist der *„Widersinn* einer ‚naturwissenschaftlichen Erkenntnistheorie'".

Husserls bestimmt so die Ausgangssituation, um dann sein eigenes
Konzept zu präsentieren:

> „Wenn Erkenntnistheorie [...] die Probleme des Verhältnisses von Bewußtsein
> und Sein erforschen will, so kann sie nur Sein als Correlatum von Bewußtsein
> vor Augen haben, als bewußtseinsmäßig ‚Gemeintes': als Wahrgenommenes,
> Erinnertes, Erwartetes, bildlich Vorgestelltes, Phantasiertes, Identifiziertes,
> Unterschiedenes, Geglaubtes, Vermutetes, Gewertetes usw. Man sieht dann,
> daß die Forschung gerichtet sein muß auf eine wissenschaftliche Wesenser-
> kenntnis des Bewußtseins, auf das, was Bewußtsein in allen seinen unter-
> scheidbaren Gestaltungen *selbst*, seinem *Wesen* nach ‚ist', zugleich aber auf
> das, was es *bedeutet*', sowie auf die verschiedenen Weisen, in denen es [...]
> *Gegenständliches* meint, und es [...] als ‚gültig', ‚wirklich' Seiendes ‚er-
> weist'."[45]

Husserl plädiert also für eine „Phänomenologie des Bewußtseins gegenüber einer Naturwissenschaft des Bewußtseins".[46]

In einem Vortrag, den Husserl 1935 in Wien unter dem Titel *Die
Krisis des europäischen Menschentums und die Philosophie* gehalten
hat, hat er die Konsequenzen gezogen, die man bei Windelband und
bei Rickert noch vermißt. Es ist für ihn „ein Widersinn", „Geisteswissenschaft durch Naturwissenschaft unterbauen, und so vermeintlich
exakt machen zu wollen". Er geht noch einen Schritt weiter, einen großen Schritt in Richtung einer alternativen Bestimmung der Naturwissenschaften: Wenn „Naturwissenschaft (wie alle Wissenschaft überhaupt) ein Titel für geistige Leistungen" ist, dann ist es „widersinnig
und ein Zirkel, das historische Ereignis ‚Naturwissenschaft' naturwis-

---

45 Ebd., S. 20 f.
46 Ebd., S. 23.

senschaftlich erklären zu wollen, erklären durch Hereinziehung der Naturwissenschaft und ihrer Naturgesetze, die als geistige Leistung selbst zum Problem gehören".[47]

10.3.2 Peirce: Alles Denken ist ein Denken in Zeichen

Die Probleme der spekulativen metaphysische Philosophie sind im ausgehenden 19. Jahrhundert in den Hintergrund getreten. Was immer mehr interessiert, ist die *Praxis* der Forschung in der Wissenschaft. In dieser Situation werden Kantische Motive und Prinzipien weit über den Neukantianismus hinaus interessant. Sie kennzeichnen, um ein letztes Beispiel anzuführen, auch den Pragmatismus von Charles Sanders Peirce. Der ausgebildete Chemiker wendet sich sich Kants Philosophie im Rahmen seines Interesses an der neueren Mathematik, Logik und Naturwissenschaft zu. Eine der Passagen, in denen Peirce deutlich auf das Problem Bezug nimmt, das sich für die Zeitgenossen mit dem Namen Kants verbindet, und in der er über Erkenntnis, Empirie und Realität in den Wissenschaften reflektiert, lautet:

„In jedem Augenblick sind wir im Besitz gewisser Informationen, d.h. von Erkenntnissen, die logisch durch Induktion und Hypothese von vorhergegangenen Erkenntnissen abgeleitet sind, die weniger allgemein, weniger deutlich sind und von denen wir ein weniger lebhaftes Bewußtsein haben. Diese sind ihrerseits von anderen abgeleitet ... und so weiter zurück bis zum idealen Ersten, das ganz singulär und ganz außerhalb des Bewußtseins ist. Dieses ideale Erste ist das partikuläre Ding-an-sich. Es existiert als *solches* nicht. D.h. es gibt kein Ding, das in dem Sinne an-sich wäre, daß es nicht in Bezug auf den Verstand steht, obwohl die Dinge, die in Bezug auf den Verstand stehen, zweifellos, auch wenn man von dieser Relation absieht, existieren."[48]

Peirce leistet eine semiotische Transformation der Transzendentalphilosophie. Für ihn ist alles Denken „ein Denken in Zeichen".[49] Seine Bedeutung ist in unserem Zusammenhang darin zu sehen, daß er im Unterschied zur modernen *Logic of science* gezeigt hat, daß die Bedingungen der Möglichkeit und Gültigkeit wissenschaftlicher Erkenntnis nicht allein durch die semantische Analyse der zweistelligen Relation von Theorien und Tatsachen geklärt werden können. Es muß vielmehr

47 Ebd., S. 24.
48 Peirce, CP, 5.311.
49 Peirce, CP 5.251.

ein intersubjektives Analogon zu Kants ‚transzendentaler Einheit des Bewußtseins' gefunden werden. Das Analogon ist nur in der pragmatischen Dimension der Zeicheninterpretation zu finden[50], und dies heißt: in der ‚*ultimate oppinion of the indefinite community of investigators*'. Es ist allerdings nur noch ein quasi-transzendentales Subjekt, das in der Zeit, ‚*in the long run*', die postulierte Einheit erreichen soll.

Das eigentliche Ziel und das Programm der neuen ‚Logik der Forschung', die Peirce anstrebt, erhellt aus dem Titel eines seiner Aufsätze aus dem Jahr 1878: *How to Make Our Ideas Clear*. Als lange Zeit selber experimentierender Naturwissenschaftler geht Peirce auf Distanz zum positivistischen Begriff von ‚Tatsachen'. Auch für ihn sind die Tatsachen der Wissenschaft nicht durch die Realität vorgegeben; vielmehr werden sie in der Form von wahren Aussagen erst im Prozeß der Erkenntnis erzeugt; dies gilt selbst für die ‚große Tatsache', die Realität: Die Meinung, der letztlich alle Forschenden zustimmen, die Überzeugung[51], die letztlich alle teilen können – das ist es, was unter ‚Wahrheit' zu verstehen ist, und der Gegenstand, der durch diese Meinung repräsentiert wird, ist das Reale.[52]

Bei Peirce nimmt die Semiotik den Platz ein, den früher Ontologien innehatten. Der Pragmatismus plädiert für ontologische Sparsamkeit. Zeichen repräsentieren nur Zeichen. Auch der bezeichnete Gegenstand selbst tritt nur als Zeichen in die Semiose ein, so daß es *für uns* keine Möglichkeit gibt, auf ‚nackte Tatsachen' Bezug zu nehmen. Jedes Bezeichnete ist in ein Kontinuum von Zeichen integriert. Weil alle Gegenstände, auf die wir uns durch Zeichen beziehen, wieder zu Zeichen werden, kommt es also zu einer *Semiotisierung des Referenten*. Zeichen existieren nur als Momente der Semiose.[53]

Unter ‚Semiose' versteht Peirce „eine Aktion oder einen Einfluß, der aus einer Kooperation *dreier* Objekte besteht oder diese einschließt, wie z.B. ein Zeichen, sein Objekt und sein Interpretant, wobei dieser tri-relative Einfluß auf keinerlei Weise in Aktionen zwischen je zwei Objekten aufgelöst werden kann."[54] Die Semiose ist eine konti-

50 Vgl. Apel 1973, S. 164.
51 Vgl. Peirce, The fixation of belief (1877), CP 5.358-387.
52 Zum Wirklichkeitskonzept bei Peirce vgl. Pape 2001.
53 Vgl. Pape 1986.
54 Peirce, CP, 5.484.

nuierliche Interpretation der Zeichen durch Folgezeichen. Peirce erklärt die triadische Relation der Semiose wie folgt:

> „Ein *Zeichen* oder *Repräsentamen* ist alles, was in einer solchen Beziehung zu
> einem Zweiten steht, das sein *Objekt* genannt wird, daß es fähig ist ein Drittes,
> das sein *Interpretant* genannt wird, dahingehend zu bestimmen, in derselben
> triadischen Relation zu jener Relation auf das Objekt zu stehen, in der es selbst
> steht. Dies bedeutet, daß der Interpretant selbst ein Zeichen ist, der ein Zeichen
> desselben Objekts bestimmt und so fort ohne Ende."[55]

Ein direkter Bezug eines Satzes auf einen ‚realen Sachverhalt', auf sein
‚Objekt', ist nicht möglich; man kann den ‚bezeichneten Sachverhalt'
(‚*Interpretant*') nicht umgehen. Ohne den *Interpretant* gäbe es keinen
Bezug des Zeichen-Objekts zu einem ‚wirklichen Objekt. Das ver-
meintliche Objekt, dessen Unabhängigkeit vom Bewußtsein metaphysische Realisten und naive Positivisten unterstellen, ist selbst ein Zeichen. *Das Zeichen ist die ‚menschliche Form' der Realität.* Hieraus
folgt: Auch im Begriff der Natur kann nicht mehr davon abstrahiert
werden, daß die Dinge der Natur nur *als* Bezeichnete erscheinen. Der
Dialog über die Natur findet in den Zeichen und in der Sprache der
Menschen statt. Die Welt, so wird es Cassirer sagen, hat für uns die
Gestalt, die der Geist ihr gibt.[56]
   1905 veröffentlicht Peirce einen Text mit dem Titel: *Was Pragma-
tism Is.*[57] Hier wird deutlich, daß es sich bei dem pragmatistischen Ansatz von Peirce keineswegs nur um eine *semiotische Wende* in der Philosophie der Wissenschaft geht. Kern dieser Selbstverständigung ist,
daß ein *Begriff*, d.h. der rationale Bedeutungsgehalt eines Wortes oder
eines anderen Ausdrucks, ausschließlich in seinem denkbaren Bezug
auf die *Lebensführung* besteht. Noch pointierter heißt es hier im unmittelbaren Kontext, es gehe dem Pragmatismus um eine *Ethik der
Terminologie:* Der einzige Weg zur Verbindung zwischen rationaler
Erkenntnis und rationalem Zweck der Forschung bestehe darin, die
Richtlinien der Terminologie so zu formen, daß sie die Unterstützung
des *Moralprinzips* und des Anstandsgefühls eines jeden gewinnen.
   How to Make Our Ideas Clear? Peirce benennt eine wesentliche
Voraussetzung mit einem Gedanken, in dem ich nicht nur das Ziel des
Pragmatismus, sondern das Ziel aller epistemologischen Kritik sehe:

55 Peirce, CP 2.274.
56 Vgl. Sandkühler 1993.
57 Peirce, CP 5.411-437.

Die Antwort lautet, es käme für uns darauf an, „Herr unserer eigenen Sinnintention zu sein".[58]

Die im Neukantianismus und in anderen an Kant orientierten Philosophien und Wissenschaftstheorien formulierten Lösungen von Problemen der Epistemologie und Methodologie, die Motive der Kritik am ‚Mythos des Gegebenen', die Bestimmung des Verhältnisses von Natur- und Geistes- bzw. Kulturwissenschaften sowie von Tatsachen und Werten, die Begründung des Pluralismus und die Begrenzung des Relativismus – alle diese Aspekte betreffen auch eine Wissenschaft, die auf den ersten Blick mit dem Thema, wie das Buch der Natur zu lesen sei (bzw. wie es geschrieben wird), nichts zu tun hat: die *Rechtswissenschaft*.

---

58 Peirce, CP 5.388-410.

11. Die ‚Natur' des Rechts und der Relativismus im Recht

Was unter ‚Natur' zu verstehen ist, ist ein wesentliches Thema der Rechtswissenschaft. Im ausgehenden 19. und beginnenden 20. Jahrhundert wird das Thema vorrangig als Frage nach der ‚Natur' der Naturwissenschaften verhandelt und es geht darum, ob die Naturwissenschaften ein methodologisches Modell für die Rechtswissenschaft darstellen. Titel wie ‚Naturlehre des Rechts', ‚Naturgesetze des Rechts' oder ‚Naturwissenschaft des Rechts' haben Konjunktur. Und das Motiv dieser Sucht nach einer riskanten Nähe? „Naturgesetzlichkeit und Naturwissenschaftlichkeit kompensierten so die postnaturrechtliche Kontingenz des positiven Rechts."[1]

Im Gegenzug hat die Erkenntnis- und Wissenschaftskritik des Neukantianismus in der Rechtswissenschaft und in der Rechtsphilosophie tiefe Spuren hinterlassen.[2] Dies belegen die bis heute in ihrer Wirkung ungebrochenen, auf die eine oder andere Weise mit ihm verbundenen Rechtslehren von Hans Kelsen und Gustav Radbruch.

11.1 Pluralismus, Relativismus und die Geltung des Rechts

Der Befund, der sich bisher aus der Epistemologie und aus der Wissenschaftsgeschichte zum epistemischen Pluralismus ergeben hat, läßt sich in einem Satz so zusammenfassen: *Niemand hat die eine Wahrheit über die Welt, und es gibt keine ‚vom Sein' berufene Repräsentanten einer einzigen Wahrheit.* Dies ist nicht nur eine durch die Epistemologie und die Geschichte der Wissenschaften gesicherte Einsicht; es trifft *de facto* zu– in der Gesellschaft, im Staat und im Recht.

Dem Sachverhalt, den die Epistemologie analysiert, entsprechen Orientierungsprobleme in modernen Gesellschaften und entsprechende Orientierungs-, Ordnungs- und Regelungsprobleme. Denn auch *moralisches* Erkennen und Wissen entsteht und wirkt unter Bedingungen

---

1 Kiesow 1997, S. 127.
2 Vgl. Müller 1994. Zu neukantianischen Rechtsbegründungen vgl. Kersting Zu einer frühen vehementen Kritik an der neukantianischen Rechtsphilosophie vgl. Kaufmann 1921.

des faktischen Pluralismus[3]; individuelle und kollektive Verhaltens-
normen werden aus verschiedenen Weltbildern und Einstellungen abgeleitet, in denen Auffassungen des Guten, der Gerechtigkeit und
zweckentsprechenden Handelns divergieren. Diese Divergenzen sind
legitim, nichts, was zu bedauern wäre.

Sowohl der epistemische als auch der moralische Pluralismus zeiti-
gen Folgen für das politische Verhalten in Gesellschaft und Staat –
und damit auch für das *Recht*. Wenn individuelle Freiheit ohne die Garantie der Freiheit aller weder sicher sein noch gesichert werden kann,
führt der Pluralismus auf die Frage nach der ihm entsprechenden Le-
bensordnung: nach den Bedingungen von Gerechtigkeit in der Gesellschaft, im Recht und im Staat. Positive und negative Erfahrungen zeigen, daß der Pluralismus der Freiheiten und die Ordnung eines die
Freiheiten regulierenden Rechts in einer Beziehung der Komplementarität zueinander stehen. Die Problemlage kann so beschrieben werden:

Hinsichtlich der Verwirklichung eines ‚guten Lebens' gibt es inkommensurable Werte; die Werte konfligieren, und die Realisierung
der einen schließt andere Werte aus; es gibt keine für alle akzeptablen
autoritativen Standards der Konfliktlösung; es gibt vernünftige Wege
der Konfliktlösung.[4]

Wenn eine für alle Menschen verbindliche und von allen Menschen
anerkannte Ethik als Grundlage des Handelns nicht existiert, dann besteht der erfolgversprechendste Weg der Konfliktlösung – zumindest
für wesentliche kollektiv relevante Probleme – im *Recht*, das der
Rechtsstaat setzt und durchsetzt. Das Recht begrenzt den absoluten
Pluralismus und überführt ihn in einen *relativen*, durch allgemeine
Rechte und Verpflichtungen beschränkten Pluralismus.[5]

Es ist nicht das Ziel des Rechts, einen *Konsens* der Normadressaten
zu erreichen oder gar zu erzwingen. Vielmehr ist es seine Funktion,
die Freiheit des *Dissenses* zu sichern. Für den Dissens gibt es keine
Apriori-Grenzen; die Vielfalt voneinander abweichender Auffassungen und Einstellungen führt zu dem faktisch zutreffenden Eindruck,
daß im Denken und im Handeln vieles möglich ist.

---

3   Der Begriff wurde von J. Rawls zunächst in Justice as Fairness (1975, 1985) ent-
    wickelt und später in der Differenzierung von ‚faktischem' und ‚vernünftigem'
    Pluralismus (1994, S. 106) weiterentwickelt. Vgl. zum epistemischen Pluralismus
    Sandkühler 1996b, 1999, zu Pluralismus und Recht Sandkühler 1996a, 1998c.
4   Kekes 1994, S. 44.
5   Den Begriff ‚relativer Pluralismus' entnehme ich Höffe 1988, S. 106.

Relativismus ist eine Alltagserfahrung von Individuen in ihrem epistemischen und praktischen Verhältnis zu ihrer Welt. Zur Alltagserfahrung gehört aber auch, daß es *weder* sinnvoll ist, alles für möglich zu halten, noch alles zuzulassen, was möglich ist. Es gibt so etwas wie ein System spontanen wechselseitigen Schutzes vor dem *anything goes*. Dieses System wird weitgehend für das gehalten, was ,man' Normalität nennt. Dem entspricht ein verbreitetes Bedürfnis nach Sicherheit, wie sie das Recht bietet, und eine Zustimmung zur rechtlichen Sicherung der Normalität. Auch in pluralistische Gesellschaften sind die Menschen aus wohlverstandenem Eigeninteresse genötigt, „die Integrität ihres Zusammenlebens dadurch zu wahren, daß sie sich an Prinzipien der Gerechtigkeit orientieren und einander als Mitglieder einer Assoziation von Freien und Gleichen achten".[6] Und doch ist nicht zu erwarten, daß sich hieraus spontan eine mit den individuellen Eigeninteresse verträgliche allgemeine Rechtskultur ergibt, also ein Zustand, in dem „Verfassungsbestimmungen, Gesetze und Einzelfallentscheidungen, die für richtig gehalten werden, sich mit allgemeinen Prinzipien und Zielsetzungen" harmonisieren lassen.[7]

Normalität ist relativ; je selbstverständlicher der Relativismus ist, desto mehr hat Normalität fließende Grenzen. Unter Bedingungen, unter denen das Rechtsbewußtsein und die Anerkennung von Rechtsnormen schwindet, weil der Wert der Gerechtigkeit nicht mehr gesehen und Gerechtigkeit in der Gesellschaft immer weniger erlebt wird, kommt es darauf an, den Relativismus zu relativieren: Der mit der Freiheit und dem Pluralismus verbundene *Relativismus*[8] *kann nicht absolut, sondern nur relativ sein.*[9] Dies bedeutet, die Beziehungen zwischen den Individuen so zu regeln, daß der Dissens verträglich ist mit gleichen Freiheitsansprüchen und Rechten aller. Die Verträglichkeit wird hergestellt durch rechtliches Sollen, d.h. durch Normen, die mit Sanktionen bewehrt sind. Pluralismus und Relativismus sind inso-

6   Habermas 1992, S. 264; 263. Vgl. auch Petersen 1995.
7   Mohr 1997, S. 136.
8   Zur Frage, ob es Grund zur ‚Furcht vor dem Relativismus' gibt, vgl. Wolf 2000.
9   Daß dies auch faktisch so ist, zeigen nicht zuletzt das Bedürfnis nach und die Anerkennung von Grund- und Menschenrechten, die in aller Regel innerhalb von Gesellschaften universalistisch – d.h. relativ-universell - aufgefaßt werden. Fundamentale Rechtsansprüche werden zwar auf regionale kulturelle Standards relativiert; sie bilden aber strukturell ein wesentliches Element der Schnittmenge moralischer Überzeugungen in pluralistischen Gesellschaften. Zu relativistischen Kritiken am Menschenrechtsuniversalismus vgl. Reuter 1999.

fern keine Bedingungen, die aufzuheben wären, sondern Bedingungen, unter denen die rechtliche Ordnung ermöglicht werden muß – und ermöglicht werden kann.

Der Relativismus fordert den Rechtsstaat. Niemand hat dies so früh so klar gesehen wie Gustav Radbruch. Er hat in *Der Relativismus in der Rechtsphilosophie* geltend gemacht, die Verfassung müsse „im Dienste der sozialen Ordnung und der Rechtssicherheit" stehen und die Kraft entfalten, „den Kampf der Überzeugungen" in Formen der Koexistenz konkurrierender Einstellungen und Interessen überführen zu können, in denen sich die Individuen wechselseitig ihre Grundrechte[10] und die aus ihnen ableitbaren Rechte gewähren. Es ist gerade die mit dem faktischen Pluralismus verbundene Relativität der Interessen, die eine rechtsstaatliche Ordnung erforderlich macht: *Relativität der Interessen und Interessendurchsetzung in Relation zum Recht.* Die rechtsstaatliche Ordnung kann freilich – so Radbruch – die „Sicherheitsaufgabe nur unter der Voraussetzung erfüllen, daß [sie] nicht allein die Rechtsunterworfenen verpflichte, sondern auch den Gesetzgeber selbst. [...] Die Gesetzgebung ist dem Gesetzgeber anvertraut nur unter der Bedingung, daß er sich selbst der Herrschaft des Gesetzes unterwerfe. Ein Staat, der sich seinem eigenen Gesetz unterworfen weiß, heißt [...] Rechtsstaat. Der Relativismus fordert den Rechtsstaat."[11] Radbruchs Argumentation und seine Forderungen sind realistisch und pragmatisch: Wenn es angesichts des faktischen Pluralismus und Relativismus unmöglich ist, „ein lückenloses und für jeden einsichtiges System der Normen richtigen Verhaltens zu erkennen, bedarf es einer Entscheidung darüber, was Rechtens sein soll. Oder, wie Radbruch sagte: ‚Vermag niemand festzustellen was gerecht ist, so muß jemand festsetzen, was rechtens sein soll'."[12]

Dies ist nach der Erfahrung des 20. Jahrhunderts, daß Terror gegen Menschen nicht nur von Staaten, sondern auch von nichtstaatlicher Gewalt und von Individuen ausgehen kann, eine plausible Lösung. Will man aber die Konfliktlösung nicht bloßem *Zwangs*recht im *Macht*staat überantworten, ist das Problem eines akzeptablen Verhältnisses von Freiheit und Ordnung zunächst nur verschoben. Es bleiben die Fragen: Wie entsteht Recht? Was sind unter den gegebenen Bedingungen gute Gründe seiner Geltung? Man kann nicht „dabei stehen-

---

10 Vgl. Alexy 1996, 1999.
11 Radbruch, 1990, S. 19.
12 Zippelius 1994, S. 77.

bleiben, Rechtsnormen als bloße ‚Resultanten' von Interessen und Machtfaktoren anzusehen; denn immer stellt sich auch die Frage nach der richtigen Ordnung der Interessen."[13] Die für das Recht und die Rechtswissenschaft entscheidenden Fragen bestehen darin, ob trotz des Fehlens allgemein anerkannter Normen moralischen Verhaltens (d.h. eines Wertekonsensus) Maßstäbe formuliert werden können, die das Recht, die Gesetze und die staatliche Gewalt aus einer *Grundnorm* legitimieren, die ihrerseits nicht relativistisch unterlaufen werden kann und unter pluralistischen Bedingungen nicht zur Disposition steht.

Es liegt auf der Hand, daß die Maßstäbe und die Grundnorm nicht aus einer bestimmten *materialen wertethischen* Begründung gewonnen werden können – sie wäre zwangsläufig nicht konsensfähig –, sondern nur im Rahmen einer *formalen* Rechtskonzeption.[14] Es geht dabei nicht allein, aber auch – mit Kelsen – darum, das Recht vor Interessen zu bewahren, „die nur einen höchst subjektiven Charakter haben können, auch wenn sie im besten Glauben, als Ideal einer Religion, Nation oder Klasse auftreten".[15]

13 Ebd., S. 74 f.
14 Eine extreme Gegenposition findet sich im Grundgesetz-Kommentar von Maunz und Dührig; dort wird zum Begriff der unantastbaren Menschenwürde (GG, Art. 1 I) ausgeführt: „In der Erkenntnis, daß die Verbindlichkeit und die verpflichtende Kraft auch einer Verfassung letztlich nur in objektiven Werten begründet sein kann, hat sich der Grundgesetzgeber, nachdem ein Hinweis auf Gott als Urgrund alles Geschaffenen nicht durchgesetzt werden konnte, zum sittlichen Wert der Menschenwürde bekannt." (Maunz/ Dürig 1994, 1 I, Rz. 1. Hervorh. von mir) Betont wird, Art. 1 I liefere „in der Staatseinrichtung [...] den wertausfüllenden Maßstab für alles staatliche Handeln; denn er bestimmt und beschränkt Staatszweck und Staatsaufgabe, und er bestimmt und beschränkt die Legitimität von Staat und Recht aus den Werten personaler Ethik." (Ebd., Rz. 15.) Eine erläuternde Fußnote zeigt, wie wenig diese Auffassung zu einer Rechtsbegründung in der pluralistischen Demokratie taugt: „Man sollte nicht um die Begriffe für diese Wertfundierung streiten. Man kann auch sagen, daß Art. 1.1 das ‚Naturrecht neuzeitlicher Prägung' rezipiert habe [...] Niemals ist es jedoch unjuristisch, wenn man zur Interpretation des von der Verfassung rezipierten, ihr vorausliegenden Rechts spezifisch christliche Lehren verwendet [...] Die christliche Naturrechtsauffassung umspannt stets auch die gültige profane Lehre [...] Sollte irgendwo das profane Naturrecht zu Abweichungen vom christlichen führen, so ist im Zweifel nichts anderes als die Überprüfung auf historische Abfälschungen nötig, um wieder auf die gemeinsame christliche Wurzel zu stoßen." (Ebd., FN 2.) Eine Konsequenz ist die Annahme, daß der Gehalt jedes Einzelfreiheitsrechts im überpositiven Recht wurzele (ebd. Rz. 46, Rz. 17 und 1 II, Rz. 81).
15 Kelsen 1985 (RR I), S. XI. Es ist daran zu erinnern, daß Kelsen dieses Postulat einer „freie[n] Rechtswissenschaft" (ebd. S. XV) aufgrund seiner Erfahrungen mit

Die formale Konzeption des Rechts ist „im Sinne der Kantischen Philosophie erkenntnistheoretisch-transzendental, nicht metaphysisch-transzendent"[16]; dies ist die Schlußfolgerung Hans Kelsens, dessen Argumentation zu erläutern bleibt. Damit ist eine Position abgesteckt; das Problem ist, wenn es überhaupt lösbar sein sollte, noch nicht gelöst. Wie auch immer ‚Recht' definiert wird, als „Gefüge faktischer Regelmäßigkeiten", als „Gefüge von Geboten", als „verwirklichte Normenordnung" oder durch seine „Geltung als Zwangsregel"[17], gibt es einen andauernden Konflikt darüber, ob das Maß des Rechts, die Rechtsidee, empirisch aus der Faktizität des positiven Rechts abgeleitet werden kann oder aber seinen Ursprung in vor- bzw. außerrechtlichen Werten hat. Konkurrierende Begründungsstrategien führen zu Optionen für verschiedenste Rechtskonzeptionen, z.B. für ein religiös oder rationalistisch-vernunftrechtlich begründetes Naturrecht[18], für einen Rechtsrealismus oder für den Rechtspositivismus. Eine der umstrittenen Fragen, ja vielleicht *die* Frage ist, „ob es irgendwelche Kriterien des Richtigen gibt, die nicht schon einer von einem staatlichen Gesetzgeber erlassenen Norm oder richterlichen Entscheidungspraxis entnommen werden können, ob sich also sinnvoll von ‚vorpositivem' oder ‚überpositivem' Recht sprechen läßt".[19]

Weder die Rechtsidee – bei Radbruch: die Gerechtigkeit – noch das positive Recht können in der Sicht eines epistemologischen Pluralismus als *ontisch* durch Natur, Vernunft oder Geschichte ‚gegebene' Objektivität verstanden werden, die von Rechtssubjekten nur noch zu erkennen bzw. auszulegen wäre; sie können auch nicht ontologisch begründet werden. Dies ist der Grund für Kelsen Aussage: „Gäbe es Gerechtigkeit in dem Sinne, in dem man sich auf ihre Existenz zu berufen pflegt, wenn man gewisse Interessen gegen andere durchsetzen will, dann wäre das positive Recht völlig überflüssig und seine Existenz ganz unbegreiflich."[20] Ist das Recht aber nicht ontisch begründet und

und nach dem Ende der Weimarer Republik und mit der Bolschewisierung des Sozialismus geltend macht.
Da die 1. Aufl. der Reinen Rechtslehre (1934) und die 2. Aufl. (1960) erheblich voneinander abweichen, kennzeichne ich im folgenden die 1. Aufl. mit (RR I), die 2. Aufl. mit (RR II).

16 Ebd., S. 24.
17 Vgl. Zippelius 1993.
18 Vgl. die Beiträge in Goldschmidt/Zechlin 1994, Maus 1999.
19 Seelmann 1994, S. 1.
20 Kelsen 1985 (RR I), S. 15.

nicht ontologisch begründbar, dann ist der Konflikt der Interpretationen dessen, was ‚richtiges Recht'21 ist, und darüber, und wie es begründet werden kann, unausweichlich.

Diesen Konflikt tragen drei für die Weimarer Republik repräsentati-
ve Rechts- und Staatstheoretiker aus, deren einschlägige Werke nahezu gleichzeitig erscheinen: Die *Rechtsphilosophie* Gustav Radbruchs
(1932), Hans Kelsens *Reine Rechtslehre* (1934) und Hermann Hellers
Staatslehre (1934); Radbruch und Kelsen stehen in Beziehung zum
Neukantianismus, Heller ist der Hegelschen Philosophie und in kritischer Distanz Marx und bestimmten Formen des Marxismus verpflich-
tet.22

Selbst mit einem relativen Pluralismus und einem relativierten Relativismus ist ein Problem verbunden, dessen man sich im Streit um das
richtige Recht gerne dadurch entledigt, daß *Apriori*-Ansprüche auf die
Evidenz der Begründungen geltend gemacht und der jeweils anderen
Seite bestritten wird, gute Gründe zu haben. Das Problem besteht darin, daß es eine derartige Evidenz nicht gibt. Zu diesem Ergebnis kommen auch Radbruch, Kelsen und Heller, jeder auf seine Weise. Die
Qualität ‚guter Gründe' ergibt sich keineswegs allein aus der imman-
ten Kohärenz dessen, wofür plädiert wird; ihre Relevanz steht und fällt
mit ihrer *Anerkennung* in einer Rechtskultur. Pluralismus, Relativismus und das Recht auf Dissens übergreifen auch die Antworten auf die
Frage nach dem richtigen Recht. Zu fragen ist deshalb, welche wie
modifizierten Rechtsbegründungen und Legitimationen des Staates im

---

21 Vgl. hierzu Alexy 2000, der im Kontext der Frage, „ob der Anspruch auf Richtig-
    keit einen Zusammenhang zwischen Recht und Moral zu stiften vermag" (ebd.,
    3), betont, „Positivisten wie Nichtpositivisten stimm[t]en heute weitgehend darin
    überein, daß das Recht aus mehr besteht als aus purer Faktitizität von Verhaltens-
    regelmäßigkeiten, Befehlen, psychischen Dispositionen oder der Ausübung von
    Zwang". (Ebd.)

22 Auf H. Heller gehe ich hier nur am Rande ein; ein intensiver Vergleich aller drei
    Positionen würde den Rahmen sprengen. Heller formuliert in seiner Staatslehre
    (1934) seine Theorie des demokratischen Verfassungsstaats, dessen Funktion vor
    allem in der Regelung sozialer Konflikt besteht, in Kritik an der positivistischen
    Rechts- und Staatslehre seiner Zeit, vor allem an Kelsen. Nicht der Neukantianis-
    mus (zur Kritik am Neukantianismus vgl. Heller 1983, S. 44) ist die Tradition, auf
    die er sich bezieht, sondern Hegels Theorie der bürgerlichen Gesellschaft (vgl.
    ebd., S. 137), des Staates und der ‚Sittlichkeit' sowie ihre Fortschreibung bei und
    nach Marx; Heller akzeptiert „den wissenschaftlich wertvollsten, vom zeitbeding-
    ten Ökonomismus und Naturalismus gereinigten Teil des historischen Materialis-
    mus" (ebd., S. 84).

Rahmen eines relativen Pluralismus und Relativismus Chancen einer möglichst breiten Anerkennung eröffnen.

Im Begründungskonflikt stehen sich – ungeachtet weiterer Differenzierungen – zwei Parteien gegenüber: die *Naturrechtslehre* und der *Rechtspositivismus*. In ihren jeweils verabsolutierten religiösen bzw. gesetzespositivistischen Formen sind sie offensichtlich nicht allgemeiner Anerkennung fähig. Ein Kandidat möglicher Anerkennung ist ein minimales, historisiertes Naturrecht: Es sieht seine hinreichende Verwirklichung in den positivierten Menschenrechten.[23] Der zweite Kandidat ist ein dynamischer Rechtspositivismus, der diesseits der bloßen Tatsächlichkeit der Grundnorm ,Verfassung' eine menschenrechtliche Grundlegung dieser Grundnorm zuläßt und anerkennt, daß „der Anspruch auf menschenrechtliche Richtigkeit den Verfassungsgeber und die Verfassungsinterpreten zur dauernden Suche nach der besten Menschenrechtskonzeption" verpflichtet.[24]

11.2 Die ,Natur' des Rechts. Kausalität oder Normativität?

11.2.1 Naturrecht

Die Idee eines Naturrechts, in der Antike als Oppositionsdenken gegen die Autorität autokratischer bzw. aristokratischer Herrschaft entstanden, verlangt für eine ,gerechte Ordnung' eine ,*natürliche*' Legitimation. *Natur*recht ist, so eine allgemeine Formel seit *Justinian* (6. Jh.), was die Natur alle Lebewesen lehrt. Allen naturrechtlichen Konzeptionen gemein ist das Prinzip: *Aus der natürlichen Ordnung der Dinge selbst erschließt sich, was recht und gerecht ist.*

Die natürliche Ordnung aber interpretiert sich nicht auf natürliche Weise. Die Folge ist, daß der Begriff ,Naturrecht' seinen Inhalt je nach theoretischen und praktischen Rahmen verändert; es *gibt* den Konflikt der Interpretationen. Naturrechtslehren sind antirelativistisch; sie relativieren sich im Konflikt. Das Naturrecht kann seinen Inhalt wechseln, denn „das Kriterium für die Wahl zwischen faktischen Alternativen kann nicht in den Fakten selbst liegen. Deshalb heben Naturrechts-

23 Zu Begründungen siehe Sandkühler 1996a, 1998. Die von Alexy 2000 gestellte Frage nach dem Zusammenhang von Recht und Moral findet hier m.E. – jenseits der abstrakten Unterscheidung von Recht und Moral – die beste Antwort, in der Richtigkeit (Gerechtigkeit) und Recht zusammengeführt sind.
24 Alexy 1999, S. 527.

theorien aus der Fülle dessen, was tatsächlich existiert, bestimmte Gegebenheiten als die ‚wahre Natur' der Sache heraus [...] Damit trifft man aber schon eine wertende Auswahl, legt also bestimmte ethische Maßstäbe in die ‚natürliche Ordnung' hinein, um sie dann wieder aus der ‚wahren Natur' des Menschen, der Institution oder der Sache herauszulesen. [...] So gibt es naturrechtliche Begründungen des Individualeigentums ebenso wie solche des Güterkommunismus und naturrechtliche Rechtfertigungen der Monarchie ebenso wie solche der Demokratie."[25]

Ungeachtet der Präferenzen für ein geschichtlich bestimmtes Konzept entlehnen alle bisherigen Naturrechtslehren dem Konzept ‚Natur' ihre Allgemeingültigkeit und Unwandelbarkeit. Ihren geschichtlichen Wandel skizziert Gustav Radbruch seiner *Rechtsphilosophie* so:

„Von ihrem Anbeginne bis zum Anfang des 19. Jahrhunderts war alle Rechtsphilosophie *Naturrechtslehre*. Gewiß begreift die Bezeichnung Naturrecht Erscheinungen grundverschiedener Art in sich. Das Naturrecht der Antike kreiste um den Gegensatz von Natur und Satzung, das Naturrecht des Mittelalters um den Gegensatz von göttlichem und menschlichem Recht, das Naturrecht der Neuzeit um den Gegensatz zwischen Rechtszwang und Einzelvernunft. Bald dient das Naturrecht einer tieferen Befestigung des gesetzten Rechts, bald gerade umgekehrt dem Kampfe gegen das gesetzte Recht. Aber in allen seinen Formen ist es durch vier, zu verschiedenen Zeiten freilich verschieden betonte Wesenszüge gekennzeichnet: Es liefert inhaltlich bestimmte rechtliche Werturteile. Diese Werturteile sind entsprechend ihrer Quelle – Natur, Offenbarung, Vernunft – allgemeingültig und unwandelbar. Sie sind der Erkenntnis zugänglich. Sie gehen, einmal erkannt, widersprechendem gesetzten Rechte vor: Naturrecht bricht positives Recht."

Was aber bleibt angesichts der Historizität der Naturrechtsidee an *Natur* und an mit dem Naturbegriff verknüpfter Allgemeingültigkeit und Notwendigkeit?[26]

25 Zippelius 1996, S. 41.
26 Am Beispiel der Naturrechtskonzeption der Aufklärung zeigt I. Maus, daß ‚Natur' nur scheinbar ein Substanzbegriff, der Zwecksetzung nach aber ein Funktionsbegriff ist: „Die bewußte Abstraktion von allen realexistierenden Konstitutionsbedingungen der Subjekte, die atomistische Reduktion von Individuen auf eine ‚Natur', die gegenüber allen staatlichen Veranstaltungen logische und normative Priorität beansprucht, verfolgte den Zweck, dieser Natur des Menschen Rechte zuzuordnen, die den politischen Institutionen vorhergingen. Gerade die Abstraktionen dieser naturrechtlichen Argumentation dienten der Qualifizierung aller Freiheitsrechte als vorstaatlicher Rechte." (Maus 1994, S. 10)

„Will man für das demnach nur durch die Einheitlichkeit der kategorialen Form gekennzeichnete ‚richtige Recht' dennoch den Namen Naturrecht festhalten, so muß man es dem unwandelbaren Naturrecht alten Stils [...] als ein ‚Naturrecht mit wechselndem Inhalt' oder, wie man wohl gesagt hat, als ‚*Kulturrecht*' gegenüberstellen. Wäre [...] richtiges Recht, gleichviel ob Naturrecht alten Stils oder Naturrecht mit wechselndem Inhalt, entgegen der relativistischen Auffassung eindeutig erkennbar, so wäre der Schluß unvermeidlich, daß von ihm abweichende Satzung vor ihm erbleichen müßte wie der entlarvte Irrtum vor der enthüllten Wahrheit."[27]

11.2.2 Rechtspositivismus

‚Rechtspositivismus' bezeichnet die Auffassung, die unter ‚Recht' die ‚positiven', d.h. vom Gesetzgeber gesetzten bzw. aus Gewohnheit geltenden bzw. aus richterlicher Tätigkeit entstehenden Normen versteht; er nimmt darüber hinaus keine vor- und außergesetzlichen Quellen der Rechtsbegründung und -erkenntnis in Anspruch. Auf die ontologische *Funktionalisierung der Natur* als Grundlage des Rechts wird verzichtet. Das natürliche Sein sagt nicht, was gesollt ist. Der Wert des Rechts ist im positivierten Recht repräsentiert.[28]

Im Unterschied zu Naturrechtslehren bereitet dem Rechtspositivismus die Anerkennung des *Pluralismus* keine Schwierigkeiten; er verlangt gerade deshalb den Verzicht darauf, die Rechtsschöpfung und – auslegung von ‚privaten Weltanschauungen' abhängig zu machen.[29] Sein Problem ist ein anderes (oder kann zumindest ein anderes sein): jener *Relativismus*, der sich, wird er verabsolutiert, im Satz ‚Gesetz ist Gesetz' ausdrückt. Sobald man sich vom Naturrecht verabschiedet, steht man vor dem Problem des Relativismus. Dies zeigt sich sowohl bei Hans Kelsen, dessen Naturrechtskritik rigoros ist[30], als auch bei Gustav Radbruch, der naturrechtliche Minima für unumgänglich hält.[31]

---

27 Radbruch 1999, S. 21 f. Hervorh. von mir.
28 Vgl. Hassemer 1972, S. 334. Zur Rolle der Kodifikation für die Entstehung und Entwicklung des Rechtspositivismus vgl. ebd. S. 334 f. Zur Kritik des Rechtspositivismus vgl. Alexy 1990.
29 Vgl. Radbruch 1959.
30 Vgl. u.a. Kelsen 1927/28, 1928.
31 An seiner Kritik am klassischen Naturrecht läßt aber auch er keinen Zweifel; vgl. Radbruch 1999, S. 21 ff. und passim.

Die Forderung nach einem nicht mehr metaphysischen, sondern ‚positiven' Rechtsverständnis setzt sich in dem viele Kulturformen übergreifenden Prozeß der Weltbildveränderung im 19. Jahrhundert durch, in dessen Ergebnis ‚den Tatsachen ihr Recht' zurückgegeben werden soll. Hans Kelsen, der bedeutendste Vertreter des Rechtspositivismus[32] in Deutschland im 20. Jahrhundert, beschreibt diesen Prozeß für die Rechtswissenschaft so: „Mit dem Sieg des liberalen Bürgertums im 19. Jahrhundert setzt eine ausgesprochene Reaktion gegen Metaphysik und Naturrechtslehre ein. *Hand in Hand mit dem Fortschritt der empirischen Naturwissenschaften*, mit einer kritischen Auflösung der religiösen Ideologie vollzieht sich die Wendung der bürgerlichen Rechtswissenschaft von der Naturrechtstheorie zum Positivismus."[33] Kelsen verweist in kritscher Absicht darauf, daß dieser Wandel nicht vollständig war, sondern auch im Rechtspositivismus vor- bzw. überpositive Rechtsbegründungen wirksam geblieben sind: „Das Urteil, daß irgend etwas rechtlich normiert sei, ist niemals ganz frei von der Vorstellung, daß es so gut, so richtig, so gerecht sei. Und in diesem Sinne entbehrt die Begriffsbestimmung des Rechts als Norm und Sollen durch die positivistische Jurisprudenz des 19. Jahrhunderts tatsächlich nicht eines gewissen ideologischen Elements."[34] Ob es angesichts der Funktionen des Rechts gut und angemessen ist, ‚ganz frei von der Vorstellung' zu sein, ‚daß es so gut, so richtig, so gerecht sei', erörtert Kelsen nicht; sein Bestreben, die Rechtswissenschaft von Ideologien zu befreien, ist mit einem problematischen Konsequenzialismus verbunden, der ihn – wie gezeigt werden soll – über die Grenzen dessen hinaustreibt, was innerhalb seiner Konzeption notwendig ist. Dies macht den wesentlichen Unterschied zwischen ihm und Radbruch aus.

Mit dem Rechtspositivismus ist das vom Naturrecht scheinbar gelöste Problem der Geltung des Rechts erneut aufgeworfen. Wie ist zu begründen, daß der Inhalt des Rechts etwas Geltendes, Gesolltes, Verpflichtendes ist? „Die Frage der Geltung des Rechts ist die Frage der ‚Normativität des Faktischen' [...]: Wie kann aus einem Faktum eine Norm, wie kann aus dem Rechtswillen des Staates oder der Gesell-

---

32 Kelsen bezeichnet die Reine Rechtslehre in der 1. Aufl. als Fortsetzung der „positivistischen Rechtstheorie des 19. Jahrhunderts" (Kelsen 1985 (RR I), S. 25). „Die Reine Rechtslehre ist die Theorie des Rechtspositivismus" (ebd., S. 38).

33 Kelsen 1985 (RR I), S. 19. Hervorh. von mir.

34 Ebd., S. 21.

schaft ein rechtliches Sollen hervorgehen, das doch, wie es scheint, ein Wollen, wenn es von der Macht begleitet ist, zwar ein Müssen, aber niemals ein Sollen hervorrufen kann? [...] Aber auf der Suche nach dem Grunde dieser Geltung stößt *die juristische Geltungslehre* mit Notwendigkeit irgendeinmal auf die Tatsächlichkeit eines nicht weiter ableitbaren autoritativen Wollens."[35]

Der herkömmliche, sich auf ‚die Fakten' begründende Rechtspositivismus plädiert für eine empirische Rechtstheorie. Er formuliert seine Empirizitätsideale – zumindest in seinen Anfängen – oft in Analogie zu den Naturwissenschaften; für seine Protagonisten im 19. Jahrhundert gilt „das Vorbild der ‚exakten' Naturwissenschaften als maßgebend".[36] Doch diese Ausgangssituation hat sich geändert. Auch wenn sich Rechtspositivisten auf die ‚Tatsächlichkeit eines nicht weiter ableitbaren autoritativen Wollens' konzentrieren, beschränken sie sich nicht deskriptivistisch auf die ‚Tatsachen' des Rechts; zumindest müssen sie sich nicht darauf beschränken. Denn zum einen besagt die Faktizität des Rechts nichts über seine Qualität als ‚richtiges Recht', und zum anderen ist das ‚tatsächliche' Recht ein System *normativer, präskriptiver* Sätze, ein System von Geboten. Als ‚Tatsache' kann nur der *Ursprung* des Rechts aus – in der Regel staatlicher – Willensbildungen und -bekundungen aufgefaßt werden. Was aus diesen entsteht, sind Normen und Imperative, nach deren Geltungsgründen zu fragen ist.[37] Sie bilden den Gegenstand der Rechtswissenschaft.

Entgegen Vorwürfen, die ihnen oft gemacht werden, verzichtet zumindest Verteidiger des jüngeren Rechtspositivismus ferner nicht darauf, die Beziehung zwischen Recht und Moral zu berücksichtigen: „All accepted that there are many connections between law and morality. The development of positive law [...] is influended by prevalent moral notions."[38] Das positive Recht enthält immer auch nichtpositivierte moralische Richtigkeitskriterien (wie etwa „Treu und Glauben"). Der Rechtspositivist ist deshalb keineswegs gezwungen, jegliches gesetztes Recht als ‚richtiges Recht' anzuerkennen; die ‚Rassen'-Gesetzgebung im Nationalsozialismus bietet ein Beispiel. G. Radbruch

---

35 Radbruch 1963, S. 174.
36 So Larenz' Charakterisirerung (Larenz 1979, S. 40, zit. n. Tripp 1983). Zum Zusammenhang von Rechtspositivismus und Naturwissenschaften im 19. Jahrhundert vgl. Tripp 1983.
37 Zippelius 1994, S. 7 f.
38 Marshall 1992, S. 73.

hat 1946 mit der nach ihm benannten Formel die Konsequenzen gezogen.[39] In *Gesetzliches Unrecht und übergesetzliches Recht* legt er dar:

„Keineswegs ist Recht alles das, ,was dem Volke nützt', sondern dem Volke nützt letzten Endes nur, was Recht ist, was Rechtssicherheit schafft und Gerechtigkeit erstrebt. [...] Der Konflikt zwischen der Gerechtigkeit und der Rechtssicherheit dürfte dahin zu lösen sein, daß das positive, durch Satzung und Macht gesicherte Recht auch dann den Vorrang hat, wenn es inhaltlich ungerecht und unzweckmäßig ist, *es sei denn, daß der Widerspruch des positiven Gesetzes zur Gerechtigkeit ein so unerträgliches Maß erreicht, daß das Gesetz als ,unrichtiges Recht' der Gerechtigkeit zu weichen hat.*"[40]

Die Frage, unter welchen Bedingungen und aus welchen Gründen eine Norm zu einem *Sollen* verpflichtet, steht damit ebenso auf der Tagesordnung wie das Problem, daß die Unterscheidung zwischen Sollen und Sein nicht mit dem Verweis auf die *Faktizität des Rechts* eingeebnet werden kann. Das Problem des Naturrechts besteht darin, daß es den Funktionsbegriff *,Natur'* als Substanzbegriff unterstellt. Ein wesentliches Problem des Rechtspositivismus besteht darin, daß die Rechtswissenschaft in dem Maße, wie sie in methodologische Nähe zur Naturwissenschaft gebracht wird, sich mit einer Idee von *Kausali-*

---

39   „Falls es Normen gibt, die zwar als ,Gesetz' bezeichnet werden, aber offensichtlich gar nicht zum Bereich dessen gehören, was üblicherweise ,Recht' genannt wird, so gilt für solche Normen sicherlich nicht der Vertrauensgrundsatz des ,nulla poena [sine lege]-Gebots'." (Seelmann 1994, S. 38)
   Radbruchs Prinzip hat in Art. 7 der europäischen Konvention zum Schutze der Menschenrechte und Grundfreiheiten vom 4. November 1950 (in der Fassung des Protokolls Nr. 11 vorn 11. Mai 1994) Eingang gefunden: „Art. 7 Keine Strafe ohne Gesetz. (1) Niemand darf wegen einer Handlung oder Unterlassung verurteilt werden, die zur Zeit ihrer Begehung nach innerstaatlichem oder internationalem Recht nicht strafbar war. Es darf auch keine schwerere als die zur Zeit der Begehung angedrohte Strafe verhängt werden. (2) Dieser Artikel schließt nicht aus, daß jemand wegen einer Handlung oder Unterlassung verurteilt oder bestraft wird, die zur Zeit ihrer Begehung nach den von den zivilisierten Völkern anerkannten allgemeinen Rechtsgrundsätzen strafbar war."
   Im Anschluß an Radbruch ist auch die Formulierung des Bundesverfassungsgerichts zu sehen: „Recht und Gerechtigkeit stehen nicht zur Disposition des Gesetzgebers. Die Vorstellung, daß ein Verfassungsgeber alles nach seinem Willen ordnen kann, würde einen Rückfall in die Geisteshaltung eines wertungsfreien Gesetzespositivismus bedeuten, wie sie in der juristischen Wissenschaft und Praxis seit längerem überwunden ist. Gerade die Zeit des nationalsozialistischen Regimes in Deutschland hat gelehrt, daß auch der Gesetzgeber Unrecht setzen kann". [BVerfGE 3, 225 (323)]
40   Radbruch 1946, S. 215 f. Hervorh. von mir.

tät konfrontiert sieht, die sowohl *Normativität* als auch *Zurechnung* ausschließt.

Diesen Problemen hat sich der Neukantianismus in besonderer Weise gewidmet. Auf die methodologischen Problemlösungen sowohl der Marburger als auch der Heidelberger Schule beziehen sich – wenn auch in unterschiedlicher Weise – Kelsen und Radbruch.

11.3 Sein und Sollen; Kausalität, Normativität und Zurechnung

Neukantianische Ideen bilden eine der wesentlichen philosophischen Grundlagen für Kelsens Projekt einer ‚Reinen Rechtslehre'[41], deren Grundzüge er bereits in *Hauptprobleme der Staatsrechtslehre* ([1]1911, [2]1923) entwickelt. Kelsen bezieht sich zum Sein/Sollen-Problem[42] auf Hermann Cohen[43], der in seiner *Ethik des reinen Willens* erklärt: „[W]enngleich das Sollen freilich auch auf eine Art von Sein ausgehen muß, so ist dieses Sein doch von so grundverschiedener Art, daß vor Allem durch den Gegensatz zum Sein der Natur das neue Sein, das *Sein des Sollens* zur Formulierung kommen" muß.[44]

‚*(Natur-)Sein versus Sollen*' ist bereits bei Cohen mit ‚*Kausalität versus Normativität*' gleichbedeutend. Die Rechtswissenschaft, die Cohen als „Mathematik der Geisteswissenschaften" charakterisiert[45], hat es nicht mit Ursache-Wirkung-Beziehungen zu tun, sondern mit *Bedingungen*; „freilich kann man die Bedingung nicht in solchen Funktionen [Kausalität] ausdrücken und berechnen, welche die Ethik für den Begriff des Wollens, welche die *Rechtswissenschaft* für den Begriff der Handlung braucht. [...] *So wird die Bedingung zum eigent-*

41 Vgl. Holzhey 1986.
42 Vgl. Paulson 1999, S. 640 f. Paulson hebt den besonderen Einfluß des Heidelberger Neukantianismus hervor; der des Marburger Neukantianismus sollte aber m.E. nicht unterschätzt werden.
43 Kelsen 1923, S. XVII. Er habe, schreibt Kelsen, „den entscheidenden erkenntnistheoretischen Gesichtspunkt" für den richtigen Begriffsgebrauch von ‚Recht' und ‚Staat' Cohen, vor allem dessen Ethik des reinen Willens, zu verdanken (Kelsen 1923, S. XVII). Vgl. zur Beziehung Kelsen-Cohen Edel 1998. Zu Cohens Bedeutung für die Rechtsphilosophie vgl. Müller 1994.
44 Cohen 1981, S. 13. Vgl. S. 24: hier qualifiziert Cohen die Frage nach der „Art von Sein" des Sollens als methodische und wahrheitstheoretische Frage.
45 Ebd., S. 66.

lichen Grundbegriffe des Rechts."[46] Wenn nun die Idee der Kausalität aus der Rechtswissenschaft eliminiert wird, kommt einem sehr alten Rechtsbegriff neue Bedeutung zu: dem der *Zurechnung*[47]; sie kann „für den Verbrecher selbst, und in ihm für den sittlichen Menschen" nicht „*von der Schuldfrage abgetrennt werden*".[48] Der „Akt des Zurechnens" als ‚zuschreibende Deutung' rückt ins Zentrum des Interesses.[49]

Es ist vor allem dieser Abschied von kausalen Erklärungen, der den Abstand der Rechtswissenschaft zur Naturwissenschaft ausmacht. In Windelbands Unterscheidung zwischen „Normen und Naturgesetzen" wird diese Distanz sichtbar: „Die Naturgesetze gehören der urteilenden, die Normen der beurteilenden Vernunft an. Die Norm ist nie ein Prinzip der Erklärung, so wenig wie das Naturgesetz je ein Prinzip der Beurteilung."[50] In *Hauptprobleme der Staatsrechtslehre* nimmt Kelsen zu „dem fundamentalen *Gegensatze zwischen Sollen und Sein*" – er ist „ein formal-logischer"[51] – Stellung:

46   Ebd., S. 180 f. Es geht Cohen im strengen Sinne um das „Urteil der Bedingung" und er kritisiert die „Verschrumpfung der Bedingung zum Umstand" als für die Rechtswissenschaft verhängnisvoll.

47   Früher, so z.B. in Walchs Philosophischem Lexikon, erscheint ‚Zurechnung' (imputatio) durchaus im semantischen Feld von ‚Kausalität' (causa libera): „Wenn einer eine Handlung übernimmt, so kann er entweder als die natürliche oder moralische Ursache angesehen werden." So auch noch bei Kant: Zurechnung ist „das Urteil, wodurch jemand als Urheber (causa libera) einer Handlung, die alsdann Tat heißt und unter Gesetzen steht, angesehen wird".

48   Cohen 1981, S. 368.

49   Vgl. Seelmann 1989, S. 101 ff.

50   Windelband 1915, S. 67. Kelsen verweist in den Hauptproblemen auf diesen Aufsatz.

51   Kelsen 1923, S. 8. In der 2. Aufl. der Reinen Rechtslehre (1960) heißt hingegen es lapidar: „Der Unterschied zwischen Sein und Sollen kann nicht näher erklärt werden. Er ist unserem Bewußtsein unmittelbar gegeben." (Kelsen 1992 (RR II), S. 5).
     Unter dem Titel ‚Rationaler Pluralismus' hat O. Schwemmer zu Seins- und Sollenssätzen eine Überlegung vorgetragen, die im Kontext der Rechtstheorie zu diskutieren wäre: „Jeder Seinssatz ist [...] schon eine ‚propositio' im ursprünglichen Wortsinne, nämlich der idealisierende Vorschlag, unser Erleben oder Wahrnehmen der Welt in einer bestimmten Situation unter eben die Darstellung zu bringen, die [...] im Sinne des Ideals korrigiert. Die Behauptung eines Seinssatzes ist daher eine allgemeine Verordnung – oder doch zumindest der Versuch dazu. Mit ihr soll eine standardisierte Repräsentation unserer Weltwahrnehmung (in einer bestimmten Situation) von nun an zum immer wieder abrufbaren Substrat für diese Weltwahrnehmung erklärt werden. Mit einem Seinssatz wird daher immer auch ein Sollen ausgedrückt, dessen Anerkennung und Befolgung im übrigen zu den selbstverständlichen Grundlagen unserer Weltorientierung – und zwar sowohl

„So wie im Urteil des Naturgesetzes wird auch im Rechtssatz an eine bestimmte Bedingung eine bestimmte Folge geknüpft; nur daß hier an die Stelle des Kausalnexus, der dort die Folge an die Bedingung bindet, ein anderes Verknüpfungsprinzip tritt. Das Soll drückt den Sinn aus, in dem der Rechtssatz den einen Tatbestand als Bedingung mit dem anderen als Rechtsfolge vereinigt."[52]

‚Naturgesetz' und ‚Norm' werden nicht *ontologisch* unterschieden: „Dieser Gegensatz [...] beruht auf einer Verschiedenheit des Standpunktes, von welchem aus man die Objekte betrachtet."[53] Hier ist der neukantianische ‚Ton' bei Kelsen besonders gut hörbar. Auch das Naturgesetz liegt „keineswegs in den Objekten, sondern ist lediglich eine gedankliche Formel zu deren einheitlicher Zusammenfassung".[54] In seiner späteren Schrift *Vergeltung und Kausalität* (1941) nimmt Kelsen – aus den gleichen Motiven wie zuvor 1937 Cassirer, auf den er sich ausdrücklich bezieht[55] – den quantenmechanischen Indeterminismus[56] als Bestätigung seiner Zurückweisung des Kausalitätsprinzips.[57]

in der alltäglichen Lebensumgebung als auch in den Wissenschaften – gehört." (Schwemmer 1990, S. 132)

52 Kelsen 1923, S. VI. In Sozialismus und Staat (1920) heißt es im Kontext der Logik und Urteilslehre: „Dieser prinzipielle Unterschied zwischen normativer, speziell ethisch-politischer, und kausalwissenschaftlicher, speziell naturwissenschaftlicher oder naturwissenschaftlich orientierter ‚soziologischer' Theorie ist nur die Konsequenz des unüberbrückbaren Dualismus von Sollen und Sein, der unumstößlichen Einsicht, daß aus dem Sein nicht auf ein Sollen, aus dem Sollen nicht auf ein Sein geschlossen werden darf." (Kelsen 1965, S. 19 f.) Kelsen grenzt in der 2. Auflage der Hauptprobleme der Staatsrechtslehre (1923) die „reine Rechtslehre als Theorie des positiven Rechts" gegen die „Ansprüche einer sogenannten ‚soziologischen' Betrachtung [ab], die sich des Rechts wie eines Stückes naturgegebener Wirklichkeit nach kausalwissenschaftlicher Methode bemächtigen will" (Kelsen 1923, S. V). Während in der Rechtswissenschaft „kausal-gesetzliche Erklärungen" nicht möglich sind, setzt die Rechtssoziologie „die von ihr zu erfassenden Seinstatbestände nicht zu gültigen Normen, sondern zu anderen Seinstatbeständen als Ursachen und Wirkungen in Relation" (Kelsen 1985 (RR I), S. 10).

53 Dies entspricht dem Veto, das Windelband in seiner Straßburger Rektoratsrede gegen eine ontologische Klassifikation der Wissenschaften nach den „Gegenständen – nach ,Natur' oder ,Geist'" – einlegt (Windelband 1915, S. 143 f.); vgl. die entsprechende Position in Rickert 1915, S. 12.

54 Kelsen 1923, S. 5 f.

55 Kelsen 1982, S. 316, bezieht sich auf Cassirers Die Begriffsform im mythischen Denken.

56 Zu einer veränderten Auffassung zum Indeterminismus vgl. Kelsen 1992 (RR II), S. 100.

57 Kelsen 1982, S. 260 f. Hier begründet Kelsen auch seine These, das Kausalprinzip entstamme historisch dem Vergeltungsprinzip; das Naturgesetz war „ur-

Zur Bezeichnung der Verknüpfung der Rechts*bedingungen* mit der Rechts*folge* im Rechtssatz (in seiner Grundform: dem Gesetz) verwendet Kelsen auch in der *Reinen Rechtslehre* den Zurechnungs-Begriff: das Antecedens der Rechtsfolge ist eine Rechts*bedingung*, nicht aber eine Ursache: „Die Beziehung der Strafe auf das Delikt [...] hat keine kausale, hat eine normative Bedeutung." In einer Variante: „Sagt das Naturgesetz: Wenn A ist, so muß B sein, so sagt das Rechtsgesetz: Wenn A ist, so soll B sein".[58] In einem kausalen Erklärungsmodell müßte die Unrechtsfolge (Sanktion) *mit Notwendigkeit* vom Delikt bewirkt werden.

Was ist nun für Kelsen das ‚andere Verknüpfungsprinzip‘, von dem oben die Rede war? Auch seine Antwort lautet, er habe als „die der Kausalgesetzlichkeit der Natur korrespondierende spezifische Gesetzlichkeit des Rechts [...] die *Zurechnung* erkannt".[59] Im Unterschied zur Ethik wird allerdings nicht gefragt, „was das Subjekt getan oder unterlassen hat, sondern lediglich, was *gesollt* war und wer *gesollt* hat". Die (‚zentrale‘) Zurechnung erfolgt vielmehr „zu einem außerhalb der Welt tatsächlichen Geschehens gedachten normativen Konstruktionspunkte".[60] In einer anderen Formulierung: Die Rechtsordnung enthält „in ihren Rechtssätzen jene *Zurechnungs*regeln, auf Grund deren gewisse menschliche Handlungen nicht den physisch Handelnden, sondern einem hinter ihnen gedachten gemeinsamen Punkte zugerechnet werden".[61]

Am Sein/Sollen-Problem und am Problem der Kausalität bzw. der Zurechnung zeigt sich, warum Rechtstheoretiker in der Tradition des Neukantianismus für eine radikale methodologische Unterscheidung zwischen Naturwissenschaft und Rechtswissenschaft plädieren. In Kelsens Selbstbeschreibung im Vorwort 1934 zur *Reinen Rechtslehr*e

---

sprünglich ein – den Willen Gottes ausdrückenes – Rechtsgesetz" (ebd., S. 273). In Kelsen 1992 (RR II), S. 88, ist dieses Theorem wieder aufgenommen.

58   Kelsen 1985 (RR I) , S. 22 f. Vgl. Kelsen 1992 (RR II), S. 80; ebd., S. 93, heißt es präziser: „Das Prinzip der Kausalität besagt, daß, wenn A ist, so B ist (oder sein wird). Das Prinzip der Zurechnung besagt, daß, wenn A ist, B sein soll."

59   Kelsen 1923, S. IX. Vgl. Kelsen 1992 (RR II), S. 79. In der 2. Auflage der Reinen Rechtslehre (1960) führt Kelsen eine Differenzierung zwischen ‚Zurechnung‘ und ‚Zuschreibung‘ ein; zur Begründung vgl. Kelsen 1992, S. 154 Fn.

60   Kelsen 1923, S. 73 f.

61   Ebd., S. 699. Vgl. Kelsen 1992 (RR II), S. 85 f.: Die „mit dem Wort ‚sollen‘ ausgedrückte Verknüpfung von Bedingung und Folge [wird] als ‚Zurechnung‘ bezeichnet"; „die Unrechtsfolge wird dem Unrecht zugerechnet, sie wird aber nicht durch das Unrecht – als ihre Ursache – bewirkt".

heißt es, er habe es unternommen, „eine reine, das heißt: von aller politischen Ideologie *und allen naturwissenschaftlichen Elementen* gereinigte, ihrer Eigenart weil der Eigengesetzlichkeit ihres Gegenstandes bewußten Rechtstheorie zu entwickeln".[62] Unter der Voraussetzung der Klassifikation der Wissenschaften in Natur- und Geistes- bzw. Kulturwissenschaften liegt es auf der Hand, zu welcher der beiden Klassen sich die Rechtswissenschaft zuordnet. Es sei, schreibt Kelsen, sein Ziel gewesen, die „Jurisprudenz, die – offen oder versteckt – in rechtspolitischen Raisonnements fast völlig aufging, auf die Höhe einer [...] *Geistes-Wissenschaft* zu heben. Es galt, ihre nicht auf Gestaltung, sondern ausschließlich auf Erkenntnis des Rechts gerichteten Tendenzen zu entfalten und deren Ergebnisse dem Ideal aller Wissenschaft, Objektivität und Exaktheit, soweit als irgend möglich anzunähern."[63] Noch einmal:

„Indem die reine Rechtslehre das Recht gegen die Natur abgrenzt, sucht sie die Schranke, die die Natur vom Geist trennt. Rechtswissenschaft ist Geistes-, nicht Naturwissenschaft. [...] man wird nicht leugnen können, daß das Recht als Norm eine geistige und keine natürliche Realität ist."[64]

---

62 Kelsen 1985 (RR I), S. IX. Hervorh. von mir.

63 Ebd. Hervorh. von mir. H. Dreier übersieht in seiner Charakterisierung der Reinen Rechtslehre die Bedeutung der methodologischen Distanzierung von den Naturwissenschaften, wenn er schreibt: „In der neutralen Deskription positiver Rechtsordnungen sieht Kelsen die allein legitime Aufgabe der Rechtswissenschaft als einer normbeschreibenden, nicht normsetzenden Disziplin, weil nur diese wertungsabstinente Selbstbeschränkung zum Ziel führen könne, die juristische Behandlung des Rechts in Anlehnung an das als vorbildlich empfundene Exaktheitsideal der Naturwissenschaften ‚auf die Höhe einer echten Wissenschaft, einer Geistes-Wissenschaft zu heben." (Dreier 1992, S. 290 f.)

64 Kelsen 1985 (RR I), S. 12. Vgl. Kelsen 1992 (RR II), S. 78 f. Unter dem Titel ‚Kausalwissenschaft und Normwissenschaft' unterscheidet Kelsen nun Natur- und Gesellschaftswissenschaft.
   Im Unterschied zur neukantianischen Tradition geht H. Heller, der die Kennzeichnung der Staatslehre als Geisteswissenschaft ablehnt und diese als ‚soziologische Wirklichkeitswissenschaft' bezeichnet (vgl. Heller 1983, S. 50 ff.), von einer gegenständlichen „Scheidung von Kulturwissenschaften und Naturwissenschaften" aus: „Die ersteren haben ihren Gegenstand und ihre Aufgaben überall da, wo Veränderungen der Natur als Ausdruck und Abdruck menschlicher Zwecktätigkeit aufgefaßt werden können. Kultur nennen wir also die Einbildung menschlicher Zwecke in die Natur". Wenn unter ‚Natur' das Dasein der Dinge verstanden wird, sofern es nach allgemeinen Gesetzen bestimmt ist, „so sind Staat und Gesellschaft des Menschen kein naturwissenschaftliches Erkenntnisobjekt, weil sie niemals als ein nach zeitlosen Gesetzen geordnetes Sein verstanden werden können." (Ebd., S. 46 f.)

Vergleichbar ist die Positionierung der Rechts*philosophie* durch Rad-bruch: „Der Rechtsbegriff kann nur bestimmt werden als die Wirklich-keit, die zur Rechtsidee hinstrebt. [...] [Z]wischen Wirklichkeitsurteil und Wertbeurteilung [muß] der Wertbeziehung, zwischen Natur und Ideal [muß] der Kultur ihr Platz gewahrt werden [...]: Die Rechtsidee ist Wert, das Recht aber wertbezogene Wirklichkeit, Kulturerschei-nung. [...] Dies] macht die Rechtsphilosophie zu einer *Kulturphiloso-phie des Rechts.*"[65] Radbruchs Begründung weicht allerdings in zwei wesentlichen Fragen von der Problemstellung und -lösung Kelsens ab: in der starken Betonung des Wertaspekts, den Kelsen in seiner Theorie nicht zuläßt[66], und darin, daß für Radbruch das Problem des Kausali-tätsdenkens in den Kulturwissenschaften offensichtlich so eindeutig durch den Neukantianismus geklärt ist, daß es in seiner *Rechtsphiloso-phie* nur noch ein nachrangiges Thema ist.[67]

Die *Reine Rechtslehre* ist – so Kelsen 1934 – „eine Theorie des po-sitiven Rechts. Des positiven Rechts schlechthin, nicht einer speziellen Rechtsordnung. Sie ist allgemeine Rechtslehre [...] Als Theorie will sie ausschließlich ihren Gegenstand erkennen. Sie versucht, die Frage zu beantworten, was und wie das Recht ist, nicht aber die Frage, wie es sein oder gemacht werden soll. Sie ist Rechtswissenschaft, nicht aber Rechtspolitik."[68] Es handelt sich zugleich um eine transzendental-logi-sche Rechts*erkenntnistheorie* und Rechts*wissenschaftstheorie*, die ih-ren Gegenstand im Unterschied zu jeder ‚transzendenten Rechtsidee' streng formal bestimmt:

„So wie Kant fragt: wie ist eine von aller Metaphysik freie Deutung der unse-ren Sinnen gegebenen Tatsachen in den von der Naturwissenschaft formulier-ten Naturgesetzen möglich, so fragt die Reine Rechtslehre: wie ist eine nicht auf meta-rechtlichen Autoritäten wie Gott oder Natur zurückgreifende Deu-

---

65 Radbruch 1963, S. 118.
66 Wertprobleme wie das der Gerechtigkeit liegen für Kelsen „außerhalb einer Rechtstheorie" (Kelsen 1992 (RR II), S. VIII); vgl. ebd. S. 18.
67 Vgl. Radbruch 1999, S. 13 ff., zur Verursachung von Wertungen durch „Seinstat-sachen"; diskutiert wird hier allerdings nicht das methodologische Grundlagen-problem, sondern die Ableitung von Regelungen aus der ‚Natur der Sache'.
68 Kelsen 1992 (RR II), S. 1. „Rechtswissenschaft ist Erkenntnis, nicht Gestaltung des Rechts." (Ebd., S. 75, Fn.)

tung des subjektiven Sinns gewisser Tatbestände als ein System in Rechtssätzen beschreibbarer objektiv gültiger Rechtsnormen möglich?"[69]

Der formale Rigorismus prägt auch Kelsens Lehre von der *Grundnorm*, die eine zentrale Stelle im „Stufenbau der Rechtsordnung' einnimmt. Es handelt sich für ihn um eine „hypothetische Grundlage. Unter der Voraussetzung, daß sie gilt, gilt auch die Rechtsordnung, die auf ihr beruht. [...] In der Grundnorm wurzelt letztlich die normative Bedeutung aller die Rechtsordnung konstituierenden Tatbestände." Die Grundnorm ist „die transzendental-logische Bedingung" der „Methode positiver Rechtserkenntnis".[70] Die transzendentale Argumentation Kelsens bringt einen der Grundsätze des Marburger Neukantianismus in Erinnerung – Cohens Satz: „Das Denken darf keinen Ursprung haben außerhalb seiner selbst".[71] Auch das positive Recht hat in Kelsens Sicht keinen Ursprung ‚außerhalb seiner selbst'; nicht einmal die Grundnorm ist ein materialer Ursprung: „Ebenso wie die transzendentalen Gesetze der Erkenntnis nicht Erfahrungsgesetze, sondern nur die Bedingung aller Erfahrung sind, so ist die Grundnorm selbst kein positiver Rechtssatz, kein positives Rechtsgesetz, weil nicht selbst gesetzt, sondern nur vorausgesetzt: die Bedingung aller positiven Rechtsnormen. Und so wie man die empirische Welt nicht *aus* den transzendentalen Gesetzen, sondern *vermittels* ihrer begreifen kann, so kann man das positive Recht nicht etwa aus der Grundnorm gewinnen, sondern nur vermittels ihrer begreifen."[72] In der 2. Auflage der *Reinen Rechtslehre* (1960) lautet die Formulierung: „Die Grundnorm ist die gemeinsame Quelle für die Geltung aller zu einer und derselben Ordnung gehörigen Normen, ihr gemeinsamer Geltungsgrund." Sie konstutuiert „die Einheit einer Vielheit von Normen [...], indem sie den Grund für die Geltung aller zu dieser Ordnung gehörigen Normen darstellt".[73]

Für die Konzeption der Grundnorm gilt, was Kelsen zur Kennzeichnung aller Normen sagt, deren als ‚subjektiver' und ‚objektiver' Sinn auszulegende „Bedeutung" ihn interessiert: Die *Reine Rechtslehre*

---

69 Kelsen 1992 (RR II), S. 205. Zur Auseinandersetzung mit der Naturrechtslehre vgl. ebd., S. 223-227, und die Äußerungen aus dem Jahre 1953 in Kelsen 2000, S. 46 ff.
70 Kelsen 1985 (RR I), S. 66 f. Vgl. Kelsen 1992 (RR II), S. 196-221.
71 Cohen 1914, S. 13.
72 Zit. n. Paulson 1985, S. IV f. Paulson beschreibt die Grundnorm hinsichtlich ihrer methodologischen Stellung plausibel „als eine Art Kürzel für eine ‚transzendentale Argumentation'" (ebd. V). Vgl. Kelsen 1992 (RR II), S. 197.
73 Kelsen 1992 (RR II), S. 197; vgl. S. 32.

„richtet ihr Augenmerk auf die Rechtsnormen: nicht als Bewußtseins-
tatsachen, nicht auf das Wollen oder Vorstellen der Rechtsnormen,
sondern auf die Rechtsnormen als – gewollte oder vorgestellte – Sinn-
gehalte. [...] Ihr Problem ist die spezifische Eigengesetzlichkeit einer
Sinnsphäre."[74] Von Interesse ist nicht die einem Akt vorausgehende
Intentionalität (der ‚subjektive Sinn'), sondern die *Subsumierbarkeit
bzw. Deutbarkeit einer Handlung unter eine Rechtsnorm:* „Den spezifisch juristischen Sinn, seine eigentümliche rechtliche Bedeutung erhält der fragliche Sachverhalt durch eine Norm, die sich mit ihrem Inhalt auf ihn bezieht, der ihm die rechtliche Bedeutung verleiht, so daß
der Akt nach dieser Norm gedeutet werden kann. Die Norm fungiert
als *Deutungsschema.*"[75]

Die einzelnen Normen des Rechtssystems lassen sich nicht logisch
aus der Grundnorm deduzieren. Sie „müssen durch einen besonderen
Setzungsakt – der kein Denk-, sondern ein Willensakt ist – erzeugt
werden."[76] In der Hierarchie des Rechts mündet der Regress, in dem
nach den Geltungsgründen aller nachgeordneten Normen gefragt wird,
bei der ‚Grundnorm', die ein Synonym für „die positivrechtlich höchste Stufe" darstellt – „die Verfassung".[77] Dies ist der Begründungs-
kontext, in dem sich die *Reine Rechtslehre* als Lehre des *demokrati-*
schen, durch die *Verfassung* begründeten Staats ausweist: „Erkennt
man als die wesentliche Funktion der Rechtsnorm, daß sie den Menschen zu einem bestimmten Verhalten verpflichtet [...], dann ergibt
sich als der entscheidende Gesichtspunkt, von dem aus die Erzeugung
der Rechtsnorm zu beurteilen ist: ob der durch die Rechtsnorm zu verpflichtende Mensch, der Normunterworfene, an der Erzeugung dieser
ihn verpflichtenden Norm beteiligt ist oder nicht."[78] Die *Staatsform,*

74 Kelsen 1985 (RR I), S. 11. Zum Problem der Interpretation und zu Interpretati-
    onsmethoden vgl. ebd. S. 90 ff.
75 Kelsen 1992 (RR II), S. 3. Hervorh. von mir. Kelsen führt als Beispiel an: „Das,
    was der berühmte Hauptmann von Köpenick tat, war ein Akt, der seinem subjek-
    tiven Sinn nach ein Verwaltungsbefehl sein sollte. Objektiv war er dies aber nicht,
    sondern ein Delikt." (Ebd., S. 4)
76 Kelsen 1985 (RR I), S. 64.
77 Ebd., S. 74 f. Vgl. Kelsen 1992 (RR II), S. 228 ff. Bezüglich der Frage nach dem
    Zustandekommen der Grundnorm bzw. der Verfassung bleibt Kelsen (vgl. Kelsen
    1992 (RR II), S. 200-220) so vage wie Kant hinsichtlich der Herkunft der Sche-
    mata der Erkenntnis, wenn er auf eine ‚ursprüngliche Erwerbung' verweist.
78 Kelsen 1985 (RR I), S. 107. Vgl. Kelsen 1992 (RR II), S. 143: „Die Beteiligung
    der Normunterworfenen an der Gesetzgebung, das ist der Erzeugung genereller
    Rechtsnormen, ist das wesentliche Merkmal der demokratischen, zum Unter-
    schied von der autoritären Staatsform".

die dem Rechnung zu tragen geeignet ist, ist jene, in welcher der Staat nicht anders denn als „eine Rechtsordnung" bestimmbar ist[79]; seine Ordnung der *republikanischen Verfassung*. Die Argumentation der *Reinen Rechtslehre* kulminiert – nicht anders als in Kants Rechtslehre – in der Idee einer universellen Geltung des Rechts, das den National-staat und dessen Souveränitätsanmaßung domestiziert. Kelsens spricht im Schlußsatz die Hoffnung aus, „daß die Reine Rechtslehre, indem sie durch die Relativierung des Staatsbegriffs die erkenntnismä-ßige Einheit alles Rechtes sicherstellt, eine nicht unwesentliche Vor-aussetzung für die organisatorische Einheit einer zentralisierten Welt-rechtsordnung schafft."[80]

11.4 Relativismus und Recht

Das Relativismus-Problem muß man Rechts- und Staatstheorien, Theorien der Rechtswissenschaft und Rechtsphilosophien des 20. Jahr-hunderts nicht andichten. Sie haben es. Es hinterläßt seine Spuren so-wohl in der *Reinen Rechtslehre* Kelsens als auch in der *Rechtsphiloso-phie* Radbruchs.[81]

11.4.1 Kelsen: Trennung von Recht und Moral, Recht und Gerechtig-keit

Kelsen kennt das Problem des Relativismus und er thematisiert es; möglicherweise ist es dort noch viel drängender, wo er es nicht vermu-tet oder zumindest nicht thematisiert: in der Lehre von der Grundnorm und von der Verfassung. Er beschränkt nämlich gerade die Grundnorm darauf, „eine normsetzende Autorität zu delegieren, das heißt eine Re-gel aufzustellen, nach der die Normen dieses Systems zu erzeugen sind [...] *Die Grundnorm liefert nur den Geltungsgrund, nicht aber auch den Inhalt der dieses System bildenden Normen*".[82] Spielt der Inhalt der Grundnorm keine Rolle, ist das Relativismus-Problem zunächst

---

79 Kelsen 1985 (RR I), S. 117.
80 Ebd., S. 154.
81 Heller glaubt das Relativismus–Problem dadurch eliminieren zu können, daß die Staatslehre nicht auf eine „Sinnbestimmung des Staates" verzichtet (Heller 1983, S. 120, vgl. S. 252).
82 Kelsen 1992 (RR II), S. 199 f. Hervorh. von mir. Vgl. dagegen z.B. Riedel 1992.

einmal ausgeklammert. Kelsen fordert eine radikale Wert-Indifferenz der Grundnorm und damit auch der Verfassung: Welchen Inhalt eine „Verfassung und die auf ihrer Grundlage errichtete staatliche Wertordnung hat, ob diese Ordnung gerecht oder ungerecht ist, kommt dabei nicht in Frage; auch nicht, ob diese Rechtsordnung tatsächlich einen relativen Friedenszustand innerhalb der durch sie konstituierten Gemeinschaft garantiert. In der Voraussetzung der Grundnorm wird kein dem positiven Recht transzendenter Wert bejaht."[83] Indem Kelsen von vornherein ‚Wert' an ‚Transzendenz' koppelt – Werte könnten dem positiven Recht ja auch immanent sein –, nimmt er im Interesse der inneren Konsistenz, der Reinheit der *Reinen Rechtslehre* hohe Kosten in Kauf. Die Kosten bestehen in einem universalisierten Relativismus in genau dem Bereich, für den er ihn als Problem gar nicht in Betracht zieht: im Bereich der Verfassung und der Grundrechte.[84]

Die Ausgangslage der Kelsenschen Argumentation läßt dies nicht vermuten; am Ende steht hinsichtlich der Grundnorm eine Paradoxie; sie hat zwei Seiten: (a) Kelsen führt einen Kampf gegen die *Ideologisierung* der Rechts*wissenschaft*[85] und gegen jegliche auf ‚absolute Normen' gestützte Instrumentalisierung des Rechts zu partikulären Zwecken; er führt ihn aufgrund der Erfahrung der Politisierung der Rechtswissenschaft und der Justiz in der Weimarer Republik aus guten Gründen; im Endergebnis gibt er ohne gute immanente Gründe das Recht – in erster Linie die Verfassung – für Ideologien frei. (b) Es ist der von ihm festgestellte faktische *Relativismus* der Werte und Normen[86], der ihn vor der Gefahr der Ideologisierung warnen läßt; die von Ideologie befreite Rechtswissenschaft überläßt aber die Grundnorm und die Verfassung dem Relativismus: Es steht der Rechtswissenschaft weder die Überlegung zu, nach der Rechtsidee und den Werten

---

83 Ebd., S. 204.
84 Kelsen vertritt eine restriktive Interpretation der „Grund- und Freiheitsrechte": „Diese verfassungsrechtlichen Garantien konstituieren an sich keine subjektiven Rechte, weder bloße Reflexrechte noch subjektive Privatrechte im technischen Sinne." (Ebd., S. 145)
85 Die Reine Rechtslehre lehnt es „insbesondere ab, irgendwelchen politischen Interessen dadurch zu dienen, daß sie ihnen die Ideologien liefert, mittels deren die bestehende gesellschaftliche Ordnung legitimiert oder disqualifiziert wird. Dadurch tritt sie zu der traditionellen Rechtswissenschaft in schärfsten Gegensatz". (Kelsen 1985 (RR I), S. 17; vgl. S. 36 f.)
86 Kelsen 1992 (RR II), S. 18: Die „von Menschen und nicht von einer übermenschlichen Autorität gesetzten Normen" konstituieren „nur relative Werte". Vgl. auch S. 65 ff. 'Relativität des Moral-Wertes'.

zu fragen, welche die Grundnorm zum Inhalt hat, noch den Inhalt zu
bewerten. Kelsen kennt das Problem; sein Versuch, sich dadurch zu
retten, daß Wertabstinenz nur für die rechtswissenschaftliche Analyse
gefordert sei, ansonsten aber jedem ein wertendes rechtspolitisches Urteil freistehe, ist so respektabel wie hilflos.[87]

Die Argumentationskette ist folgende: (i) Es gelten in Gesellschaften ganz unterschiedliche, einander widersprechende Moralsysteme;
(ii) es gibt deshalb nur relative Moralwerte; (iii) die Forderung, Normen müßten gerecht sein, um als Recht angesehen zu werden, kann
nur bedeuten, daß diese Normen etwas enthalten müssen, was allen
Gerechtigkeitssystemen gemeinsam ist; (iv) allen gemein ist nur, daß
sie Normen sind, die ein bestimmtes Verhalten als gesollt setzen; (v)
„Dann ist, in diesem relativen Sinne, jedes Recht moralisch, konstituiert jedes Recht einen – relativen – moralischen Wert. Das heißt aber:
die Frage nach dem Verhältnis von Recht und Moral ist keine Frage
nach dem Inhalt des Rechts, sondern eine Frage nach seiner Form";
(vi) wenn das Recht per definitionem moralisch *ist*, „dann hat es keinen Sinn, unter Voraussetzung eines absoluten Moralwertes die Forderung zu stellen, daß das Recht moralisch sein *soll*"; (vii) die Schlußfolgerung besteht in der *Trennungsthese*[88] – „Trennung von Recht und
Moral, Recht und Gerechtigkeit": „Die unter Voraussetzung einer relativistischen Wertlehre erhobene Forderung, Recht und Moral und somit Recht und Gerechtigkeit zu trennen, bedeutet [...], daß, wenn eine
Rechtsordnung als moralisch oder unmoralisch, gerecht oder ungerecht
bewertet wird, damit das Verhältnis der Rechtsordnung zu einem von
vielen möglichen Moralsystemen und nicht zu ‚der' Moral ausgedrückt
und sohin nur ein relatives, kein absolutes Werturteil gefällt wird".[89]
(viii) Fazit: Die *Reine Rechtslehre* „fragt nach dem wirklichen und
möglichen, nicht nach dem ‚idealen', ‚richtigen' Recht".[90]

---

87 Kelsen in Juristische Wochenschrift, 1929, S. 1066: „Wo ich mich für Demokra-
    tie ausgesprochen habe, habe ich solches Werturteil nie als Ergebnis wissen-
    schaftlicher Erkenntnis ausgegeben, sondern offen und ehrlich als Konsequenz
    einer jenseits aller Wissenschaft liegenden subjektiven Grundwertung."
88 Vgl. Hart 1971.
89 Kelsen 1992 (RR II), S. 66-69.
90 Ebd., S. 112. Was Heller grundsätzlich von Kelsen unterscheidet, ist seine – mit
    Hegels Konzept der ‚Sittlichkeit' formulierte – moralphilosophische Fundierungs-
    these, jede Staatsgewalt müsse „mit existentieller Notwendigkeit" den „Anspruch
    erheben, eine Rechtsmacht zu sein", und dies bedeute, „nicht nur rechtstechnisch
    als Macht zu wirken, sondern als berechtigte, den Willen sittlich verpflichtende
    Autorität zu gelten." Diese Rechtsmacht ist durch den bloßen Verweis „auf die

Die Frage nach dem ‚wirklichen' Recht ist so in einer Beschreibung gewiß korrekt beantwortet. Aber was ist mit der Frage nach dem ‚möglichen' Recht? Für Kelsen gilt die erste Antwort auch für die zweite Frage. Dies macht die Achillesferse seiner konsequenzialistischen Variante des Rechtspositivismus aus. Die Forderung der Aufhebung des Dualismus von Recht und Staat folgt auf *diesem* Fuße: „Durchschaut man [...] die Identität von Staat und Recht, begreift man, daß das Recht, *das positive, mit der Gerechtigkeit*[91] *nicht zu identifizierende Recht*, eben dieselbe Zwangsordnung ist, als welche der Staat einer Erkenntnis erscheint, die nicht in anthropomorphen Bildern stekkenbleibt, sondern durch den Schleier der Personifikation zu den durch menschliche Akte gesetzten Normen durchdringt, dann ist es schlechthin unmöglich, den Staat durch das Recht zu rechtfertigen." Die Annahme, man könne oder müsse den Staat durch das Recht legitimieren, sei ein „naturrechtliches Vorurteil". [92]

In *Was ist Gerechtigkeit?* (1953) hat sich Kelsen explizit mit dem Problem des Relativismus auseinandergesetzt:

Notwendigkeit ihrer gesellschaftlichen Funktion der Organisierung und Aktivierung des gebietsgesellschaftlichen Zusammenwirkens" nicht zu begründen. Ihre gesellschaftliche Funktion „vermag immer nur verständlich zu machen und zu erklären, warum der Staat als Institution existiert; niemals aber zu rechtfertigen, warum die Staatsinstitution oder gar dieser konkrete Staat existieren soll. [...] Nur durch Beziehung des Staatsfunktion auf die Rechtsfunktion ist die Sanktion des Staates möglich." Dies bedeutet, daß es möglich sein muß, zwischen Recht und Unrecht zu unterscheiden. Der Grund der Unterscheidung ist ein Rechtsmaßstab, „der als über dem Staat und seinem positiven Recht stehend angenommen werden muß. Als überpositiver Maß- und Verteilungswert hat das Recht die Funktion, das gesellschaftliche Leben richtig zu richten, d.h. allen seinen Gliedern das ihnen im Hinblick auf ein Ganzes Zukommende an Berechtigungen und Verpflichtungen zuzumessen, die Glieder in ein richtiges Verhältnis zueinander zu bringen." Wie für Radbruch ist auch für Heller die Gerechtigkeit der Maßstab richtigen Rechts. (Heller 1983, S. 246 ff. Hervorh. von mir) Zum Problem des Verhältnisses von Recht und Ethik vgl. ebd., S. 218 ff.

91 Zum Problem der Gerechtigkeit vgl. Kelsen 1985 (RR I), S. 12 ff.: „In ihrem eigentlichen, von dem des Rechts verschiedenen Sinne bedeutet ‚Gerechtigkeit' [...] einen absoluten Wert. Sein Inhalt kann durch die Reine Rechtslehre nicht bestimmt werden." Kelsen wendet sich sowohl gegen den ontologischen Dualismus von Gerechtigkeit und Recht als auch gegen den naturrechtlichen Rekurs auf ‚Gerechtigkeit' und sagt, die Frage, was Gerechtigkeit sei, führe zu Leerformeln wie „Jedem das Seine". (Kelsen 1985 (RR I), S. 14, vgl. Kelsen 2000, S. 32 f.) Vgl. Kelsen 1992 (RR II), S. 60-71; Kelsen 2000.

92 Ebd., S. 319 f. Hervorh. von mir. Zur Auseinandersetzung mit Kelsens Identitätsthese vgl. Radbruch 1999, S. 170: „Die Identitätslehre hat rein definitorisch-analytische Bedeutung, aber keinerlei rechtsphilosophisch-politischen Gehalt."

„Wenn die Geschichte der menschlichen Erkenntnis uns irgend etwas lehren kann, ist es die Vergeblichkeit des Versuches, auf rationalem Wege eine absolut gültige Norm gerechten Verhaltens zu finden, d.h. aber eine solche, die die Möglichkeit ausschließt, auch das gegenteile Verhalten für gerecht zu halten. Wenn wir aus der geistigen Erfahrung der Vergangenheit irgend etwas lernen können, ist es dies, daß die menschliche Vernunft nur relative Werte begreifen kann, und d.h. daß das Urteil, mit dem etwas für gerecht erklärt wird, niemals mit dem Anspruch auftreten kann, die Möglichkeit eines gegenteiligen Werturteils auszuschließen. Absolute Gerechtigkeit ist ein irrationales Ideal. Vom Standpunkt rationaler Erkenntnis gibt es nur menschliche Interessen und daher Interessenkonflikte. Für deren Lösung stehen nur zwei Wege zur Verfügung: entweder das eine Interesse auf Kosten des anderen zu befriedigen, oder ein Kompromiß zwischen beiden herbeizuführen. Es ist nicht möglich, zu beweisen, daß nur die eine, nicht aber die andere Lösung gerecht ist."[93]

Auf den ersten Blick fällt Zustimmung zu diesen Ausführungen leicht, wenn man – wie ich es tue – dafür plädiert, sowohl den faktischen Pluralismus wie den faktischen Relativismus nicht zu verteufeln, sondern von dieser Realität aus die Frage nach dem Recht, auch nach dem richtigen Recht, zu beantworten. Bei näherem Hinsehen aber fällt erneut auf, daß Kelsen seine Prämissen so wählt, daß sich diese *prima vista*-Plausibilität einstellt und bei Ablehnung seiner Thesen nur noch die Position des ‚Ich glaube an Gerechtigkeit trotz der Absurdität meines Glaubens' vertretbar scheint. Kelsen macht es sich zu leicht, indem er Gerechtigkeit nur als ‚absolute Gerechtigkeit' vorkommen läßt. Abwägungsfragen werden zum Schweigen gebracht, weil es keinen Komparativ gibt: Ist eine Gesellschaft nicht *gerechter*, wenn es keine aufgezwungene Arbeitslosigkeit gibt? Ist eine *gerechtere* Weltwirtschaftsordnung nicht vorstellbar? Ist nicht rechtliche Allgemeinheit *gerechter* als ein Privilegienrecht?

Kelsen fragt sich: „Was aber ist die Moral dieser relativistischen Gerechtigkeitsphilosophie? Hat diese überhaupt eine Moral? Ist Relativismus nicht amoralisch oder gar unmoralisch, wie manche meinen?" Ich bin nicht dieser Meinung. Das moralische Prinzip, das einer relativistischen Wertlehre zugrunde liegt oder aus ihr gefolgert werden kann, ist das Prinzip der Toleranz, das ist die Forderung, die religiöse oder politische Anschauung anderer wohlwollend zu verstehen, auch wenn man sie nicht teilt, ja gerade, weil man sie nicht teilt, und daher

---

93 Kelsen 2000, S. 49.

ihre friedlichen Äußerungen nicht zu verhindern."[94] Erneut liegt spontane Zustimmung nahe, bis fragwürdig wird, was Kelsen mit der Aussage „Toleranz bedeutet Gedankenfreiheit" meint Der Kontext dieses Satzes lautet, Toleranz gebe es „nur im Rahmen einer positiven Rechtsordnung, die den Frieden unter den den Rechtsunterworfenen garantiert, indem sie ihnen jede Gewaltanwendung verbietet, nicht aber die friedliche Äußerung ihrer Meinungen einschränkt".[95]

Dieser Begriff von Toleranz ist in seiner Formalität blind: Was im weiten politisch-sozialen Feld zwischen Meinung und Gewalt an Gerechtigkeitsproblemen besteht, bleibt unsichtbar. Und er ist bedeutungsleer, weil ein Kriterium für das unter Gerechtigkeitsgesichtspunkten Tolerierbare nicht angegeben wird. Diese Blindheit und Leere ergeben sich nicht aus einer zufällig schwachen Argumentation, sondern sie sind das Ergebnis einer gewollten und systematisch begründeten Unterbestimmung des Rechts. Dies wird offensichtlich in Kelsens Verständnis des kantischen kategorischen Imperativs „Handle nur nach der Maxime, von der du zugleich wünschen kannst, daß sie ein allgemeines Gesetz werde". Er wählt die formalste und inhaltsleerste der zahlreichen kantischen Formulierungen aus und umgeht so, was z.B. in einer anderen unübersehbar ist: „Das oberste Princip der Tugendlehre ist: handle nach einer Maxime der Zwecke, die zu haben für jedermann ein allgemeines Gesetz sein kann. – Nach diesem Princip ist der Mensch sowohl sich selbst als Andern Zweck, und es ist nicht genug, daß er weder sich selbst noch andere blos als Mittel zu brauchen befugt ist (dabei er doch gegen sie auch indifferent sein kann), sondern *den Menschen überhaupt sich zum Zwecke zu machen ist an sich selbst des Menschen Pflicht*."[96] In Kelsens Lesart, auf „die entscheidende Frage der Gerechtigkeit" – „welches sind diese Normen, von denen wir wünschen können oder sollen, daß sie allgemein ver-

94 Ebd., S. 49 f. Die Grenze der Toleranz wird extrem weit hinausgeschoben, wenn Kelsen nur das Recht demokratischer Regierungen kennt, „Versuche, sie mit Gewalt zu beseitigen, mit Gewalt zu unterdrücken und durch geeignete Mittel zu verhindern" (ebd., S. 51).

95 Ebd., S. 50. Diese Friedensgarantie für die Rechtsunterworfenen kann auch in Diktaturen gegeben sein, die nicht offen terroristisch sind.

96 Kant, Die Metaphysik der Sitten, 2. Tl.: Metaphysische Anfangsgründe der Tugendlehre. Akademie-Textausgabe, Bd. 6, S. 395. Hervorh. von mir. In den Metaphysischen Anfangsgründen der Rechtslehre lautet „das allgemeine Rechtsgesetz: handle äußerlich so, daß der freie Gebrauch deiner Willkür mit der Freiheit von jedermann nach einem allgemeinen Gesetze zusammen bestehen könne [...]" (ebd., S. 231).

bindlich seien?" – gebe der kategorische Imperativ „keine Antwort"[97], ist von den kantischen *Geltungsgründen* – Vernunft und Kausalität aus Freiheit –, keine Rede mehr; Kant argumentiert so:

„Der kategorische Imperativ, der überhaupt nur aussagt, was Verbindlichkeit sei, ist: handle nach einer Maxime, welche zugleich als ein allgemeines Gesetz *gelten kann!* – Deine Handlungen mußt du also zuerst nach ihrem subjectiven Grundsatze betrachten: ob aber dieser Grundsatz auch objectiv gültig sei, kannst du nur daran erkennen, daß, weil deine *Vernunft ihn der Probe unterwirft*, durch denselben dich zugleich als allgemein gesetzgebend zu denken, er sich zu einer solchen allgemeinen Gesetzgebung qualificire."[98]

Die *Reine Rechtslehre* konzentriert sich auf das ‚wirkliche' Recht; hinsichtlich des möglichen und richtigen Rechts ist sie indifferent. Die Begrenzung der Rechtswissenschaft auf eine Analyse positiv-rechtlicher Normen führt zu fragwürdigen Ergebnissen. Die Folgerung, „daß die Ordnung der Sowjetrepublik ganz ebenso als Rechtsordnung begriffen werden soll wie die des faschistischen Italien oder die des demokratisch-kapitalistischen Frankreich", ist aus der *erkenntnistheoretisch*-transzendentalen Bestimmung der Kategorie des Rechts als ‚formal' nicht abzuleiten.[99] Wenn Kelsen behauptet, „die Tatsache, daß der Inhalt einer wirksamen Zwangsordnung als ungerecht beurteilt werden kann", sei „jedenfalls kein Grund, die Zwangsordnung nicht als Rechtsordnung gelten zu lassen"[100], dann mag dies unter formalen Gesichtspunkten zutreffend sein; die Folgerung ergibt sich aber nur scheinbar aus Kohärenz-Gründen seiner Theorie. Es liegt nämlich ein Widerspruch zu seiner Qualifizierung des Rechts als einer ‚geistigen Realität' vor: Für sie gilt die – im Neukantianismus bezüglich der *Naturwissenschaften* festgestellte – ‚Werturteilsfreiheit' gerade nicht.

Es liegt also die Frage nahe, warum es für Kelsen denn nicht „die Aufgabe der Rechtswissenschaft sein kann, irgend etwas zu rechtfertigen. Rechtfertigung bedeutet Wertung; und Wertungen – stets subjektiven Charakters – sind Sache der Ethik und Politik, nicht aber der objektiven Erkenntnis." Warum ist es geboten, daß die Rechtswissenschaft rechtspolitischen Entwicklungen „ganz indifferent" gegenüber-

97 Kelsen 2000, S. 41.
98 Kant, Die Metaphysik der Sitten, 1. Tl.: Metaphysische Anfangsgründe der Rechtslehre. Akademie-Textausgabe, Bd. 6, S. 225
99 Kelsen 1985 (RR I), S. 64.
100 Kelsen 1992 (RR II), S. 51.

stehen muß?[101] Ein Motiv ist bereits genannt: das Veto gegen Ideologisierung und Politisierung; ein zureichender Grund ergibt sich daraus nicht.

Ein anderes Motiv scheint stärker zu sein und als Grund zu wirken: So sehr Kelsen bemüht ist, wegen des Kausalitäts- und Zurechnungsproblems die Rechtswissenschaft in Distanz zur Naturwissenschaft zu bringen, so wenig gelingt es ihm, sich der Faszination des Objektivitätsideals der Naturwissenschaften zu entziehen. Es ist kein Zufall, daß Kelsen 1934 die *Reine Rechtslehre* damit enden läßt, daß er für sie eine Fortschrittsfunktion in Analogie zu den Naturwissenschaften reklamiert, die, auf nichts als „auf reine Erkenntnis" zielend, „den Fortschritt der Technik" begründen. Man kann sich fragen, ob es diese uneingestandene Orientierung ist, die Kelsen nicht nur die Nähe zum naturwissenschaftlichen Objektivitätskonzept suchen läßt, sondern ihm auch ein entsprechendes Konzept von Notwendigkeit anbietet. Bereits sein Norm-Begriff überschreitet die transzendental-logische Konstruktion, ist doch ein „Minimum an sogenannter Wirksamkeit [...] eine Bedingung ihrer Geltung."[102] Darüber hinaus kennt Kelsen das Recht nur als Zwangsordnung: „Daß das Recht eine Zwangsordnung ist, besagt, daß seine Normen der Rechtsgemeinschaft zuschreibbare Zwangsakte statuieren."[103]

Radbruch kommt später zu einer Kritik, die gute Gründe auf ihrer Seite hat:

„Der Positivismus hat in der Tat mit seiner Überzeugung ‚Gesetz ist Gesetz' den deutschen Juristenstand wehrlos gemacht gegen Gesetze willkürlichen und verbrecherischen Inhalts. Dabei ist der Positivismus gar nicht in der Lage, aus eigener Kraft die Geltung von Gesetzen zu begründen. Er glaubt, die Geltung eines Gesetzes schon damit erwiesen zu haben, daß es die Macht besessen hat, sich durchzusetzen. Aber auf Macht läßt sich vielleicht ein Müssen, aber niemals ein Sollen und Gelten gründen. Dieses läßt sich vielmehr nur gründen auf einen Wert, der dem Gesetz innewohnt. Freilich: *einen* Wert führt schon jedes positive Gesetz ohne Rücksicht auf seinen Inhalt mit sich: es ist immer noch besser als kein Gesetz, weil es zum mindesten Rechtssicherheit schafft. Aber Rechtssicherheit ist nicht der einzige und nicht der entscheidende Wert, den das Recht zu verwirklichen hat. Neben die Rechtssicherheit treten vielmehr zwei andere Werte: Zweckmäßigkeit und Gerechtigkeit. In der Rangordnung

---

101 Kelsen 1985 (RR I), S. 154.
102 Kelsen 1992 (RR II), S. 10.
103 Ebd., S. 35.

dieser Werte haben wir die Zweckmäßigkeit des Rechts für das Gemeinwohl an die letzte Stelle zu setzen."[104]

11.4.2 Radbruch: Recht ist die Wirklichkeit, die den Sinn hat, der Rechtsidee zu dienen

In der Neubearbeitung seiner *Grundzüge der Rechtsphilosophie* (1914, [2]1922), die 1932 unter dem Titel *Rechtsphilosophie* erscheint, nimmt Radbruch hinsichtlich des Rechtsbegriffs eine Kurskorrektur vor: Er räumt „gegenüber der Zweckmäßigkeit der Gerechtigkeit eine selbständigere Bedeutung" ein. Nach wie vor bekennt er sich sowohl zum „Rationalismus" als auch zum „Relativismus", die seine „Denkweise" prägen; er betont nun aber, dem Relativismus „eine noch größere Bedeutung" beizumessen als zuvor: „Denn der Relativismus ist die gedankliche Voraussetzung der Demokratie. [...] Der Relativismus mit seiner Lehre, daß keine politische Auffassung beweisbar, keine widerlegbar ist, ist geeignet, jener bei uns in politischen Kämpfen üblichen Selbstgerechtigkeit entgegenzuwirken, die beim Gegner nur Torheit oder Böswilligkeit sehen will".[105]

Wie aber ist in der Perspektive des Relativismus die Entscheidung für eine bestimmte Rechtsphilosophie und eine Begründung von deren Geltungsansprüchen möglich? Radbruch beantwortet diese Frage völ-

---

104 Radbruch 1999, S. 215. Zu einer ähnlichen Beurteilung kommt H. Heller in seiner Staatslehre (1934); er kritisiert, für die Rechtfertigung des Staates sei „gar nichts gewonnen damit, daß man bloß rechtstechnisch ein positivrechtliches, also durch die jeweilige Macht angeordnetes Sollen gegenübergestellt dem gesellschaftlichen Sein". (Heller 1983, S. 250; vgl. hierzu auch S. 210 f.) Dies ist der Kern von Hellers Kritik an Kelsens ‚Grundnorm': „Da die Grundnorm bekanntlich ein falsch gemeldeter normloser Staatswille ist, fehlt dem Kelsenschen Recht außer der Positivität auch noch die Normativität." (Ebd., S. 225) Die Grundnorm berge „alle denkbaren Variationen ihres Norminhaltes potentiell in sich; sie sei auf nicht mehr als „nur auf die sittlich-rechtlich völlig ungebundene Willkür des jeweiligen Gesetzgebers" gestützt. Dies führe „letztlich ebenfalls zur Identifizierung von Recht und Macht und zu der Behauptung, jeder Staat sei ein Rechtsstaat". (Ebd., S. 250 f. Zur Kritik an Kelsens Forderung, „die Staatslehre zu ‚entpolitisieren'", vgl. ebd., S. 38 und S. 69; zur Kritik an Kelsens „Staatslehre ohne Staat" vgl. ebd., S. 111) Heller hält Kelsen entgegen: „Die Übereinstimmung eines staatlichen Aktes mit dem Gesetz, des Gesetzes mit der positivrechtlichen oder der ‚normlogisch' vorausgesetzten Verfassung kann immer nur Legalität, niemals rechtfertigende Legitimität begründen." (Ebd., S. 250 f.)
105 Ebd., S. 3 f.

lig anders als Kelsen.[106] Er wählt im Anschluß an Windelband, Rikkert und vor allem an Lasks Rechtsphilosophie sein epistemologisches
Profil so, daß er kulturtheoretisch für eine „wertbeziehende Haltung"
gegenüber dem Recht plädieren kann. Er stellt – ganz und gar neukantianisch, d.h. konstitutionstheoretisch – fest, daß schon das in den Naturwissenschaften „methodisch ausgeübt[e]" „wertblinde Verhalten"
keine naturontologischen Gründe hat; vielmehr schafft „unser *wert-
blindes* Verhalten aus dem Chaos der Gegebenheit erst das Reich der
Natur – denn die Natur ist nichts anderes als die Gegebenheit, wie sie
sich gereinigt von verfälschenden Bewertungen darstellt".[107] Dies gilt
um so mehr für die Rechtstheorie, deren Gegenstand wertbezogen, also kulturell ist:

> „Recht kann nur begriffen werden im Rahmen des wertbeziehenden Verhal-
> tens. Recht ist Kulturerscheinung, d.h. wertbezogene Tatsache. Der Rechtsbe-
> griff kann nicht anders bestimmt werden denn als die Gegebenheit, die den
> Sinn hat, die Rechtsidee zu verwirklichen."[108]

Rechtsphilosophie ist eine „Rechtswertbetrachtung" mit einer eigenge-
arteten Methode, die durch zwei „Wesenszüge" gekennzeichnet ist:
„Methodendualismus und Relativismus".[109] ‚Methodendualismus' besagt, daß „Wertbetrachtung und Seinsbetrachtung" je in sich geschlos-
sene „Kreise" darstellen. Radbruch bezieht sich auf die kantische Lehre von der Unmöglichkeit, „aus dem, was *ist*, zu erschließen, was *wertvoll*, was *richtig* ist, was sein *soll*", und folgert daraus, niemals sei „etwas schon deshalb richtig, weil es ist oder weil es war – oder auch,
weil es sein wird". Jenen Positivismus, der dies nicht sieht, lehnt er ab.

---

106 Noch einmal anders stellt sich die Problematik bei H. Heller dar. Die „soziale
  Legitimierung der rechtsichernden Autorität" bietet gar keine Gewähr für den
  Rechtscharakter des Staates; er bedarf vielmehr einer „ideellen Rechtfertigung
  [...] durch sittliche Rechtsgrundsätze". Denn ob „die sozial legitimierte Autorität
  nicht etwa nur der normalen Rechtssicherheit dient und eine ungerechte Ordnung
  um der Ordnung willen aufrecht erhält, läßt sich nur durch ein Urteil über die
  Richtigkeit des gesicherten Rechts entscheiden." (Heller 1983, S. 253) Wie trotz
  der historisch-sozialen Relativität der das Recht und den Staat begründenden
  Prinzipien ‚rechtfertigende Legitimität' möglich sein kann, ist Hellers Problem.
  Er will es mit der Annahme lösen, „daß es in der Tat identische Konstanten des
  politischen Geschehens gibt, die für die praktische Vernunft der historisch-sozio-
  logischen Relativierung entzogen sind." (Ebd., S. 20)
107 Radbruch 1999, S. 8 f.
108 Ebd., S. 12.
109 Vgl. die Modifikation ebd., S. 31: Radbruch spricht von der auf „Methodentria-
  lismus und Relativismus aufgebauten Rechtsphilosophie".

Es geht Radbruch, der die kausale Wirkung von Seinstatsachen auf Bewertungsakte nicht leugnet, um das *logische* „Verhältnis von Sein und Wert". Er kommt zu einer radikal anderen Schlußfolgerung als Kelsen: „Sollenssätze sind nur durch andere Sollenssätze begründbar und beweisbar. Eben deshalb sind die letzten Sollenssätze unbeweisbar, axiomatisch, nicht der Erkenntnis, sondern nur des Bekenntnisses fähig."[110]

Sätzen, in denen der propositionale Gehalt *p* z.B. ‚*Gerechtigkeit*' ist, geht immer die propositionale Einstellung ‚x *ist überzeugt*' voraus. Dies macht den Kern einer „relativistische[n] Rechtsphilosophie" aus: „Die hier dargelegte Methode nennt sich *Relativismus*, weil sie die Richtigkeit jedes Werturteils nur in Beziehung zu einem bestimmten obersten Werturteil, nur im Rahmen einer bestimmten Wert- und Weltanschauung, nicht aber die Richtigkeit dieses Werturteils, dieser Wert- und Weltanschauung selbst festzustellen sich zur Aufgabe macht. Der Relativismus gehört aber der theoretischen, nicht der praktischen Vernunft an. Er bedeutet Verzicht auf die wissenschaftliche Begründung letzter Stellungnahmen, nicht Verzicht auf die Stellungnahme selbst."[111]

Radbruchs eigene Überzeugung und die aus ihr folgende ‚Stellungnahme' bestehen im wesentlichen darin, daß „Recht und Rechtsidee" nicht geschieden werden dürfen; man kann den Rechtsbegriff nicht „ohne jede Bezugnahme auf die Rechtsidee ableiten":

„Der Rechtsbegriff kann nur bestimmt werden als die Wirklichkeit, die zur Rechtsidee hinstrebt. Hinter dieser Auffassung des Rechtsbegriffs steht aber die Grundanschauung, daß [...] mit der bloßen Antithese von Sein und Sollen, von Wirklichkeit und Wert nicht auszukommen ist, daß vielmehr zwischen Wirklichkeitsurteil und Wertbeurteilung der Wertbeziehung, zwischen Natur und Ideal der Kultur ihr Platz gewahrt werden muß: die Rechtsidee ist Wert, das Recht aber wertbezogene Wirklichkeit, Kulturerscheinung. So wird der Übergang vollzogen von einem Dualismus zu einem Trialismus der Betrachtungsweisen [...]. Dieser Trialismus macht die Rechtsphilosophie zu einer *Kulturphilosophie des Rechts*."[112]

In definitorischer Formulierung lautet Radbruchs eigene ‚Stellungnahme' (‚überzeugt, daß *p*'), das Recht sei eine Wirklichkeit, „die den Sinn hat, einem Wert zu dienen. *Recht ist die Wirklichkeit, die den*

---

110 Ebd., S. 13 ff.
111 Ebd., S. 17 f.
112 Ebd., S. 31.

Sinn hat, dem Rechtswerte, der Rechtsidee zu dienen. Der Rechtsbegriff ist also ausgerichtet an der Rechtsidee." Was ist der Inhalt der Rechtsidee? „Die Idee des Rechts kann nun keine andere sein als die Gerechtigkeit."[113] Die Rede ist von einer Gerechtigkeit, die nicht „am positiven Recht, sondern an der das positive Recht gemessen wird".[114]

Um die Differenz zu Kelsen richtig einschätzen zu können, ist daran zu erinnern, daß Radbruch zu dieser Bestimmung nicht trotz, sondern aufgrund des Relativismus kommt. Entsprechend groß ist die Distanz zu Kelsen in der Kennzeichnung der Rechts*normen:* Sie haben „die Natur von Maßstäben [...], an denen das Zusammenleben der einzelnen gemessen wird, nicht von Befehlen, die sich an die einzelnen richten"; Rechtsnormen sind in erster Linie „Bewertungsnormen", nicht „Bestimmungsnormen". Die Norm wird erst zum Imperativ, wenn es darum geht, Verhalten im Recht nicht nur zu beurteilen, sondern dem Recht „gemäßes menschliches Verhalten auch herbei[zu]führen, ihm widersprechendes menschliche Verhalten [zu] verhindern."[115]

Eine weitere grundlegende Differenz zu Kelsen besteht in der Bestimmung des Verhältnisses von Recht und Staat. Radbruch sieht hier „keineswegs Identität, sondern umgekehrt schärfste Spannung": „Die Norm ‚Recht' ist für die Wirklichkeit ‚Staat' in gewissem Sinne eine inadäquate Norm, denn auch die *Idee* des Rechts ist nicht mit der Staats*idee* identisch, das Recht neben dem Staatszwecke einer Idee dienstbar, die mit dem näheren Staatszweck in Kollision geraten kann: der Rechtssicherheit, und einer zunächst staatsfremden Idee: der Gerechtigkeit." Der Staat, der zur Gesetzgebung unter der Bedingung berufen ist, „daß er sich durch seine Gesetze selbst für gebunden halte", wird „an sein positives Recht gebunden durch überpositives, natürliches Recht, durch denselben naturrechtlichen Grundsatz, auf den die Geltung des positiven Rechts selber allein gegründet werden kann."[116]

Diese Wiederbelebung naturrechtlicher Grundsätze scheint Radbruch wehrlos zu machen gegenüber berechtigten und auch von ihm selbst erhobenen Einwänden gegen die Funktionalisierung der Natur

---

113 Zur Antinomie, daß an der Gerechtigkeit zwar der Rechtsbegriff orientiert werden kann, nicht aber die Ableitung des Rechtsinhalts zu gewinnen ist, vgl. ebd., § 9; Zweckmäßigkeit und Rechtssicherheit werden als die zwei weiteren Bestandteile der Rechtsidee eingeführt.
114 Ebd., S. 34 f.
115 Ebd., S. 45. „[D]ie Norm verlangt Moralität, der Imperativ Legalität." (Ebd. S. 46) Zur Trennung von Recht, Moral und Sitte vgl. ebd., S. 41-53.
116 Ebd., S. 171 ff. Radbruch bezieht sich hier auf G. Jellinek.

im Rechtsbegriff. Dies ist aber nicht der Fall. Denn zum einen gibt Radbruch diesen Grundsätzen ein vernunftrechtliches Profil, und zum anderen erhalten sie einen historischen positiv-rechtlichen Zuschnitt. In einem Zeitungsartikel *Fünf Minuten Rechtsphilosophie* macht er 1945 deutlich, daß der Relativismus der Werte und des Rechts zwar diesen Preis hat, der Preis aber nicht so hoch ist, wie ihn klassisches Naturrecht einfordern würde. Der Preis ist die Überzeugung, daß es im Recht vernünftig zugehen *muß*; dies ist das Postulat einer nachmetaphysischen, nicht mehr substanziellen *Vernunft im Recht*, die sich in den positivierten Menschenrechten ausdrückt:

Es gibt „Rechtsgrundsätze, die stärker sind als jede rechtliche Satzung, so daß das Gesetz, das ihnen widerspricht, der Geltung bar ist. Man nennt diese Grundsätze das Naturrecht oder das Vernunftrecht. Gewiß sind sie im einzelnen von manchem Zweifel umgeben, aber die Arbeit der Jahrhunderte hat doch einen festen Bestand herausgearbeitet, un in den sogenannten Erklärungen der Menschen- und Bürgerrechte mit so weitreichender Übereinstimmung gesammelt, daß in Hinsicht auf manche von ihnen nur noch gewollte Skepsis den Zweifel aufrechterhalten kann."[117]

Der Relativismus wird – so ist zu bilanzieren – durch derartige Rechtsgrundsätze relativiert. Sich mehr an Relativismus zu leisten verbietet die Erfahrung des gesetzlichen staatlichen Terrors.

117 Radbruch 1999, S. 210.

12. Wissenskulturen –
Theorie der Erkenntnis, des Wissens
und der Wissenschaft *ex analogia hominis.*
Cassirer und der neue wissenschaftliche Geist

> Nicht der „Standpunkt" einer Philosophie, sondern ihr „Blickpunkt" ist das, was für sie eigentlich bezeichnend ist. Sie will nicht einfach, von einem bestimmten Standort aus, eine Karte des Seins aufnehmen, in die die einzelnen Wirklichkeitskreise, als bekannte und gegebene, eingezeichnet werden. Sie zielt vielmehr in eine noch unbekannte Ferne, die erst zu entdecken und durch den Gedanken erst aufzuschliessen ist.
>
> Ernst Cassirer[1]

Ernst Cassirers Spätwerk *An Essay on Man* (1944) setzt ein mit Kants Frage *Was ist der Mensch?* Die Eröffnungspassage ist ein philosophisches Selbstzeugnis der Gründe intellektuellen Engagements gegen Dogmatismus, gegen zu gewisse Wahrheiten, aber auch gegen Resignation vor dem scheinbar unausweichlichen Verfall der Aufklärung in Zeiten ihrer offensichtlichen Niederlage. Cassirer notiert zur „Krise der menschlichen Selbsterkenntnis": „Daß Selbsterkenntnis das höchste Ziel philosophischen Fragens und Forschens ist, scheint allgemein anerkannt." Dies hat gerade die Skepsis nicht geleugnet: „In der Geschichte der Philosophie war der Skeptizismus sehr oft nichts anderes als das Gegenstück zu einem entschiedenen Humanismus. *Indem er die objektive Gewißheit der Außenwelt leugnet und destruiert, hofft der Skeptiker, das menschliche Denken aus dem Sein des Menschen selbst bestimmen zu können.* Selbsterkenntnis [...] ist die erste Voraussetzung der Selbstverwirklichung."[2]

Skepsis ist bei Cassirer habituell; zugleich diskutiert er sie immer wieder als epistemologisches Problem: „Um die Operation des Ausdrucks rein hervortreten zu lassen, muß der Inhalt, der als Zeichen

---

1 *Ziele und Wege der Wirklichkeitserkenntnis.* In: ECN 2, S. 24.
2 Cassirer 1990, S. 15; Hervorh. von mir.

dient, mehr und mehr seines Dingcharakters entkleidet werden; damit aber scheint zugleich die objektivierende *Bedeutung*, die ihm zugesprochen wird, ihren Halt und ihre beste Stütze zu verlieren. So droht die Theorie der Repräsentation immer von neuem der Skepsis zu verfallen: Denn welche Gewißheit besteht dafür, daß das *Symbol* des Seins, das wir in unseren Vorstellungen zu besitzen glauben, uns seine Gestalt unverfälscht wiedergibt, statt sie gerade in ihren wesentlichen Zügen zu entstellen?"[3] Aus dem Verlust an Gewißheit entsteht die Überzeugung von der Notwendigkeit einer kritischen Philosophie im Dialog aller menschlichen Kulturen und von der Möglichkeit eines Pluralismus, der weder kulturell noch politisch-ethisch zu heillosem Relativismus führt.

Was Cassirers Philosophie der Erkenntnis auszeichnet, ist die konsequente epistemologische Aufdeckung der *Relationalität* – und in diesem Sinne: Relativität – aller Erkenntnis und des Wissens, auch in den Wissenschaften. Dies ist bereits ein wesentliches Merkmal in *Das Erkenntnisproblem* (1. Bd. 1906).[4] In *Substanzbegriff und Funktionsbegriff* (1910) spitzt Cassirer zu: „Die schärfere Fassung des Prinzips der Relativität der Erkenntnis stellt dieses Prinzip nicht als eine bloße Folge aus der allseitigen Wechselwirkung der Dinge hin, sondern erkennt in ihm eine vorausgehende Bedingung für den Begriff des Dinges selbst. Hierin erst besteht die allgemeinste und radikalste Bedeutung des Relativitätsgedankens."[5] Noch einmal in einer Variation:

„Die *Wahrheit* des Gegenstands [...] hängt an der *Wahrheit* [bestimmter] Axiome und besitzt keinen anderen und festeren Grund. Es gibt somit freilich im strengen Sinne kein absolutes, sondern immer nur *relatives* Sein: Aber diese Relativität bedeutet ersichtlich nicht die physische Abhängigkeit von den einzelnen denkenden Subjekten, sondern die logische Abhängigkeit vom Inhalt bestimmter allgemeingültiger Obersätze aller Erkenntnis überhaupt."[6]

Deshalb bliebe es „ein Zirkel, die Relativität der Erkenntnis aus der durchgängigen Wechselwirkung der Dinge erklären zu wollen, da ebendiese Wechselwirkung vielmehr nur einer jener *Relationsgedanken* ist, die die Erkenntnis in das sinnlich Mannigfaltige hineinlegt, um es damit zur Einheit zu gestalten."[7] Das Problem der Relationalität/

---

3   ECW 6, S. 305 f.
4   Vgl. ECW 2, S. X, 3 und passim.
5   ECW 6, S. 330.
6   Ebd., S. 321.
7   Ebd., S. 331.

Relativität ist mit dem der *Subjektivität* von Erkenntnisbedingungen und -interessen und von Bedeutungen verknüpft: „die schlechthin ‚standpunktfreie' Betrachtung philosophischer Probleme [...] erweist sich bei näherem Zusehen nicht sowohl als Ideal, denn als Idol".[8]

Skepsis als Hoffnung auf Autonomie – dies gehört zur Mentalität einer Kultur, die metaphysische Gewißheiten verloren hat; sie gehört zur ‚Tönung' des ausgehenden 19. und des beginnenden 20. Jahrhunderts.

12.1 Erkenntnistheorie im Übergang von der Kritik der Vernunft zur Kritik der Kulturen der Erkenntnis: Sprache, Zeichen und Symbol

Cassirer entwirft die Philosophie, die vor allem mit seinem Namen verbunden ist – die seit etwa 1920 entstehende *Philosophie der symbolischen Formen*[9] – im Übergang von der *Kritik der Vernunft* zur *Kritik der Kultur*: „Die Kritik der Vernunft wird [...] zur Kritik der Kultur. Sie sucht zu verstehen und zu erweisen, wie aller Inhalt der Kultur, sofern er mehr als bloßer Einzelinhalt ist, sofern er in einem allgemeinen Formprinzip gegründet ist, eine ursprüngliche Tat des Geistes zur Voraussetzung hat."[10] In ihrem Kern ist die Philosophie der symbolischen Formen Theorie der Erkenntnis; um dem Anspruch einer „methodische[n] Grundlegung der Geisteswissenschaften" gerecht zu werden, grenzt sie sich aber von der traditionellen Erkenntnistheorie ab, die einer „prinzipiellen Erweiterung" bedarf: „Statt lediglich die allgemeinen Voraussetzungen der wissenschaftlichen *Erkennens* der Welt zu untersuchen, mußte dazu übergegangen werden, die verschiedenen Grundformen des ‚Verstehens' der Welt bestimmt gegeneinander abzugrenzen und jede von ihnen so scharf als möglich in ihrer eigentümlichen Tendenz und ihrer eigentümlichen geistigen Form zu erfassen." In diesem Sinne folgt die Philosophie der symbolischen Formen dem „Plan einer *allgemeinen Theorie der geistigen Ausdrucksformen*".[11] Cassirer wird auf dem Wege von der Kritik der Vernunft zur Kritik der

---

8   Cassirer 1993a, S. 80.
9   Siehe zur Interpretation Schilpp 1958 und 1966, Braun/Holzhey/Orth 1988, Paetzold 1993 und 1995, Graeser 1994.
10 Cassirer 1994, S. 11. Vgl. Plümacher/Schürmann 1996. ‚Kritischer Idealismus' und ‚Philosophie der Kultur' gebraucht Cassirer synonym.
11 Cassirer 1994, S. V.

Kultur letztlich zu einer Neubestimmung auch der Erkenntnistheorie kommen, weil es ihm um eine Theorie der „Grundformen des ‚*Verstehens*‘ der Welt" geht: „Erkenntnis*theorie* ist im Grunde nichts anderes als eine *Hermeneutik* der Erkenntnis".[12]

Im Zentrum des Weltbildes, zu dessen Formung Cassirer wesentlich beiträgt, steht der Mensch als das Lebewesen, das sich in *Symbolen* vielfältiger Kulturen ausdrückt (*animal symbolicum*) und darin seine Freiheit verwirklicht.[13] Der Topos *homo mensura* ist wieder aktuell und damit die Einsicht: Die Menschen sind frei zur Subjektivität, gerade im Erkennen und Wissen. ‚Freiheit‘ reicht in alle Dimensionen menschlicher Weltverhältnisse, nicht zuletzt in den tiefsten Grund, die *Welt-Erkenntnis*. Ihr Ausdruck ist der Pluralismus der kognitiven Beziehungen zur Wirklichkeit, der Emotionen, der Kenntnisse, der Bedeutungen der Dinge und der Wert-Einstellungen. Was in den verschiedenen Weisen der Erkenntnis und in den Formen des Wissens *zum Gegenstand wird*, ist kein Ergebnis ‚natürlicher‘ Determination und bezeichnet keinen ‚von Natur‘ gegebenen Sachverhalt. Genau dies ist im ‚natürlichen Weltbild‘ der Anschauung und Abbildung einer ‚externen Welt‘ nicht bewußt: daß die epistemischen *R*epräsentationen der Welt mit bestimmten Indices verbundene Präsentationen sind, immer Selbstrepräsentation von Kultur, präziser: unsere Selbstrepräsentation in einer Kultur ist, in deren Rahmen und konzeptuellen Schemata Bedeutung und Sinn entstehen. Was dies heißt, kann man mit Cassirer verstehen lernen: Nur der „naiven Auffassung stellt sich das Erkennen als ein Prozeß dar, in dem wir eine an sich vorhandene, geordnete und gegliederte Wirklichkeit nachbildend zum Bewußtsein bringen."[14]

Die neue Theorie der Erkenntnis, die den Spuren Kants[15] folgt und neukantianisch über Kant hinausgeht[16], formuliert als ‚Theorie der gei-

---

12 Nachlaßnotiz in ECN 1, S. 165.

13 Im Schaffen intellektueller Symbole, „durch die der gesetzliche Zusammenhang der Phänomeine in einfacher und eindeutiger Weise dargestellt wird", liegt für Cassirer „das Moment der Freiheit" (Cassirer 1993a, S. 81).

14 ECW 2, S. 1. Diese programmatische These bestimmt Cassirers Denken seit seiner frühen Arbeit zur Geschichte des Erkenntnisproblems (1906). Er begründet sie näher in Substanzbegriff und Funktionsbegriff, vgl. ECW 6, S. 327.

15 Kant ist – ungeachtet anderer für Cassirer wichtiger Bezüge – der Wegweiser. In der Zeit des Exils hat Cassirer häufig Kant-Vorlesungen oder -Vorträge gehalten, auch mit Bezug zu den modernen Naturwissenschaften, z.B. zur Biologie.

16 Ob Cassirer als Neukantianer zu betrachten ist, sei hier offengelassen. Was er jedenfalls mit dem Neukantianismus, vor allem dem Marburger, teilt, hat er in seinem Artikel ‚Neo-Kantianism‘ in der Encyclopaedia Britannica deutlich gemacht:

stigen Ausdrucksformen' demgegenüber ein ganz anderes Prinzip: „Das echte ‚Unmittelbare' dürfen wir nicht in den Dingen draußen, sondern wir müssen es in uns selbst suchen."[17] Bereits in Cassirers frühem *Erkenntnisproblem* (1906) „lautet die Frage nicht länger, welche Trennung im Absoluten den Gegensätzen des ‚Innen' und ‚Außen', der ‚Vorstellung' und des ‚Gegenstands' zugrunde liegt, sondern lediglich, aus welchen Gesichtspunkten und welcher Notwendigkeit heraus das *Wissen selbst* zu diesen Scheidungen gelangt".[18] Alle Erkenntnis und alles Wissen sind – so formuliert er später mit Bacon – „*ex analogia hominis*', nicht ‚*ex analogia universi*'".[19] Genau dies bezeichnet *das* Grundproblem der neueren Philosophie[20] – das Erkenntnisproblem –, auf das sich Cassirer seit der Arbeit am ersten Band seines insgesamt vierbändigen Werkes *Das Erkenntnisproblem in der Philosophie und Wissenschaft der neueren Zeit* konzentriert.

Cassirer denkt keine spekulative Erkenntnistheorie, sondern er arbeitet während seines ganzen Lebens an einer *Phänomenologie der Erkenntnis*. In einer späteren bilanzierenden Positionsbestimmung betont er unter dem Titel ‚Zur Logik des Symbolbegriffs' 1938:

„Die Philosophie der symbolischen Formen will keine Metaphysik der Erkenntnis, sondern eine Phaenomenologie der Erkenntnis sein. Sie nimmt dabei das Wort: ‚Erkenntnis' im weitesten und umfassendsten Sinne. Sie versteht darunter nicht nur den Akt des wissenschaftlichen Begreifens und des theoretischen Erklärens, sondern jede geistige Tätigkeit, in der wir uns eine ‚Welt' in ihrer charakteristischen Gestaltung [...] aufbauen. Demgemäß will die Philosophie der symbolischen Formen nicht von vornherein eine bestimmte dogmatische Theorie vom Wesen der Objekte und ihren Grundeigenschaften aufstellen, sondern statt dessen, in geduldiger kritischer Arbeit, *die Arten der Objektivierung erfassen und beschreiben, wie sie der Kunst, der Religion, der Wissenschaft eigen und für diese charakteristisch sind.*"[21]

„they enquire into the possibility of philosophy as a science with the intention of formulationg ist conditions". (Cassirer 1929, S. 215). Zum Neukantianismus vgl. auch differenzierte Äußerungen in Cassirer 1987, S. 132, Cassirer 1993a, S. 201 f. Zu Cassirers Beziehung zur Marburger Schule vgl. Bourel 1990, Capeillères 1992.

17   Cassirer 1994a, S. 27.
18   ECW 6, S. 293.
19   ECN 2, S. 29; vgl. den erneuten Bacon-Rekurs S. 169.
20   ECW 2, S. IX.
21   In: Cassirer 1956, S. 209 f.; Hervorh. von mir. Cassirer diskutiert hier Einwände Marc-Wogaus, man könne aus dem Kreis der Formen nie heraustreten, wenn alle Objektivität nicht anders als in symbolischen Formen präsent sei.

Die Philosophie der symbolischen Formen sucht dabei „dem Wege zu folgen, den Kant der ‚kritischen Philosophie' gewiesen hat. Sie will nicht von einem allgemeinen dogmatischen Satz über die Natur des absoluten Seins ausgehen, sondern sie stellt vorerst die Frage, was die Aussage über ein Sein, über einen ‚Gegenstand' der Erkenntnis überhaupt bedeutet, und auf welchen Wegen und durch welche Mittel Gegenständlichkeit überhaupt erreichbar und zugänglich ist."[22] Worin sie freilich über Kant hinausgeht, ist der Übergang von der *Kritik der Vernunft* zur *Kritik der Kultur*; Cassirer umschreibt seinen Anspruch so: Er habe nicht mehr zu geben versucht als „Prolegomena zu einer künftigen Kulturphilosophie".[23]

Wie wenige Philosophen seiner Zeit widmet sich Cassirer dabei programmatisch der Analyse der Genese, der Struktur und der Funktion *wissenschaftlichen Wissens*[24]; die wissenschaftliche Erkenntnis ist und bleibt ein wesentlicher Ausgangspunkt von Cassirers Erkenntnistheorie. Man kann ihn deshalb einen modernen Epistemologen nennen, dessen Nähe zum gleichzeitig entwickelten Programm der *Epistémologie* Gaston Bachelards, das er nicht kennt, auffällig ist.

In einer Bilanz, die er 1936 zieht, formuliert er zu seinem Verständnis der philosophischen Theorie der Erkenntnis: „Eine Erkenntnistheorie, die nicht bei einzelnen Analysen wissenschaftlicher Grundbegriffe stehen bleiben will, sondern die danach strebt, das Ganze ihres Gebiets und ihrer Probleme zu überblicken, muss [...] bei der Erörterung jedes Einzelbegriffs wissen, innerhalb welcher *Region* der Erkenntnis sie steht: denn je nach der Eigenart des Ziels, auf das sich die Erkenntnis richtet, wechselt auch die Bedeutung ihrer Begriffe und ihrer Methoden." Die ‚Regionen' – das sind für Cassirer „drei ‚Welten'": Die Subjektivität des Ich, die Intersubjektivität zwischen den Menschen und schließlich Natur und Kultur als die beiden Formen der objektivierten Wirklichkeit.

„[Es kann] sich hierbei natürlich nicht um Stufen innerhalb einer absoluten Wirklichkeit handeln, wie sie die Metaphysik seit jeher zu sondern und in einem hierarchischen Aufbau vor uns hinzustellen suchte. Es handelt sich viel-

---

22 Cassirer 1956, S. 227 f.
23 Ebd., S. 229.
24 Zur konstitutiven Bedeutung der Wissenschaften für die Philosophie vgl. z.B. Cassirer 1990, S. 114. Zu Cassirers Wissenschaftsphilosophie vgl. die intensive Studie Mormann 1997. Mormann begründet, warum Cassirer „der zeitgenössischen Szene wichtige Denkanregungen geben kann" (ebd. S. 269); vgl. auch Ihmig 2001.

mehr lediglich um die Artikulation der Erkenntnis selbst und um die Beziehungen, die in ihr obwalten. Das Ineinandergreifen dieser Beziehungen spiegelt sich uns in dem Verhältnis wieder, in welchem die einzelnen Wissenschaften, von deren faktischem Bestand wir ausgehen dürfen, zu einander stehen. [...] Eine *Phaenomenologie der Erkenntnis* kann nicht [...] von vornherein eine einzelne Form für absolut-gültig oder für die einzige Norm erklären, an der alles Wissen zu messen sei. Jede derartige Hypostasierung müsste notwendig zu dogmatischer Verengung und Verkümmerung führen. Worauf es ankommt, ist die Weite und die Freiheit des Überblicks: und diese kann nur erreicht werden, wenn man jegliches Wissen zunächst ausschliesslich mit seinem eigenen Maße misst und erst, nachdem dies geschehen, danach fragt, wie alle diese Maße sich mit einander vereinen lassen und inwiefern sie sich, trotz ihrer verschiedenen gegenständlichen ‚Intentionen', auf eine in sich zusammenhängende Erfahrung, und danach auf *Eine* ‚Wirklichkeit', beziehen lassen. Sicherlich bilden der Gegenstand der Mathematik, der Gegenstand der Physik, der Gegenstand der Biologie, der Gegenstand der Geschichte, der Gegenstand der Kulturwissenschaften nicht getrennte Stücke des Seins, die, um den Ausdruck des Anaxagoras zu brauchen, ‚wie mit dem Beil abgehauen' einander gegenüberstehen. So unverkennbar hier die analytischen Trennungen sind, und so notwendig es ist, sie in voller logischer Schärfe herauszuarbeiten, so wird doch die *Philosophie* die Aufgabe der Synthese darüber nie aus den Augen verlieren dürfen. Aber diese Synthese kann nicht in der Art erfolgen[,] daß man, mit einem einfachen Machtspruch, ein einzelnes Erkenntnisideal vor allen übrigen auszeichnet; daß man also, wie es so oft geschehen ist, einem Mathematizismus oder Physikalismus, einem logischen Formalismus oder Psychologismus, einem Biologismus oder Historismus das Wort redet. Die wahre Einheit, nach der die Philosophie strebt, kann sich nicht aus der Verwischung der Differenzen ergeben: sondern sie will gerade diese Differenzen festhalten und sie als solche kenntlich und verständlich machen. Und einer der grundlegenden Unterschiede besteht hierbei in jenen drei Grundrichtungen [...]. Jede derselben konstituiert sozusagen eine selbständige *Dimension* der Erkenntnis; und jede dieser Dimensionen besitzt einen eigenen *Charakter,* der sich allem, was ihr angehört, mitteilt."[25]

Es gibt „prinzipiell-andere", grundlegend unterschiedliche Zugänge zur Wirklichkeit – so z.B. in der Religion und in der wissenschaftlichen Erkenntnis, je nach dem „Kriterium der Realität"[26], das maßgebend ist. Damit verliert der Glaube, „die Realität unmittelbar zu erfassen und zu besitzen", der „jeder Form der Wahrnehmung an- und ein-

---

25 ECN 2, S. 12 f. Zur Kritik des Psychologismus vgl. Cassirers Schrift Erkenntnistheorie nebst den Grenzfragen der Logik und Denkpsychologie (1927), Cassirer 1993a, S. 78 und passim.
26 ECN 2, S. 94.

geboren ist", seine Gewißheit: „Mehr und mehr findet der Mensch in sich selbst, was er ausser sich gesucht hatte. Es beginnt ihm eine neue Welt aufzugehen: die Welt der Formen, die er selbst hervorbringt und in denen er ist und lebt."[27]

Cassirers Perspektivismus, die Idee der Konstruktivität aller Formen des Wahrnehmens und Erkennens und seine Kritik an jedem „naiven' Realismus und Objektivismus"[28] gründen vor allem in der Betonung der *Intentionalität* als der Quelle aller Gegenstandserkenntnis: „Die Beziehung auf ein Objekt, die *Intention* auf Gegenständliches, wächst der Wahrnehmung nicht nachträglich aus irgend einer anderen Erkenntnisquelle zu, sondern sie ist ursprünglich in ihr gesetzt; sie bildet ein konstitutives und unaufhebbares Moment der Wahrnehmung selbst."[29] Intentionalität ist die Gerichtetheit des Bewußtseins auf Gegenstände als *interne* Bewußtseinsgegenstände, nicht aber auf externe Objekte der Außenwelt; mit Intentionalität ist für Cassirer wie für Franz Brentano „immanente Gegenständlichkeit" verbunden, d.h. „die intentionale (auch wohl mentale) Inexistenz eines Gegenstandes".[30]

Perspektivität und Konstruktivität der Erkenntnis sind die Bedingungen dafür, daß sich das Erkennen nicht in der Mannigfaltigkeit singulärer Sinnesdaten verliert. Cassirer unterscheidet zwei „Mannigfaltigkeitsformen" und stellt eine Transformation der „bloß-empirischen, von einer schlechthin ‚gegebenen' Vielheit", in eine „rational-überschaubare, in eine ‚konstruktive' Vielheit" fest; sie ist das „Ziel der theoretischen Begriffsbildung".[31] ‚Konstantenbildung' bzw. ‚Invariantenbildung'[32] sind die Schlüsseltermini, die Cassirer in seiner *Theorie*

---

27 Ebd., S. 149 f.
28 Ebd., S. 27.
29 Ebd., S. 26. Zur Bedeutung der Intentionalität vgl. bereits Substanzbegriff und Funktionsbegriff, ECW 6, S. 24.
30 Brentano 1973, I, S. 124 f.
31 Cassirer 1994a, S. 482.
32 Die „kritische Erfahrungslehre" will „die allgemeine Invariantentheorie der Erfahrung bilden". (ECW 6, S. 289). In Substanzbegriff und Funktionsbegriff erfüllen logische Invarianten für Cassirer die Funktion von Apriori, die freilich nicht vor der Erfahrung liegen, sondern „in jedem gültigen Urteil über Tatsachen als notwendige Prämisse[n] enthalten" sind (ebd., S. 290). Vgl. auch das 3. Kapitel ‚Die Invarianten der Wahrnehmung und des Begriffs' in Wege und Ziele der Wirklichkeitserkenntnis, ECN 2, S. 83-133. Vgl. auch die Ausführungen zur Invariantenbildung im Erkenntnisproblem, ECW 2, S. 294. Zu Invarianten in der Sicht der allgemeinen Relativitätstheorie vgl. Cassirer 1987, S. 29. Zu einer ausführlichen historischen und systematischen Analyse zur Invariantentheorie der Erfahrung vgl. Ihmig 1997.

des Begriffs entwickelt: Alles Konstante und Invariante, das wir der
Wirklichkeit zuschreiben, ist das Ergebnis einer Bildung, Gestaltung,
Formung. Während die Wahrnehmung ihre Konstanten bildet, indem
sie ‚Dinge' identifiziert, erfolgt die Invariantenbildung in der Wissenschaft durch Begriffe, so z.b. den Begriff der Kausalität[33], durch Konzepte wie ‚Naturgesetz' oder durch mathematische Axiome. Auch das
„Phaenomen, das wir ‚Natur', das wir gegenständliche Wirklichkeit
nennen", ist eine Folge des „Invarianzgedanke[ns]".[34]

Mit der *Philosophie der symbolischen Formen* wird dieser Invarianzgedanke, der zunächst strukturanalytisch auf logische Urteile bezogen war, kultur*historisch* aufgeladen. Erkenntnis zielt auf Realität, dies
ist und bleibt unbestritten. Was aber interessiert, sind die Begriffe und
die Indices, in denen Realität *zur Wirklichkeit wird:*

„Jede echte geistige Grundfunktion hat mit der Erkenntnis den einen entscheidenden Zug gemeinsam, daß ihr eine ursprünglich bildende, nicht bloß eine
nachbildende Kraft innewohnt. Sie drückt nicht bloß passiv ein Vorhandenes
aus, sondern sie schließt eine selbständige Energie des Geistes in sich, durch
die das schlichte Dasein der Erscheinung eine bestimmte Bedeutung, einen eigentümlichen ideellen Gehalt empfängt. Dies gilt für die Kunst, wie es für die
Erkenntnis gilt; für den Mythos wie für die Religion. Sie alle leben in eigentümlichen Bildwelten, in denen sich nicht ein empirisch Gegebenes einfach
widerspiegelt, sondern die sie vielmehr nach einem selbständigen Prinzip hervorbringen. Und so schafft auch jede von ihnen sich eigene symbolische Gestaltungen, die den intellektuellen Symbolen wenn nicht gleichartig so doch ihrem geistigen Ursprung nach ebenbürtig sind. Keine dieser Gestaltungen geht
schlechthin in der anderen auf oder läßt sich aus der anderen ableiten, sondern
jede von ihnen bezeichnet eine bestimmte geistige Auffassungsweise und konstituiert in ihr und durch sie zugleich eine eigene Seite des Wirklichen."[35]

Aufgrund der mit dem Gebrauch von Zeichen und Symbolen gewonnenen Freiheit entsteht, so zeigt Cassirer, eine *asymetrische Relation*
zwischen der ‚Welt' des *common sense*, ‚in der wir erkennen', und der
von uns objektivierten Welt: Je mehr an singulären Daten der Welt-Er-
fahrung wir unter die allgemeinen Begriffe unserer selbstgeschaffenen
Symbolwelten bringen, desto weniger bleibt von jener Welt, die der
realistische Alltagsverstand als eine ‚gegebene' Realität mißversteht.
Im Rückgriff auf Rickert schreibt Cassirer: „was unsere Kenntnis der

---

33 „Die Invariantenbildung der Wissenschaft erfolgt unter der Herrschaft des Kau-
    salbegriffs." (ECN 2, S. 113)
34 Ebd., S. 119.
35 Cassirer 1994, S. 9.

Tatsachen zu befestigen und zu erweitern schien, das entfernt uns vielmehr immer weiter von dem eigentlichen Kern des ‚Tatsächlichen'. Das begriffliche Verständnis der Wirklichkeit kommt der Vernichtung ihres charakteristischen Grundgehalts gleich."[36] Wir gewinnen desto mehr an phänomenaler Welt[37] und maximieren die Menschenähnlichkeit der von uns objektivierten und interpretierten Welten. Das Wissen ist weder ein Teil des Seins noch dessen Abbildung, „und doch wird ihm [...] die *Beziehung* auf dieses Sein so wenig genommen, daß sie vielmehr in einem neuen Gesichtspunkt begründet wird. Denn die *Funktion* des Wissens ist es, die jetzt den Gegenstand, nicht als absoluten, sondern als durch eben diese Funktion bedingten, als ‚Gegenstand in der Erscheinung' aufbaut und konstituiert."[38] Cassirers eigenes Leitmotiv lautet:

„Die Auflösung des ‚Gegebenen' in die reinen Funktionen der Erkenntnis bildet das endgültige Ziel und den Ertrag der kritischen Lehre."[39]

Cassirer hat seine Theorie der *Funktionsbegriffe* zunächst in *Substanzbegriff und Funktionsbegriff* (1910) in Auseinandersetzung mit dem Aristotelischen ‚Begriffsrealismus' entwickelt, dessen metaphysischer „*Grundbegriff der Substanz*" auch die Logik und die Kategorienlehre nachteilig geprägt[40] und die Einsicht in die „*kategorialen Funktionen*"[41] verhindert habe, auf deren Grundlage die Wirklichkeits*erkenntnis* Wirklichkeits*gestaltung* ist. Der eigentliche Ausgangspunkt der antimetaphysischen Funktionstheorie ist die Analyse der „logische[n] Natur der reinen Funktionsbegriffe" im System der modernen Mathematik. Im mathematischen Denken findet Cassirer die Bestätigung dafür, daß das menschliche Erkennen nicht von ‚Gegenständen' determiniert wird, die als substanzielle Entitäten verstanden werden könnten: In der Mathematik „ist ein Gebiet freiester und universeller Betätigung erschlossen, in der das Denken über alle Schranken des ‚Gegebenen' hinauswächst. Die Gegenstände, die wir betrachten und in deren ob-

---

36   ECW 6, S. 242. Zu Rickerts Theorie der naturwissenschaftlichen Begriffsbildung vgl. ebd., S. 241 ff.; zu dessen Theorie der Kulturwissenschaften vgl. ECN 2, S. 156 ff.
37   Symbole – so versteht Habermas 1973, S. 81, Cassirer – sind „transzendentale Bedingung dafür, daß den Subjekten eine Welt überhaupt erscheinen kann".
38   Cassirer 1994a, S. 7.
39   ECW 3, S. 638.
40   ECW 6, S. 6 f.
41   Ebd., S. 15.

jektive Natur wir einzudringen suchen, haben kein anderes als ideales
Sein; alle Beschaffenheiten, die wir von ihnen aussagen können, flie-
ßen einzig und allein aus dem Gesetz ihrer ursprünglichen Konstruktion."[42] Auf einen einfachen Nenner gebracht: ,*Gegenstände' sind
Funktionen bestimmter Erkenntnisaktivitäten.* Wir kommen, erläutert
Cassirer am Beispiel des Induktionsproblems in der Physik, d.h. am
Beispiel des Verhältnisses von „Gesetz und Tatsache", keineswegs dadurch zu Gesetzen, daß wir „einzelne Fakta vergleichen und messen".
Was in diesem „logische[n] Zirkel" verkannt wird, ist: „Das Gesetz
kann nur darum aus der Messung hervorgehen, weil wir es in hypothe-
tischer Form in die Messung selbst hineingelegt haben."[43] Das in *Substanzbegriff und Funktionsbegriff* entwickelte Funktionskonzept hat
darüber hinaus eine zweite Bedeutungsdimension: Zwar haben die Begriffe der Mathematik und der Naturwissenschaften „keinen direkt
aufweisbaren anschaulichen *Gehalt* mehr", aber es kommt ihnen „eine
unentbehrliche *Funktion* für die Gestaltung und den Aufbau der anschaulichen Wirklichkeit zu".[44]

Die jeweilige Erkenntnisfunktion bestimmt die Form des ,Gegen-
standes in der Erscheinung' als *symbolische Form.* In Cassirers früher
Wissenschaftstheorie ist es das mathematische Symbol, in dem „die
besondere Beschaffenheit des sinnlichen Eindrucks abgestreift" ist:
„Das Symbol besitzt sein vollgültiges Korrelat nicht in irgendwelchen
Bestandteilen der Wahrnehmung selbst, wohl aber in dem gesetzlichen
Zusammenhang, der zwischen ihren einzelnen Gliedern besteht".[45]
Mit der späteren Philosophie der symbolischen Formen wird der Sym-
bolbegriff kulturtheoretisch universalisiert. Hierzu erläutert Cassirer
1921/22 in Hamburger Vorträgen zu einer „*allgemeinen Systematik
der symbolischen Formen*" unter dem Titel ,Der Begriff der symbolischen Form im Aufbau der Geisteswissenschaften': „Unter einer ,sym-
bolischen Form' soll jede Energie des Geistes verstanden werden,
durch welche ein geistiger Bedeutungsgehalt an ein konkretes sinnli-
ches Zeichen geknüpft und diesem Zeichen innerlich zugeeignet
wird."[46] Jede symbolische Formung hat ihren Ursprung in einer bestimmten Kultur und prägt diese. Alle symbolischen Formen sind

---

42 Ebd., S. 121.
43 Ebd., S. 158.
44 Ebd., S. 249.
45 Ebd., S. 161.
46 In: Cassirer 1956, S. 174 f.

‚Indices' der „Brechungen, die das in sich einheitliche und einzigartige Sein erfährt, sobald es vom ‚Subjekt' her aufgefaßt und angeeignet wird".[47] Erkenntnistheoretisch gesehen bedeutet dies: Die in der korrespondenztheoretischen Hypothese der *adaequatio rei et intellectus* unterstellte „Identität zwischen dem Wissen als solchem und seinem objektiven Inhalt wird aufgegeben"[48], weil „das ‚Verstehen' der Welt kein bloßes Aufnehmen, keine Wiederholung eines gegebenen Gefüges der Wirklichkeit, sondern eine freie Aktivität des Geistes in sich schließt." So entstehen die ‚Welten' (möglichen Versionen von Welt) mit ihren Indices – die Welt$_M$ des Mythos, die Welt$_R$ der Religion, die Welt$_W$ wissenschaftlicher Theorie –, kurz: es entsteht „die ‚Mehrdimensionalität' der geistigen Welt".[49] Die Bedeutung der ‚Dinge', über die innerhalb der jeweiligen symbolischen Formen etwas gesagt wird, ist *kontextuell* und *indexikalisch*.[50]

Auch in der späten Zusammenfassung seiner Philosophie der symbolischen Formen – im *Essay on Man* – hat Cassirer versucht, im Symbol den „Schlüssel zum Wesen des Menschen" zu finden, nun allerdings im Ausgang von einer empirischen Wissenschaft, von der Biologie, und zwar in der Konzeption Johannes v. Uexkülls:

„Offensichtlich stellt diese Welt [die menschliche Welt] keine Ausnahme von den biologischen Grundprinzipien dar [...] Aber in der Menschenwelt stoßen wir auf ein neues Merkmal, welches das eigentliche Kennzeichen menschlichen Lebens zu sein scheint. Der ‚Funktionskreis' ist beim Menschen nicht nur quantitativ erweitert; er hat sich auch qualitativ gewandelt. Der Mensch hat gleichsam eine neue Methode entdeckt, sich an seine Umgebung anzupassen. Zwischen dem Merknetz und dem Wirknetz, die uns bei allen Tierarten begegnen, finden wir beim Menschen ein drittes Verbindungsglied, das wir als

---

47 Cassirer 1994a, S. 3; vgl. S. 25.
48 Ebd., S. 6. In Substanzbegriff und Funktionsbegriff heißt es dazu: „Der Eindruck des Objekts und dieses Objekt selbst treten auseinander: An die Stelle der Identität tritt das Verhältnis der Repräsentation. All unser Wissen, so vollendet es in sich selbst sein mag, liefert uns niemals die Gegenstände selbst, sondern nur Zeichen von ihnen und ihren wechselseitigen Beziehungen. Immer mehr Bestimmungen, die zuvor als dem Sein selbst zugehörig galten, wandeln sich nunmehr in bloße Ausdrücke des Seins." (ECW 6, S. 327)
49 Ebd., S. 16 f.
50 Die Idee der Indexikalität hat Cassirer bereits vor seiner kulturphilosophischen, historisch-genetischen Präzisierung der Prinzipien der Erkenntnistheorie in *Substanzbegriff und Funktionsbegriff* begründet; hier spricht er von einem „logischen Index" jeden Urteils (ECW 6, S. 296). Weiter heißt es: „Jedes Einzelne erhält einen Index, der seine Stellung zum Ganzen bezeichnet, und dieses Kennzeichen ist es, worin sich sein gegenständlicher Wert ausprägt." (Ebd., S. 314)

‚Symbolnetz' oder Symbolsystem bezeichnen können. Diese eigentümliche Leistung verwandelt sein gesamtes Dasein."[51]

Von hier aus hat Cassirer die Differenz zwischen Tier und Mensch als Differenz zwischen „Reaktion" und „Antwort" bestimmt und eine folgenreiche Unterscheidung eingeführt: „ein Signal ist Teil der physikalischen Seinswelt; ein Symbol ist Teil der menschlichen Bedeutungswelt. Signale sind ‚Operatoren', Symbole sind ‚Designatoren'. Signale haben, selbst wenn man sie als solche versteht und gebraucht, gleichwohl einen physikalischen und substantiellen Gehalt; Symbole haben bloß einen Funktionswert."[52] Und: „Ein Symbol besitzt keine aktuale Existenz als Teil der physikalischen Welt; es hat eine ‚Bedeutung'."[53]

Zurück zur Zeit der Entstehung der Philosophie der symbolischen Formen in den 1920er Jahren. Die Sprachphilosophie hat einen immer wesentlicheren Anteil an der Entwicklung der Konzeption. Es ist kein Zufall, daß der erste Teil von Cassirers *Philosophie der Symbolischen Formen* der Sprache[54] gewidmet ist. Und es ist auch kein Zufall, daß man hier einen Satz findet, der an die erste europäische Aufklärung erinnert:

„So bildet die Sprache [...] schon ihrer reinen Form nach das Widerspiel zu der Fülle und Konkretion der sinnlichen Empfindungs- und Gefühlswelt. Der Einwand des Gorgias: ‚*es redet der Redende, aber nicht Farbe oder Ding'*, gilt in verschärftem Maße, wenn wir die ‚objektive' Wirklichkeit durch die ‚subjektive' ersetzen. In dieser letzteren herrscht durchgängig Individualität und höchste Bestimmtheit".[55]

Cassirer plädiert nicht erst jetzt für eine neue Sicht der Beziehung von Subjekt und Objekt sowie von Subjektivität und Objektivität: Für die „Kritik der Erkenntnis [...] lautet das Problem nicht, wie wir vom ‚Subjektiven' zum ‚Objektiven', sondern wie wir vom ‚Objektiven' zum ‚Subjektiven' gelangen. Sie kennt keine andere und keine höhere

---

51 Cassirer 1990, S. 49. Vgl. auch die ausführliche Bezugnahme auf Uexküll in ECN 2, S. 85 ff. und ECN 1, S. 232 f. Zu Cassirers Beziehung zu v. Uexküll und zu systematischen Fragen der Biologierezeption vgl. van Heusden 2001. Zur Hamburger Beziehung zwischen Cassirer und Uexküll vgl. Plaga 1999.

52 Cassirer 1990, S. 58.

53 Ebd., S. 93.

54 Habermas hat in Zur Logik der Sozialwissenschaften bereits 1967 darauf hingewiesen, daß Cassirers „Philosophie der symbolischen Formen, die die Kritik der reinen Vernunft ablöst, [...] eine logische Analyse der Sprache in transzendentaler Einstellung" intendiere (Habermas 1973, S. 78).

55 Cassirer 1994, S. 136 f. Hervorh. von mir.

Objektivität als diejenige, die in der Erfahrung selbst und *gemäß ihren Bedingungen* gegeben ist."[56] ‚Objektivität' wird nicht mehr, wie in der Substanzmetaphysik, Entitäten zugeschrieben, die unabhängig vom Bewußtsein sind; die Objektivität, von der Cassirer spricht, ist das Ergebnis der *Objektivierung*, in der durch geistige Formung Entitäten entstehen.

Das Motiv der epistemologischen Wende zur Subjektivität darf nicht im Sinne eines Subjektivismus mißverstanden werden[57]; es geht vielmehr um Gründe für das Veto gegen metaphysischen Realismus und gegen die *Abbildtheorie*, die aus einer metaphysischen Auffassung der Erkenntnis folgt.[58] Solche Gründe liefert keineswegs nur der philosophische Idealismus; für Cassirer hat vor allem die Entwicklung der Wissenschaften den „starre[n] Seinsbegriff" in Fluß gebracht; und in „dem Maße, wie sich diese Einsicht in der Wissenschaft selbst entfaltet und durchsetzt, wird in ihr der naiven *Abbildtheorie* der Erkenntnis der Boden entzogen." An die Stelle „passive[r] *Abbilder* eines gegebenen Seins" treten „selbstgeschaffene intellektuelle *Symbole*".[59] Dies gilt allerdings nicht erst für die Wissenschaften, sondern es ist bereits an der Sprache zu zeigen:

„Bleibt man auf dem Boden der *Abbildtheorie* stehen – nimmt man somit an, daß der Zweck der Sprache in nichts anderem liegen könne, als darin, bestimmte in der Vorstellung *gegebene* Unterschiede äußerlich zu bezeichnen –, so hat die Frage einen guten Sinn, ob es Dinge oder Tätigkeiten, Zustände oder Eigenschaften gewesen seien, die von ihr zuerst hervorgehoben worden seien.

56 ECW 6, S. 300; Hervorh. von mir.
57 Cassirer wendet sich explizit gegen Subjektivismus. So heißt es z.B. in seiner systematischen (erst jetzt aus dem Nachlaß herausgegebenen) Arbeit, durch die er das historisch orientierte Erkenntnisproblem 1936/37 zu erweitern gedachte: „Der philosophische Subjektivismus glaubt [...], das ‚Ich' isolieren und es in dieser Isolierung, in seinem reinen Für-Sich-Sein, der Welt gegenüberstellen zu können." (ECN 2, S. 4) 1939 stellt Cassirer seine Auseinandersetzung mit der „Uppsala-Philosophie", v.a. mit Hägerström und Phalén, unter den Titel Was ist ‚Subjektivismus'? Er reklamiert hier mit dem Satz „Jede Wahrnehmung ist die Wahrnehmung von etwas; jedes Urteil bezieht sich auf einen bestimmten, objektiven Sachverhalt, den es feststellen will." eine ‚objektivistische' Position für sich und grenzt sich dann folgendermaßen ab: „Mein Einwand gegen den Objektivismus beginnt erst dort, wo dieser sich nicht damit begnügt, die empirische Objektivität, die Realität der Erfahrungsgegenstände begründen zu wollen, sondern statt dessen von einem Ding jenseits aller Erfahrung und unabhängig von den Bedingungen und Prinzipien der Erfahrungserkenntnis spricht." (In: Cassirer 1993c, S. 202 f.)
58 „Innerhalb der metaphysischen Lehren ist es die ‚Vorstellung', die auf den Gegenstand, der hinter ihr steht, hinweist." (ECW 6, S. 303)
59 Cassirer 1994, S. 5.

Im Grunde aber verbirgt sich in dieser Art der Fragestellung nur der alte Fehler einer unmittelbaren Verdinglichung der geistig-sprachlichen Grundkategorien. Eine Scheidung, die erst ‚im' Geiste, d.h. durch die Gesamtheit seiner Funktionen erfolgt, wird als eine substantiell vorhandene und bestehende dem Ganzen dieser Funktionen vorangestellt. Dagegen gewinnt das Problem sofort einen anderen Sinn, wenn man darauf reflektiert, daß ‚Dinge' und ‚Zustände' [...] nicht gegebene Inhalte des Bewußtseins, sondern Weisen und Richtungen seiner Formung sind."[60]

Die Scheinalternativen ‚Empirismus' und ‚Rationalismus' haben die zentralen Problem der Erkenntnistheorie – das der Wahrnehmung[61], der Referenz und der Repräsentation – verfehlt:

„Denn so sehr sich die *Antwort* beider auf die Frage nach dem Grunde der ‚Beziehung unserer Vorstellungen auf den Gegenstand' unterscheidet, so stimmen sie doch [...] in der Fassung und im methodischen *Ansatz* des Problems selbst überein. Beide suchen einen Weg, auf welchem durch bestimmte mittelbare Akte, die sich an sie anschließen, die ‚bloße' Vorstellung in die Form der objektiven, der gegenständlichen Anschauung *übergeführt* werden kann; sie suchen die Metamorphose zu erklären, durch welche die Erscheinung aus einem bloßen Datum des Bewußtseins zu einem Inhalt der Realität, der ‚Außenwelt', wird. Der Empirismus leitet diese Metamorphose auf ‚Assoziationen' und ‚Reproduktionen'; – der Rationalismus leitet sie auf logische Operationen, auf Urteile und Schlüsse, zurück."[62]

Die ‚Dinge' und ‚Zustände' sind nicht *gegebene* Inhalte des Bewußtseins; sie sind vielmehr subjektiv bestimmte ‚Weisen und Richtungen seiner Formung'. Wie kann gleichwohl an der Idee eines einheitlichen Grundes der Objektivierung *zur Welt* festgehalten werden?[63] „Wo die Abbildtheorie der Erkenntnis eine einfache Identität sucht und fordert – da erblickt die Funktionstheorie der Erkenntnis durchgängige Verschiedenheit", schreibt Cassirer in *Zur Einsteinschen Relativitätstheorie*, um dann den Satz mit einem ‚*Aber*' fortzusetzen: „aber zugleich

---

60 Ebd., S. 236.
61 Hier besteht Übereinstimmung zwischen Cassirer und Carnap, der in Scheinprobleme in der Philosophie. Das Fremdpsychische und der Realismusstreit – auch er gestützt auf die Gestaltpsychologie – hervorhebt, daß die Gesamtwahrnehmung vor den Einzelempfindungen erlebt wird. Zu einer Modifikation seines Urteils zu Carnap vgl. ECN 2, S. 137 f. Zu Carnap und zur Position des Wiener Kreises vgl. auch die Nachlaßnotizen in ECN 1, S. 119 f. Vgl. auch Plümacher 2000.
62 Cassirer 1994a, S. 147.
63 Zu dieser Aufgabe der Philosophie der symbolischen Formen vgl. z.B. Cassirer 1989, S. 19 f.

frcilich durchgängigc Korrelation der Einzelformen".[64] Die Aufdek-
kung dieser Korrelation, d.h. der „transzendental-logische[n] Einheit
der Erkenntnisfunktion"[65], ist eine vorrangige Aufgabe der Erkenntniskritik; sie besteht darin, die allgemeinen, alle Einzelformen betref-
fenden *Regeln* der Transformation von Vorstellungen in Dinge aufzudecken[66]: „Indem wir die logische Regel, der das Wissen in seinen
verschiedenen Stufen und Phasen folgt, in all ihren mannigfachen Äußerungen vor uns hinstellen, entsteht damit für uns der Gedanke der
Einen in sich zusammenhängenden Wirklichkeit. Damit ist die ‚Coper-
nicanische Drehung' vollzogen, die die Bewegung, statt sie den Gegenständen zuzuschreiben, in den Zuschauer verlegt."[67]

Dies ist eine der wesentlichen Problemstellungen sowohl der Theorie der Sprache als auch der *Theorie des Begriffs*. Im Kern geht es um
eine neue Theorie der *Repräsentation*.[68] Zwar verwendet Cassirer den
Terminus ‚Repräsentation', aber nicht in Übernahme des Konzepts,
mit dem sich die Annahme einer ‚Übereinstimmung' zwischen idellem
Repräsentat und realem Repräsentiertem, von Abbild und Urbild verbindet. Für ihn geht es um das Repräsentations*problem*; es ist das
„Kernproblem der Erkenntnis".[69] ‚Repräsentation' wird er nie als Abbildung verstehen, sondern als die „Darstellung eines Bewußtseinsele-
mentes in einem anderen und durch ein anderes"[70]; in *diesem* Verständnis ist sie „eine wesentliche Voraussetzung für den Aufbau des
Bewußtseins selbst und [eine] Bedingung seiner eigenen Formein-
heit".[71] Seit *Substanzbegriff und Funktionsbegriff* versteht Cassirer
„Repräsentation als Ausdruck einer ideellen Regel, die das Besondere,

---

64 Cassirer 1987, S. 113.
65 Cassirer 1975, S. 66.
66 Zur ‚Regel' erläutert Cassirer z.B.: „Wenn wir fragen, was unter einem nach drei
   Dimensionen ausgedehnten Körper zu verstehen ist, so werden wir – wie Helmholtz gelegentlich ausführt – psychologisch in der Tat zunächst auf nichts anderes
   geführt als auf eine Reihe einzelner Gesichtsbilder, die sich gegenseitig ablösen.
   Die genauere Analyse zeigt indessen, daß der bloße Ablauf all dieser Bilder, so
   viel wir ihrer auch immer annehmen mögen, für sich allein niemals die Vorstellung eines körperlichen Objekts zu ergeben vermöchte, wenn nicht der Gedanke
   einer Regel hinzuträte, durch welche jedem einzelnen eine bestimmte Ordnung
   und Stellung im Gesamtkomplex zugewiesen wird." (ECW 6, S. 311)
67 Cassirer 1975, S. 65.
68 Vgl. hierzu ausführlich Plümacher 2000.
69 ECN 1, S. 199. Zur „neue[n] Bedeutung, die die Erkenntniskritik dem Begriff der
   Repräsentation zuweist", vgl. ECW 6, S. 306.
70 Cassirer 1994, S. 35; vgl. S. 41.
71 Ebd., S. 41.

hier und jetzt Gegebene, an das Ganze knüpft und mit ihm in einer gedanklichen Synthese zusammenfaßt", und damit „haben wir es in ihr
mit keiner nachträglichen Bestimmung, sondern mit einer konstitutiven Bedingung alles Erfahrungsinhalts zu tun. Ohne diese scheinbare
Repräsentation gäbe es auch keinen ,präsenten', keinen unmittelbar
gegenwärtigen Inhalt; denn auch dieser besteht für die Erkenntnis nur,
sofern er einbezogen ist in ein System von Relationen, die ihm erst seine örtliche und zeitliche wie seine begriffliche Bestimmtheit geben."[72]

Unter dem Titel *Der Begriff und das Problem der Repräsentation*[73]
bestimmt Cassirer in der *Philosophie der symbolischen Formen* (Bd.
3: ,Phänomenologie der Erkenntnis') die natürliche Sprache als „Vehi-
kel für die ,Rekognition im Begriff'"; durch sie erst wird das ,Aus-
druckserlebnis' zur ,Darstellung', weil sie den Fluß der Bilder zur
Ruhe und die Konkreta in den Horizont eines Ganzen bringt. Das Konkrete wird nicht einem beliebigen ,Moment' des Mannigfaltigen zugeordnet, sondern zu einem „Mer*kmal*", das als „,Repräsentant des Ganzen' fungiert. Der „Akt der ,Rekognition' ist notwendig an die Funktion der ,Repräsentation' gebunden und setzt sie voraus."[74] Es ist diese
„fundamentale Leistung", „kraft deren der Geist sich zur Schöpfung
der Sprache, wie zur Schöpfung des anschaulichen Weltbildes, zum
,diskursiven' *Begreifen* der Wirklichkeit wie zu ihrer gegenständlichen
Anschauung erhebt".[75] Diese Auffassung setzt den veränderten Begriff
der Repräsentation voraus: Die „naive Auffassung" des Erkennens als
„*Wiederholung*" und Nachzeichnen eines nur graduell von Bewußtseinsleistungen unterschiedenen ,gegenüberstehenden' Seins gehört
für Cassirer der Vergangenheit an: „Denn die erkenntnistheoretische
Besinnung führt uns überall zu der Einsicht, daß dasjenige, was die
verschiedenen Wissenschaften den ,Gegenstand' nennen, kein ein für
allemal Feststehendes, an sich Gegebenes ist, sondern daß es durch
den jeweiligen Gesichtspunkt der Erkenntnis erst bestimmt wird."[76]

Begriffliches Wissen ist nicht „*Wiedergabe*", sondern „Gestaltung",
innere Formung; Cassirer zeigt dies – gestützt auf seine Kenntnis wesentlicher Ergebnisse der Mathematik, Physiologie, Psychologie und

---

72 ECW 6, S. 306. Wenn von ,scheinbarer Repräsentation' die Rede ist, so belegt
    dies Cassirers Distanz zum traditionellen abbildtheoretischen Konzept.
73 Philosophie der symbolischen Formen. 3. Teil: Phänomenologie der Erkenntnis,
    2. Tl., Kap. 1.
74 Cassirer 1994a, S. 133.
75 Ebd., S. 136.
76 Cassirer 1987, S. 9.

vor allem der nachnewtonischen Physik – immer wieder an den Wissenschaften: „Der wissenschaftliche *Verstand* ist es, der nunmehr die Bedingungen und Ansprüche seiner eigenen Natur zugleich zum Maß des Seienden macht." Nachdem die Begriffe der Wissenschaft nicht mehr als „Nachahmungen dinglicher Existenzen" verstanden werden können, sondern sich als „Symbole für die Ordnungen und funktionalen Verknüpfungen innerhalb des Wirklichen" erwiesen haben[77], steht die Erkenntniskritik vor einer veränderten Aufgabe:

„Wenn wir fragen, ob für das Denken irgendeine Möglichkeit besteht, die Schicht des bloß Symbolischen und Signifikativen zu durchstoßen, um hinter ihr die ‚unmittelbare', die entschleierte Wirklichkeit zu erfassen, – so ergibt sich von selbst, daß dieses Ziel, wenn überhaupt, so keinesfalls auf dem Wege der ‚äußeren' Erfahrung erreichbar sein wird. Daß diese, daß die Erkenntnis der *Dingwelt* an ganz bestimmte theoretische Voraussetzungen und Bedingungen gebunden ist, und daß insofern der Prozeß der *Objektivierung*, wie er sich in der Naturerkenntnis fortschreitend vollzieht, immer zugleich ein Prozeß der logischen *Vermittlung*, der Mediatisierung ist: dies wird nach allen Fortschritten, die die erkenntnistheoretische Analyse im Gebiet der modernen Physik gemacht hat, kaum einem ernsthaften Zweifel unterliegen. Aber um so notwendiger scheint es jetzt, die Richtung der Betrachtung umzukehren. Das echte ‚Unmittelbare' dürfen wir nicht in den Dingen draußen, sondern wir müssen es in uns selbst suchen. Nicht die Natur, als der Inbegriff der *Gegenstände* in Raum und Zeit, sondern unser eigenes Ich, nicht die Welt der Objekte, sondern die Welt unseres Daseins, unserer Erlebniswirklichkeit, scheint uns an die Schwelle dieses Unmittelbaren führen zu können. So müssen wir uns der Führung der ‚inneren' Erfahrung, statt der äußeren überlassen, wenn wir die Wirklichkeit selber, frei von allen brechenden Medien, erblicken wollen. Das wahrhaft Einfache, das letzte Element aller Wirklichkeit, finden wir niemals in den Dingen, wohl aber muß es in unserem Bewußtsein auffindbar sein. Sollte nicht die Analyse des *Bewußtseins* uns zu einem Letzten, Ursprünglichen hinführen, das keiner weiteren Zerlegung mehr fähig, noch einer solchen bedürftig ist – das sich klar und unzweideutig als Urbestand aller Realität zu erkennen gibt?"[78]

Bilanzieren wir, so geht es bei Cassirer nicht mehr wie in der traditionellen realistischen Auffassung der Beziehung von Ontologie und Epistemologie darum, die Transformation der ‚Dinge' in Vorstellungen zu begreifen, sondern die Frage umzukehren: Wie ist es überhaupt möglich, daß Inhalte des Bewußtseins zu Inhalten der ‚Außenwelt' werden?

77 ECW 2, S. 1 ff.
78 Cassirer 1994a, S. 27 f.

12.2 Ein neuer wissenschaftlicher Geist, oder: „Erkennen, daß alles Faktische schon Theorie ist"

Gerade die erkenntnistheoretische Analyse der modernen Physik bietet Cassirer den Beleg dafür, daß die einst mit der Naturwissenschaft verbundenen realistischen Auffassungen von Erkenntnis als abbildender Repräsentation fragwürdig geworden sind. Wenn ‚Materie' und ‚Form' der Erkenntnis „jetzt keine absoluten *Seinspotenzen'* mehr" sind, vielmehr als „reine *Reflexionsbegriffe"* „der Bezeichnung bestimmter *Bedeutungsdifferenzen und Bedeutungsstrukturen"* dienen[79], werden die Probleme des „Aufbaus und der Gliederung des ‚theoretischen Weltbildes'" interessant.[80] Naturwissenschaftliche Erkenntnis, so zeigt Cassirer systematisch in *Substanzbegriff und Funktionsbegriff,* ist kein Abbilden von Substanz, sondern ein Operieren mit Symbolen.[81] In *Das Erkenntnisproblem in der Philosophie und Wissenschaft der neueren Zeit* legt er historisch dar, wie sich die „naive Auffassung" der Erkenntnis als „ein Prozeß, in dem wir uns eine an sich vorhandene, geordnete und gegliederte Wirklichkeit nachbildend zum Bewußtsein bringen", nach und nach aufgelöst hat. In der Überwindung des vorrangig an den Naturwissenschaften – zunächst an der Physik[82] – gewonnenen Modells von Erkenntnis sieht er eine allgemeine Tendenz der intellektuellen Geschichte des 19. Jahrhunderts; auch die Vorrangstellung der historischen Erkenntnis seit Hegel habe dazu beigetragen.

Die kritische Philosophie sieht bereits in der Frage nach der ‚Übereinstimmung' zwischen Vorstellung und Gegenstand einen Irrweg, der in die Sackgasse der Zuordnung begrifflicher Symbole zu transzendenten ‚Dingen an sich' führt. Sie selbst sieht sich vor allem durch eine Zuordnungsproblematik innerhalb der Erkenntnis gefordert, durch die Beziehung zwischen Verstandesbegriffen und empirischer Anschauung: „Die Korrespondenz, die allein zu fordern und allein zu leisten ist, betrifft [...] die durchgängige Beziehung der Begriffe auf die empirische Anschauung, derart, daß die apriorischen *Gesetze* des Verstandes in den *Regeln* des empirischen Geschehens, im Sinnlich-Wahrnehmbaren und Beobachtbaren, wiedergefunden werden. Hierin allein liegt ihre ‚objektive' Bestätigung, ihre ‚Verifikation' in einem

---

79 Ebd., S. 13.
80 Ebd., S. V.
81 „Es ist die moderne Physik, die zuerst den Schritt vom Sein zur Tätigkeit, vom Substanzbegriff zum Funktionsbegriff vollzieht". (ECW 2, S. 63)
82 Vgl. Seidengart 1990a, 1992 und Ihmig 2001.

empirisch-bedeutsamen und empirisch-nachweisbaren Sinne."[83] Die Begriffe können sich auf Objekte ,beziehen', weil sie diese selbst als *Objekte von Begriffen* konstituieren. In diesem Sinne betont Cassirer in *Zur Einsteinschen Relativitätstheorie* (1921): „[J]eder objektiven Messung [muß] gleichsam ein bestimmter subjektiver Index hinzugefügt werden, der ihre besonderen Bedingungen kenntlich macht".[84]

Die Objekte empirischer Wissenschaften werden nach Regeln, die sich nicht aus den Objekten, sondern gemäß den Begriffen ergeben, auf Wahrnehmungen bezogen: Die „Ordnung des Wissens [...] ist es, durch die wir, in der erkenntniskritischen Betrachtung, die Ordnung der *Gegenstände* bestimmen".[85] Dies wissen weder der Empirizismus noch der Positivismus des 19. Jahrhunderts, deren Kritiker Cassirer ist. Vom Mißverständnis, die Regeln ergäben sich aus den Objekten, ist nicht zuletzt das positivistische Konzept ,Tatsachen' infiziert. Cassirer plädiert dafür, weder die Wissenschaften noch die Philosophie sollten sich von ,Tatsachen' faszinieren lassen, deren ,Gegebenheit' scheinbar auch ihre Objektivität verbürge:

> „Denn was bedeutet der Ausdruck ,wissenschaftliche Tatsache'? Offenbar ergibt sich eine solche Tatsache nicht aus irgendeiner zufälligen Beobachtung oder aus einer bloßen Anhäufung von Sinnesdaten. Die Tatsachen der Wissenschaft setzen ein theoretisches, das heißt ein symbolisches Element voraus. Viele, wenn nicht die meisten wissenschaftlichen Tatsachen, die einen Wendepunkt in der Geschichte der Wissenschaften bezeichnen, waren zunächst hypothetische Tatsachen, bevor aus ihnen beobachtbare Tatsachen wurden."[86]

---

83 Cassirer 1993a, S. 130.

84 Cassirer 1987, S. 11.

85 ECW 6, S. 117. Carnap hat in *Der logische Aufbau der Welt* gegenüber der These des Positivismus, „daß das einzige Material der Erkenntnis in unverarbeiteten, erlebnismäßigen Gegebenen liegt", den „transzendentale[n] Idealismus insbesondere neukantianischer Richtung (Rickert, Cassirer, Bauch)" gewürdigt: Dieser habe „mit Recht betont, daß diese Elemente nicht genügen; es müssen Ordnungssetzungen hinzukommen, unsere ,Grundrelationen'." (Carnap 1998, S. 105)

86 Cassirer 1990, S. 95 f. Spricht Cassirer in diesem Kontext von einem ,symbolischen Element', so ist damit nicht das Konzept ,symbolische Form' gemeint; es geht um die Zeichenform, in der sich die Naturwissenschaften seit Galilei ausdrücken. In ECN 2, S. 97, stützt sich Cassirer auf die „moderne Wahrnehmungspsychologie", die eine „prinzipielle Abkehr vom Sensualismus" vollzogen habe. Er zitiert zustimmend Karl Bühler: „,Die Sinnesdaten['] – so erklärt z.B. Karl Bühler – ,sind Zeichen, stehen für etwas anderes[,] als was sie selbst sind, und vertreten Bezeichnete [...] Das ist die Zeichenfunktion der Sinnesdaten in unseren Beobachtungen[']". Cassirer betont: „Damit ist anerkannt, daß der eigentliche Erkenntniswert der Wahrnehmungen überhaupt nicht von seiten ihrer einfachen

Es ist die Fragwürdigkeit der ‚Tatsachen' und des positivistischen Em-
pirie-Verständnisses, die Cassirer schon in *Substanzbegriff und Funktionsbegriff* bei der Analyse der naturwissenschaftlichen Begriffsbildung die Übereinstimmung seiner Symbol-Konzeption mit der Pierre
Duhems[87] betonen läßt. „Erst wenn das rohe Faktum durch ein mathe-
matisches Symbol dargestellt und ersetzt ist, beginnt die intellektuelle
Arbeit des Begreifens, die es mit der Gesamtheit der Phänomene systematisch verknüpft".[88] In einem späteren Kontext argumentiert Cassirer
erneut mit Duhem:

> „Die Empirie scheint sich damit begnügen zu können, einzelne Fakta, wie sie
> sich der sinnlichen Beobachtung darbieten, zu erfassen und sie rein beschrei-
> bend aneinanderzureihen. [...] Jedes Gesetz [...] kommt nur dadurch zustande,
> daß an die Stelle der konkreten Data, die die Beobachtung liefert, symbolische
> Vorstellungen gesetzt werden, die ihnen auf Grund bestimmter theoretischer
> Voraussetzungen, die der Beobachter als wahr und gültig annimmt, entspre-
> chen sollen. [...] Die *Bedeutung* dieser Begriffe liegt nicht der unmittelbaren
> Empfindung offen, sondern kann erst durch einen höchst komplexen intellek-
> tuellen Deutungsprozeß bestimmt und sichergestellt werden: und eben dieser
> Prozeß, eben diese gedankliche Interpretation ist es, die das Wesen der physi-
> kalischen Theorie ausmacht."[89]

Es sind also die Physik und die Wissenschaftstheorie der Physik selbst,
die das „Bestreben, Funktionales in Substantielles, Relatives in Absolutes, Maßbegriffe in Dingbegriffe zu verwandeln"[90], in die Schranken
gewiesen hat. Cassirer zieht im Kapitel ‚Die Grundlagen der naturwissenschaftlichen Erkenntnis' im 3. Bd. seiner *Philosophie der symbolischen Foren* die allgemeine Schlußfolgerung, der „Gegensatz zwischen ‚Induktion' und ‚Deduktion', wie er im Streit der erkenntnistheoretischen Schulen behauptet und formuliert zu werden pflegt", sei
überwunden: „‚Induktion' und ‚Deduktion', ‚Erfahrung' und ‚Denken',
‚Experiment' und ‚Rechnung' erscheinen vielmehr lediglich als ver-

---

‚Qualität' her zu erfassen ist, sondern daß er auf der ihnen innewohnenden ‚symbolischen Praegnanz' beruht." (Ebd.)
87 Vgl. zur Bedeutung Duhems für Cassirer Ferrari 1995a.
88 ECW 6, S. 159 f. Zu einer späteren Erläuterung zu diesem Werk, vor allem zur
  ‚Theorie des Begriffs', vgl. Cassirer 1928. Vgl. zum Rekurs auf Duhem ECW 6,
  S. 156 ff. Zu Duhems und Cassirers Verständnis von Theorien als Symbolsystemen vgl. Ihmig 2001, S. 102 ff.
89 Cassirer 1994a, S. 26.
90 Ebd., S. 24.

schiedene, jedoch gleich unentbehrliche Momente der physikalischen *Begriffsbildung* selbst".[91]

Cassirer argumentiert grundsätzlich – so auch in der ersten seiner fünf Studien *Zur Logik der Kulturwissenschaften* (1942) – mit dem Vico-Theorem, „daß jegliches Wesen nur das wahrhaft begreift und durchdringt, was es selbst *hervorbringt*"[92]; dies gilt auch für die Naturwissenschaften. Immer wieder wendet er sich dem Problem der ‚Tatsachen' zu und verwirft „das sensualistische Dogma [der Ideen als der] bloßen Kopien von Impressionen".[93] Die moderne Naturwissenschaft zeigt in ihrer Forschungspraxis und in ihrer Theoriebildung, daß Sensualismus und Empirizismus kein Paradigma mehr sein können; zugleich ist sie Zeuge einer neuen Allianz von Wissenschaft und (kritischer) Philosophie:

„[Die] heutige Gestaltung der Einzelwissenschaften [zeigt], „daß wir den Schnitt zwischen Philosophie und Einzelwissenschaft nicht mehr in der gleichen Weise führen können, wie er von seiten der empirischen und positivistischen Systeme des 19. Jahrhunderts geführt worden ist. Wir können nicht mehr die besonderen Wissenschaften auf die Gewinnung und Sammlung der ‚Tatsachen' verweisen, während wir der Philosophie die Untersuchung der ‚Prinzipien' vorgehalten. Diese Trennung zwischen dem ‚Faktischen' und ‚Theoretischen' erweist sich als durchaus künstlich; sie zerstückelt und zerschneidet den Organismus der Erkenntnis. Es gibt keine ‚nackten' Fakta – keine Tatsachen, die anders als im Hinblick auf bestimmte begriffliche Voraussetzungen und mit ihrer Hilfe feststellbar sind. Jede Konstatierung von Tatsachen ist nur in einem bestimmten Urteilszusammenhang möglich, der seinerseits auf gewissen logischen Bedingungen beruht. [...] Es ist die wissenschaftliche *Empirie* selbst, die in dieser Hinsicht die bestimmteste Widerlegung gewisser Thesen des dogmatischen *Empirismus* enthält. Auch im Kreis der exakten Wissenschaften hat sich gezeigt, daß ‚Empirie' und ‚Theorie', daß faktische und prinzipielle Erkenntnis miteinander solidarisch sind."[94]

Worauf Cassirer letztlich zielt, ist ein „Anthropomorphismus" in „kritisch-transzendentalem Sinne". Er teilt mit Goethe die Überzeugung, „das Höchste sei es, zu erkennen, daß alles Faktische schon Theorie

---

91 Ebd., S. 503.
92 Cassirer 1989, S. 9.
93 Ebd., S. 14. Vgl. ECN 2, S. 98.
94 Cassirer 1989, S. 17; vgl. auch Cassirers Kritik an R. Carnaps *Scheinprobleme in der Philosophie* und am Physikalismus insgesamt, Ebd., S. 40 ff.

ist".[95] Von Goethe läßt er sich ein weiteres anthropomorphes Stichwort geben:

„Wir mögen an der Natur beobachten, messen, rechnen, wägen usw., wie wir
wollen. Es ist doch nur unser Maß und Gewicht, wie der Mensch das Maß aller
Dinge ist."[96]

Man würde es sich zu leicht machen, wollte man solche Sätze mit der
Unterstellung mangelnder Sachkenntnis abtun. Cassirer ist ein vorzüg-
licher Kenner sowohl der Geschichte als auch der zeitgenössischen
Entwicklung der Naturwissenschaften.[97] Als solcher ist er schon früh
bekannt. E. Meyerson, der Nestor der nicht-positivistischen Wissenschaftstheorie in Frankreich und Wegbahner der späteren französischen *Epistémologie* würdigt 1911 die ersten beiden Bände von Cassirers *Erkenntnisproblem* in einer ungewöhnlich umfangreichen Besprechung in der *Revue de Métaphysique et de Morale*; was er hervorhebt,
sind Cassirers „immenses Wissen, nicht allein hinsichtlich der Philosophie selbst, sondern im gesamten Gebiet der mathematischen und physikalischen Wissenschaften," und die „strenge Methode der Untersuchung und Interpretation der Texte"; in seinen Untersuchungen – von
der Renaissance bis zu den neuesten Entwicklungen in Philosophie
und Wissenschaften – gelinge es Cassirer, „die enge Beziehung, das
zwischen dem philosophischen Denken im engeren Sinne und den
Wissenschaftlern der jeweiligen Epoche wechselseitige und ineinander
verwobene Handeln" herauszuarbeiten; Meyerson bilanziert, von der
offensichtlich großen Übereinstimmung mit seiner eigenen kritisch-
konstruktiven Interpretation der Naturwissenschaften beeindruckt:
„das *Erkenntnisproblem* ist das bedeutendste Werk, das ein Schüler
des Marburger Meisters [H. Cohens] bisher verfaßt hat."[98] Und zwei
Jahre nach dem Erscheinen widmet 1912 R. Hönigswald Cassirers
Substanzbegriff und Funktionsbegriff in zwei Ausgaben der *Deutschen
Literaturzeitung* eine detaillierte Darstellung; er sieht in diesem Werk
einen „Beitrag zur kritischen Geschichte der positiven Wissenschaften" und zur „Revision der herkömmlichen Auffassung von der Natur
des *Begriffs*":

95 Cassirer 1994a, S. 31. Vgl. zu diesem für Cassirer signifikanten Goethe-Zitat
    auch Cassirer ebd., S. 477 und ECN 2, S. 90. Zu Cassirers Goethe-Sicht in Bezug
    auf die Naturwissenschaften vgl. Dosch 1995.
96 Cassirer 1987, S. 107.
97 Vgl. zu dieser Thematik Rudolph/Stamatescu 1997.
98 Meyerson 1911, S. 100 f. Die Besprechung umfaßt 30 Seiten.

„Eine durch umfassende wissenschaftshistorische Kenntnisse und durch eine sichere Beherrschung mathematischer und naturwissenschaftlicher Forschungsergebnisse bedingte Weite des Gesichtskreises kombiniert sich [...] überall in der glücklichsten Weise mit der planvollen und scharf durchgeführten Konzentration auf das spezifische erkenntnistheoretische Problem seines Werkes. [...] So durchmißt Cassirer, den Blick unverwandt auf die kritische Begründung der Lehre vom Begriff und auf dessen funktionale Struktur gerichtet, umfangreiche Gebiete der Physik und der Chemie. Alles, was in der Entwicklung dieser Wissenschaften erkenntnistheoretisch bedeutungsvoll ist, wird unter den Gesichtspunkten seiner Problemstellung, man darf wohl sagen, *erschöpfend* gewertet."[99]

Zu den für Cassirer wichtigen Zeugen der Entstehung des neuen wissenschaftlichen Geistes in den Naturwissenschaften, zunächst und vor allem in der Physiologie des Sehens, zählen Johannes Müller[100], Hermann v. Helmholtz[101] und – bezüglich der Epistemologie der Physik – Heinrich Hertz. Mit Helmholtz definiert er die Welt der Erkenntnis als eine „Welt reiner ‚Zeichen'".[102] Er versteht die Helmholtzsche Zeichentheorie keineswegs als Privat- oder Sonntagsphilosophie eines ungewöhnlichen Naturwissenschaftlers, sondern als „charakteristische und typische Ausprägung der allgemeinen naturwissenschaftlichen Erkenntnislehre". Was ihn an dieser Theorie fasziniert, ist einmal ihre physiologische Basis, zum zweiten aber die Radikalität der Kritik an der Abbildtheorie:

„Unsere Empfindungen und Vorstellungen sind Zeichen, nicht *Abbilder* der Gegenstände. Denn vom Bilde verlangt man irgendeine Art von *Gleichheit* mit dem abgebildeten Objekt, deren wir uns hier niemals versichern können. Das Zeichen dagegen fordert keinerlei sachliche Ähnlichkeit in den Elementen, sondern lediglich eine funktionale Entsprechung der beiderseitigen Struktur."[103]

---

99 Deutsche Literaturzeitung 33 (1911), Nr. 45, S. 2822-2843 und Nr. 46, S. 2886-2902; Zitate: S. 2823 f., S. 2839.

100 Vgl. z.B. ECW 6, S. 309.

101 In seinem Artikel Neo-Kantianism begründet Cassirer die prominente Stellung, die Helmholtz bei ihm einnimmt, mit der engen Verbindung zwischen Neukantianismus und Wissenschaftsentwicklung: „Neo-Kantianism finds itself confronted with a new task inasmuch as it must face a different state of science itself" (Cassirer 1929, S. 215). Helmholtz gehört bereits seit Substanzbegriff und Funktionsbegriff (1910) zu den Kronzeugen Cassirers; vgl. ECW 6, S. 43 f.

102 Cassirer 1994a, S. 26.

103 ECW 6, S. 328 f. Cassirer bezieht sich auf folgende Formulierung von Helmholtz: „Unsere Empfindungen sind eben Wirkungen, welche durch äussere Ursachen in unseren Organen hervorgebracht werden, und wie eine solche Wirkung

Heinrich Hertz ist für Cassirer der „Urheber einer ‚Revolution der Denkart' innerhalb der physikalischen Theorie", weil er „die Wendung von der ‚Abbildtheorie' der physikalischen Erkenntnis zu einer reinen ‚Symboltheorie' am frühesten und am entschiedensten vollzogen hat"[104]. Er bezieht sich u.a. auf Hertz' Satz: „Wir machen uns innere Scheinbilder oder Symbole der äußeren Gegenstände, und zwar machen wir sie von solcher Art, daß die denknotwendigen Folgen der Bilder stets wieder die Bilder seien von den naturnotwendigen Folgen der abgebildeten Gegenstände."[105] Zugleich erfaßt Cassirer die Übergangssituation, in der sich diese Theoretiker befinden, und die Ambiguität der „naturwissenschaftlichen Erkenntnistheorie": „[S]o fährt die Theorie der ‚Zeichen', wie sie zuerst von Helmholtz eingehend entwickelt worden ist, fort, die *Sprache* der Abbildtheorie der Erkenntnis zu sprechen", obwohl der „Begriff des ‚Bildes' [...] in sich selbst eine innere Wandlung erfahren" hat, ist doch an die Stelle „einer irgendwie geforderten inhaltlichen *Ähnlichkeit* zwischen Bild und Sache" ein „höchst komplexer logischer Verhältnisausdruck" getreten.[106]

Nach Cassirers grundlegenden Arbeiten zur Erkenntniskritik und zur Epistemologie der Naturwissenschaften kann es nicht überraschen, daß er sich als einer der ersten Philosophen seiner Zeit von der speziellen und der allgemeinen *Relativitätstheorie*[107] gefordert sieht und sich

sich äussert, hängt natürlich ganz wesentlich von der Art des Apparats ab, auf den gewirkt wird. Insofern die Qualität unserer Empfindung uns von der Eigenthümlichkeit der äusseren Einwirkung, durch welche sie erregt ist, eine Nachricht giebt, kann sie als ein Zeichen derselben gelten, aber nicht als ein Abbild. Denn vom Bilde verlangt man irgend eine Art der Gleichheit mit dem abgebildeten Gegenstande, von einer Statue Gleichheit der Form, von einer Zeichnung Gleichheit der perspectivischen Projection im Gesichtsfelde, von einem Gemälde auch noch Gleichheit der Farben. Ein Zeichen aber braucht gar keine Art der Aehnlichkeit mit dem zu haben, dessen Zeichen es ist. Die Beziehung zwischen beiden beschränkt sich darauf, dass das gleiche Object, unter gleichen Umständen zur Einwirkung kommend, das gleiche Zeichen hervorruft, und dass also ungleiche Zeichen immer ungleicher Einwirkung entsprechen." (H. v. Helmholtz, 1884 [1878], Die Thatsachen in der Wahrnehmung, in: Ders., Vorträge und Reden, Bd. 2, Braunschweig, S. 226)

104 Cassirer 1994a, S. 25. Zu Theorie, Erfahrung und Tatsache vgl. auch Cassirer 1987, S. 21 f.

105 Zit. in Cassirer 1956, S. 187. Vgl. die Parallelstelle in Cassirer 1994, S. 5.

106 Cassirer 1994, S. 5.

107 Der Anlaß ist zunächst A. Einsteins 1905 veröffentlichte Schrift ‚Zur Elektrodynamik bewegter Körper'; Cassirer diskutiert ferner Die Grundlagen der allgemeinen Relativitätstheorie (1916) und Über die spezielle und die allgemeine Relativitätstheorie (2. Aufl. 1917) sowie Schriften von Lorentz, Minkowski, Planck

intensiv auf sie einläßt.[108] Die Erkenntnistheorie verknüpft „ihr eigenes Schicksal [...] mit dem Fortgang der exakten Wissenschaft".[109]

1921 erscheint sein umfangreicher Aufsatz *Zur Einsteinschen Relativitätstheorie*; der Untertitel belegt, worum es auch hier geht: 'Erkenntnistheoretische Betrachtungen'.[110] Während der Arbeit an dieser Schrift veröffentlicht Cassirer 1920 unter dem Titel 'Philosophische Probleme der Relativitätstheorie' eine kürzere Darstellung mit dem Ziel, „den rein philosophischen Kern der Relativitätstheorie herauszuschälen".[111] Er begreift, daß sich jetzt „eine Revolutionierung unseres Weltbildes ankündigt" und sich auch der „Begriff der Natur und der Naturerkenntnis von Grund aus" verändert.[112] Die Übereinstimmung zwischen der neuen Physik und der „Erkenntniskritik" besteht darin, daß beide wissen: Raum und Zeit sind „reine Form- und Ordnungsbegriffe, keine Sach- und Dingbegriffe".[113] Im philosophisch und wissenschaftlich anspruchsvolleren Text *Zur Einsteinschen Relativitätstheorie* verhandelt Cassirer diese Problematik unter dem Titel „Maßbegriffe und Dingbegriffe", um zu zeigen, wie sich der Archimedische Punkt, von dem aus Newton noch denken zu können glaubte, mit der Entstehung einer Pluralität von Geometrien aufgelöst hat.[114] Im Rahmen seiner philosophischen Interpretation der Einsteinschen Physik[115] – und der Debatte, die er hierüber mit Moritz Schlick[116] führt – wird er 1925 resümieren, es seien „die *Wandlungen des Objektbegriffs in der*

u.a. 1936/37 wendet er sich in Determinismus und Indeterminismus in der modernen Physik. Historische und systematische Studien zum Kausalproblem der Quantenphysik zu; vgl. Seidengart 1985, Stamatescu 1997.

108 In der Marburger neukantianischen Schule war die spezielle Relativitätstheorie zunächst durch P. Natorps Die logischen Grundlagen der exakten Wissenschaften (1910) rezipiert worden. Zu einem Überblick hierzu und zu weiteren Interpretationen vgl. Ferrari 1995.

109 Cassirer 1987, S. 8.

110 Einstein hat diese Schrift im Manuskript gelesen und mit kritischen Bemerkungen versehen, siehe ebd., S. 2.

111 Cassirer 1920, S. 1337.

112 Ebd., S. 1338.

113 Ebd. S. 1351. Die „Dinge der gewöhnlichen Weltansicht, die zuvor als die einzigen unangreifbaren Realitäten galten", verschwinden; was aber im „mathematischen Kosmos" bleibt, ist die „Invarianz der Naturgesetze" (ebd., S. 1357).

114 Cassirer 1987, S. 5. Vgl. insgesamt das Kapitel 'Euklidische und nicht-euklidische Geometrie', ebd. S. 90-106.

115 Vgl. Ferrari 1991, Plümacher/Sandkühler 1995, Bartels 1997.

116 Schlick seinerseits veröffentlicht 1921 in den Kant-Studien unter dem Titel 'Kritizistische oder empiristische Deutung der neueren Physik?' seine Bemerkungen

des Objektbegriffs in der exakten Wissenschaft selbst [gewesen], die zu neuen erkenntnistheoretischen Ansätzen zwingen".[117]

Die „Relativitätstheorie der modernen Physik" ist „in allgemeiner erkenntnistheoretischer Hinsicht eben dadurch bezeichnet, daß in ihr, bewußter und klarer als je zuvor, der Fortgang von der Abbildtheorie der Erkenntnis zur Funktionstheorie sich vollzieht".[118] Im Kern bedeutet dies, daß ein „empirische[s] Objekt nichts anderes als einen gesetzlichen Inbegriff von Beziehungen besagt".[119] Das physikalische Denken, das bestrebt ist, „in reiner Objektivität nur den Gegenstand der Natur zu bestimmen und auszusprechen [, ...] spricht dabei notwendig zugleich sich selbst, sein eigenes Gesetz und sein eigenes Prinzip aus."[120] An anderer Stelle formuliert Cassirer allgemeiner: „‚Natur' bezeichnet nicht eine bestimmte Art der Gegebenheit der Dinge als solcher; sie bezeichnet vielmehr eine Grundrichtung der Betrachtung."[121] Mit anderen Worten: ‚Natur' ist *einer* in der „Gesamtheit der möglichen Wirklichkeitsbegriffe"[122]; in einer bestimmten Perspektive *wird* die Wirklichkeit für uns zur Natur.

Die Relativitätstheorie ist für Cassirer Anlaß einer erkenntnistheoretischen Grundsatzdebatte. Er führt sie mit Moritz Schlick, dem Begründer des *Wiener Kreises*. Schlick wirft aus Anlaß von Hilberts *Axiomatik* und unter dem Eindruck von Einsteins neuer Physik die Frage auf, wie man Probleme lösen könne, die zwangsläufig aus dem Gegensatz zwischen einer realistischen Ontologie der Wissenschaft und einer konventionalistischen Theorie der Erkenntnis entstehen müssen. Axiomatiken führen beim Aufbau von exakten wissenschaftlichen Theorien zu einem Verlust an Wirklichkeit. Schlick schreibt in seiner *Allgemeinen Erkenntnislehre* (1918, [2]1925): „Ein mit Hilfe impliziter Definition geschaffenes Gefüge von Wahrheiten ruht nirgends auf dem Grunde der Wirklichkeit, sondern schwebt gleichsam frei, wie das Sonnensystem die Gewähr seiner Stabilität in sich selber tragend. Keiner der darin auftreten den Begriffe bezeichnet in der Theorie ein Wirkliches, sondern sie bezeichnen sich gegenseitig in der Weise, daß

zu Ernst Cassirers Buch ‚Zur Einsteinschen Relativitätstheorie'. Zur Debatte vgl. Ferrari 1997a.
117 Cassirer 1993a, S. 114.
118 Cassirer 1987, S. 49.
119 Ebd., S. 41.
120 Ebd., S. 107.
121 ECN 2, S. 157.
122 Cassirer 1987, S. 109.

die Bedeutung des einen Begriffs in einer bestimmten Konstellation einer Anzahl der übrigen besteht."[123] Zwischen dem „Reich der Wirklichkeit" und dem „Reich der strengen Begriffe" gibt es für Schlick aber keine Vermittlung: „Wir beziehen beide Sphären wohl aufeinander, aber sie scheinen gar nicht miteinander verbunden, die Brücken zwischen ihnen sind abgebrochen."[124] Schlick will keinen Zweifel daran aufkommen lassen, daß er eine realistische Position verteidigt: „Das Wirkliche kann uns [...] nimmermehr durch Erkenntnisse irgendwelcher Art gegeben werden. Es ist vor aller Erkenntnis da. Es ist das Bezeichnete, das vor allem Bezeichnen da ist."[125] Und doch scheint Schlick den Satz über die Wirklichkeit mit einem Fragezeichen zu versehen. Denn er kommt zu einer bemerkenswerten epistemologischen Bilanz, die mit der ontologischen Prämisse nicht recht in Einklang zu bringen ist: „Alle unsere Wirklichkeitserkenntnisse sind [...] streng genommen Hypothesen."[126]

Schlick akzeptiert offensichtlich den neukantianischen Gedanken, daß jede Antwort auf die Frage nach dem Wesen der Wirklichkeit in nichts anderem als in *Bezeichnungen* des Seienden besteht; das System der Sprache stellt einen Rahmen der Erkenntnis der Wirklichkeit dar, der nicht zu sprengen ist.[127] Auch für Schlick ist die ‚Welt' eine Welt von *Zeichen:* „immer gibt uns unser Erkennen, das ja im Urteilen besteht, nichts als Zeichen, niemals das Bezeichnete. Dieses bleibt ewig jenseits. Und wer vom Erkennen fordert, daß es uns das Wirkliche realiter *näher* bringen solle, der stellt damit nicht etwa eine zu hohe, sondern eine *unsinnige* Forderung. Wir sahen ja seit langem ein [...]: im Erkennen können *und wollen* wir das Erkannte gar nicht gegenwärtig haben, nicht eins mit ihm werden, nicht es unmittelbar schauen, sondern nur Zeichen zuordnen und ordnen. Daß die Erkenntnis dies leistet und nichts anderes, ist nicht ihre Schwäche, sondern ihr *Wesen.*"[128]

Cassirer notiert hierzu: „Alle Erkenntnis geht also in letzter Linie auf Beziehungen, Abhängigkeiten, nicht auf Dinge, Substanzen. [...] Hier nimmt Schlick genau die These auf, die ich vor fast zwei Jahrzehnten in meiner Schrift ‚Substanzbegriff und Funktionsbegriff' zu

123 Schlick 1925, S. 35; vgl. S. 314.
124 Ebd., S. 36.
125 Ebd., S. 158 f.
126 Ebd., S. 357 f.
127 Ebd., S. 247, S. 269 ff., S. 335.
128 Ebd., S. 158.

entwickeln und zu erweisen suchte."[129] Schlicks Kritik am Phänome-
nalismus führe aber paradoxerweise auf den Satz zurück:

„Die gegenständliche Welt, auf die sich die Begriffszeichen der exakten Wissenschaften beziehen, ist keine Welt bloßer Phänomene, sondern sie ist die
Welt der Dinge an sich. [...] Dem Fiktionalismus seiner Theorie des Begriffs
entspricht auf der anderen Seite ein Realismus der Wirklichkeitstheorie, der
die ‚Dinge an sich' nicht nur als existierend und als erkennbar, sondern der sie
geradezu als *die* Gegenstände der Erkenntnis, der wissenschaftlichen Erfahrung betrachtet."[130]

Für Cassirer hingegen entsteht aus materiellen Zeichenträgern ein Zeichen dadurch, „daß wir ihm einen ‚Sinn' beilegen, auf den es sich richtet und durch den es ‚bedeutsam' wird." Er verschweigt nicht, daß
hiermit „eines der schwierigsten Probleme der Erkenntniskritik, wenn
nicht *das* Problem der Erkenntniskritik überhaupt" angesprochen ist:

„Die Frage nach der Objektivität der ‚Dinge' gliedert sich diesem Problem ein:
sie ist, näher betrachtet, nichts anderes als ein Korollar zu der systematisch
weit umfassenderen Frage nach der Objektivität der ‚Bedeutung'."[131]

Cassirer findet den Einheitsgrund der Formung der Welt zur phänomenalen Welt der Menschen in einem *erkenntnistheoretischen* Prinzip.
Schlick hingegen favorisiert einen *ontologischen* Einheitsgrund: Interessiert an einer „einheitlichen, wahrhaft befriedigenden Weltanschauung", läßt sich Schlick von der „Überzeugung" leiten, „daß [...] alles
Sein überhaupt insofern von einer und derselben Art ist, als es der Erkenntnis durch quantitative Begriffe zugänglich gemacht werden kann.
In diesem Sinne bekennen wir uns zu einem *Monismus*. Es gibt nur *eine* Art des Wirklichen – das heißt für uns: wir brauchen im Prinzip nur
ein System von Begriffen zur Erkenntnis aller Dinge des Universums".[132] Auffällig ist hier eine innere Unstimmigkeit, denn Schlick
läßt der einheitswissenschaftlichen Programmatik Reflexionen folgen,
die dem systematisch möglichen Physikalismus[133] – sei es als ontologischer Naturalismus oder als methodologischer Reduktionismus –
vorbeugen: „Erkennen heißt nicht, die Aussenwelt zur Innenwelt machen." Der „Bewußtseinszusammenhang" ist nur einer „aus der Menge

---

129 Cassirer 1993a, S. 132.
130 Ebd., S. 125 f.; Schlick 1979, S. 110. Zur Diskussion über Schlicks Erkenntnis-
     theorie vgl. auch Cassirer 1956, S. 226 f.
131 Cassirer 1993a, S. 136. Vgl. dazu Schlick 1979, S. 110.
132 Schlick 1979, S. 364.
133 Zur Kritik an Carnaps Physikalismus vgl. Cassirer 1989, S. 40 ff.

der übrigen Zusammenhänge, die der Kosmos in seiner Fülle aufweist.
Man darf also, wenn man will, höchstens von einem *Pluralismus* sprechen." Der Monismus des Satzes, „daß alles Sein in Wahrheit *eines* ist,
[...] bedarf notwendig irgendeines pluralistischen Prinzips zur Ergänzung."[134] Es ist dieses vage ‚Irgendein', das die Nähe zur *Philosophie
der symbolischen Formen* zur Distanz werden läßt: Für Cassirer ist der
Pluralismus keine ‚Ergänzung', sondern die Form der Einheit schlechthin.[135]

Mit dem ersten Band der *Philosophie der symbolischen Formen*
(1923) liegt ein Programm Cassirers vor, das den Rahmen jener Erkenntnistheorie sprengt, die Schlick in Nähe zu den Naturwissenschaften verortet, weil diese Wissenschaften als Modell objektiver Erkenntnis privilegiert sind: „Eine allgemeine Erkenntnislehre kann daher nur
ausgehen vom Naturerkennen."[136] Cassirer aber zielt auf die „verschiedenen Grundformen des ‚*Verstehens*' der Welt" und bestreitet,
von der Vernunftkritik zur Kritik der Kultur übergehend, konsequent
der (natur-)wissenschaftlichen Erkenntnisform das ‚Objektivitäts'-Pri-
vileg, das sie für sich beansprucht:

„Neben der reinen Erkenntnisfunktion gilt es, die Funktion des sprachlichen
Denkens, [...] des mythisch-religiösen Denkens und [...] der künstlerischen Anschauung derart zu begreifen, daß daraus ersichtlich wird, wie in ihnen allen
eine ganz bestimmte Gestaltung nicht sowohl *der* Welt, als vielmehr eine Gestaltung *zur* Welt, zu einem objektiven Sinnzusammenhang und einem objektiven Anschauungsganzen sich vollzieht."[137]

Wenn nun auch Naturerkenntnis nicht durch eine (subjektivitätsfreie)
Objektivität ausgezeichnet werden kann, die durch die ‚Gegebenheit'
der Theorie-Objekte und deshalb durch eine Korrespondenz von Theorie und Wirklichkeit verbürgt ist, dann ist der Weg frei zu einer grund-
legenderen Kritik; sie betrifft nun nicht mehr allein den Objektivitäts-
status der Naturwissenschaft, sondern die Unterstellung einer ausgezeichneten Rationalität *wissenschaftlicher* Erkenntnis schlechthin. Die
Wissenschaft ist nur *eine* Form im Multiversum epistemischer symbolischer Formen, die eine Einheit *gleichrangiger Kulturformen* bilden.
Dieser Pluralismus schließt einen noch radikaleren Bruch mit jener rationalistischen Tradition ein, in der man in der Bestimmung des Men-

---

134 Ebd., S. 372.
135 Zum Monismus bei Schlick vgl. Cassirer 1993a, S. 126 ff., Anm. 18.
136 So Schlick im Vorwort zur 1. Auflage seiner Allgemeinen Erkenntnislehre.
137 Cassirer 1994, S. V, 10 f.

schen als *animal rationale* das Konzept ‚Vernunft' verabsolutiert habe
und die „Gefühle und Affekte" aus ihrer legitimen Stellung verdrängt
worden seien: „Der Begriff der Vernunft ist höchst ungeeignet, die
Formen der Kultur in ihrer Fülle und Mannigfaltigkeit zu erfassen. Alle diese Formen sind symbolische Formen. Deshalb sollten wir den
Menschen nicht als *animal rationale*, sondern als *animal symbolicum*
definieren. Auf diese Weise können wir seine spezifische Differenz
bezeichnen und lernen wir begreifen, welcher neue Weg sich ihm öffnet – der Weg der Zivilisation."[138]

Und doch führt Cassirers Sicht zu einem erheblichen Bedeutungszu-
wachs gerade für eine *Philosophie* der Kultur; dies ist die Achillesferse
seiner Theorie. Denn einerseits wird programmatisch die Gleichran-
gigkeit von natürlicher Sprache, Mythos, Religion, Kunst und Wissenschaft betont; andererseits aber macht die *Philosophie* geltend, daß
sich nicht alle Kulturformen – im Sinne einer transzendentalen Kritik
der Bedingungen ihrer Möglichkeit – selbst theoretisch explizieren
können. Cassirer ist sich dieser Problematik offensichtlich bewußt. In
Nachlaßnotizen zum Status der Philosophie inmitten der symbolischen
Formen finden sich einige Reflexionen: „Das ist das Eigentümliche
der philosophischen Erkenntnis als ‚Selbsterkenntnis der Vernunft': sie
schafft nicht eine völlig neue Symbolform, begründet in diesem Sinne
keine neue schöpferische *Modalität* – aber sie *begreift* die früheren
Modalitäten als das [,] was sie sind: als eigentümliche symbol[ische]
Formen. [...] – Die Philosophie aber will nun nicht an Stelle der alten
Formen eine andere, höhere Form setzen, sie will nicht ein Symbol
durch ein anderes ersetzen – sondern ihre Aufgabe besteht im *Durch-
schauen des symbol[ischen] Grundcharakters der Erk[enntnis]
selbst*."[139]

Der horizontale Pluralismus der zu allen Zeiten koexistierenden
symbolischen Formen wird – dies ist ein Hegelsches Denkmotiv bei
Cassirer – durch zwei Vertikalen konterkariert: durch eine genetische
Phänomenologie[140] des Fortschritts der Rationalität *vom* Früheren *zum*
Späteren, vom Mythos zur Philosophie, und durch eine systematische

138 Cassirer 1990, S. 51.
139 ECN 1, S. 264 f. An anderer Stelle chrakterisiert Cassirer die Philosophie als
      „die allgemeinste und umfassendste Theorie der geistigen Formen" (Cassirer
      1975, S. 73).
140 Vgl. hierzu ECN 2, S. 86.

Hierarchie von Rationalitätsformen – auf problematische Weise gekrönt von der Philosophie als ‚Selbsterkenntnis der Vernunft'.

12.3 Kulturkritik und Wissenschaftskritik

Cassirer hat eine kritische Beziehung zu den Naturwissenschaften, sofern diese sich selbst empirizistisch mißverstehen, und er plädiert offen für einen ‚Anthropomorphismus'. Zugespitzter – und gewiß auch riskanter – verlagert der Kulturphilosoph Cassirer zunehmend das „Problem der Objektivität" als „Rätsel" aus den Wissenschaften; es gehört „einer Sphäre an, die selbst von der Wissenschaft als Ganzem nicht erfaßt und ausgefüllt werden kann."[141]

Der Ton der Argumentation hat sich geändert. Cassirer zollt dem ‚Zeitgeist' und der in den 1940er Jahren verbreiteten Diagonose einer *Krisis der Rationalität* Tribut, wenn auch zurückhaltender als etwa Adorno und Horkheimer in ihrer *Dialektik der Aufklärung*. 1942 ist er von Heideggers Fortschritts- und Technikkritik nicht so weit entfernt, wie zu vermuten wäre: Der Mensch hat in seiner Loslösung aus der organischen ‚Merk- und Wirkwelt' eine ‚Bildwelt' geschaffen, „die fortschreitend eine immer größere Macht über [ihn] gewinnt".

„[Damit] entsteht eine der schwierigsten Fragen: eine Frage, mit der die Menschheit im Laufe der Entwicklung ihrer Kultur immer wieder zu ringen hatte. Ist der Weg, der hier eingeschlagen wird, nicht ein verhängnisvoller Irrweg? *Darf* sich der Mensch in dieser Weise von der Natur losreißen und sich von der Wirklichkeit und Unmittelbarkeit des natürlichen Daseins entfernen? Sind das, was er hierfür eintauscht, noch Güter, oder sind es nicht die schwersten Gefahren für sein Leben? Wenn die Philosophie ihrer eigentlichen und höchsten Aufgabe eingedenk blieb, wenn sie nicht nur eine bestimmte Art des *Wissens* von der Welt, sondern auch das *Gewissen* der menschlichen Kultur sein wollte, so mußte sie im Laufe ihrer Geschichte stets aufs neue auf dieses Problem hingeführt werden. Statt sich einem naiven Fortschrittsglauben zu überlassen, mußte sie sich nur fragen, ob das Ziel dieses angeblichen Fortschritts erreichbar, sondern ob es erstrebenswert sei. Und ist der Zweifel hieran einmal erwacht, so scheint er nicht mehr zu beschwichtigen zu sein. Am stärksten erweist er sich, wenn wir das praktische Verhältnis des Menschen zur Wirklichkeit ins Auge fassen. Durch den Werkzeuggebrauch hat sich der Mensch zum Herrscher über die Dinge aufgeworfen. Aber diese Herrschaft ist ihm selbst nicht zum Segen, sondern zum Fluch geworden. Die Technik, die er erfand, um sich die physische Welt zu unterwerfen, hat sich gegen ihn selbst

141 Cassirer 1989, S. 17 f.

gekehrt. Sie hat nicht nur zu einer steigenden Selbstentfremdung, sondern zuletzt zu einer Art Selbstverlust des menschlichen Daseins geführt. Das Werkzeug, das zur Befriedigung menschlicher Bedürfnisse bestimmt schien, hat stattdessen unzählige künstliche Bedürfnisse geschaffen. Jede Vervollkommnung der technischen Kultur ist und bleibt in dieser Hinsicht ein wahres Danaergeschenk."[142]

Die erkenntnistheoretische, jetzt von einer ‚kritischen *Kultur*philosophie' her formulierte Begründung für diese in der Konsequenz geschichtsphilosophische Kritik an der Moderne liegt nun in einer neuen Dichotomisierung von ‚dinglicher' und ‚personaler' Wirklichkeit. Dem Erkenntnistypus der Naturwissenschaft wird zugeschrieben, zwar eine „‚objektive'" Wirklichkeit konstituiert zu haben, doch um einen hohen Preis: „Diese Dingwelt ist radikal entseelt; alles, was irgendwie an das ‚persönliche' Erleben des Ich erinnert, ist nicht nur zurückgedrängt, sondern es ist beseitigt und ausgelöscht." Die Schlußfolgerung, die Cassirer zieht, ist mit seiner früheren Analyse der ‚Revolution der Denkungsart' durch Hertz kaum mehr vereinbar: „In *diesem* Bild der Natur kann daher die menschliche Kultur keine Stätte und keine Heimat finden."[143] Das kulturwissenschaftliche Gegen-Konzept verzichtet auf die „Universalität der Gesetze" der Naturwissenschaft, ohne sich freilich der „Individualität der Tatsachen und Phänomene" ausliefern zu wollen: Ihr „eigenes Erkenntnisideal" ist die Erkenntnis der „*Totalität der Formen*, in denen sich menschliches Leben vollzieht"; der Identität des Menschen, der in „tausend Masken in der Entwicklung der Kultur" begegnet, „werden wir uns nicht beobachtend, wägend und messend bewußt; und ebensowenig erschließen wir sie aus psychologischen Induktionen. *Sie kann sich nicht anders als durch die Tat beweisen.*"[144]

Die Rationalitätskritik Heideggers zielt als Hermeneutik des Daseins darauf, die *Vor-Verständnisse* von Sein zu analysieren, die wir immer schon aus dem handelnden Umgang mit Welt haben. Dies ist auch in Cassirers Studien von 1942 in einer handlungstheoretischen Wendung von einem begriffslogischen zu einem ‚poietischen' Modell zum stärker als zuvor akzentuierten Thema geworden: Es ist eine tiefste Ebene des Vor-Verstehens von Welt zu benennen: eine „vorlogische Strukturierung", eine „‚geprägte Form'", für welche „die Welt der

142 Ebd., S. 27.
143 Ebd., S. 75.
144 Ebd., S. 76; Hervorh. des letzten Satzes von mir.

Sprache und die Welt der Kunst den unmittelbaren Beweis" bieten.[145]
Die Philosophie der symbolischen Formen geht zur Kritik wissenschaftlicher Rationalität über. Droht nun doch ein Verlust zuvor be-
gründeter Rationalitätsstandards der Erkenntniskritik? Am Ende der
*erkenntnis*theoretischen Bilanz der *konstruktiven* Verfaßtheit der Naturwissenschaft als zweiter Schöpfung der Natur steht der kultur*an-
thropologische* Entwurf des *homo faber*. Dies ist nicht mehr der Cassirer der Interpretation der modernen Physik. Wohl aber finden sich bereits 1930 in der Darstellung des theoretischen Handeln des Physikers
kritische Akzente, die zu den Einschätzungen in *Zur Logik der Kulturwissenschaften* führen:

„[Der] methodische *Anfang* der wissenschaftlichen Naturerkenntnis scheint,
einmal erreicht, im gewissen Sinne auch ihr methodisches *Ende* bedeuten zu
müssen. Über dieses Ziel scheint sie nicht weiter hinausschreiten noch auch
nur hinausfragen zu können. Denn täte sie es, – würde sie auch den hier gewonnenen Objektbegriff noch überschreiten, so sähe sie sich damit, wie es
scheint, rettungslos dem *regressus in infinitum* preisgegeben. Hinter jedem
Sein, das sich als wahres und objektives gibt, würde jetzt ein anderes auftau-
chen, ohne daß diesem Fortgang jemals Einhalt geboten und damit eine
schlechthin feste, unangreifbare ‚Grundlage' der Erkenntnis sichergestellt werden könnte. Für den *Physiker* zumindest besteht keine Notwendigkeit, ja für
ihn scheint kein Recht zu bestehen, sich diesem Fortgang ins Unbestimmte zu
überlassen. Er fordert an irgendeinem Punkte Bestimmtheit und Endgültigkeit,
– und er findet sie, wo er den festen Boden des Mathematischen berührt. [...]
Auch der moderne Physiker pflegt jeden ‚erkenntnistheoretischen' Zweifel an
der Endgültigkeit seines Wirklichkeitsbegriffs von sich zu weisen. Er findet für
das Wirkliche eine klare und abschließende Definition, indem er, mit *Planck*,
das Wirkliche als das *Meßbare* definiert."[146]

1942 ist Cassirers Kritik an der Konstruktion von Wirklichkeit *more
geometrico* deutlich schärfer. Cassirer, Heidegger, Adorno und Horkheimer? Es gibt kultur-, wissenschafts- und technikkritische Nähen.
Die grundlegende Kritik an den Rationalitätsstandards logischen Denkens teilt Cassirer aber nicht. Und: Er ist ein ein Aufklärer, ein Citoyen
im Denkhorizont von 1789. Fortschritt ist denkbar; doch eine Garantie
durch ‚eherne Gesetze der Geschichte' gibt es nicht. 1939 notiert er:

„Alles was hier vorausgesagt werden kann, ist, daß die Kultur sein und fortschreiten wird, *sofern* die formbildenden Kräfte, die letzten Endes *von uns*

selbst aufzubringen sind, nicht versagen oder erlahmen. *Diese* Voraussage freilich können wir machen und sie ist für uns selbst, für unser eigenes Tun und
für unsere eigenen Entscheidungen die einzig belangreiche. Denn sie versi-
chert uns freilich nicht von vornherein der unbedingten Erreichbarkeit des objektiven Zieles; aber sie lehrt uns gegenüber diesem Ziele unsere eigene, subjektive Verantwortung kennen. [...] Wenn man von der Hegelschen Bedeutung
der Idee wieder zur Kantischen, von der Idee als ‚absolute Macht' wieder zur
Idee als ‚unendliche Aufgabe' zurückgeht, so muß man damit dem spekulativen Optimismus der Hegelschen Geschichtsansicht freilich entsagen. Aber zugleich entgeht man damit auch dem fatalistischen Pessimismus mit seinen Un-
tergangsprophezeiungen und Untergangsvisionen. Das Handeln hat wieder
freie Bahn, sich aus eigener Kraft und aus eigener Verantwortung zu entscheiden".[147]

In den ‚Ethischen Schlußbetrachtungen' seiner Schrift *Determinismus
und Indeterminismus in der modernen Physik* warnt Cassirer davor,
sich in den Erklärungslücken der Naturwissenschaft einzunisten. Er
lehnt es nachdrücklich ab, aus der physikalischen Idee des Indeterminismus ein Konzept der ‚Willensfreiheit' abzuleiten, in dem sittliche
Freiheit nur eine „bloße Möglichkeit" wäre: Für den „Akt der Selbstverwirklichung reicht der bloß negative Begriff der Unbestimmtheit
nicht aus". Die Quintessenz lautet:

„Menschliche Handlungen – das ist es, was die Ethik allein fordert – sollen einer doppelten *Beurteilung* fähig und zugänglich sein; sie sollen als Ereignisse
in der Zeitreihe kausal determiniert sein; aber ihr Gehalt und Sinn soll nicht in
diesem Determinismus aufgehen. Die Einsicht in den *Ablauf* dieser Handlungen, so streng dieselben immer bestimmt sein mögen, soll uns nicht blind machen für das andere Maß, mit dem wir sie zu messen haben – für die Frage
nach ihrem ‚quid juris', nach ihrer ethischen Geltung und Würde."[148]

Dies ist Cassirers Perspektive, wenn er danach fragt, wie das Buch der
Natur – oder allgemeiner: das Buch der Wirklichkeit – in der Schrift
der Kultur geschrieben wird. Es ist nichts für passive Leser, wie sie im
metaphysisch-realistischen Konzept der *Re*präsentation unterstellt
sind. Wirklichkeit entsteht aus unseren Objektivierungen, und die sind
keine abhängigen Variablen einer immer schon gegebenen Realität.
Die Weltbildungen sind vielfältig. Die eine allein richtige gibt es nicht.
    Wäre dies das Ende aller Objektivität? Im Gegenteil: Wenn Objekti-
vität keine Garantie mehr in der Selbstevidenz der Dinge hat, dann

147 Cassirer 1993b, S. 261.
148 Cassirer 1987a, S. 358.

fällt *uns* die Aufgabe zu, die epistemologischen Profile, die wir wählen, zu begründen, die Voraussetzungen unserer Objektivierungen zu erklären und unsere Ansprüche auf Objektivität zu begründen. Dies ist das Feld der Ethik und der Demokratie des Epistemischen.

Eine Ethik des Epistemischen, die sich von Theorien wie der Cassirers belehren läßt, wird auf die Instrumentalisierung der Natur zur Objektivitätssicherung verzichten.

Heute sind ‚neue' Realismen, Materialismen und Naturalismen wieder an der Tagesordnung.

13. Der Rückfall in den Naturalismus: Realismus, Repräsentation und naturalisierte Epistemologie

> „Die Philosophie ist eine Geisteshaltung gegenüber Doktrinen, die auf ignorante Art und Weise aufrechterhalten werden."
>
> A.N. Whitehead[1]

Die theoretische Analyse der menschlichen Erkenntnis – des Bewußtseins, der Wahrnehmung, der Erfahrung, des Denkens und des Wissens – war von der Antike bis zum Beginn des 19. Jahrhunderts eine unangefochtene Domäne der Philosophie. Seit der Entstehung der modernen Sinnesphysiologie, der historisch-materialistischen Theorie und Kritik von Ideen als Ideologie, einer naturwissenschaftlich operierender Psychologie und positivistischer Soziologien des Wissens hat sich die Situation der Epistemologie jedoch radikal verändert. Für die Frage, was menschliche Erkenntnis ist, werden nun ‚neue' Zuständigkeiten eingeklagt: Empirische Wissenschaften und naturwissenschaftliche Methodologien beanspruchen, die philosophische Theorie ablösen zu können. Die Epistemologie wird in immer stärkerem Maße empirisiert und naturalisiert.

In diesem Prozeß wird die Beziehung zwischen Ontologie und Epistemologie noch einmal ‚vom Kopf auf die Füße gestellt'. Obwohl sich die Idee einer direkten empirischen Abbildung der Wirklichkeit im Denken – auch in den Wissenschaften – als Illusion erwiesen hat und das Problem der *Konstitution der Wirklichkeit* durch objektivierende Akte des Bewußtseins gelöst war oder zumindest gelöst zu sein schien, verdrängen seit der Mitte des 20. Jahrhunderts materialistische und realistische Ontologien des Bewußtseins transzendentale, phänomenologische und andere als ‚idealistisch' kritisierte Epistemologien.

Franz von Kutschera hat die Frage, was angesichts einer Vielzahl einzelwissenschaftlicher Zuständigkeiten der Erkenntnistheorie als philosophischer Disziplin an Themen, was an Legitimation bleibe, mit

---

1   Whitehead 2001, S. 199.

dem Hinweis beantwortet, das philosophische „Erkenntnisideal" sei „durch das naturwissenschaftliche abgelöst worden":

„Als ,wissenschaftlich' gelten weiterhin nur mehr die Methoden und Ergebnisse der Naturwissenschaften, nicht die der Philosophie [...] Mit dem Wandel des Erkenntnisideals hat sich auch das Selbstverständnis des Menschen grundlegend verändert. Die idealistische Konzeption, nach welcher er ein Geistwesen ist, das gewissermaßen zufällig auch einen Körper hat, ist durch eine naturalistische Konzeption abgelöst worden, nach der er Teil der Natur ist und sich seine geistigen und kulturellen Leistungen biologisch aus Struktur und Evolution seines Organismus und der ihm angebotenen Verhaltensweisen erklären lassen."[2]

Ist die Kompetenz der Philosophie, über Geist und Denken aufzuklären, aus guten Gründen durch empirische Wissenschaften ersetzt? Es wird sich zeigen, daß diese Frage nicht einfach mit Ja oder mit Nein zu beantworten ist. Denn die oft unterstellte radikale Alternative zwischen Epistemologie und empirischen Wissenschaften existiert nicht, zumindest nicht mehr. Eine Philosophie der ,Natur der Erkenntnis' ist ohne Kooperation mit Wissenschaften nicht sinnvoll, und die Wissenschaften, die sich mit dem Bewußtsein befassen, gründen – ob sie es wollen oder nicht, ob sie es wissen oder nicht – in spontanen oder expliziten Philosophien. Dies gilt auch für die naturalisierte Epistemologie.

Von ,Naturalismus' in generalisierender Weise zu sprechen, wäre unangemessen, ginge es hier darum, seine unterschiedlichen Formen in der Philosophie des Geistes und in den Kognitionswissenschaften im Detail darzustellen und zu bewerten; in diesem Fall wäre es unverzichtbar, die Differenzierungen zu berücksichtigen, auf die z.B. Dirk Koppelberg hinweist.[3] Es geht mir aber um die Frage, ob es stillschweigende oder erklärte Voraussetzungen gibt, die *allen* Formen des Naturalismus gemein sind, und ich werde sie damit beantworten, daß es in der Tat gemeinsame *metaphysische* Prämissen gibt. Nur diesen Prämissen gilt meine Kritik, aus der eine nicht-naturalistische Alternative folgt. Es geht hier um aktuelle epistemologisch relevanten Naturalismen, nicht aber um – im Ansatz durchaus vergleichbare – Positionen, wie sie in der Wissenssoziologie, im Marxismus und in der Soziobiologie anzutreffen sind. Meine Kritik gilt nicht jener ,schwachen' methodologischen Position, die Koppelberg ein wenig irreführend

2   v. Kutschera 1982, S. VII.
3   Vgl. Koppelberg 1995, 1997, 1997a.

„kooperativen Naturalismus"[4] nennt, um die Forderung an die Philosophie zum Ausdruck zu bringen, philosophische Erkenntnistheorie habe
die Resultate empirischer Kognitionswissenschaften zur Kenntnis zu
nehmen und mit diesen Einzelwissenschaften zu kooperieren. Was ich
kritisieren werde, ist der Naturalismus als Metaphysik. Er läßt alles
Mentale im Gewand der Natur und die Natur – mit verheerenden normativen Folgen – in anthropomorher Verkleidung auftreten. Doch „so
ergiebig der Spiegel der Natur für die Selbsterkenntnis des Menschen
ist, so gewaltig wird der Fehlgriff, wenn wir Projektionen unserer
selbst für Naturgegebenheiten halten. Dies scheint mir die Grundlage
des ‚Naturalismus' zu sein, der uns von den Vertretern der Physiozentrik angeboten wird. Sie meinen, auf ‚Natur' zu verweisen, die uns zu
einem bestimmten Handeln oder Unterlassen anhalte; aber das normative Element in diesem Anspruch kann als ‚natürlich' nur in anthropomorpher Projektion dargestellt, nicht aber als Faktum der Naturforschung gewonnen werden."[5]

In diesem Kontext sind zwei Probleme zu erörtern, ohne deren nä-
here Klärung die Diskussion über Naturalismus nicht sinnvoll möglich
ist: das des ‚Realismus' und das der ‚Repräsentation'. Beide stellen
Ausgangsprobleme des Naturalismus dar. Je nach Problemlösung ergeben sich bestimmte epistemologische Profile, auch im Naturalismus
bzw. in Naturalismen in der Erkenntnistheorie und in der Philosophie
des Geistes.

13.1 Realismus: Die Welt, unabhängig vom Bewußtsein?

Zu Erkenntnis- und Wissenskulturen gehören *ontologische Realitäts-
konzepte*. Diese gehören zu den ‚Rahmen' der Verständnisse von Erkenntnis und Wirklichkeit sowie von deren Beziehung. Relativ enge
Rahmen – z.B. Begriffsschemata und Theorien – sind dabei vernetzt
sich mit anderen, übergreifenden Rahmen – z.B. mit Wissenschaftsdis-
ziplinen und in diesen wirkenden Paradigmata – und mit umfassenden
Rahmen wie Religionen oder Weltbildern. Realismus ist ein wesentliches Element derartiger Rahmen.

‚Realismus' ergibt sich als ontologische und erkenntnistheoretische
Konzeption im weitesten Sinne aus folgenden Annahmen: (a) Es gibt

---

4   Koppelberg 1997. Zur Auseinandersetzung mit ihm vgl. etwa Beckermann 1997.
5   Schäfer 1993, S. 38 f.; zur Kritik der Physiozentrik vgl. S. 17-20 und S. 165-173.

von mir unabhängige Dinge außer mir; (b) im Prinzip ist die Außenwelt meiner Erkenntnis zugänglich. Die drei wesentlichen Behauptungen von *common-sense*-Realisten sind:

„R1: Es gibt eine Wirklichkeit, die der Existenz nach von uns und unserem Bewußtsein unabhängig ist. R2: Die Wirklichkeit weist Beschaffenheiten und Strukturen auf, die von unserem Bewußtsein unabhängig sind. R3: Nennenswerte Teile der Wirklichkeitsstrukturen sind unserem Erkennen zugänglich und werden in unserem Wissen erfaßt. [...] Mit R1 und R2 ist nichts anderes gemeint, als daß es unabhängig von unserem Bewußtsein z.b. Gestirne, Berge, Wasser, Pflanzen, Tiere, aber auch – jedenfalls möglicherweise oder mit einiger Wahrscheinlichkeit – Elektronen und ähnliche Entitäten gibt, samt den dazugehörigen Eigenschaften, Relationen, Gliederungen, Gesetzmäßigkeiten u. a.m. Daß es außerdem noch etwas Weiteres, genannt *‚die* Wirklichkeit' geben würde, ist [...] nicht gemeint."[6]

Einen in der Philosophie allgemein akzeptierten Realismusbegriff gibt es nicht; Realismusbegriffe treten in vielfachen adjektivischen Präzisierungen oder auch unter anderen Namen auf. Michael Devitt z.B. listet in *Realism and Truth* Realismusvarianten auf: ‚*Common-Sense Realism*', ‚*Physicalism*', ‚*Scientific Realism*', ‚*Strong Realism*', ‚*Weak or Fig-Leaf Realism*' ... – Positionen, deren Bandbreite sich von der Annahme der objektiven bewußtseinsunabhängigen Existenz aller oder einiger Entitäten über die Annahme der Existenz von (beobachtbaren und nichtbeobachtbaren) Entitäten, die von den Wissenschaften behauptet werden, bis hin zum ‚Feigenblatt'-Realismus der (Kantischen) Behauptung einer zwar objektiv existierenden, aber in ihrem An-sichsein nicht erkennbaren Realität erstreckt.[7] Im deutschsprachigen Bereich begegnen Bezeichnungen wie ‚kausaler Realismus', ‚kritischer Realismus', ‚metaphysischer Realismus', ‚semantischer Realismus' und ‚wissenschaftlicher Realismus'.

Es ist nicht verwunderlich, daß zu ‚Anti-Realismus' vergleichbare Differenzierungen nicht vorliegen: In aller Regel bezeichnen Realismuskritiker ihre Position nicht mit diesem Wort; es handelt sich vielmehr um einen Bezichtigungsbegriff.[8] Mit ‚Anti-Realismus' benennen Vertreter eines ‚starken Realismus' diejenigen, die *keine* ontologischen Anti-Realisten im Sinne der Leugnung der Existenz der Außenwelt

6   Franzen 1992, S. 41.
7   Devitt 1984, S. 233 f.; vgl. Wright 1987, S. 1-13.
8   Devitt 1991, S. 113: „Antirealismus bezüglich der physischen Welt ist ein Berufsrisiko der Philosophie".

sind, sondern epistemologisch geltend machen, daß unsere Erkenntnisse nicht – wie im Konzept ‚Abbild' unterstellt – direkt auf die Realität referieren, sondern Konstrukte des menschlichen Bewußtseins sind. ‚Anti-Realisten' bevorzugen schwächere Realismusvarianten und wollen über den „Mythos des Gegebenen" aufklären.[9]

Realismusauffassungen unterscheiden sich (i) in ihren Annahmen über die *Existenz* von Entitäten und deren Eigenschaften (ontologische Existenz-Hypothese) und (ii) in ihren Annahmen über die *Unabhängigkeit* bzw. Abhängigkeit der Entitäten und Eigenschaften von den Leistungen des Erkenntnissubjekts (epistemologische Abhängigkeits- bzw. Unabhängigkeits-Hypothese).[10] Eine noch grobe Unterscheidung zwischen Realismus und Antirealismus bietet Michael Dummett:

„Realism I characterize as the belief that statements of the disputed class possess an objective truth-value, independently of our means of knowing it: they are true or false in virtue of a reality existing independently of us. The antirealist opposes to this the view that statements of the disputed class are to be understood only by reference to the sort of thing which we count as evidence for a statement of that class."[11]

Weitere Differenzierungen sind notwendig:

Ontologischer (metaphysischer, direkter) Realismus: Die Realität geht der Repräsentation voraus und existiert bewußtseinsunabhängig; Entitäten sind in direkter Wahrnehmung/Erfahrung und ohne repräsentationale Vermittlung zugänglich und wahr aussagbar: „Metaphysischer Realismus ist eine Hybride aus so etwas wie *Realismus* und so etwas wie *Korrespondenzwahrheit*".[12] Die These des metaphysischen Realismus ist problematisch, weil sie dazu zwingt, das Untrennbare – Realität und Repräsentation – rigoros voneinander zu trennen.[13] So muß Devitt seine Maxime „Settle the realism issue before any epistemic or semantic issue" einerseits einschränken: „This maxim is oversimplified because realism, though largely metaphysical, *is* partly epistemic: the world must be independent of our knowledge of it. So at least that much epistemology must be settled to settle realism"[14]; andererseits hält er an der Ausgangsthese in *normativer* Weise fest – als

---

9 Tuomela 1991, S. 92.
10 Vgl. Devitt 1991, S. 114.
11 Dummett 1978, S. 146; vgl. hierzu Papineau 1987, S. 1-39.
12 Devitt 1991, S. 123.
13 Devitt 1984, S. VII ff.
14 Ebd., S. 4.

Überzeugung: „For the realist the material or physical world *he be-*
lieves in has to exist not only objectively but non-mentally."[15] Nur so
kann die Aussage gerettet werden, Realismus sei „largely metaphysical"[16], obwohl der Begriff der Realität *ex negativo* mit Bezug auf das
Bewußtsein – ‚independent of our knowledge' – definiert wird und so
der Unabhängigkeitshypothese nicht mehr entspricht.

Hilary Putnam kritisiert als ‚metaphysischen Realismus' die Behauptung, „that we can think and talk about things as they are, independently of our minds, and that we can do this by virtue of a ‚correspondence' relation between the terms in our language and some sorts
of mind-independent entities".[17] Demgegenüber verteidigt F. v.
Kutschera den Realismus des Alltagsverstandes auch für die Wissenschaften unter der einschränkenden Bedingung, daß der Realismus
sich „nicht als unbegründete Annahme einer Welt" darstellt, „die völlig unabhängig von unserer Erfahrung ist, also nur von einem externen
Standpunkt aus sichtbar wäre, und deren Erkennbarkeit dann zu einem
unlösbaren Problem wird, sondern als Prinzip, nach dem wir unsere
Erfahrungen als Erfahrungen einer gegenständlichen Welt auslegen".[18]

Semantischer Realismus: Ihn kennzeichnen die Grundannahmen:
„Die Namen von L [einer Sprache] bezeichnen objektiv$_L$ reale Objekte, die Prädikate von L drücken objektive$_L$ Attribute dieser Objekte aus
und die Sätze von L entsprechend objektive$_L$ Sachverhalte."[19]

Wissenschaftlicher Realismus: Diesem Realismus geht es nicht in
erster Linie um die reale Existenz direkt zugänglicher Entitäten, sondern um die von Bewußtseinsleistungen unabhängige Existenz auch
von Entitäten, die nicht direkt beobachtbar sind, aber in Theorien sinnvoll angenommen werden können. Der v.a. in den Naturwissenschaften beheimatete wissenschaftliche Realismus behauptet, daß die – ihrerseits als richtig unterstellte – Wissenschaft korrekte deskriptive Informationen über die physische Realität bereitstellt[20]; die in wissenschaftlichen Theorien beschriebenen Entitäten existieren, die (richtigen) Theorien sind objektiv wahr.[21]

---

15 Ebd., S. 13; Hervorh. von mir.
16 Ebd., S. 35.
17 Putnam 1983, S. 205.
18 Kutschera 1992, S. 38 f.
19 Kutschera 1989, S. 491 f.; vgl. Moulines 1996.
20 Vgl. Rescher 1987; Leplin 1997.
21 Vgl. Moulines 1991.

Kausaler interner Realismus[22]: Er besteht aus der Verbindung folgender Prinzipien: „Es gibt reale Einzelne (Objekte, Ereignisse, Prozesse), die bewußtseinsunabhängig sind. Diese Einzelnen wechselwirken kausal miteinander (oder können zumindest wechselwirken), und dies folglich auch mit menschlichen Wesen derart, daß sie z.B. menschliches Lernen und Wissen von der Welt ermöglichen. Die Welt, unser Wissen und unsere Sprache sind nichtsdestoweniger nicht ‚gegeben'. Mit anderen Worten: (a) es besteht keine ontologisch gegebene, kategorial fertige, reale Welt [...] (b) Personen können nicht in einer nicht-begrifflichen, aber doch kognitiv epistemischen Weise mit der Welt befaßt sein [...] (c) es gibt keine begrifflich ausgezeichnete, d.i. semantisch nicht ersetzbare Sprache (oder ein begriffliches Schema) [...] Für die Beschreibung der Welt ist die Wissenschaft das Maß dessen, was es gibt und was es nicht gibt".[23]

Was sinnvoll unter ‚Realismus' verstanden werden kann, ist so umstritten wie das Problem selbst. R. Carnaps in *Scheinprobleme in der Philosophie* (1928) ausgesprochene Mahnung, der Realismusstreit sei überflüssig und die „Ablehnung der Thesen des Realismus und des Idealismus" sei geboten[24], zeigt wenig Wirkung. Die realistische Annahme einer ‚Realität der Außenwelt' sei, so hat er gemeint, so irrelevant wie die idealistische Gegenposition: *„Die Wissenschaft kann in der Realitätsfrage weder bejahend noch verneinend Stellung nehmen, da diese Frage keinen Sinn hat."* Derartige philosophische Positionen „liegen jenseits der Erfahrung und sind daher *nicht sachhaltig*".[25] In einer Äußerung G. Bachelards deutet sich eine Antwort auf die Frage an, warum Carnaps These weitgehend ohne Folgen geblieben ist: Bei wissenschaftlichen Gegenständen wie z.B. Photonen, Elektronen oder Atomen geht es gar nicht um ein *Realitäts*problem, sondern um das der „*Realisierung*" von Entitäten, und die „Anerkennung der Tatsache, daß die realistische Anrufung gewisser natürlicher Gegebenheiten von hohem Maße von unseren Weisen des Verstehens abhängig ist, nimmt dem naiven Realismus weitgehend seine Überzeugungskraft".[26] Der vom Alltagsbewußtsein und in der Wissenschaftspraxis gehütete Realismus aber ist ein „Instinkt", die „einzige angeborene Philosophie".

22 Zum ‚internen Realismus' siehe die Ausführungen zu H. Putnam weiter unten.
23 Tuomela 1991, S. 94.
24 Carnap 1966, S. 54; vgl. Naumann 1993.
25 Carnap 1966, S. 61 ff.
26 Bachelard 1934, S. 98.

Der Realist will Realität ‚*haben*'; es bedarf einer „Psychoanalyse des Habens", um zur Bildung eines neuen wissenschaftlichen Geistes zu gelangen.[27]

Deshalb mag es nicht überraschen, daß sich gegenwärtig Philosophen und Wissenschaftstheoretiker von Carnaps Forderung nach ontologischer Neutralität unbeeindruckt zeigen. Die Auseinandersetzung über den Realismus ist so lebhaft wie seine Verteidigung, v.a. im angelsächischen Bereich[28]; Richard Rortys *Beyond Realism and Anti-Realism* (1986)[29] ist jedenfalls nicht repräsentativ. Positionen des ‚harten' Realismus vertreten insbesondere der ‚wissenschaftliche Materialismus', der ‚Physikalismus' und der ‚Naturalismus', während der z.B. der ‚konstruktive Empirismus' und der ‚interne Realismus' eher ‚anti-realistische' Auffassungen verteidigen.

Die zentrale These des *constructive empiricism*, die Baas C. van Fraassen in *The Scientific Image* (1980) vertritt, lautet, daß „wissenschaftliche Tätigkeit Konstruktion ist" und nicht „Entdeckung" von Entitäten, deren objektive Existenz der wissenschaftliche Realismus nur unterstelle, nicht aber empirisch beweise; die Unterstellung, Wissenschaft gebe uns eine „literally true story of what the world is like", sei unhaltbar.[30] Die Gegenthese lautet: „*Wissenschaft will uns Theorien geben, die empirisch adäquat sind; und die Akzeptierung einer Theorie impliziert nichts als die Überzeugung, daß sie empirisch adäquat ist.*" Theorien sind nicht nur als Instrumente zur Ordnung der Phänomene zu verstehen, sondern sie handeln von *etwas*, freilich nicht von einer *Natur an sich*, sondern von Modellen, die darüber entscheiden, was *für uns beobachtbar* ist.[31] Jedes Modell hat eine theoretische Dimension und eine empirische; die letztere verhält sich strukturgleich zu beobachtbaren Gegenständen und impliziert eine Isomorphie mit *Phänomenen*, d.h. Gegenständen der phänomenalen Welt. Theorien entwerfen *Bilder (images)*; der Nicht-Beobachtungsanteil der Modelle läßt eine korrespondenztheoretisch interpretierte Empirie nicht zu. Das Modell verursacht eine *Passung der Phänomene*.[32]

---

27 Bachelard 1984, S. 201 f.
28 Vgl. Mehrtens 1991.
29 Rorty 1986.
30 van Frassen 1980, S. 5, S. 9.
31 Ebd., S. 19.
32 Ebd., S. 12.

Jedes Realismus-Konzept ist mit einer bestimmten Idee davon verbunden, was Repräsentationen sind, d.h. ob und wie die Realität im Bewußtsein präsent ist. Aus der Pluralität und Konkurrenz von Realismen, die jeweils als *Überzeugungen* vertreten werden, ergibt sich ein wichtiger Hinweis: Auffassungen über Realismus sind in komplexe Welt-Bilder eingeschrieben und prägen eine Wissenskultur. Der Begriff von Repräsentation, der jeweils favorisiert wird, prägt ein bestimmtes epistemologisches Profil. Im Interesse eines für die Wissenschaften brauchbaren Repräsentationsbegriffs sind schwache Realismus-Konzeptionen besonders interessant, weil sie den mit Abbild-Konzepten oft verbundenen epistemischen Determinismus vermeiden und ‚Repräsentation' im Kontext kultureller Aktivität und menschlicher Selbstgestaltung verständlich machen.

13.2 Repräsentation: Es keine magischen, unersetzbaren Verbindungen zwischen einer Sprache und der Welt

Der in vielen Bedeutungen verwandte Begriff ‚Repräsentation'33 enthält als Terminus der Erkenntnistheorie spezifische Antworten auf die Fragen nach der Bewußtsein-Sein-Beziehung und nach der Funktion und dem Status von Erkenntnis und Wissen. Die *common-sense*-Bedeutung von ‚Repräsentation' ist folgende: Repräsentation macht ein reales, externes, aber in Denken, Sprache und Bild nicht *wie* in seiner externen Realität/Materialität präsentes ‚Etwas' durch Akte des Bewußtseins ‚präsent'.34 ‚Baum' *ist* zwar nicht das, was das Wort repräsentiert, aber es wird ein Bezug (Referenz) zum Repräsentierten unterstellt, der in mehr als bloßer ‚Ähnlichkeit' besteht: „Representation requires that one object refers to (stand for, be about, be a symbol for) the other, and this ‚semantic' relationship is not guaranteed by resemblance."35 Die jeweiligen Annahmen darüber, wie bzw. ob Repräsentation auf etwas referiert, entsprechen den stärkeren oder schwächeren Realismen als den ontologischen Voraussetzungen von Repräsentati-

---

33 Zur Fragwürdigkeit dieses Begriffs habe ich mich in Kap. 1.4 und 1.5 geäußert. Ich verwende ihn hier, weil weithin kritiklos benutzt wird und weil ich die mit ihm verbundenen Probleme diskutieren möchte; es geht also um sogenannte Repräsentation, die besser als ‚Objektivierung' bzw. als ‚objektivierende Vorstellung' bezeichnet wird.

34 Vgl. z.B. Papineau 1987.

35 Schwartz 1997, S. 499.

onstheorien. Der Repräsentationsbegriff begegnet in der philosophischen Tradition im wesentlichen in vier Bedeutungen: „1) ‚Vorstellung' im weiteren Sinn, d.h. mentaler Zustand mit kognitivem Gehalt; 2) ‚Vorstellung' im engeren Sinn, d.h. ein mentaler Zustand, der einen früheren mentalen Zustand reproduziert, aus ihm abgeleitet ist oder sich auf ihn bezieht; 3) ‚Darstellung', d.h. strukturerhaltende Abbildung durch Bilder, Symbole und Zeichen aller Art; 4) ‚Stellvertretung'."[36]

Die *common-sense*-realistische Repräsentationskonzeption (A) kann so charakterisiert werden:

„Wir nehmen an, daß die Welt vorgegeben ist, d.h. daß ihre Merkmale jeglicher kognitiver Aktivität vorausliegen. Um dann die Beziehung zwischen dieser kognitiven Aktivität und einer vorgegebenen Welt zu erklären, setzen wir hypothetisch die Existenz mentaler Repräsentationen innerhalb des kognitiven Systems an. [...] Wir haben sodann eine voll entwickelte Theorie, die feststellt: 1. Die Welt ist vorgegeben. 2. Unsere Kognition bezieht sich auf diese Welt – wenn auch oft nur auf einen Teil derselben. 3. Die Art, auf die wir diese vorgegebene Welt erkennen, besteht darin, ihre Merkmale abzubilden und sodann auf der Grundlage dieser Abbildungen zu handeln."[37]

Ein ganz anderer Repräsentationsbegriff (B) folgt z.B. aus der konstruktivistischen Annahme über ‚neuronale Repräsentation': Das menschliche Gehirn sei „ein Organ, das Welten festlegt, keine Welt spiegelt."[38] Im Sinne von (A) ist Repräsentation *Dar*stellung, im Sinne von (B) *Vor*stellung. In der Perspektive (A) wird Bestehendes *re*präsentiert; nur in Perspektiven des Typus (B) ist mehr als ‚Abbildung' denkbar, z.B. die antizipierende Vorstellung (Präsentation) zukünftiger Tätigkeiten, Sachverhalte usf.

Komplexe Repräsentationsbegriffe sind in der Regel mit dem Konzept ‚Intentionalität' verbunden; dies bedeutet, daß das, was in der Erkenntnis als Gegenstand angenommen wird, kein ‚von Natur/von den Dingen selbst' gegebener Sachverhalt ist, sondern das Ergebnis einer ‚gerichteten' Erkenntnis. Im Akt der Repräsentation wird etwas mit etwas in Beziehung gesetzt, „wobei dieses In-Beziehung-Setzen einen ‚Richtungscharakter' [...] aufweist: aus Richtung Gegenstand zum Zeichen (‚etwas vertretend gegenwärtig machen' [...]), aus Richtung Zeichengegenstand zum Gegenstand (‚etwas als etwas vergegenwärti-

36 Scheerer et al. 1992, S. 790.
37 Varela 1990, S. 100.
38 Ebd., S. 109.

gen').“[39] Komplexe Repräsentationsbegriffe enthalten ferner die Annahme, daß Repräsentationen nicht von bestimmten Rahmen (z.B.
Sprachen) unabhängig sind. Es gibt keine „‚magischen', unersetzbaren
Verbindungen zwischen einer Sprache und der Welt“[40], und es kann
nicht davon ausgegangen werden, daß ‚die Welt' *sich* – und notwendigerweise in *dieser* Sprache – *re*präsentiert.

Bei ‚Repräsentation' geht es „um sprachliche (oder andere repräsen-
tierende) Entitäten, die für bestimmte nicht-sprachliche Entitäten stehen oder diese beschreiben, und diese Beschreibungen von realen Objekten [müssen] als auf ein bestimmtes begriffliches System bezogen
angesehen werden“.[41] Repräsentation ist der Ausdruck einer ideellen
Regel, die das Besondere, hier und jetzt Gegebene, an das Ganze
knüpft und mit ihm in einer gedanklichen Synthese zusammenfaßt, so
haben wir es mit keiner nachträglichen Bestimmung, sondern mit einer
konstitutiven Bedingung alles Erfahrungsinhalts zu tun. Ohne diese
scheinbare Repräsentation gäbe es auch keinen ‚präsenten', keinen unmittelbar gegenwärtigen Inhalt; denn auch dieser besteht für die Erkenntnis nur, sofern er einbezogen ist in ein System von Relationen,
die ihm erst seine örtliche und zeitliche, wie seine begriffliche Bestimmtheit geben.“[42]

Wie immer man ‚Repräsentation' definiert, sie leistet immer eine
Art von ‚Stellvertretung'. Ein Gegenstand der Erkenntnis ist nicht ‚gegeben'; er ist vielmehr ein intendierter Sachverhalt, der nicht existierte,
wie er existiert, wenn ihm nicht eine Bedeutung ‚zugeschrieben' worden wäre. Etwas repräsentieren heißt etwas durch Vorstellung *ver*-ge-
genwärtigen; dies ist die Funktion aller Repräsentation. Repräsentation
macht etwas präsent, das *abwesend* ist bzw. *in der Weise des Reprä-
sentiertseins* in der ‚Außenwelt' nicht existiert. Das Repräsentat tritt an
die Stelle der abwesenden und sprachlosen ‚Dinge, wie sie an sich
selbst' sein mögen. In den *Religionen* kompensiert die Repräsentation
im Glauben, im Kultus und in Institution die Abwesenheit und Sprach-
losigkeit der Götter/Gottes. *Politisch* setzt sich die Repräsentation in
Form von Institutionen staatlicher Herrschaftsorganisation an die Stelle des Souveränität begründenden, faktisch abwesenden und sprachlosen ‚Gemeinwillens'.

39 Gerhardus 1995, S. 590.
40 Ebd., S. 97.
41 Tuomela 1991, S. 96.
42 Ebd., S. 97.Cassirer 1990, S. 377.

Auch was wir ‚Realität' nennen, ist ein Produkt von objektivierender Vorstellung. Sie ist nicht einfach da. Erst durch Objektivierung wird die ‚an sich' amodale Welt zur Lebenswelt. Schließlich: In Repräsentationen *bilden* wir mittels unserer produktiven Kraft der Imagination ein Wissen, mit dem wir ‚Welt' verstehen, indem wir *unsere* Welt verstehen, indem wir *uns* verstehen. Nelson Goodman betont, „wie wenig Repräsentation etwas mit Imitation zu tun hat": „Wenn wir ein Objekt repräsentieren, dann bilden wir nicht ein solches Konstrukt oder ein solches Interpretament ab – wir *stellen es her*."[43] Der Realismus-Kritiker Goodman hat einen entscheidenden Beitrag zum Verständnis von Repräsentation geleistet: Alles Repräsentieren geschieht in einer *Perspektive*; in der perspektivischen Repräsentation erscheint etwas *als* dieses bestimmte Etwas.[44]

Repräsentation ist *Vor*stellung, sei es in Form *innerer Bilder*[45] oder (objektivierter) symbolischer Formen, und sie ist *Ein*bildung (Imagination) von als existierend angenommenen Sachverhalten, die *anders als präsentiert* für das menschliche Denken und Verhalten bedeutungslos wären. In der Repräsentation (Vorstellung) bilden wir ein Wissen, mit dem wir ‚Welt' verstehen, indem wir *unsere* Welt verstehen, indem wir *uns* verstehen. Repräsentation enthält immer Elemente von *Selbst*repräsentation.[46] Dieser Satz enthält eine Erinnerung an Kant, der vor der Annahme gewarnt hat, daß „die Sinne die Objekte vorstellen müßten, wie sie an sich selbst sind". Es würde z.B., so argumentiert er in den *Prolegomena*, „aus der Vorstellung vom Raume, die der Geometer a priori mit allerlei Eigenschaften desselben zum Grunde legt, noch gar nicht folgen, daß alles dieses samt dem, was daraus gefolgert wird, sich gerade so in der Natur verhalten müsse."[47] Man solle vielmehr davon ausgehen, „unsere Vorstellung der Dinge, wie sie uns gegeben werden, richte sich nicht nach diesen als Dingen an sich selbst, sondern diese Gegenstände vielmehr als Erscheinungen *richten sich nach unserer Vorstellungsart*".[48]

Repräsentieren ist Vorstellungs-Handeln. Ein handlungstheoretisches Repräsentationskonzept hat Ian Hacking mit *Representing and*

---

43 Goodman 1973, S. 20.
44 Vgl. ebd., S. 38.
45 Vgl. Sachs-Hombach 1995.
46 Vgl. Sandkühler 1998b.
47 Kant, Prolegomena A 60 f.
48 Kant, Kritik der reinen Vernunft, B XXI f.

Intervening (1983) vorgelegt: „Science is said to have two aims: theory and experiment. Theories try to say how the world is. Experiment and subsequent technology change the world. *We represent and we intervene. We represent in order to intervene, and we intervene in the light of representations.*"[49] In dieser Konzeption erscheint der Mensch als *homo depictor*, der Repräsentationen *schafft*. ‚Realität' ist eine menschliche *Schöpfung zweiter Ordnung*, die in der Praxis der Repräsentation zustande gebracht worden ist. Was wir ‚Welt' nennen, ist keine vorgegebene Fertig-Welt, sondern sie ist bei der „Konzeptualisierung des Realen als eines ‚Attributs der Repräsentationen' entstanden".[50] „We shall count as real what we can use to intervene in the world to affect something else, or what the world can use to affect us."[51] Ausgehend von seiner Schlußfolgerung zum Problem der Repräsentation gilt Hackings Interesse den experimentellen und Beobachtungsverfahren der Naturwissenschaften, die er als „*creation of phenomena*"[52] interpretiert. Menschen bilden Repräsentationen, die alle „external and public" sind. Nicht individuelle Sätze, sondern Theorien sind in dem Sinne Repräsentation, wie „Maxwell's electromagnetic theories were intended to represent the world, to say what it is like".[53] Realität erweist sich als „an anthropomorphic creation". Der Begriff der Realität bekommt erst in „first-order representations" seinen Gehalt:

„It will be protested that reality, or the world, was there before any representation or human language. Of course. But conceptualizing it as reality is secondary. First there is this human thing, the making of representations. Then there was the judging of representations as real or unreal, true or false, faithful or unfaithful. Finally comes the world, not first but second, third or fourth."[54]

13.3 Mentale Repräsentation

Während realismuskritische Relativisten wie R. Rorty das Repräsentationsproblem – „by denying that the notion of ‚representation' [...] has

49 Hacking 1983, S. 31; Hervorh. von mir.
50 Vgl. ebd. S. 130 ff.
51 Ebd., S. 146.
52 Vgl. Hacking 1981, S. 220 ff.
53 Hacking 1983, S. 134.
54 Ebd., S. 136.

any useful role in philosophy" – für obsolet erklären[55], findet in der Philosophie des Geistes wie auch in der Neurophilosophie und in Theorien der Kognition eine intensive und kontroverse Debatte darüber statt, was ‚mentale' repräsentationale – von unmittelbar präsenten Wahrnehmungen zu unterscheidende – Zustände (des Gehirns[56]) sind, welche Bedeutung sie für das Verhalten haben, wie sie zu erklären sind bzw. ob sie naturalistisch[57] erklärt werden können; besonderes Interesse gilt intentionalen (auf Gehalte ‚gerichteten') Zuständen.[58]

Skizzieren wir zunächst vergröbernd zwei Typen von Antworten, um dann zum Problem des Naturalismus überzugehen.

(1) Aus der Sicht der *common-sense-* bzw. wissenschaftlichen Psychologie wird Verhalten mit Hilfe mentaler Repräsentationen derart erklärt, daß zwischen *input* und *output* eine Klasse repräsentationaler und eine Klasse von (Signal-)Informations-Verarbeitungsprozessen angenommen werden, die sich auf repräsentationale Zustände beziehen. Entscheidend für den Informationsverarbeitungsprozeß ist der *semantische Gehalt* der repräsentationalen Zustände, der die Transformation der internen Zustände und den *output* bestimmt. Zur Erklärung von Verhalten werden *Gründe*, nicht aber *Ursachen* angegeben. Antezedens des Verhaltens ist ein *kognitiver Prozeß*, in dem Signale als *Bedeutungsträger* behandelt werden.

(2) Die Neurophysiologie beschreibt physikalisch-chemische Wirkungen des Stimulus auf den Rezeptor, die Umwandlung in afferente elektrische Signale, deren Ausbreitung in einem Netz von Neuronen und ihre Übermittlung auf ein motorisches Interface, die zu einem Muster efferenter Signale führt und schließlich zu einer Bewegung. In dieser Beschreibung kommen repräsentationale Zustände nicht vor, auch keine durch den *Inhalt* der Signale (statt durch ihre physikalisch-chemische Beschaffenheit) bestimmten Signalverarbeitungsprozesse. Das Verhalten hat ‚natürlich' erklärbare *Ursachen*. Die neurobiologischen Erklärungen beziehen sich nicht auf *kognitive* Leistungen, sondern auf neuronale Repräsentationen.[59]

---

55 Vgl. Mormann 1997.
56 Vgl. Engel/ König/Singer 1994.
57 Vgl. Gustavson 1990; Devitt 1991.
58 Vgl. Paivio 1986; Silvers 1989; Stich 1992; Schumacher 1997; Kemmerling 1997.
59 Zur Geschichte des Konzepts vgl. Breidbach 1996.

Für die an Intentionalität orientierte Psychologie (1) sind die sich aus den repräsentationalen Gehalten ergebenden Transformationsregeln zur Erklärung des Systems entscheidend; die physikalistische Erklärung ist irrelevant, weil derselbe Symbolverarbeitungsprozeß multipel instantiiert werden kann. Für das *naturalistische* Erklärungsmodell (2) sind repräsentationale Gehalte und propositionele Einstellungen (*propositional attitudes* wie Meinen, Glauben, Überzeugungen) nicht von Belang, weil Welt und Gehirn ein kausal in sich geschlossenes Wirkungsgefüge bilden, in dem andere als physikalisch-chemische Ursachen nicht vorkommen.

In der Auseinandersetzung nimmt der sich v.a. an der *computer science* orientierende *Funktionalismus* eine wichtige Position ein. Im Vergleich zum reduktiven Materialismus, der die These der numerischen Identität eines jeden *type* von mentalen Zuständen/Prozessen mit einem physischen *type* im Gehirn aufstellt und sich von Ergebnissen der Neurowissenschaften bestätigt findet, sieht der Funktionalismus[60] seinen Vorteil darin, am materialistischen Prinzip festhalten und zugleich der Eigenartigkeit des Mentalen gerecht werden zu können. Mit seinem nicht-reduktionistischen Programm kommt der Funktionalismus der durch den reduktiven Materialismus bedrohten Psychologie entgegen. Der Kritik z.B. H. Putnams, Funktionalisten könnten qualitative mentale Zustände wie ‚propositionale Einstellungen' nicht erklären[61], hält J.A. Fodor in seiner *Representational Theory of Mind*[62] (*RTM*) als Grundthesen entgegen:

„(a) Zustände propositionaler Einstellungen sind relational. (b) Unter den Relata sind mentale Repräsentationen. (Sie wurden in der älteren Literatur oft ‚Ideen' genannt.) (c) Mentale Repräsentationen sind Symbole: Sie haben sowohl formale als auch semantische Eigenschaften. (d) Mentale Repräsentationen haben ihre kausalen Rollen kraft ihrer formalen Eigenschaften. (e) Propositionale Einstellungen erben ihre semantischen Eigenschaften von denen der mentalen Repräsentationen, die als ihre Objekte fungieren."[63]

Mentale Repräsentationen sind wie eine Sprache organisiert, sie sind Symbole in einer den Menschen angeborenen ‚Denksprache' (*Language of Thought*).[64] Mit diesem Konzept wird behauptet, daß *belief/*

---

60 Vgl. Fodor 1981.
61 Vgl. Putnam 1988.
62 Vgl. Sterelny 1990.
63 Fodor 1981, S. 26.
64 Vgl. Fodor 1975.

desire-explanations der Alltagspsychologie durch eine wissenschaftliche Psychologie auf der Grundlage der *RTM* verteidigt werden können.

Die Semantizität der mentalen Repräsentation in die physische Ordnung zu integrieren und eine naturalistische Erklärung der repräsentationalen Eigenschaften propositionaler Einstellungen zu geben, ist dem Funktionalismus nicht gelungen. Für reduktive Materialisten wie P.M. Churchland ist die *RTM* nicht akzeptierbar, weil ontologische Annahmen über die Existenz nicht-materieller Entitäten wie mentale Repräsentation nicht plausibel und mit physikalischen Theorien nicht vereinbar sind. ‚Bedeutung' zu haben heißt für ihn, eine spezifische Rolle in einer komplexen inferentiellen/kalkülmäßigen Ökonomie zu spielen; in dieser Semantik kann ein physischer Zustand einen propositionalen Inhalt haben. Selbst wenn propositionale Einstellungen Intentionalität haben, folgt daraus kein Widerspruch zum reduktiven Materialismus.[65]

Kritik an der RTM üben auch Konnektionisten, für die kognitive Leistungen nicht auf Symbolverarbeitungsprozessen beruhen, sondern auf Aktivität in ‚neuronalen Netzen'. Hans Flohr hat im Anschluß an Hebb und v. Hayek eine konnektionistische Auffassung *naturalisierter Repräsentation* vorgeschlagen. Er führt in die Debatte über den Funktionalismus ein evolutionstheoretisches Argument ein: Semantische Maschinen verdanken ihre Existenz Lernprozessen aus der wiederholten Interaktion des Systems mit der Umwelt; dabei entstehen kognitive Strukturen, die ihrerseits aus syntaktischen Mechanismen abgeleitet werden, d. h. aus Prozessen, die nicht selbst schon kognitive Leistungen sind. Im Unterschied zur Schaffung des Computerprogramms durch den Konstrukteur entsteht ein Programm aufgrund systemeigener Mechanismen, d.h. durch Selbstorganisation. Einen Ansatzpunkt zum Nachweis der Naturalisierbarkeit mentaler Repräsentation sieht Flohr in Hebbs Synapsen-Modell, dem zufolge sich durch bestimmte *inputs* Synapsen verstärken und sich eine Gruppe von Neuronen bildet, die prä-referentiell miteinander verknüpft sind und synchronisiert arbeiten. Die Aktivität neuronaler *assemblies* ‚repräsentiert' bei Auftreten einer bestimmten Stimuluskonfiguration, d.h. einer externen Struktur. Ursächlich sind die relationalen Eigenschaften der *input*-Elemente in dieser externen Struktur. Das *assembly* bildet diese Beziehung ab.

---

65 Vgl. Churchland 1988.

Das neuronale System erreicht kognitive Fähigkeiten, wenn in die Netzwerkarchitektur der *assemblies*, die einen Informationsspeicher bilden, nachfolgende Stimuluskonfigurationen geraten, deren Verarbeitung von vorangegangenen Ereignissen abhängig ist. Das neuronale Netzwerk vergleicht, entdeckt Zusammenhänge und Regularitäten und repräsentiert. Wird der Algorithmus hinreichend oft betätigt, führt dies zu einem *System von Repräsentationen*, das nachfolgenden Prozessen eine Ordnung verleiht, die jener in der externen Welt ,*entspricht*'.[66]

13.4 Naturalismus in der Philosophie des Geistes

13.4.1 Merkmale des metaphysischen Naturalismus

,Naturalismus' ist „die Bezeichnung für Positionen, in denen Geltungsansprüche allein auf natürliche (wissenschaftlich erfaßte) Tatbestände, auf natürliche Genesen oder natürliche Einsichten gestützt werden. Im Rahmen des N[aturalismus] bzw. naturalistischer Auffassungen gelten die natürliche Welt (einschließlich des Menschen) und die sie erklärenden Wissenschaften, in paradigmatischer Form die Naturwissenschaften, als alleinige und hinreichende Basis zur Erklärung aller Dinge. N[aturalismus] in diesem [...] Sinne ist sowohl hinsichtlich der Annahme, daß alles, was ist bzw. geschieht, auf natürliche Weise ist bzw. geschieht bzw. der ,Natur' zugeordnet werden kann, als auch hinsichtlich der Annahme einer universellen Erklärungskompetenz der Wissenschaften philosophisch eine Form des Monismus. Historisches Beispiel ist der französische Materialismus, wie überhaupt, im Gegensatz zu den Positionen des Idealismus, jede Form des Materialismus. *Wissenschaftstheoretisch* folgt aus dem (metaphysischen) N[aturalismus] die These von der *Einheit der Natur*, d.h. die Vorstellung, daß entsprechend der Annahme einer einzigen Natur alle Naturgesetze, damit auch alle naturwissenschaftlichen Theorien in einer einheitlichen Theorie zusammengefaßt werden können und sollen."[67]

Naturalismen[68] können mit Arthur Danto[69] näher durch folgende für sie wesentliche ontologische Prämissen und aus diesen folgende methodologische Postulate gekennzeichnet werden:

---

66 Vgl. Flohr 1992.
67 J. Mittelstraß, Naturalismus. In: ders. (Hg.), Enzyklopädie Philosophie und Wissenschaftstheorie, Bd. 2, 964.
68 Vgl. Nannini/Sandkühler 2000.
69 Danto 1975, 448 ff.

Das gesamte erkennbare Universum ist aus natürlichen, raumzeitlich und kausal existierenden Objekten zusammengesetzt, zu denen wir aufgrund *natürlicher Ursachen* Zugang haben.

Eine ‚natürliche Ursache' ist ein natürliches Objekt bzw. ein Moment in der Naturgeschichte eines Objekts, das eine Veränderung in einem anderen natürlichen Objekt hervorbringt.

Ein natürlicher Prozeß ist jedwede Veränderung in natürlichen Objekten, die von einer Naturursache bzw. einem System von Naturursachen ausgelöst ist.

Die natürliche Ordnung (Natur) besteht nicht einfach aus der Summe der Objekte, sondern bildet ein System von Naturprozessen. (Richtige) Erklärungen sind in dieses System eingeschrieben; sie referieren; deshalb ist alles ‚natürlich' erklärbar.

Die ‚natürliche' Methode besteht in der Erklärung von Naturprozessen durch Identifizierung ihrer natürlichen Ursachen. Mit dieser Methode handelt ein Naturwesen – der Mensch – in der Natur.

Die Natur wäre nicht erklärbar, störten Zufälle die Ordnung und wären sich nicht alle natürlichen Entitäten ähnlich.

Philosophen haben – wie alle handelnden Menschen – natürliche Erklärungen zu favorisieren.

‚Vernunft' ist die konsistente Anwendung der natürlichen Methode, und die Naturwissenschaft ist die reinste Form von Vernunft. (Natur-) Wissenschaft ist auf natürliche Weise selbst-korrigierend.

Diese Charakterisierung ist nicht überholt. Ganz offensichtlich liegen vergleichbare Prinzipien der Definition zugrunde, die auch Domenico Parisi heute zu ‚Naturalisierung' gibt:

„to naturalize X is to study X by bringing X back to nature. By ‚nature' is not ment anything philosophically sophisticated but only the object of study of the natural sciences, that is, of physics, chemistry, and biology. Therefore, to naturalize X ist to bring X back to the natural sciences."[70]

Sandro Nannini geht in seiner Definition des „cognitive naturalism" von folgenden „fundamental principles of naturalism" aus:

„(1) Minds (as well as consciousness, spirit or subjectivity) are a part of the real world. (2) Nature is the whole real world. Therefore (from [1]) and [2]) minds, consciousness etc. are part of nature. (3) Nature can be known only by empirical sciences. There is no knowledge a priori (or obtained by methods that are different from the methods of empirical sciences) of any part of nature.

70 Parisi 2000, S. 75.

Therefore minds, consciousness and subjectivity, as a part of the nature, can be known only by means of empirical sciences. (4) The physical world is a ‚closed system'. Every physical event can deterministically or probabilistically be explained in physical terms. Phenomena that are described at the higher levels of analysis are ontologically reducible to physical phenomena and therefore cannot be their causes or effects (al least if one accepts the Humean thesis that cause and effect must be logically independent of each other)."[71]

Derartige metaphysische Annahmen sind wesentliche ontologische Voraussetzungen und methodologische Postulate *naturalisierter Epistemologie*. Nicht nur in ihrer striktesten *naturalistischen* Variante (als eliminativer Materialismus) formuliert diese Epistemologie ein problematisches Aussagen-Äquivalent: „X ist ein mentaler Prozeß der Art A" ≡ „X ist ein zentraler neuronaler Prozeß der Art α"

Es gibt zahlreiche naturalistische Positionen, die – bei nicht zu übersehenden Differenzen – Quines Vorschlag entsprechen, den er in *Epistemology Naturalized* gemacht hat: „Man betrachtet die Erkenntnistheorie [...] am besten als ein Unternehmen innerhalb der Naturwissenschaft".[72] Zu erwähnen wären der *Scientific Materialism*[73] und die psychophysische Identitätstheorie, der funktionale und der eliminative Materialismus. Sie vertreten die Auffassung, daß *mentale* Zustände und Ereignisse *physikalisch* erklärbare Gehirn-Zustände bzw. –ereignisse sind, für deren Analyse der spontane ontologische Geist-Körper-Dualismus des Alltagsverstands bzw. metaphysischer Philosophien keine Erklärungsgrundlage bieten können. „Das Leib-Seele-Problem, das für den ontologischen Dualismus entsteht, kann", faßt Peter Bieri zusammen, „nicht *gelöst* werden; es muß *aufgelöst* werden. Es aufzulösen heißt, die Annahme aufzugeben, daß mentale Phänomene in einem universellen, exklusiven Kontrast zu physischen Phänomenen stehen und daß die Eigenschaften ‚mental' und ‚physisch' inkompatible Eigenschaften von Phänomenen sind. Das Leib-Seele-Problem des ontologischen Dualismus verschwindet, wenn es uns gelingt, mentale Phänomene als eine bestimmte Art von physischen Phänomenen zu verstehen. Das ist das Programm einer materialistischen Theorie des Geistes."[74]

---

71 Nannini 2000, S. 47.
72 Quine in Bieri 1987, S. 423.
73 Vgl. Armstrong 1978, S. 1981.
74 Bieri 1981, S. 31.

Nagel hatte betont, es sollten nicht Empfindungen mit Gehirnprozessen identifiziert werden; es sei vielmehr der „Sachverhalt, daß eine Person eine Empfindung hat, mit dem Sachverhalt zu identifizieren, daß ihr Körper in einem physikalischen Zustand ist oder einem physikalischen Prozeß unterliegt. Dabei ist zu beachten, daß beide Seiten dieser Identität von demselben logischen Typ sind, nämlich (um es neutral auszudrücken), daß ein Subjekt ein bestimmtes Attribut besitzt. Die Subjekte sind Personen und ihr Körper (nicht ihr Gehirn), und die Attribute sind psychologische sowie physikalische Zustände, Ereignisse usw."[75]

Seit Gilbert Ryles Initialbuch *The Concept of Mind* (1949) zielen *semantische* Problemlösungsversuche auf den Nachweis, daß eine bessere *sprachanalytische* Kritik, etwa eine Analyse des alltagspsychologischen Begriffs ‚Geist', die Scheinprobleme des ‚Leib-Seele-Dualismus' aufzulösen geeignet sei. Strukturell sind sich die Strategien in der Annahme der Substituierbarkeit jeder ‚idealistischen' Philosophie des Geistes sehr nahe: Wird in Philosophien des Geistes von ‚Geist', ‚Ich', ‚Subjektivität', ‚Intentionalität' oder ‚Selbstbewußtsein' gesprochen, so zeigt sich für Ryle nur, daß sie in den Fallstricken und Fehlinterpretationen einer *mentalistischen Semantik* befangen sind.[76]

Eine der Strategie Quines vergleichbare Argumentation wählt J.R. Searle in *Mind, Brain, and Science*. Sein Ausgangspunkt ist die „Frage, wie wir eine gewisse traditionelle mentalistische Vorstellung, die wir von uns selbst haben, mit einer anscheinend unverträglichen Vorstellung vom Universum als einem rein materiellen System (bzw. einer Menge von interagierenden materiellen Systemen) vereinbaren".[77] Sein erstes Problem ist das der Interpretierbarkeit der Hirnfunktionen; das zweite besteht in der Aufgabe, zu erklären, warum „wir ein ererbtes kulturelles Widerstreben dagegen haben, den bewußten Geist als ein biologisches Phänomen wie jedes andere zu behandeln"; schließlich weiß er sich mit der Schwierigkeit konfrontiert, daß Ausdrücke wie ‚Geist' und ‚Wissenschaft' unklar definiert und Horte philosophischer Spekulation sind.[78] Deshalb favorisiert er für das Körper-Geist-Problem eine „ganz einfache Lösung, [...] die sich sowohl mit unserem neurophysiologischen Wissen verträgt als auch mit unserer Alltagsauf-

---

75 Nagel in Bieri 1981, S. 58.
76 Vgl. hierzu den einleitenden Bericht von P. Bieri in Bieri 1981, S. 10 f.
77 Searle 1986, S. 8.
78 Ebd., S. 9 f.

fassung darüber, was geistige Zustände (Schmerzen, Überzeugungen, Wünsche usw.) sind". Während die Annahme, daß die materielle Welt Bewußtsein impliziert, fraglos ist, stellt das Problem der „geistigen Verursachung", also kausaler Rollen des Mentalen, vor Erklärungsschwierigkeiten, die Searle mit folgenden Thesen lösen will: „*Jedes geistige Phänomen – ob bewußt oder unbewußt, visuell oder auditiv...*, *ja tatsächlich die Gesamtheit unseres geistigen Lebens – ist von Vorgängen im Gehirn verursacht.*"[79] In anderer Wendung lautet diese These: „*Schmerzen und andere geistige Phänomene sind nichts anderes als Eigenschaften des Hirns (und vielleicht des übrigen zentralen Nervensystems.*"[80]

Die für den Naturalismus in der Philosophie des Geistes immer noch entscheidende Frage lautet: „Wie beeinflussen sich Geist (immateriell) und Gehirn (materiell) gegenseitig?"[81] Mit den Worten J.A. Fodors, der es als den wesentlichen Mangel des Leib-Seele-*Dualismus* bezeichnet, „nicht angemessen zu erklären, wie mentale Prozesse materielle oder körperliche Vorgänge verursachen können": „Wie kann ein nichtphysikalischer Anlaß Ursache für einen physikalischen Vorgang sein, ohne die Gesetze von der Erhaltung der Masse, der Energie und des Impulses zu verletzen?"[82] Häufig wird von einem ‚Rätsel' gesprochen: Es besteht in „der Beziehung zwischen dem physiologischen Geschehen in unserem Kopf und unseren subjektiven Empfindungen oder kurz: zwischen Gehirn und Geist".[83] P. Bieri formuliert: „Wenn etwas am Bewußtsein vollkommen unbegreiflich ist, dann ist es die Fähigkeit zu erleben und die Erfahrung des Subjektseins."[84]

13.4.2 Aspekte einer Kritik am metaphysischen Naturalismus

Gegen den metaphysischen Naturalismus können zumindest folgende Einwände erhoben werden; wenn sie triftig sind, ist er unhaltbar.

Den Erklärungen des Naturalismus liegt ein performativer Widerspruch zugrunde: Naturalisten verstehen die Welt als eine Realität, die in ihrer Existenz und Beschaffenheit *von Erfahrung und Denken unab-*

79 Ebd., S. 16 f.
80 Ebd., S. 19.
81 Fischbach 1993, S. 6.
82 Fodor 1981, 27.
83 Crick/ Koch o.J. 114.
84 Bieri 1992, 50.

hängig ist. Da diese Welt nicht erkannt werden soll, wie sie uns aufgrund der Subjektivität unserer Denkvermögen *erscheint*, geben Naturalisten die spezifisch menschliche Perspektive auf, um zu einer ‚objektiven' Sicht der Dinge kommen. Die ontologische Unabhängigkeits-Hypothese kann jedoch nur in *bewußtseins*theoretischen Begriffen ausgesagt werden: Wie immer Reales (z.B. das Gehirn) existieren mag, ist jede Begründung für die Annahme, eine solche Existenz sei ‚*bewußtseinsunabhängig*', bereits bewußtseinsabhängig. Die These des epistemologischen Naturalismus ‚Die natürliche Grundlage des Bewußtseins existiert bewußtseinsunabhängig' ist selbstwiderlegend.

Naturalismen mißverstehen sich selbst; sie haben ein problematisches, oft sogar kein Verständnis ihres Status als *Theorien.* ‚Emergieren' ihre Theorien aus der Natur? Sie sind Ausdruck einer materialistischen, objektivistischen Metaphysik, die erneut statt Funktionsbegriffen Substanzbegriffe verwenden: Die Natur selbst spricht (die Sache selbst, die Gegenstände selbst etc. sprechen); die (richtigen) Theorien sind ‚Abbilder', nicht aber epistemische Konstrukte. Das Urvertrauen des Naturalisten, das zum Ausdruck kommt, wenn etwa Quine betont, ‚die Wissenschaft selbst' sage uns das Richtige, gründet in der (falliblen) Annahme, in der (Natur-)Wissenschaft sprächen nicht Sprecher in Theorie-Sprachen, sondern es vermittelten *sich* (sprachlose) Entitäten der Natur selbst. Einzuwenden ist, daß die Zeichen, Symbole, Bilder oder ‚Gesetze' der Natur durch keinen Naturdeterminismus erzwungenen sind, sondern faktisch in ihrer Pluralität (gegebenenfalls Inkommensurabilität) Welten präsentieren.

Quines These, alle Theorien seien ‚empirisch unterbestimmt', gilt auch für Theorien über das Gehirn, über neuronale Zustände etc. Der Naturalismus ist offensichtlich kein Programm, das auf sich selbst anwendbar wäre; wäre er es, müßte er auf Ontisches (Natur) reduzierbar sein. Der Naturalismus ist eine starke Überzeugung, die sich aber nicht als epistemische Überzeugung rechtfertigt, sondern sich durch das Andere-ihrer-selbst – durch Natur – gegen epistemologische Skepsis immunisiert.

Meine Kritik ist keineswegs neu. Typische Argumente der Naturalismus-Kritik finden sich durchgängig in der Philosophie- und Wissenschaftsgeschichte – immer dann, wenn in zyklischer Folge Strategien der Empirisierung und/oder Naturalisierung aufgetreten sind. Sie finden sich so z.B. in Bacons Empirizismus-Kritik, in Humes Induktivismus-Kritik, in Kants Kritik am Sensualismus, Materialismus und Naturalismus oder in der neukantianischen Kritik am physiologischen Materialismus der Mitte des 19. Jahrhunderts.

Wenn ,Erkenntnis' bedeutet, etwas in Zeichen zu repräsentieren, was nicht einfach ein ,Gegebenes der Realität' ist, sondern als ,intentionaler Gegenstand' immer schon transformiert ist, dann sind metaphysisch-realistische Theorien der ,Referenz' und naturalistische bzw. reduktionistische Theorien, die das Bewußtseins durch Analysen neuronaler Prozesse erklären wollen, obsolet. Die Prämisse, daß Zustände des Bewußtseins Zustände des Gehirns *sind*, ist nicht sinnvoll. Das Identitätsprädikat ,sind' löst das Bewußtsein in das Gehirn auf. Explanans und Explanandum fallen zusammen.

Deshalb liegt es nahe, die Zeichen und Symbole, die in den Wissenschaften, auch in den empirischen Kognitionswissenschaften, verwandt werden, von der ontologischen Verpflichtung zu entlasten, die sich Naturalisten aufbürden: von der Behauptung der Identität von neuronalem Sein und – zwangsläufig mentalistischen – Sätzen über neuronales Sein *als* Bewußtsein. Erst so könnte erklärt werden, warum es nicht *die* naturalistische Theorie des Geistes gibt, sondern einen Pluralismus derartiger Theorien. Es sei denn, man wollte mit der Erklärung aufwarten, die Natur selbst treibe ein pluralistisches Spiel.

Der Prozeß, der zur Aburteilung der transzendentalphilosophischen Theorie des Geistes und zum vorzeitigen Freispruch für naturalisierte Epistemologien geführt hat, sollte wieder eröffnet werden. Noch sind viele Fragen offen. Sind nicht Naturalismen symbolische Formen, Formen einer bestimmten Theorie- und Wissenschaftskultur? Folgt man dieser kulturtheoretischen Frage, dann öffnet sich der Blick auf etwas Überraschendes: In naturalistische Epistemologien und in den impliziten naturalistischen Wissenschaftsphilosophien, an denen sich empirische Forschungsprogramme orientieren, finden sich gehäuft Analogien, Metaphern und Modelle aus Sprachen, die Naturalisten eigentlich vermeiden wollen, Begriffe also, die nicht zu erwarten wären, würde man konsequent der Forderung entsprechen, auf ,mentalistische Terme' zu verzichten. Der epistemologische Naturalismus leistet sich den Widerspruch, Metaphern und Begriffe aus Sprachen nicht-naturalistischer Philosophien/Theorien zu implementieren. Wie soll man verstehen, daß Naturalisten sich vornehmen, Entitäten wie ,Geist', ,Bewußtsein' und ,intentionale mentale Zustände' zu erklären – wenn auch *als,* physische Entitäten –, die zu eliminieren ihr Programm ist?

Der Naturalismus bleibt die Antwort auf eine entscheidende Frage schuldig: Gibt es *natürliche* Ursachen, aus denen folgt, daß Aussagen über repräsentationale *Gehirn*zustände Aussagen über *Bewußtsein* und *Geist* sind? Statt sich dieser Frage zu widmen, neigen kognitionswissenschaftliche Naturalisten – z.B. Hirnforscher wie Wolf Singer und Gerhard Roth – dazu, mit imperialer Geste Antworten auf Fragen zu geben, die im Rahmen ihrer Disziplin zu stellen sinnlos ist. *Willensfreiheit? Eine Illusion! Schuldfähigkeit? Zurechenbarkeit von Handlungen? Illusionen!* Diese alten neuen Schlachtrufe des physiologischen Materialismus und Naturalismus provozieren heute aus den Gazetten.[85] Es handelt sich um die falschen Evidenzen einer Privatphilosophie, nicht um wissenschaftliche Ergebnisse, sondern um ideologische Vorstellungen. Werden sie ein humanistisches Bild vom Menschen nachhaltig erschüttern? Nach den Erfahrungen mit früheren Materialismen ist dies kaum zu erwarten.

Eine Kritik der ‚wissenschaftlichen Ideologie' des Naturalismus kann sich auf eine in epistemologischer Hinsicht ähnliche Kritik am metaphysischen Realismus und an der ‚Spiegel-Relation', d.h. an der Abbildtheorie, stützen, wie sie innerhalb der Analytischen Philosophie von Nelson Goodman und Hilary Putnam formuliert worden ist. Der Kreis zum Ausgangspunkt dieses Buches bei Kant schließt sich.

---

85 Siehe etwa W. Singer in DIE ZEIT, Nr. 50, 7. 12. 2000; G. Roth in *Hamburger Abendblatt*, 5. 6. 2001.

14. Welt-Versionen

Ihre Anfänge im logischen Empirismus des *Wiener Kreises* hätten es wohl nicht erwarten lassen, doch in der Analytischen Philosophie erinnert man sich seit den späten 1970er Jahren wieder an die Transzendentalphilosophie Kants; dies bedeutet eine Abwendung von der Carnapschen Tradition. Dabei spielt ein Vermittlungsglied eine wichtige Rolle, sei es, wie bei Nelson Goodman, direkt, sei es als Denktypus wie bei Hilary Putnam. Es handelt sich letztlich um jene Alternative, die Ernst Cassirer mit seiner *Philosophie der symbolischen Formen* entwickelt hat.

14.1 Nelson Goodman: The world is in many ways

Es gibt eine Multiplizität der Welten; diese Welten sind abhängig von Symbolsystemen; es gibt eine die Vielfalt an Standards der Richtigkeit, denen unsere Symbolkonstruktionen unterworfen sind. Das ist das Fazit von Goodmans Philosophie, auf deren Bezug zu Cassirer er hingewiesen hat. Zu dieser Theorie der ‚Welten' – es handelt sich um ‚Welt-Versionen' – gehört ein „radikaler Relativismus unter strengen Einschränkungen", „der auf eine Art Irrealismus hinausläuft."[1] Der Grundgedanke ist knapp so formuliert: „The world is in many ways."[2] Die Bewegung der Moderne seit Kant sieht Goodman 1978 als Verlauf „von der einen und einzigen Wahrheit und einer fertig vorgefundenen Welt zum Erzeugungsprozeß einer Vielfalt von richtigen und sogar konfligierenden Versionen oder Welten".[3] Wir sind deshalb weder im *common sense* noch in den Wissenschaft auf eine ontologische Welt- und Wirklichkeitsauffassung verpflichtet, die als allein wahr auszuzeichnen wäre. „Wir gehen *von* einer Perspektive aus, die die Künste, die Wissenschaften, Philosophie, Wahrnehmung und unsere Alltagswelten umfaßt, und arbeiten *auf* ein besseres Verstehen jedes einzelnen aufgrund charakteristischer Vergleiche mit den anderen *hin*." Grundlegend ist die „Beobachtung, daß der Gebrauch – das

---

1 Goodman/Elgin 1993, S. 76.
2 Ebd., S. 10.
3 Ebd.

heißt, die Erzeugung, Anwendung und Interpretation – von Symbolen an all diesen Gebieten zentral beteiligt ist."[4] „Sobald wir anerkennen", heißt es später in Goodmans und Elgins *Revisionen*, „daß Wissenschaft über eine Welt nicht passiv informiert, sondern sie aktiv formt – daß eine Welt in der Tat Artefakt ist –, werden uns wichtige, aber oft übersehene Verwandtschaften zwischen Kunst, Wissenschaft, Wahrnehmung und der Gestaltung unserer Alltagswelten schmerzlich bewußt."[5]

Goodmans Kritik gilt, wie diejenige Putnams, jedem ‚Absolutismus'. Hierunter versteht er „die absurden Vorstellungen von Wissenschaft als dem Bemühen, eine einmalige, abgepackte, aber leider Gottes unentdeckbare Realität ausfindig zu machen, und von Wahrheit als der Übereinstimmung mit dieser unzugänglichen Realität."[6] Was der metaphysische Realismus als Wahrheit über ‚die Welt' bezeichnet, ist unter der Voraussetzung des Theorems der *verschiedenen denkbaren Welten* kein Gegenstand sinnvoller Sätze mehr[7]: „Denn nicht nur ist in verschiedenen Welten Verschiedenes wahr, sondern darüber hinaus ist bekanntermaßen unklar, was Übereinstimmung einer Welt-Version mit einer davon unabhängigen Welt sein soll. Viel mehr wird eine Version [...] dann für wahr gehalten, wenn sie keinen hartnäckigen Überzeugungen widerspricht und keine ihrer eigenen Vorschriften verletzt."[8] Goodmans wahrheitstheoretische Schlußfolgerung lautet:

„Der offensichtliche Konflikt zwischen wahren Beschreibungen zeigt, daß sie keine Beschreibungen desselben Dinges sind. Die Erde, die wahrheitsgetreu als bewegt beschrieben wird, ist nicht die Erde, die wahrheitsgetreu als stillstehend beschrieben wird. Und die Welt der einen hat für einen Planeten wie der andere keinen Platz. *Wenn also beide Beschreibungen wahr sind, sind sie in verschiedenen Welten wahr.*"[9]

Der hieraus folgende Relativismus soll unter Beachtung einer strikten Grenze gegenüber jedem universalisierten Skeptizismus und Irrationalismus ‚strengen Einschränkungen' unterworfen werden[10]: Goodmans

---

4 Goodman/Elgin 1993, S. 216 f.
5 Ebd., S. 75.
6 Ebd., S. 71.
7 In dieser Hinsicht bleibt Goodman seinem Ausgangspunkt bei Carnap treu.
8 Goodman 1990, S. 31.
9 Goodman/Elgin 1993, S. 73.
10 Vgl. ebd. S. 74. Zur kritischen Abgrenzung zur ‚anarchistischen Methodologie' P. Feyerabends vgl. ebd. S. 15.

Erkenntnistheorie „lehnt Absolutismus wie Nihilismus, sowohl einzigartige Wahrheit als auch Ununterscheidbarkeit von Wahrheit und Falschheit ab. Rekonstruktion zieht sie der Dekonstruktion vor und toleriert weder die noumenale noch die bloß mögliche, noch irgendeine vorgefertigte Welt. [...] Unsere Rede über die Welt läuft auf die Rede über eine wahre oder richtige Weltversion hinaus. Und wir erzeugen Welten, indem wir richtige Versionen erzeugen. Das Wort ‚richtig' ist jedoch zu beachten. Für Philosophen wie Rorty, Kuhn und Feyerabend führt der Verlust *der* Welt zu einem Skeptizismus, der an der Unterscheidung zwischen dem, was wahr, und dem, was falsch ist, verzweifelt und jedwede Wissenschaft oder andere Forschung auf eitles Geschwätz reduziert. Für uns führt die Zurückweisung unhaltbarer Vorstellungen von einer vorgefertigten Welt und der durch sie festgelegten Wahrheit dazu, daß die Bedeutung, zwischen richtigen und verkehrten Versionen zu unterscheiden, zunimmt."[11]

14.2   Hilary Putnam: Objectivity and rationality humanly speaking

Die produktivste Wiedereinführung transzendentaler Argumente in die Analytische Philosophie ist nach meiner Einschätzung Hilary Putnam zu verdanken, der mit *Reason, Truth and History* (1981) zuvor vertretene ‚harte metaphysisch-realistische' und naturalistische (funktionalistische) Überzeugungen aufgibt und mit seinem ‚*internal realism*' die *philosophische* Dimensionen der Epistemologie wieder zugänglich macht. Seine Wende begründet er mit der Einsicht, „daß wahr zu sein für eine Aussage oder Theorie nichts anderes heißen kann, als unter idealen Bedingungen verifiziert zu werden bzw. verifizierbar oder rational akzeptierbar zu sein. Ein Realismus, der sich mit dieser Erklärung begnügt, ist weiterhin vertretbar, einer, der darüber hinausgehen will, jedoch zum Scheitern verurteilt". Der Realismus, für den Putnam nun optiert, „ist also etwas, was nur *innerhalb* einer Theorie vorkommt – weshalb er jetzt ‚intern' heißt".[12] Gegen Quines – und damals auch Rortys – Naturalisierung der Erkenntnistheorie hat Putnam 1981 unter dem Titel *Was ist Epistemologie?* interessante Argumente geltend gemacht. Er kritisiert Rortys *Philosophy and the Mirror of Nature*, weil hier „die Philosophie verkleinert" werde – „und gerade das brauchen

---

11   Goodman/Elgin 1993, S. 15.
12   Putnam 1990, S. 167 f.

wir jetzt *nicht*".[13] Quines *Epistemology Naturalized* hält er entgegen,
daß der Verzicht auf ,Rechtfertigung' aus der Preisgabe der Ansprüche
philosophischer Epistemologie und dem Sicheinrichten in der Psychologie entspringe und damit der „Wahrheitsbegriff" verloren gehe, der
ohne die Idee der Normativität nicht zu denken sei: „Die Ausmerzung
des Normativen ist geistiger Selbstmord."[14]

In *Reason, Truth and History* argumentiert Putnam gegen die „Abbild'-Theorie der Wahrheit". Zwar wendet er sich auch gegen die These des Konstruktivismus, „daß der Geist die Welt *erschafft*", doch die
Kritik richtet sich in erster Linie gegen den „metaphysischen Realismus", und zwar in einer *„internalistischen* Perspektive". [15] In dieser
Perspektive hält er „die Frage ,Aus welchen Gegenständen besteht die
Welt?' nur *im Rahmen* einer Theorie bzw. einer Beschreibung für
sinnvoll".[16]

Dies gilt auch für die Kernfrage des Realismus, des Naturalismus
und jeglicher Epistemologie. Sie lautet: „Wie gelangen die Symbole
des denkenden Subjekts (bzw. die seines Geistes/Gehirns) in eine ein-
deutige Korrespondenzbeziehung mit Gegenständen und Mengen von
Gegenständen dort draußen?" Putnams Antwort:

„[E]in Zeichen, das von einer bestimmten Gemeinschaft von Zeichenbenutzern
auf bestimmte Weise verwendet wird, kann *innerhalb des Begriffsschemas
dieser Zeichenbenutzer* bestimmten Gegenständen entsprechen. Unabhängig
von Begriffsschemata existieren keine ,Gegenstände'. *Wir* spalten die Welt in
Gegenstände auf, indem wir dieses oder jenes Beschreibungsschema einfüh-
ren. Da die Gegenstände *und* die Zeichen gleichermaßen *interne* Elemente des
Beschreibungsschemas sind, ist es möglich, anzugeben, was wem entspricht."[17]

Ein „seichter Relativismus" könne aus der These, daß es keine „inputs
[gebe], *die ihrerseits nicht durch unsere Begriffe geformt sind*", keine
Rechtfertigung ziehen. „Was wir haben, sind Objektivität und Rationa-

---

13 Putnam 1983a, S. 441.
14 Ebd., S. 447. Vgl. Putnam 1987, S. 240 ff. zur Frage „Why We Can't Eliminate
    the Normative": „if all notions of rightness, both epistemic and (metaphysically)
    realist, are eliminated, then what are our statements but noise-makings? What are
    our thoughts but mere subvocazations? The elimination of the normative is at-
    tempted mental suicide." (Ebd., S. 241)
15 Putnam 1990, S. 9 ff.
16 Ebd., S. 75.
17 Ebd., S. 77 f.

lität nach Menschenmaß; sie sind besser als nichts."[18] Oder noch deutlicher: „Wir haben keinen archimedischen Standpunkt, wir sprechen immer eine zeit- und ortsgebundene Sprache, aber was wir sagen, gilt nicht *bloß* für eine Zeit und einen Ort."[19]

Daß hier die Kantische *Kritik* wieder das Wort erhält, ist offensichtlich. Kant gibt als der – so Putnam – eigentliche, wenn auch nicht willentliche Begründer des neuen Realismus die einzig vertretbare Antwort auf Gültigkeitsprobleme: „Eine Erkenntnis (d.h. eine ‚wahre Aussage') ist eine Aussage, die ein rationales Wesen akzeptieren würde, sofern es über hinlängliche Erfahrung der Art verfügt, wie sie für Wesen mit unserer Natur tatsächlich möglich ist. ‚Wahrheit' in jedem anderen Sinne ist uns unzugänglich und unbegreiflich. *Wahrheit ist die letztliche Güte des Zusammenpassens.*"[20] Es handelt sich hier um einen Kant, wie man ihn teils aus dem Peirceschen Pragmatismus, teils aus dem Neukantianismus kennt – einen Kant ohne ‚Ding-an-sich' und ohne transzendentales Subjekt. Putnams Kant ist ein pragmatisch historisierter und sprach- und bedeutungstheoretisch revidierter Erkenntnistheoretiker.

1993 äußert sich Putnam zu „Kants Auffassung von Wissen und Wahrheit":

„Mir scheint, Kant wird am besten so gelesen, daß er als erster das vorschlägt, was ich eine ‚internalistische' oder ‚intern realistische' Wahrheitsauffassung genannt habe – auch wenn er nie so recht sagt, daß dies sein Anliegen ist. [...] Es ist zunächst einmal klar, daß Kant Berkeleys subjektiven Idealismus für völlig inakzeptabel hielt (soviel sagt er ausdrücklich) und daß er kausalen Realismus – die Ansicht, daß wir nur Empfindungen direkt wahrnehmen und auf materielle Gegenstände mittels irgendeiner problematischen Schlußfolgerung *schließen* – ebenso inakzeptabel fand. [...] Des weiteren nehme ich an, daß Kant deutlich war, wie Berkeleys Argument funktioniert: Er hat gesehen, daß es von der Ähnlichkeitstheorie der Referenz abhing und daß eine Ablehnung von Berkeleys Theorie eine Ablehnung dieser Theorie erfordert. [...] Wir werden [...] sehen, daß aus dem, was Kant gesagt *hat*, just die Aufgabe der Ähnlichkeitstheorie der Referenz folgt. [...] Es folgt, daß alles, was wir über einen Gegenstand sagen, die Form hat: Er ist derart, daß er auf *uns* so und so einwirkt. Überhaupt nichts von dem, was wir über einen Gegenstand sagen, beschreibt den Gegenstand, so wie er ‚an sich' ist, unabhängig von seiner Wirkung auf *uns*, auf Wesen mit unserer rationalen Natur und unserer biologi-

18 Ebd. , S. 81 f.
19 Putnam 1983, S. 448.
20 Ebd., S. 94.

schen Konstitution. Es folgt auch, daß wir keine Ähnlichkeit zwischen unserer Vorstellung von einem Gegenstand und jener geistunabhängigen Wirklichkeit annehmen können, die im Endeffekt für unsere Erfahrung dieses Gegenstandes verantwortlich sein mag. Unsere Vorstellungen von Gegenständen sind keine *Kopien* von geistunabhängigen Dingen."[21]

Was Putnam mit dem Rekurs auf Kant anstrebt, ist eine Gegen-Wende gegen den durch den *mind-body*-Identismus ausgelösten grundlegenden „Wandel des erkenntnistheoretischen Klimas" seit Beginn der 1960er Jahre[22]; dieser Wandel hat dazu geführt, daß die Philosophie „*antiaprioristisch geworden*" ist und so das letzte gute Argument gegen den Naturalismus preisgegeben hat.[23] Zwar stimmt Putnam mit Quine darin überein, daß unsere „Begriffe der Rationalität und der rationalen Revidierbarkeit" nicht durch „unveränderliche Regelverzeichnisse festgelegt" sind; sie sind auch nicht „wie Kant glaubte, unserer transzendentalen Natur einbeschrieben". Doch betont betont er, die Revisionen des Transzendentalismus könnten nicht „grenzenlos sein, sonst hätten wir keinen Begriff mehr von etwas, das wir noch als *Rationalität* bezeichnen können".[24]

Rationalität ist eine Möglichkeit, und sie ist die Norm bei der Wahl der Welt-Versionen, bei der wir unsere Freiheit ausüben und Herren unserer eigenen Sinnintentionen werden. Diese Grundidee des Pluralismus, in der der Relativismus relativiert ist, sollte verteidigt werden.

21 Putnam 1993, S. 167 ff.
22 Putnam 1990, S. 115.
23 Ebd., S. 118.
24 Ebd., S. 117.

Bibliographie

Siglen

AA   F.W.J. Schelling: Historisch-kritische Ausgabe. Im Auftrag der Schelling-Kommission der Bayerischen Akademie der Wissenschaften hg. v. H.M. Baumgartner, W.G. Jacobs, H. Krings und H. Zeltner. I. Werke; II. Nachlaß; III. Briefe, IV. Nachschriften. Stuttgart 1976ff.

ECN   Ernst Cassirer. Nachgelassene Manuskripte und Texte. Hg. v. J. M. Krois/ O. Schwemmer, Hamburg 1995 ff.

ECW   Ernst Cassirer. Gesammelte Werke. Hamburger Ausgabe. Hg. v. B. Recki, Hamburg 1998 ff.

Eph   F.W.J. Schelling, Einleitung in die Philosophie, Hg. v. W.E. Ehrhardt. Stuttgart-Bad Cannstatt 1989 (= Schellingiana Bd. 1).

GPPh   F.W.J. Schelling, Grundlegung der positiven Philosophie. Münchner Vorlesung WS 1832/33 und SS 1833, hg. und kommentiert v. H. Fuhrmans, I. Torino 1972.

HW   G.W.F. Hegel, Werke in zwanzig Bänden. Theorie-Werkausgabe. Auf der Grundlage der Werke von 1832-1845 neu edierte Ausgabe. Frankfurt/M. 1971.

SdW   F.W.J. Schelling: System der Weltalter. Münchener Vorlesung 1827/28 in einer Nachschrift von Ernst von Lasaulx. Hg. und eingel. v. S. Peetz. Frankfurt/M. 1990.

SSZ   Schelling im Spiegel seiner Zeitgenossen, hg. v. X. Tilliette, Torino 1974.

SW   F.W.J. von Schellings sämmtliche Werke, Hg. v. Karl F. August Schelling. 1. Abteilung: 10 Bde. (= I-X); 2. Abteilung: 4 Bde. (= XI-XIV). Stuttgart/Augsburg 1856-61. (Zitiert: SW Bd, S.) [= Schellings Werke. Nach der Originalausgabe in neuer Anordnung hg. v. M. Schröter, 6 Hauptbde, 6 Ergänzungsbände. München 1927ff, ^{2}1958ff.]

TGB 1809-13 Bd. 1: F.W.J. Schelling. Philosophische Entwürfe und Tagebücher 1809-1813. Philosophie der Freiheit und der Weltalter. Hrsg. v. L. Knatz, H.J. Sandkühler und M. Schraven. Hamburg 1994 [Philosophische Entwürfe und Tagebücher. Aus dem Berliner Nachlaß hrsg. v. H.J. Sandkühler, mit L. Knatz und M. Schraven. Bd. 1].

TGB 1846   Philosophische Entwürfe und Tagebücher 1846. Philosophie der Mythologie und reinrationale Philosophie. Herausgegeben v. L. Knatz, H.J. Sandkühler und M. Schraven. Bd. 12. Hamburg 1998.

TGB 1848	F.W.J. Schelling. Das Tagebuch 1848. Rationale Philosophie und demokratische Revolution. Mit A. v. Pechmann und M. Schraven aus dem Berliner Nachlaß herausgegeben v. H.J. Sandkühler. Hamburg 1990 [TGB 1848].
Trost/Leist	König Maximilian II. von Bayern und Schelling. Briefwechsel. Hg. v. L. Trost und F. Leist. Stuttgart 1890.
Vetö	Schelling. Stuttgarter Privatvorlesungen. Version inédite, accompagnée du texte des Oeuvres, publiée, préfacée et annotée par M. Vetö. Torino 1973.

Literatur

Abel, G., 1993, Interpretationswelten. Gegenwartsphilosophie jenseits von Essentialismus und Relativismus. Frankfurt/M.

Alexy, R., 1990, Zur Kritik des Rechtspositivismus. In: Dreyer 1990.

Alexy, R., 1992, Begriff und Geltung des Rechts, Freiburg.

Alexy, R., ³1996, Theorie der Grundrechte, 3. Aufl., Frankfurt/M.

Alexy, R., 1999, Grundrechte. In: H.J. Sandkühler (Hg.), Enzyklopädie Philosophie, Bd. 1, Hamburg.

Alexy, R., 2000, Recht und Richtigkeit. In: The Reasonable as Rational? On Legal Argumentation und Justification. Festschrift for Aulis Aarnio. Ed. by W. Krawietz et al., Berlin.

Apel, K.-O., 1973, Peirces semiotische Transformation Kants. In: Transformation der Philosophie, Bd. 2, Frankfurt/M.

Armstrong, D.M., 1973, Epistemological Foundations for a Materialist Theory of Mind. In: Philosophy of Science, 40.

Armstrong, D.M., 1978, Naturalism, Materialism and First Philosophy. In: Philosophia. Philosophie Quarterly of Israel, Vol. 8.

Armstrong, D.M., 1981, The Nature of Mind, Brighton.

Autrum, H. (Hg.), 1987, Von der Naturforschung zur Naturwissenschaft. Vorträge, gehalten auf Versammlungen der Gesellschaft Deutscher Naturforscher und Ärzte (1822-1958), Berlin/Heidelberg/New York.

Bachelard, G., 1934, Le nouvel esprit scientifique, Paris.

Bachelard, G., 1938, La formation de l'esprit scientifique. Contribution à une psychanalyse de la connaissance objective, Paris.

Bachelard, G., 1940, La philosophie du non. Essai d'une philosophie du nouvel esprit scientifique, Paris.

Bachelard, G., 1951, L'activité rationaliste de la physique contemporaine, Paris.

Bachelard, G., ¹⁴1978, Le nouvel esprit scientifique, Paris.

Bachelard, G., 1980 (1940), Die Philosophie des Nein. Versuch einer Philosophie des neuen wissenschaftlichen Geistes, Frankfurt/M.

Bachelard, G., ²1984, Die Bildung des wissenschaftlichen Geistes. Beitrag zu einer Psychoanalyse der objektiven Erkenntnis, Frankfurt/M.

Bacon, F., 1990, Neues Organon. Lat. -dt., hg. v. W. Krohn, 2 Bde., Hamburg.

Bartels, A., 1997, Die Auflösung der Dinge. Schlick und Cassirer über wissenschaftliche Erkenntnis und Relativitätstheorie, in: Philosophie und Wissenschaften. Formen und Prozesse ihrer Interaktion, hg. von H.J. Sandkühler, Frankfurt a.M. u.a.

Baumgartner, H.M., 1981, Vernunft im Übergang zu Geschichte. Bemerkungen zur Entwicklung von Schellings Philosophie als Geschichtsphilosophie. In: Hasler 1981.

Baumgartner, H.M./H. Korten, 1996, F.W.J. Schelling. München.

Beckermann, A., 1997, Wie ich die Dinge sehe – Sechs Thesen zur Vereinfachung der Debatte um die naturalistische Erkenntnistheorie. Kommentar zu Dirk Koppelberg. In: In: H.J. Sandkühler (Hg.), Philosophie und Wissenschaften. Formen und Prozesse ihrer Interaktion, Frankfurt/M.

Bieri, P. (Hg.), 1981, Analytische Philosophie des Geistes, Königstein/Ts.

Bieri, P., 1992, Was macht Bewußtsein zu einem Rätsel? In: Spektrum der Wissenschaft, Oktober 1992.

Blumenberg, H., 1975, Die Genesis der kopernikanischen Welt, Frankfurt/M.

Blumenberg, H., 1981, Die Lesbarkeit der Welt, Frankfurt/M.

Bohr, N., 1985, Atomphysik und menschliche Erkenntnis. Aufsätze und Vorträge aus den Jahren 1930 bis 1961. Mit einem Vorw. zur Neuausg. v. Karl von Meyen, Braunschweig/Wiesbaden.

Boltzmann, L., Über die Entwicklung der Methoden der theoretischen Physik in neuerer Zeit [1889]. In: Autrum 1987.

Bonitzer, J., 1993, Les chemins de la science. Questions d'épistémologie, Paris.

Bourel, D., 1990, Ernst Cassirer et l'école de Marbourg. In: Seidengart 1990a.

Braun, H.-J./H. Holzhey/E.W. Orth (Hg.), 1988, Über Cassirers Philosophie der symbolischen Formen, Frankfurt/M.

Breidbach, O., 1996, Vernetzungen und Verortungen. Bemerkungen zur Geschichte des Konzepts neuronaler Repräsentation. In: A. Ziemke/O. Breidbach (Hg.), Repräsentationismus. Was sonst? Eine kritische Auseinandersetzung mit dem repräsentationistischen Forschungsprogramm in den Neurowissenschaften, Braunschweig/Wiesbaden.

Brentano, F., 1973 [1874/1911], Psychologie vom empirischen Standpunkt, hg. v. O. Kraus, Hamburg.

Cabanis, P.-J.-G., 1980, Rapport du physique et du morale de l'homme, Paris/ Genéve.

Canguilhem, G., 1981, Idéologie et rationalité dans l'Histoire des sciences de la vie. Nouvelles études d'histoire et de philosophie des sciences, 2 édition revue et corrigée, Paris.

Capeillères, F., 1992, Sur le néo-kantisme de E. Cassirer. In: Revue de Métaphysique et de Morale, No 4, Octobre-Décembre.

Carnap, R., [2]1956 [1947], Meaning and Necessity. A Study in Semantics and Modal Logic, Chicago/London.

Carnap, R., 1963, Intellectual Autobiography. In: The Philosophy of Rudolf Carnap, ed. by P.A. Schilpp, La Salle (Ill.)/London.

Carnap, R., 1966 [1928], Scheinprobleme in der Philosophie. Das Fremdpsychische und der Realismusstreit, Frankfurt/M.

Carnap, R., 1993, Mein Weg in die Philosophie, Stuttgart.

Carnap, R., 1998 [[2]1961, 1928,], Der logische Aufbau der Welt, Hamburg.

Cassirer, E., 1913, Erkenntnistheorie nebst den Grenzfragen der Logik. In: Jahrbücher der Philosophie 1.

Cassirer, E., 1920, Philosophische Probleme der Relativitätstheorie. In: Neue Rundschau 31, II, 2.

Cassirer, E., [14]1929, Neo-Kantianism. In: The Encyclopaedia Britannica, Vol. 16, London/New York.

Cassirer, E., 1930, „Geist" und „Leben" in der Philosophie der Gegenwart. In: Die Neue Rundschau. XXXXI. Jg. der freien Bühne, Bd. I, Berlin und Leipzig.

Cassirer, E., [7]1956, Wesen und Wirkung des Symbolbegriffs, Darmstadt.

Cassirer, E., 1972, An Essay on Man [1944], New Haven/London .

Cassirer, E., 1975 [1920], Goethe und die mathematische Physik. Eine erkenntnistheoretische Betrachtung. In: ders., Idee und Gestalt. Goethe, Schiller, Hölderlin, Kleist, Darmstadt.

Cassirer, E., 1979, Symbol, Myth and Culture. Essays and Lectures of Ernst Cassirer 1935-1945, ed. by D.P. Verene, New Haven, London.

Cassirer, E., [6]1987 [1921], Zur Einsteinschen Relativitätstheorie. Erkenntnistheoretische Betrachtungen, Berlin. In: ders., Zur modernen Physik, Darmstadt.

Cassirer, E., [6]1987a [1936], Determinismus und Indeterminismus in der modernen Physik. Historische und systematische Studien zum Kausalproblem. In: ders., Zur modernen Physik, Darmstadt.

Cassirer, E., 51989 [1942], Zur Logik der Kulturwissenschaften. Fünf Studien, Darmstadt.

Cassirer, E., 1990 [1944], Versuch über den Menschen. Einführung in eine Philosophie der Kultur. Aus dem Englischen von Reinhard Kaiser, Frankfurt/M.

Cassirer, E., 1993 [1913], Erkenntnistheorie nebst den Grenzfragen der Logik. In: ders., Erkenntnis, Begriff, Kultur, hg. v. R.A. Bast, Hamburg.

Cassirer, E., 1993a [1927], Erkenntnistheorie nebst den Grenzfragen der Logik und Denkpsychologie. In: ders., Erkenntnis, Begriff, Kultur, hg. v. R.A. Bast, Hamburg..

Cassirer, E., 1993b, Naturalistische und humanistische Begründung der Kulturphilosophie. In: ders., Erkenntnis, Begriff, Kultur. Hg., eingel. sowie mit Anm. und Registern vers. v. R.A. Bast, Hamburg.

Cassirer, E., 1993c, Was ist ‚Subjektivismus'? In: ders., Erkenntnis, Begriff, Kultur. Hg., eingel. sowie mit Anm. und Registern vers. v. R.A. Bast, Hamburg.

Cassirer, E., [10]1994 [1923], Philosophie der symbolischen Formen. Erster Teil: Die Sprache, Berlin.

Cassirer, E., [10]1994a [1929], Philosophie der symbolischen Formen. Dritter Teil. Phänomenologie der Erkenntnis, Darmstadt.

Cassirer, E., 1995, Zur Metaphysik der symbolischen Formen. Hg. v. J. M. Krois, unter Mitwirkung von A. Appelbaum/R. A. Bast/K. Ch. Köhnke/ O. Schwemmer, Hamburg [ECN 1].

Cassirer, E., 1998, Substanzbegriff und Funktionsbegriff. Untersuchungen über die Grundfragen der Erkenntniskritik, Hamburg [ECW 6].

Cassirer, E., 1999, Ziele und Wege der Wirklichkeitserkenntnis. Hg. v. K. Ch. Köhnke/J. M. Krois, Hamburg [ECN 2].

Cassirer, E., 1999a [1906, [3]1922], Das Erkenntnisproblem in der Philosophie und Wissenschaft der neueren Zeit, 1. Bd., Hamburg [ECW 2].

Cassirer, E., 1999b [1907, [3]1922], Das Erkenntnisproblem in der Philosophie und Wissenschaft der neueren Zeit, 2. Bd., Hamburg [ECW 3].

Cézanne, P., 1957, Über die Kunst. Gespräche mit Gasquet und Briefe. Mit einem Essay ‚Zum Verständnis des Werkes' und einer Bibliographie hg. v. W. Hess, Reinbek bei Hamburg.

Child, W., 1994, Interpretationism. In: ders., Causality, Interpretation and the Mind, Oxford.

Churchland, P.M., 1981, Eliminative Materialism and the Propositional Attitudes. In: Journal of Philosophy, Vol. LXXVIII, No. 2.

Churchland, P.M., 1988, Matter and Consciousness, Rev. ed., Cambridge (MA)/London.

Cohen, H., 1871, Kants Theorie der Erfahrung, Berlin; 2. neubearb. Aufl. 1885. In: WW Bd. 1, hg. v. H. Holzhey, Hildesheim.

Cohen, H., [2]1914, Logik der reinen Erkenntnis, Berlin.

Cohen, H., [5]1981 [1904], Ethik des reinen Willens. Introduction by S.S. Schwarzschild, Hildesheim/New York.

Comte, A., Considérations philosophiques sur les sciences et sur les savans [1825].

Comte, A., 1956, Discours sur l'Esprit Positif/Rede über den Geist des Positivismus, hg. v. I. Fetscher, Hamburg [= Discours].

Comte, A., 1975, Philosophie première. Cours de philosophie positive, Leçons 1-45. Présentation et notes par M. Serres, F. Dagognet, A. Sinaceur, Paris [= Philosophie première].

Comte, A., 1975, Physique sociale. Cours de philosophie positive, Leçons 46-60. Présentation et notes par J.-P. Enthoven, Paris 1975 [= Physique sociale].

Crick, F./Ch. Koch, 1993, Das Problem des Bewußtseins. In: Spektrum der Wissenschaft. Spezial 1: Gehirn und Geist.

Daniels, R., 1988 [1851], Mikrokosmos. Entwurf einer physiologischen Anthropologie. Erstveröffentlichung des Manuskripts von 1851, hg. v. Hel-
mut Elsner (Karl-Marx-Haus Trier), Frankfurt a.M./Bern/New York [=
Mikrokosmos].

Danto, A., 1975, Naturalism. In: P. Edwards (ed.), Encyclopedia of Philosophy, Vol. 5, London/New York.

Davidson, D., 2000, Was ist eigentlich ein Begriffsschema? In: Willaschek
2000.

Destutt de Tracy, 1970, Eléments d'idéologie. I: Idéologie proprement dite. Introduction et appendices par Henri Gouhier, Paris [= Eléments].

Devitt, M., 1984, Realism and Truth, Oxford.

Devitt, M., 1991, Irrwege der Realismusdebatte. In: Sandkühler/Pätzold 1991.

Devitt, M., 1991a, Naturalistic Representation. In: Brit. J. Phil. Sci 42.

Dierse, U., 1976, Ideologie. In: Historisches Wörterbuch der Philosophie, hg.
v. J. Ritter/K. Gründer, Bd.4, Basel/Stuttgart.

Dierse, U., 1982, Ideologie. In: Geschichtliche Grundbegriffe, hg. v. O. Brun-
ner/W. Conze/R. Koselleck, Bd.3, Stuttgart.

Dietzgen, J., [4]1930, Sämtliche Schriften, hg.v. E. Dietzgen, 3 Bücher in 1 Bd.,
Berlin.

Distel, A., 2001, Signac au temps d'harmonie, Paris.

Dosch, H.G., 1995, Goethe und die exakten Naturwissenschaften aus der Sicht
Ernst Cassirers. In: Rudolph/Küppers 1995.

Dosch, H.G., 1997, The Concept of Sign and Symbol in the Work of Hermann
Helmholtz and Heinrich Hertz. In: Janz 1997.

Dreier, R., 1990, Rechtspositivismus und Wertbezug des Rechts, Stuttgart [Ar-
chiv f. Rechts- und Sozialphilosophie, Beiheft, Nr. 37].

Dreier, H., 1992, Rechtslehre. In: In: J. Ritter/K. Gründer /Hg.), Historisches
Wörterbuch der Philosophie, Bd. 8, Basel.

Du Bois-Reymond, E., 1974, Vorträge über Philosophie und Gesellschaft, hg.
v. S. Wollgast, Berlin.

Dummett, M., 1978, Truth and Other Enigmas, Cambridge (MA).

Duque, F., 1999, Die Philosophie in Freiheit setzen. Freiheitsbegriff und Freiheit des Begriffs bei Schelling. In: Transzendentale Logik. Fichte-Studien
Bd. 15.

Edel, G., 1998, The *Hypothesis* of the Basic Norm: Hans Kelsen and Hermann
Cohen. In: S.L. Paulson/B. Litschewski Paulson (eds.), Oxford.

Ehrhardt, W.E., 1981, Die Absolutheit der Vernunft und der Geschichte. In:
Hasler 1981.

Ehrhardt, W.E., 1990, Freiheit ist unsere Gottheit. In: Deutsche Zschr. f. Philosophie., H. 6.

Einstein, A., [25]1993, Mein Weltbild. Hg. v. Carl Seelig, Frankfurt a.M./Berlin.

Einstein, A./H. und M. Born, Briefwechsel 1916-1955. Kommentiert v. M.
Born. Geleitwort v. B. Russell. Vorwort v. W. Heisenberg, Frankfurt
a.M./Berlin.

Engel, A.K./König, P./Singer, W., 1994, Bildung repräsentationaler Zustände im Gehirn. In: Gehirn u. Bewußtsein, Heidelberg/Berlin/Oxford.

Esken, F./H.-D.Heckmann, 1998, Bewußtsein und Repräsentation, Paderborn.

Feigl, H., 1981 [1969], The Wiener Kreis in America. In: ders., Inquiries and Provocations. Selec ted Writings 1929-1974. Ed. by R.S. Cohen, Dordrecht/Boston/London.

Ferrari, M., 1991, Cassirer, Schlick e l'interpretazione „kantiana" della teoria della relatività. In: Rivista di filosofia, vol. LXXXII. [Dt. in: Orth/Holzhey 1994].

Ferrari, M., 1995, Il neocriticismo tedesco e la teoria della relatività. In: Rivista di Filosopfia, vol. LXXXVI.

Ferrari, M., 1995a, Ernst Cassirer und Pierre Duhem. In: Rudolph/Küppers 1995.

Ferrari, M., 1997, Introduzione a Il Neocriticismo, Roma/Bari.

Ferrari, M., 1997a, Cassirer et l´empirisme logique: La discussion entre Cassirer et Schlick. In: Janz 1997.

Feuerbach, L., ^{2}1982, Gesammelte Werke. Hg. v. W. Schuffenhauer; Bd. 11, Kleinere Schriften IV (1851-1866), Berlin.

Feuerbach, L., ^{3}1990, Gesammelte Werke. Hg. v. W. Schuffenhauer; Bd. 9, Kleinere Schriften II (1839-1846), Berlin.

Fisch, M., 1991, William Whewell. Philosopher of Science, Oxford.

Fischbach, G.D., 1993, Gehirn und Geist. In: Spektrum der Wissenschaft. Spezial 1: Gehirn und Geist.

Fleck, L. 1983, Erfahrung und Tatsache. Gesammelte Aufsätze. Mit einer Einl. hg. v. L. Schäfer und Th. Schnelle, Frankfurt/M.

Flohr, H., 1990, Brain Process and Phenomenal Consciousness: A New and Specific Hypothesis. Report No. 52/1990 of the research group on Mind and Brain at the Center for Interdisciplinary Research, Bielefeld University.

Fodor, J.A., 1975, The Language of Thought, New York.

Fodor, J.A., 1981, Representations. Philosophical Essays on the Foundations of Cognitive Science, Brighton, Sussex.

Fodor, J.A., 1981, The Mind-Body-Problem. In: Scientific American, January.

Fourier, Ch., 1803, Lettre de Fourier au Grand Juge. In: ders., Théorie des quatres mouvements [...], Paris 1967 [= Lettre].

Fourier, Ch., 1853-1856, Publication des manuscrits de Charles Fourier, Paris [= Manuscrits].

Fourier, Ch., 1967, Théorie des quatres mouvements et des destinées générales. Novelle édition corrigée et augmentée du Nouveau monde amourex (Extraits). Publié pour la première fois, d'articles et de documents egalement inédits, d'une importante introduction par Madame S. Debout et d'une notice biographique sur l'auteur, Paris [= Théorie des quatres mouvements].

Fourier, Ch., 1973, Le nouveau monde industriel et sociétaire ou invention du procédé d'industrie attrayante et naturelle distribuée en séries passionées. Préface par Michel Butor, Paris [= Le nouveau monde].

Fourier, Ch., 1980, Ökonomisch-philosophische Schriften, hg. v. L. Zahn, Berlin.

Franzen, W., 1992, Idealismus statt Realismus? Realismus plus Skeptizismus! In: Sandkühler 1992.

Freudenberger, S., 1999, Relativismus. In: H.J. Sandkühler (Hg.), Enzyklopädie Philosophie, Bd. 2, Hamburg.

Friedman, M., 1992, Kant and the Exact Sciences, Cambridge, Ma./London.

Galilei, G., 1987, Schriften, Briefe, Dokumente, hg. v. A. Mudry, 2 Bde., Berlin.

Garber, H., 1943, Camille Issarro, Alfred Sisley, Claude Monet. Nach eigenen und fremden Zeugnissen. Mit vierzig Tafeln, Basel.

Georgii-Georgenau, E.E. (Hg.), 1886, Herzog Karl von Württemberg, Rede gehalten in der [...] Karlsschule [...] zur Zeit der Schreckensherrschaft in Frankreich, o.O.

Gerhardus, D., 1995, Repräsentation. In: J. Mittelstraß (Hg.), Enzyklopädie Philosophie und Wissenschaftstheorie, Bd. 3, Stuttgart/Weimar.

Giere, R.N./R.S. Westfall, 1973, Foundations of Scientific Method: The Nineteenth Century, Bloomington/London.

Gillies, D., 1993, Philosophy of Science in the Twentieth Century. Four Central Themes, Oxford/Cambridge, Mass.

Göller, Th., 2000, Kulturverstehen. Grundprobleme einer epistemologischen Theorie der Kulturalität und kulturellen Erkenntnis, Würzburg.

Goldschmidt, W./L. Zechlin (Hg.), 1994, Naturrecht, Menschenrecht und politische Gerechtigkeit, Hamburg [Dialektik 1994/1].

Goodman, N., 1973, Sprache der Kunst. Ein Ansatz zu einer Symboltheorie, Frankfurt/M.

Goodman, N., 1978, Ways of Worldmaking, Indianapolis, Cambridge.

Goodman, N., 1990 [1978], Weisen der Welterzeugung, Frankfurt/M.

Goodman, N./C. Elgin, 1993 [1989], Revisionen. Philosophie und andere Künste und Wissenschaften. Übers. v. B. Philippi, Frank furt/M.

Gustafson, D., 1990, Naturalism and Representation: The Place of Nature in Mind. In: Grazer Philosophie Stud. 37.

Graber, H., 1943, Camille Pissarro, Alfred Sisley, Claude Monet. Nach eigenen und fremden Zeugnissen, Basel.

Graeser, A., 1994, Ernst Cassirer, München.

Granger, G.-G., 1993, La science et les sciences, Paris.

Gregory, F., 1977, Scientific Materialism in Nineteenth Century Germany, Dordrecht/Boston.

Griese, A./H.J. Sandkühler (Hg.), 1997, Karl Marx – zwischen Philosophie und Naturwissenschaften, Frankfurt/M.

Griesinger, W., 1872 [1842], Theorien und Thatsachen. In: Wilhelm Griesinger's Gesammelte Abhandlungen. 2. Bd., Verschiedene Abhandlungen, Berlin.

Guerraggio, A./F. Vidoni, 1982, Nel laboratorio di Marx: Scienze naturalli e matematica, Milano.

Gustafson, D., 1990, Naturalism and Representation: The Place of Nature in Mind. In: Grazer Philosophie Stud. 37.

Habermas, J., 1954, Das Absolute und die Geschichte. Über die Zwiespältigkeit in Schellings Denken. Bonn <Diss.>.

Habermas, J., ³1973, Zur Logik der Sozialwissenschaften. Materialien, Frankfurt/M.

Habermas, J., ⁴1994 [1992], Faktizität und Geltung. Beiträge zur Diskurstheorie des Rechts und des demokratischen Rechtsstaats, Frankfurt/M.

Hacking, I, 1981, Spekulation, Berechnung und die Erschaffung der Phänomene. In: H.P. Duerr (Hg.), Versuchungen. Aufs. z. Philosophie P. Feyerabends, 2. Bd., Frankfurt/M.

Hacking, I, 1983, Representing and Intervening. Introductory Topics in the Philosophy of Natural Science, Cambridge.

Hacking, I., 1999, The Social Construction of What? Cambridge (MA).

Hagner, M./B. Wahrig-Schmidt (Hg.), 1992, Johannes Müller und die Philosophie, Berlin: Akademie Verlag.

Hahn, M./H.J. Sandkühler (Hg.), 1986, Karl Marx. Kritik und positive Wissenschaft. Studien zur Wissenschaftsgeschichte des Sozialismus Bd. 6, Köln.

Han, S., 1995, Marx in epistemischen Kontexten. Eine Dialektik der Philosophie und der positiven Wissenschaften, Frankfurt a.M./Berlin/Bern.

Hanson, N.R., 1965, Patterns of Discovery. An Inquiry into the Conceptual Foundations of Science, Cambridge.

Hart, H.L.A., 1971, Der Positivismus und die Trennung von Recht und Moral. In: ders., Recht und Moral. Drei Aufsätze, Göttingen.

Hasler, L. (Hg.), 1981, Schelling. Seine Bedeutung für eine Philosophie der Natur und der Geschichte. Referate, Voten und Protokolle der Internationalen Schelling-Tagung Zürich 1979. Stuttgart-Bad Cannstatt.

Hassemer, W., 1972, Rechtsphilosophie. In: A. Görlik (Hg.), Handlexikon zur Rechtswissenschaft, München.

Haym, R., 1857, Hegel und seine Zeit. Vorlesungen über Entstehung und Entwicklung, Wesen und Werth der Hegel'schen Philosophie, Berlin.

Heckmann, R./H. Krings/R.W. Meyer (Hg.), 1985, Natur und Subjektivität. Zur Auseinandersetzung mit der Naturphilosophie des jungen Schelling, Stuttgart-Bad Cannstatt 1985.

Heidelberger, M., 1995, Philosophische Argumente in empirischer Wissenschaft. Das Beispiel Helmholtz. In: Sandkühler 1995.

Heidelberger, M., 1997, Beziehungen zwischen Sinnesphysiologie und Philosophie im 19. Jahrhundert. In: Sandkühler 1997.

Heisenberg, W., 1934, Wandlungen der Grundlagen der exakten Naturwissenschaften in jüngster Zeit. In: Autrum 1987.

Heisenberg, W., 1990, Die Quantenmechanik und ein Gespräch mit Einstein. In: ders., Quantentheorie und Philosophie. Vorlesungen und Aufsätze, Stuttgart.

Heller, H., 1983 [1934], Staatslehre, in d. Bearb. v. G. Niemeyer, 6, revid. Aufl., Tübingen.

Helmholtz, H. v., 1855, Ueber das Sehen des Menschen. In: Helmholtz 1884, Bd. 1.

Helmholtz, H. v., 1869, Über die Entwicklungsgeschichte der neueren Naturwissenschaften. In: Autrum 1987.

Helmholtz, H. v., 1878, Die Thatsachen in der Wahrnehmung. In: Helmholtz 1903, Bd. 2.

Helmholtz, H. v., 1882, Wissenschaftliche Abhandlungen, Bd. 1, Leipzig.

Helmholtz, H. v., 1884 [1878], Die Thatsachen in der Wahrnehmung, in: Ders., Vorträge und Reden, Bd. 2, Braunschweig.

Helmholtz, H. v., 1903, Vorträge und Reden, 5. Auflage, Braunschweig, 2 Bände.

Helmholtz, H.v., 1971, Philosophische Vorträge und Aufsätze, hg. v. H. Hörz und S. Wollgast, Berlin.

Herding, K., Die Moderne: Begriff und Problem. In: Wagner 1991.

Hertz, H., 1889, Über die Beziehungen zwischen Licht und Elektrizität. In: Autrum 1987.

Hertz, P./M. Schlick (Hg.), 1921, Hermann v. Helmholtz. Schriften zur Erkenntnistheorie, Berlin.

Hesse, M., 1967, Models and Analogy in Science. In: P. Edwards (Ed.), The Encyclopedia of Philosophy, Vol. V, New York/London.

Höffe, O., 1988, Den Staat braucht selbst ein Volk von Teufeln. Philosophische Versuche zur Rechts- und Staatsethik, Stuttgart.

Hoffmann, F. et al., 1992, Realismus. In: J. Ritter/K. Gründer (Hg.), Historisches Wörterbuch der Philosophie, Bd. 8, Basel.

Hofmann, M., 1999, Über den Staat hinaus. Eine historisch-systematische Untersuchung zu F.W.J. Schellings Rechts- und Staatsphilosophie. Zürich.

Hollerbach, A., 1957, Der Rechtsgedanke bei Schelling. Quellenstudien zu seiner Rechts und Sozialphilosophie. Frankfurt/M.

Holzhey, H., 1986, Kelsens Rechts- und Staatslehre in ihrem Verhältnis zum Neukantianismus. In: Paulson/Walter 1986.

Holzhey, H./U. Renz, 1999, Neukantianismus. In: H.J. Sandkühler, Enzyklopädie Philosophie, Bd. 1, Hamburg.

Hume, D., 1982, Eine Untersuchung über den menschlichen Verstand, hg. v. H. Herring, Stuttgart.

Hundt, M., 1974, Louis Kugelmann. Eine Biographie des Arztes und Freundes von Karl Marx und Friedrich Engels, Berlin.

Hundt, M., 1993, Geschichte des Bundes der Kommunisten 1836-1852, Frankfurt a.M./Berlin/Bern.

Husserl, E., 1965 [1911], Philosophie als strenge Wissenschaft. Erste deutsche Buchausgabe, hg. v. W. Szilasi, Frankfurt/M.

Husserl, E., 1995, Die Krisis des europäischen Menschentums und die Philosophie. Mit einer Einführung v. B. Waldenfels, Weinheim.

Ihmig, K.-N., 1997, Cassirers Invariantentheorie der Erfahrung und seine Rezeption des ,Erlanger Programms', Hamburg.

Ihmig. K.-N., 2001, Grundzüge einer Philosophie der Wissenschaften bei Ernst Cassirer, Darmstadt.

Israel, J., 1990, Sprache und Erkenntnis. Zur logischen Tiefenstruktur der Alltagssprache, Frankfurt/New York.

Jacobs, W.G., 1993, Gottesbegriff und Geschichtsphilosophie in der Sicht Schellings. Stuttgart-Bad Cannstatt 1993.

Jacobs, W.G., 1996, Zur Geschichtsphilosophie des jüngeren Schelling. In: Sandkühler 1996.

Jacobs, W.G., 1998, Das Universum als Geschichte, als moralisches Reich. Zum Verhältnis von Ethik und Geschichte bei Schelling. In: D. Losurdo (Hg.): Ethik und Geschichtsphilosophie. Frankfurt a.M./Berlin/Bern 1998.

James, W., 1975, The Meaning of Truth (The Works of William James, Vol. II), Cambridge (MA)/London.

Jamme, Ch., 2000, „Malerei der Blindheit". Phänomenologische Philosophie und Malerei. In: G. Pöltner (Hg.), Phänomenologie der Kunst. Wiener Tagungen zur Phänomenologie 1999, Frankfurt a.M./Berlin/Bern.

Janich, P., 1992, Die Grenzen der Naturwissenschaft. Erkennen als Handeln, München.

Jantzen, J., 1998, Die Philosophie der Natur. In: Sandkühler 1998.

Janz, N. (éd.), Cassirer 1945-1995. Sciences et culture. [Etudes de lettres (Lausanne) 1997, 1-2].

Kant, I., 1968, Kants Werke. Akademie-Textausgabe, Berlin [= AA].

Kaufmann, E., 1921, Kritik der neukantianischen Rechtsphilosophie. Eine Betrachtung über die Beziehungen zwischen Philosophie und Rechtswissenschaft, Tübingen.

Kautsky, K., [3]1933 [1908], Die historische Leistung von Karl Marx, Berlin.

Keil, G., 1993, Kritik des Naturalismus, Berlin/New York.

Keil, G., 2000, Naturalism in the Philosophy of Mind – and what is wrong with it. In: Nannini/Sandkühler 2000.

Keil, G./H. Schnädelbach (Hg.), 1999, Naturalismus – Philosophische Beiträge. Frankfurt/M.

Kekes, J., 1994, Pluralism and the Value of Life. In: E.F. Paul/F.D. Miller, Jr./ J. Paul (eds.), Cultural Pluralism and Moral Knowledge, Cambridge.

Kelsen, H., 1923 [1911], Hauptprobleme der Staatsrechtslehre. Entwickelt aus der Lehre vom Rechtssatze, Tübingen.

Kelsen, H., 1927/28, Die Idee des Naturrechts. In: Zschr. f. öffentliches Recht, 7.

Kelsen, H., 1928, Die philosophischen Grundlagen der Naturrechtslehre und des Rechtspositivismus, Berlin [Philosophische Vorträge. Veröff. v. d. Kant-Gesellschaft. Hg. v. P. Menzer/A. Liebert, 31].

Kelsen, H., 1929, Vom Wesen und Wert der Demokratie, 2. Aufl. Tübingen (Neudruck Aalen 1965).

Kelsen, H., 1957, A Dynamic Theory of Natural Law. In: Ders., What is Justice?, Berkeley, Los Angeles.

Kelsen, H., ³1965 [1920], Sozialismus und Staat. Eine Untersuchung der politischen Theorie des Marxismus. Eingel. und hg. v. N. Leser, Wien.

Kelsen, H., 1981 [²1929], Vom Wesen und Wert der Demokratie, [Nachdruck] Aalen.

Kelsen, H., 1982 [1941], Vergeltung und Kausalität. Mit einer Einl. v. E. Topitsch, Wien/Köln/Graz.

Kelsen, H., 1985 [1934], Reine Rechtslehre. Einleitung in die rechtswissenschaftliche Problematik, 1. Aufl.. Mit Vorw. zum Neudruck v. S.L. Paulson, Aalen.

Kelsen, H., 1992 [1960], Reine Rechtslehre. Zweite, vollst. neu bearb. und erw. Aufl. 1960, Nachdruck, Wien.

Kelsen, H., 2000 [1953], Was ist Gerechtigkeit? Nachwort von Robert Walter, Stuttgart.

Kemmerling, A., 1997, Mentale Repräsentation. In: Information Philosophie, H. 2.

Kersting, W., 2000, Politik und Recht. Abhandlungen zur politischen Philosophie der Gegenwart und zur neuzeitlichen Rechtsphilosophie, Weilerswist.

Knatz, L., 1996, Schellings Welt der Geschichte. In: Sandkühler 1996.

Kiesow, R.M., 1997, Das Naturgesetz des Rechts, Frankfurt/M.

Knorr-Cetina, K., 1984, Die Fabrikation von Erkenntnis. Zur Anthropologie der Wissenschaft, Frankfurt/M.

Knorr-Cetina, K./M. Mulkay (eds.), 1983, Science Observed: Perspectives on the Social Study of Science, London.

Köhnke, K.Ch., 1986, Entstehung und Aufstieg des Neukantianismus. Die deutsche Universitätsphilosophie zwischen Idealismus und Positivismus, Frankfurt/M.

Koppelberg, D., 1995, Naturalismus, Pragmatismus, Pluralismus. Grundströmungen in der analytischen Erkenntnis- und Wissenschaftstheorie seit W. V. Quine. In: Pragmatik. Handbuch des pragmatischen Denkens. Hg. v. H. Stachowiak, Bd. V: Pragmatische Tendenzen in der Wissenschaftstheorie, Hamburg.

Koppelberg, D., 1997, Erkenntnistheorie und Wissenschaft – Naturalistische Positionen. In: In: H.J. Sandkühler (Hg.), Philosophie und Wissenschaften. Formen und Prozesse ihrer Interaktio, Frankfurt/M.

Koppelberg, D., 1997a, Was ist Naturalismus in der Erkenntnistheorie. Eine
   Einführungsvorlesung. In: Bremer Philosophica 1997/2, Studiengang Phi-
   losophie, Bremen.
Krohn, W., 1987, Francis Bacon, München.
Krois, J.M., 1987, Cassirer. Symbolic Forms and History, New Haven.
Krois, J.M., 1992, Aufklärung und Metaphysik. Zur Philosophie Cassirers und
   der Davoser Debatte mit Heidegger. In: Internat. Zschr. f. Philosophie,
   H. 2.
Kutschera, F. v., 1989, Bemerkungen zur gegenwärtigen Realismus-Diskus-
   sion. In: Traditionen u. Perspektiven d. analyt. Philosophie FS f. R. Hal-
   ler, hg. v. W.L. Gombocz u.a., Wien.
Kutschera, F. v., 1982, Grundfragen der Erkenntnistheorie, Berlin/New York.
Kutschera, F. v., 1992, Der erkenntnistheoretische Realismus. In: Sandkühler
   1992.
Kutschera, F. v., 1993, Die falsche Objektivität, Berlin.

Lanfranconi, A., 1992, Krisis. Eine Lektüre der „Weltalter"-Texte F.W.J.
   Schellings. Stuttgart-Bad Cannstatt.
Lange, F.A., 1974, Geschichte des Materialismus und Kritik seiner Bedeutung
   in der Gegenwart, 2 Bde., hg. v. A. Schmidt, Frankfurt/M.
Larenz, K., [4]1979, Methodenlehre der Rechtswissenschaft, Berlin/Heidelberg/
   New York.
Leplin, J., 1986, Methodological Realism and Scientific Rationality. In: Phi-
   losophy of Science 53.
Leplin, J., 1997, A Novel Defense of Scientific Realism, New York.
Liebmann, O., 1912 [1865], Kant und die Epigonen, besorgt v. B. Bauch, Ber-
   lin.
Losee, J., [2]1980, A Historical Introduction to the Philosophy of Science, Ox-
   ford/New York/Toronto.

Mach, E., 1863, Vorträge über Psychophysik, Wien.
Malraux, A., 1960, Stimmen der Stille, Berlin/Darmstadt/Wien.
Mann, G. (Hg.), 1981, Naturwissen und Erkenntnis im 19. Jh.: E. du Bois-
   Reymond, Hildesheim.
Marshall, G., 1992, Conceptions of Law. In: M. Hawkeswoth/M. Kagan (eds.),
   Encyclopedia of Government and Politics. Vol. 1, London.
Marx, K./F. Engels, 1956 ff., Werke, Berlin [= MEW].
Marx, K./F. Engels, 1975 ff., Gesamtausgabe (MEGA), Berlin [= MEGA[2]].
Marx, W., 1974, Grundbegriffe der Geschichtsauffassungen bei Schelling und
   Habermas. In: Philosophie Jb. 81.
Marx, W., 1977, Schelling. Geschichte, System, Freiheit. Freiburg.
Marx, W., 1981, Das Wesen des Bösen und seine Rolle in der Geschichte in
   Schellings Freiheitsabhandlung. In: Hasler 1981.

Matsuyama, J./H.J. Sandkühler (Hg.), 2000, Natur, Kunst und Geschichte der Freiheit. Studien zur Philosophie F. W. J. Schellings in Japan. Frankfurt a.M./Berlin/Bern.

Maus, I., 1994, Naturrecht, Menschenrecht und politische Gerechtigkeit. In: Goldschmidt/Zechlin 1994.

Maus, I., 1999, Naturrecht. In: H.J. Sandkühler (Hg.), Enzyklopädie Philosophie, Bd. 1, Hamburg.

McCarthy, G.E., 1990, Marx and the Ancients. Classical Ethics, Social Justice, and Nineteenth-Century Political Economy, Savage (Maryland).

McCarthy, G.E. (Ed.), 1992, Marx and Aristotle. Nineteenth-Century German Social Theory and Classical Antiquity, Savage (Maryland).

Merleau-Ponty, M., 1996, Sens et non-sens, Paris.

Meyerson, E., 1911, L'histoire du problème de la connaissance de M. E. Cassirer. In: Revue de Métaphysique et de Morale 19 (1911).

Mill, J.S., 1874 [1865], August Comte und der Positivismus. In: John Stuart Mill's Gesammelte Werke. Autorisierte Übers. unter Red. v. Th. Gomperz, 9. Bd., Leipzig.

Mill, J.S., 1968 [1843], System der deduktiven und induktiven Logik. Eine Darlegung der Grundsätze der Beweislehre und der Methoden wissenschaftlicher Forschung. Unter Mitwirkung d. Verf. übers. und mit Anm. vers. v. Th. Gomperz. In: J.S. Mill, Gesammelte Werke, Neudruckausgabe der letzten deutschen Auflagen in 12 Bde., Bde. 2 und 4, Aalen.

Mehrtens, A., 1991, Enzyklopädisch: Realismus. In: Sandkühler/Pätzold 1991.

Minsky, M., 1992, Eine Rahmenstruktur für Wissensrepräsentationen. In: D. Münch (Hg.), Kognitionswissenschaft: Grundlagen, Probleme, Perspektiven., Frankfurt/M.

Mohr, G., 1997, Der Begriff der Rechtskultur als Grundbegriff einer pluralistischen Rechtsphilosophie. In: B. Falkenburg/S. Hauser (Hg.), Modelldenken in den Wissenschaften, Hamburg [Dialektik 1997/1].

Mormann, Th., 1997, Ist der Begriff der Repräsentation obsolet? In: Zschr. f. Philosophie Forsch. 51.

Moulines, C.U., 1981, Hermann von Helmholtz: A Physiological Approach to the Theory of Knowledge. In: H.N. Jahnke/M. Otte (eds.), Epistemological and Social Problems of the Sciences in the Early Nineteenth Century, Dordrecht/Boston/London.

Moulines, C.U., 1991, Über die semantische Explikation und Begründung des wissenschaftlichen Realismus. In: Sandkühler/Pätzold 1991.

Moulines, C.U., 1996, Gibt es etwas außer mir selbst? Überlegungen z. semantischen Begründung d. Realismus. In: Zschr. f. Philosophie Forsch. 50, H. 1/2.

Müller, C., 1994, Die Rechtsphilosophie des Marburger Neukantianismus. Naturrecht und Rechtspositivismus in der Auseinandersetzung zwischen H. Cohen, R. Stammler und P. natorp, Tübingen.

Müller, J., 1826, Zur vergleichenden Physiologie des Gesichtssinnes des Menschen und der Thiere, Leipzig: Cnobloch.

Müller, J., 1840, Handbuch der Physiologie des Menschen, Zweiter Band, Coblenz: Hölscher.

Nagel, Th., 1991, Die Grenzen der Objektivität. Philosophische Vorlesungen. Übers. u. hg. v. M. Gebauer, Stuttgart.

Nannini, S., 2000, Cognitive Naturalism in the Philosophy of Mind. In: Nannini, S./H.J. Sandkühler 2000.

Nannini, S./H.J. Sandkühler (eds.), 2000, Naturalism in the Cognitive Sciences and in the Philosophy of Mind, Frankfurt a.M.

Natorp, P., 1912, Kant und die Marburger Schule. In: Kant-Studien, Bd. 17.

Naumann, R., 1993, Das Realismusproblem in der analytischen Philosophie. Studien zu Carnap und Quine, Freiburg/München.

Neurath, O., 1981 [1938], Wissen und Sein. In: ders., Gesammelte philosophische und methodologische Schriften, Bd. 2. Hg. v. R. Haller/H. Rutte, Wien.

Nowak, L., 1980, The Structure of Idealization. Towards a Systematic Interpretation of the Marxian Idea of Science, Dordrecht/Boston/London.

Orth, E.W./H. Holzhey (Hg.), 1994, Neukantianismus. Perspektiven und Probleme, Würzburg.

Paetzold, H., 1993, Ernst Cassirer zur Einführung, Hamburg.

Paetzold, H., 1995, Ernst Cassirer. Von Marburg nach New York. Eine philosophische Biographie, Darmstadt.

Paivio, A., 1986, Mental Representations: A Dual Coding Appoach, Oxford.

Pape, H., 1986, Einleitung. In: Ch.S.Peirce, Semiotische Schriften, Bd. 1, hg. und übers. v. Ch. Kloesel und H. Pape, Frankfurt/M.

Pape, H., 2001, Die Offenheit von Wirklichkeit und Rationalität im Pragmatismus. In: Allgem. Zeitschrift f. Philosophie, Jg. 26, H. 2.

Papineau, D., 1987, Reality and Representation, Oxford/New York.

Pappas, G., 1992, Problem of the external world. In: J. Dancy/E. Sosa (eds.), A Companion to Epistemology, Oxford.

Parisi, D., 2000, The Naturalization of Humans. In: In: Nannini, S./H.J. Sandkühler 2000.

Pasternack, G. (Hg.), 1990, Philosophie und Wissenschaften. Zum Verhältnis von ontologischen, epistemologischen und methodologischen Voraussetzungen der Einzelwissenschaften, Frankfurt a.M./Bern/New York.

Paulson, S.L., 1985, Vorwort zum Neudruck [der Reinen Rechtslehre]. In: Kelsen 1985.

Paulson, S.L., 1999, Konstruktivismus, Methodendualismus und Zurechnung im Frühwerk Hans Kelsens. In: Archiv des öffentlichen Rechts, 124. Bd., H. 4.

Paulson, S.L./R. Walter, 1986, Untersuchungen zur Reinen Rechtslehre, Wien [Schriftenreihe des Hans Kelsen-Instituts, Bd. 11).

Peirce, Ch.S., 1931-1958, Collected Papers of Charles Sanders Peirce, Vol. I-
    VI, ed. C. Hartshorne/P. Weiss, Harvard UP, 1931-35; Vol. VII, VIII, ed.
    W. Burks, Cambridge, Mass; 2. edition, Cambridge, Mass 1958 [cit. CP].

Peirce, Ch.S., 1991, Schriften zum Pragmatismus und Pragmatizismus, hg. v.
    K.-O. Apel, Frankfurt/M.

Petersen, Th., 1995, Die Freiheit des Einzelnen und die Notwendigkeit des
    Staates. In: Das Recht der Vernunft. Kant und Hegel über Denken, Erken-
    nen und Handeln. Hg. v. Ch. Fricke/P. König/Th. Petersen, Stuttgart-Bad
    Cannstatt.

Pieper, A., 1985, Der Ursprung des Bösen. Schellings Versuch einer Rekon-
    struktion des transzendentalen Anfangs von Geschichte. In: Philosophi-
    sche Tradition im Dialog mit der Gegenwart. Festschrift f. H. A. Salmo-
    ny, hg. v. A. Cesana/O. Rubitschon. Basel/Boston/Stuttgart.

Pinch, J./W.E. Bijker, 1984, The Social Construction of Facts and Artefacts: or
    How the Sociology of Science and the Sociology of Technology might
    Benefit Each Other. In: Social Studies of Science, Vol. 14.

Plaga, F., 1999, Die Ikonologie des Zwischenraums. Hamburger transdiszipli-
    näre Gedankengänge in den 20er Jahren. In: O. Breidbach/K. Clausberg
    (Hg.), Video ergo sum. Repräsentation nach innen und außen zwischen
    Kunst- und Neurowissenschaften, Hamburg.

Planck, M., 1926, Physikalische Gesetzlichkeit im Lichte neuerer Forschung.
    In: Die Naturwissenschaften, 14.

Planck, M., 1949, Vorträge und Erinnerungen. 5. Aufl. der ‚Wege zur physika-
    lischen Erkenntnis', Stuttgart.

Plé, B., 1996, Die ‹Welt› aus den Wissenschaften, Stuttgart.

Plé, B., 1999, Positivismus. In: H.J. Sandkühler (Hg.), Enzyklopädie Philoso-
    phie, 2 Bde., Hamburg.

Plümacher, M., 1997, Gestaltpsychologie und Wahrnehmungstheorie. In: Ru-
    dolph/Stamatescu 1997.

Plümacher, M., 2000, Wahrnehmung, Repräsentation und Wissen. Edmund
    Husserls und Ernst Cassirers Analysen zur Struktur des Bewußtseins, Phi-
    losophie Habil.-Schrift, Universität Bremen.

Plümacher, M./H.J. Sandkühler, 1995, Im Streit über die ‚Wirklichkeit'. Di-
    stanzen und Nähen zwischen Ernst Cassirer und Moritz Schlick. In: Dia-
    lektik 1995/1, Hamburg.

Plümacher, M./V. Schürmann (Hg.), 1996, Einheit des Geistes. Probleme ihrer
    Grundlegung in der Philosophie Ernst Cassirers, Frankfurt a.M./Berlin/
    Bern.

Post, Karl, 1905, Johannes Müllers philosophische Anschauungen (Abhand-
    lungen zur Philosophie und ihrer Geschichte 21), Halle: Niemeyer.

Prigogine, I./I. Stengers, ⁴1983, Dialog mit der Natur. Neue Wege naturwis-
    senschaftlichen Denkens, München.

Putnam, H., 1981, Reason, Truth and History, Cambridge, MA.

Putnam, H., 1983, Realism and Reason. Philosophical Papers, Vol. 3, Cam-
    bridge.

Putnam, H., 1983a, Was ist Epistemologie? In: D. Henrich (Hg.), Kant oder Hegel?, Stuttgart.

Putnam, H., 1987, Why Reason Can't Be Naturalized. In: After Philosophy. End or Transformation? Ed. by K. Baynes/J. Bohman/T. McCarthy, Cambridge (MA)/London.

Putnam, H., 1988, Representation and Reality, Cambridge (MA)/London. (Dt. Frankfurt/M. 1991).

Putnam, H., 1990 [1981], Vernunft, Wahrheit und Geschichte. Übers. v. Joachim Schulte, Frankfurt/M.

Putnam, H., 1991, Realismus. In: Sandkühler/Pätzold 1991.

Putnam, H., 1993 [1980], Wie man zugleich Interner Realist und transzendentaler Idealist sein kann. In: H. Putnam, 1993, Von einem realistischen Standpunkt. Schriften zu Sprache und Wirklichkeit. Hg., eingel. und übers. v. V.C. Müller, Reinbek.

Putnam, H., 1993a, Warum es keine Fertigwelt gibt. In: Putnam 1993.

Putnam, H., 1997, Für eine Erneuerung der Philosophie. Aus d. Engl. übers. v. J. Schulte, Stuttgart.

Quine, W. V. O., 1975, Epistemology Naturalized. In: S. Guttenplan (ed.), Mind & Language, Oxford.

Quine, W.V.O., 1983, Gegenstand und Beobachtung. In: D. Henrich (Hg.), Kant oder Hegel?, Stuttgart.

Quine, W.V.O., 1987 [1975], Die Natur natürlicher Erkenntnis. In: P. Bieri (Hg.), Analytische Philosophie der Erkenntnis, Frankfurt/M.

Radbruch, G., 1946, Gesetzliches Unrecht und übergesetzliches Recht. In: Radbruch 1999. Auch in: G. Radbruch, Gesamtausgabe, hg. v. A. Kaufmann, Bd. 3, Heidelberg 1999.

Radbruch, G., ²1959 [1947], Vorschule der Rechtsphilosophie, Göttingen.

Radbruch, G., 1963 [³1932], Rechtsphilosophie. Sechste Aufl. Nach dem Tode d. Verf. besorgt v. Erik Wolf, Stuttgart.

Radbruch, G., 81973, Rechtsphilosophie, Stuttgart.

Radbruch, G., 1990, Der Relativismus in der Rechtsphilosophie. In: ders., Gesamtausgabe, Rechtsphilosophie III, hg. v. Winfried Hassemer, Heidelberg.

Radbruch, G., 1999 [1932], Rechtsphilosophie. Studienausgabe. Hg. v. R. Dreier/S.L. Paulson, Göttingen.

Rawls, J., 1985, Justice as Fairness: Political not Metaphysical. In: Philosophy and Public Affairs, 14.

Rawls, J., 1994, Die Idee des politischen Liberalismus. Aufsätze 1978-1989. Hg. v. W. Hinsch, Frankfurt/M.

Rescher, N., 1987, Scientific Realism. A Critical Reappraisal, Dordrecht/Boston/Lancaster.

Rescher, N.,1993, Pluralism. Against the Demand for Consensus, Oxford.

Rescher, N., 1996, Studien zur naturwissenschaftlichen Erkenntnislehre. Hg. v. A. Wüstehube, Würzburg.

Reuter, H.-R., 1999, Relativistische Kritik am Menschenrechtsuniversalismus? Eine Antikritik. In: ders. (Hg.), Ethik der Menschenrechte. Zum Streit um die Universalität einer Idee I, Tübingen.

Rickert, H., 1902, Die Grenzen der naturwissenschaftlichen Begriffsbildung. Eine logische Einleitung in die historischen Wissenschaften, Tübingen/ Leipzig.

Rickert, H., [3]1915 [1898], Kulturwissenschaft und Naturwissenschaft, Tübingen.

Rickert, H., [3/4]1921, Die Grenzen der naturwissenschaftlichen Begriffsbildung. Eine logische Einleitung in die historischen Wissenschaften, Tübingen.

Rickert, H., [4]1921a, Der Gegenstand der Erkenntnistheorie. Einführung in die Transzendental-Philosophie, Tübingen.

Rickert, H., [6/7]1926, Kulturwissenschaft und Naturwissenschaft, Tübingen.

Rickert, H., 1934, Grundprobleme der Philosophie. Methodologie – Ontologie – Anthropologie, Tübingen.

Rickert, H., 1982 [1932], Thesen zum System der Philosophie. In: Neukantianismus. Texte der Marburger und der Südwestdeutschen Schule, ihrer Vorläufer und Kritiker. Mit Einleitung hg. v. H.-L. Ollig, Stuttgart.

Riedel, E., 1992, Vom Grund des Grundgesetzes. Zu den Möglichkeiten normativer Begründung durch Menschenrechte, Grundrechte und Grundwerte. In: Würde und Recht des Menschen. Festschr. f. J. Schwartländer zum 70. Geb. Hg. v. H. Bielefeld/W. Brugger/K. Dicke, Würzburg.

Ritzer, M., 2000, Physiologische Anthropologien. Zur Relation von Philosophie und Naturwissenschaften um 1850. In: A. Arndt/W. Jaeschke (Hg.), Materialismus und Spiritualismus. Philosophie und Wissenschaften nach 1848, Hamburg.

Röseberg, U., 1985, Niels Bohr. Leben und Werk eines Atomphysikers, Stuttgart.

Rorty, R., 1985, Der Spiegel der Natur: Eine Kritik der Philosophie, Frankfurt/M.

Rorty, R., 1986, Beyond Realism and Anti-Realism. In: L. Nagl/R. Heinrich (Hg.), Wo steht die Analytische Philosophie heute? Wien/München.

Rudolph, E./B.-O. Küppers (Hg.), Kulturkritik nach Ernst Cassirer, Hamburg.

Rudolph, E./H.J. Sandkühler (Hg.), 1995, Symbolische Formen, mögliche Welten – Ernst Cassirer, Hamburg [= Dialektik 1995/1].

Rudolph, E./I.-O. Stamatescu (Hg.), Von der Philosophie zur Wissenschaft. Cassirers Dialog mit der Naturwissenschaft, Hamburg.

Ruff, P.W., 1981, Emil du Bois-Reymond, Leipzig.

Sachs-Hombach, K (Hg.), 1995, Bilder im Geiste: Zur kognitiven und erkenntnistheoretischen Funktion piktoraler Repräsentationen, Amsterdam/Atlanta.

Saint-Simon, C. H. Comte de, 1973, Œuvres choisies, Hildesheim/New York [= Saint-Simon, Œuvres choisies].

Saint-Simon, C. H. Comte de, Œuvres de Saint-Simon, édition anthropos, Paris 1966 [= Œuvres de Saint-Simon].

Saint-Simon, C.-H. de, 1957, Ausgewählte Texte, hg. v. J. Dautry, Berlin.

Saint-Simon, C.-H. de, 1977, Ausgewählte Schriften, hg. v. L. Zahn, Berlin.

Sandkühler, H.J., 1968, Freiheit und Wirklichkeit. Zur Dialektik von Politik und Philosophie bei Schelling. Frankfurt/M.

Sandkühler, H.J., 1978, Gesellschaft als Naturprozeß. Historischer Materialismus – eine Naturwissenschaft des Sozialen? In: P. Plath/ders., Theorie und Labor. Dialektik als Programm der Naturwissenschaft, Köln.

Sandkühler, H.J. (Hg.), 1984, Natur und geschichtlicher Prozeß. Studien zur Naturphilosophie S.W.J. Schellings. Mit einem Quellenanhang als Studientext und einer Bibliographie, Frankfurt/M.

Sandkühler, H.J., 1984a, Natur und Geschichtlicher Prozeß. Von Schellings Philosophie der Natur und der Zweiten Natur zur Wissenschaft der Geschichte. In: Natur und geschichtlicher Prozeß. Studien zur Naturphilosophie F.W.J. Schellings. Mit einem Quellenanhang als Studientext und einer Bibliographie. Frankfurt/M.

Sandkühler, H.J., 1988, F.W.J. Schelling – Philosophie als Seinsgeschichte und Anti-Politik. In: Deutscher Idealismus und Französische Revolution. [Schriften aus dem Karl-Marx-Haus Trier, Bd. 37]. Trier.

Sandkühler, H.J., 1988a, Die Wissenschaft und das Ganze der Bewegung. Roland Daniels in der Wissenschaftsgeschichte des Sozialismus. In: Daniels 1988.

Sandkühler, H.J., 1990, Einleitung. Positive Philosophie und demokratische Revolution. In: TGB 1848.

Sandkühler, H.J., 1991, Die Wirklichkeit des Wissens. Geschichtliche Einführung in die Epistemologie und Theorie der Erkenntnis, Frankfurt/M.

Sandkühler, H.J., 1991a, Demokratie des Wissens. Aufklärung, Rationalität, Menschenrechte und die Notwendigkeit des Möglichen, Hamburg.

Sandkühler, H.J. (Hg.), 1992, Wirklichkeit und Wissen. Realismus, Antirealismus und Wirklichkeits-Konzeptionen in Philosophie und Wissenschaften, Frankfurt a.M./Bern/New York.

Sandkühler, H.J., 1993, Die Welt hat für uns die Gestalt, die der Geist ihr gibt. Über Empirie und Konstruktion. In: ders. (Hg.), Konstruktion und Realität. Wissenschaftsphilosophische Studien, Frankfurt a.M./Bern/New York.

Sandkühler, H.J., 1994, Marx – Welche Rationalität? Epistemische Kontexte und Widersprüche der Transformation von Philosophie in Wissenschaft. In: Vernunftbegriffe in der Moderne. Hg. v. H.F. Fulda/R.-P. Horstmann, Stuttgart.

Sandkühler, H.J. (Hg.), 1995, Interaktionen zwischen Philosophie und empirischen Wissenschaften. Philosophie- und Wissenschaftsgeschichte zwischen Francis Bacon und Ernst Cassirer, Frankfurt a.M./Berlin/New York.

Sandkühler, H.J. (Hg.), 1996, Weltalter – Schelling im Kontext der Geschichtsphilosophie. Hamburg [Dialektik 1996/2].

Sandkühler, H.J., 1996a, Das Recht und die pluralistische Demokratie. Naturrecht, Rechtspositivismus, Menschenrechte. In: R.A. Mall/H.J. Sandkühler (Hg.), Das Selbst und das Fremde – Der Streit der Kulturen. [Dialektik 1996/1], Hamburg.

Sandkühler, H.J., 1996b, Pluralismus. In: G. Abel/H.J. Sandkühler (Hg.), Pluralismus – Erkenntnistheorie, Ethik, Politik, Hamburg [Dialektik 1996/3].

Sandkühler, H.J. (Hg.), 1997, Philosophie und Wissenschaften. Formen und Prozesse ihrer Interaktion, Frankfurt a.M./Berlin/Bern.

Sandkühler, H.J. (Hg.), 1998, F.W.J. Schelling, Stuttgart/Weimar.

Sandkühler, H.J., 1998a, Die Philosophie der Geschichte. In: Sandkühler 1998.

Sandkühler, H.J., 1998b, Repräsentation. Die Fragwürdigkeit unserer Bilder von der Welt der Dinge. In: Ders. (Hg.), Repräsentation, Denken und Selbstbewußtsein, Bremen.

Sandkühler, H.J., 1998c, Die Universalität des Rechts und das Faktum des Pluralismus. In: R. Fornet-Betancourt (Hg.), Armut im Spannungsfeld zwischen Globalisierung und dem Recht auf eigene Kultur, Frankfurt/M., S. 131-144.

Sandkühler, H.J., 1999, Pluralismus. In: ders. (Hg.), Enzyklopädie Philosophie, Bd. 2, Hamburg.

Sandkühler, H.J., 1999a, Realismus. In: ders. (Hg.), Enzyklopädie Philosophie, Bd. 2, Hamburg.

Sandkühler, H.J., 1999b, Ideologie. ders. (Hg.), Enzyklopädie Philosophie, Bd. 1, Hamburg.

Sandkühler, H.J., 2000, Naturalism in the Philosophy of Mind. For a Philosophical Alternative. In: Nannini/Sandkühler 2000.

Sandkühler, H.J./D. Pätzold (Hg.), 1991, Die Wirklichkeit der Wissenschaft. Probleme des Realismus (Dialektik 1991/1), Hamburg.

Schäfer, L., 1993, Das Bacon-Projekt. Von der Erkenntnis, Nutzung und Schonung der Natur, Frankfurt/M.

Schäfer, L., 1994, Wandlungen des Naturverständnisses. In: G. Bien/Th. Gil/ J. Wilke (Hg.), „Natur" im Umbruch. Zur Diskussion des Naturbegriffs in Philosophie, Naturwissenschaft und Kunsttheorie, Stuttgart-Bad Cannstatt.

Scheerer, E. et al., 1992, Repräsentation. In: J. Ritter/K. Gründer (Hg.), Historisches Wörterbuch der Philosophie, Bd. 8, Basel.

Schiemann, G., 1999, Pluralität der Natur. In: Bremer Philosophica. Studiengang Philosophie der Universität Bremen, 1999/4, Bremen.

Schilpp, P. (Ed.), ²1958 [1949], The Philosophy of Ernst Cassirer, New York.

Schilpp, P.A. (Hg.), 1966, Ernst Cassirer, Stuttgart/Berlin/Köln.

Schleiden, M.J., 1844, Schelling's und Hegel's Verhältnis zur Naturwissenschaft, Leipzig.

Schlick, M., 1915, Die philosophische Bedeutung des Relativitätsprinzips. In: Zschr. f. Philosophie und philosophische Kritik 159, H. 2.

Schlick, M., 1921, Kritizistische oder empiristische Deutung der neueren Physik? Bemerkungen zu Ernst Cassirers Buch ‚Zur Einsteinschen Relativitätstheorie'. In: Kant-Studien 26.

Schlick, M., 1979 [1918, ²1925], Allgemeine Erkenntnislehre, Frankfurt/M.

Schmied-Kowarzik, W., 1993, Thesen zur Entstehung und Begründung der Naturphilosophie Schellings. In: K. Gloy/P. Burger (Hg.), Die Naturphilosophie im Deutschen Idealismus, Stuttgart-Bad Cannstatt.

Schraven, M., 1989, Philosophie und Revolution. Schellings Verhältnis zum Politischen im Revolutionsjahr 1848, Stuttgart-Bad Cannstatt.

Schraven, M., 1998, Recht, Staat und Politik bei Schelling. In: Sandkühler 1998.

Schulz, W., 1977, Freiheit und Geschichte in Schellings Philosophie. In: Schellings Philosophie der Freiheit. Festschrift der Stadt Leonberg zum 200. Geb. des Philosophen, Stuttgart.

Schumacher, R., 1997, Philosophische Theorien mentaler Repräsentation. In: Dt. Zschr. f. Philosophie, 45, H. 5.

Schwartz, R., 1997, Representation ans Resemblance. In: Nelson Goodman's Philosophy of Art. Ed. with introduction by C.Z. Elgin, New York/London.

Schwemmer, O., 1990, Die Philosophie und die Wissenschaften. Zur Kritik einer Abgrenzung, Frankfurt/M.

Searle, J.R., 1986, Geist, Gehirn und Wissenschaft, Frankfurt/M.

Seelmann, K., 1989, Zurechnung als Deutung und Zuschreibung – Hegels „Recht der Objektivität". In: Die Rechtsphilosophie des deutschen Idealismus. Hg. v. V. Hösle, Hamburg.

Seelmann, K., 1994, Rechtsphilosophie, München.

Seidengart, J., 1984, Néo-kantisme et Relativité: réflexion sur l'épistémologie de Cassirer et sur son interprétation de la théorie de la Relativité. In: Revue philosophique de la France et de l'Étranger, No 2.

Seidengart, J., Une interprétation néo-kantienne de la théorie des quanta est-elle possible? In: Revue de Synthèse, 120, Oct.-Déc.

Seidengart, J., 1990, Théorie de la connaissance et épistémologie de la physique. In: ders. (éd.), Ernst Cassirer. De Marburg à New York: l'itinéraire philosophique, Paris.

Seidengart, J. (éd.), 1990a, Ernst Cassirer. De Marburg à New York: l'itinéraire philosophique, Paris.

Seidengart, J., 1992, La physique moderne comme forme symbolique privilégiée dans l'entreprise philosophique d'Ernst Cassirer. In: Internationale Zschr. f. Philosophie, 2.

Seidengart, J., 1994, Symbolische Konfiguration und Realität in der modernen Physik: ein Beitrag zur Philosophie Ernst Cassirers. In: Bremer Philosophica 1994/6, Studiengang Philosophie, Univ. Bremen.

Silberling, F., 1911, Dictionnaire de sociologie phalanstérienne. Guide des Œuvres Complètes de Charles Fourier, Paris.

Silvers, S. (Hg.), 1989, Rerepresentation. Readings in the Philosophy of Mental Representation, Dordrecht/Boston/London.

Simon, J., 1994, Vorwort. In: ders. (Hg.), Zeichen und Interpretation, Frankfurt/M.

Stamatescu, I.-O., Cassirer und die Quantenmechanik. In: Rudolph/Stamatescu 1997.

Sterelny, K., 1990, The Representational Theory of Mind. An Introduction, Oxford.

Stich, S.P., 1992, What is a theory of mental representation? In: Mind 101.

Ströker, E., 1995, Natur und ihre Wissenschaft in der Philosophie des 19. Jahrhunderts. In: L. Schäfer/E. Ströker (Hg.), Naturauffassungen in Philosophie, Wissenschaft, Technik, Freiburg/München.

Ströker, E., 1997, Philosophie und Wissenschaften: Zur Frage ihrer Beziehung im 19. Jahrhundert. In: H.J. Sandkühler (Hg.), Philosophie und Wissenschaften. Formen und Prozesse ihrer Interaktion, Frankfurt a.M./Berlin/ Bern.

Strube, G./C. Schlieder, 1996, Wissen und Wissensrepräsentation. In: Wörterbuch der Kognitionswissenschaft, hg. v. G. Strube, Stuttgart.

Tagliagambe, S., 1983, Marx: sui metodi di elaborazione del dato empirico. In: Critica marxista, 2-3.

Tilliette, X., 1970, Schelling. Une philosophie en devenir. I: Le système vivant, 1794-1821. II: La dernière philosophie, 1821-1854, Paris.

Tilliette, X., 1987, Gott und die Geschichte in der positiven Philosophie Schellings. In: Auf der Suche nach dem verborgenen Gott. Zur theologischen Relevanz neuzeitlichen Denkens. Hg. v. A. Halder, K. Kienzler und J. Aller, Düsseldorf.

Torrance, J., 1995, Karl Marx's Theory of Ideas, Oxford.

Trendelenburg, A., 1964 [1840, [3]1870], Logische Untersuchungen, 2 Bde., [Nachdruck] Hildesheim.

Tripp, D., 1983, Der Einfluß des naturwissenschaftlichen, philosophischen und historischen Positivismus auf die deutsche Rechtslehre im 19. Jahrhundert, Berlin.

Tuomela, R., 1991, Kausaler interner Realismus. In: Sandkühler/Pätzold 1991.

Uhde-Bernays, H. (Hg.), 1956, Künstlerbriefe über Kunst. Bekenntnisse von Malern, Architekten und Bildhauern aus fünf Jahrhunderten, Dresden.

Vadée, M, 1992, Marx, penseur du possible, Paris.

van der Kemp, G., 1994, Ein Besuch in Giverny, Versailles.

van Fraassen, B.C. 1980, The Scientific Image, Oxford.

van Fraassen, B.C., 1991, Quantum Mechanics: An Empiricist View, Oxford.

van Heusden, B., 2001, Jacob von Uexküll and Ernst Cassirer. In: Semiotica 134 – 1/4.

Varela, F.J., 1990, Kognitionswissenschaft – Kognitionstechnik. Eine Skizze aktueller Perspektiven, Frankfurt/M.

Vetö, M., 1971, Les Conferences de Stuttgart de Schelling. „Georgii" et „Calendrier pour 1810". Paris.

Vidoni, F., 1985, Natura e storia. Marx ed Engels interpreti del Darwinismo, Bari.

Vidoni, F., 1986, Marx e le scienze naturali. In: Attualità di Marx, a cura di G. Baratta et. al., Milano.

Vidoni, F., 1988, Ignorabismus! E. du Bois-Reymond e il dibattito sui limiti della conoscenza scientifica nell' Ottocento, Milano (dt. Übers. Frankfurt a.m./Bern/New York 1991).

Virchow, R., 1864, Über den vermeintlichen Materialismus der heutigen Naturwissenschaften. In: Amtliche Berichte der Versammlungen deutscher Naturforscher und Ärzte, S. 35-42.

Wagner, M. (Hg.), 1991, Moderne Kunst. Das Funkkolleg zum Verständnis der Gegenwartskunst, I, Reinbek bei Hamburg.

Wagner, M., 1991a, Wirklichkeitserfahrung und Bilderfindung. In: Wagner 1991.

Weigl, E., 1990, Instrumente der Neuzeit. Die Entdeckung der modernen Welt, Stuttgart.

Whewell, W., 1967 [1837, 31857], History of the Inductive Sciences. Part one. In: The Historical and Philosophical Works of William Whewell. Coll. and ed. by G. Buchdahl and L.L. Laudan, Vol. II, London.

Whewell, W., 1967a [1840, 21847], The Philosophy of the Inductive Scien ces. Part one. In: The Histori cal and Philoso phical Works of William Whe well. Coll. and ed. by G. Buchdahl and L.L. Laudan, Vol. V, London.

Whitehead, A.N., 1974 [1929], Die Funktion der Vernunft, Stuttgart.

Whitehead, A.N., 1988 [1925], Wissenschaft und moderne Welt, Frankfurt/M.

Whitehead, A.N., 2001, Denkweisen. Hg., übers. und eingel. v. S. Rohmer, Frankfurt/M.

Wien, W., [1905], Über Elektronen. In: Autrum 1987.

Willaschek, M. (Hg.), 2000, Realismus, Paderborn/München/Wien.

Windelband, W., 1912, Die Prinzipien der Logik. In: Enzyklopädie der philosophischen Wissenschaften, hg. v. A. Ruge, Tübingen.

Windelband, W., 51915, Präludien. Aufsätze und Reden zur Philosophie und ihrer Geschichte, Tübingen.

Wise, M.N./C. Smith, 1989/90, Work and Waste: Political Economy and Natural Philosophy in Nineteenth Century Britain, I-III. In: History of Science XXVII (1989) und XXVIII (1990).

Wittgenstein, L., 1964 [1921], Tractatus logico-philosophicus. Logisch-philosophische Abhandlung, Frankfurt/M.

Wittgenstein, L., 1989, Über Gewißheit, hg. v. G. E. M. Anscombe, G. H. von Wright, in: Werkausgabe Bd. 8, Frankfurt./M.

Wittich, D. (Hg.), 1971, Vogt, Moleschott, Büchner. Schriften zum kleinbürgerlichen Materialismus in Deutschland, 2 Bde., Berlin.

Wittkau-Horgby, A., 1998, Materialismus. Entstehung und Wirkung in den Wissenschaften des 19. Jahrhunderts, Göttingen.

Wolf, J.-C., 2000, Die Furcht vor dem Relativismus. In: ders. (Hg.), Menschenrechte interkulturell, Freiburg/Schweiz.

Wright, C., 1987, Realism, Meaning and Thruth, Oxford.

Wright, G.H.v., [3]1991, Erklären und Verstehen, Frankfurt/M.

Wundt, W., 1862, Beiträge zur Theorie der Sinneswahrnehmung, Leipzig.

Yeo, R.R., 1993, Defining Science. William Whewell, Natural Knowledge, and Public Debate in Early Victorian Britain, Cambridge.

Zeller, E., 1877, Über die Bedeutung und Aufgabe der Erkenntnistheorie. In: ders., Vorträge und Abhandlungen, 2. Sammlung, Leipzig.

Zippelius, R., [3]1994, Rechtsphilosophie. Ein Studienbuch, München.

Zippelius, R., [2]1996, Recht und Gerechtigkeit in der offenen Gesellschaft, Berlin.

Zippelius, R., [12]1999, Allgemeine Staatslehre (Politikwissenschaft). Ein Studienbuch, München.

Personenregister